OLIVER GEORGI | MARTIN BENNINGHOFF

SOUND TRACK

Deutschland

WIE MUSIK
MADE IN GERMANY
UNSER LAND
PRÄGT

Interviews mit Marius Müller-Westernhagen, Fanta 4, Peter Maffay u.v.m.

FOTOS: DANIEL PILAR

echt EMF

DIE
AUTOREN

Martin Benninghoff und Oliver Georgi sind Redakteure der Frankfurter Allgemeinen Zeitung und schreiben dort meist über politische Themen. Nebenbei machen sie als Gitarrist beziehungsweise Keyboarder selbst Musik – und sind bestens vernetzt in der Welt der Musiklegenden und Popstars. »Soundtrack Deutschland« ist ihr erstes gemeinsames Buch.

Für unsere Familien

In Erinnerung an
Karin Georgi (1942-2019)

SETLIST

▶▶ AUFTAKT

EINE REISE DURCH
DEUTSCHLAND　　　　7

SIND SIE EIN
DEUTSCHER
VOLKSSÄNGER,
PETER MAFFAY?　　　11

WIE KLINGT DER
PERFEKTE SONG,
JOHANNES OERDING?　　22

WAS IST SO
TOXISCH AM POP,
JUDITH HOLOFERNES?　　31

WIE CHILLIG
IST DEUTSCHLAND,
TRETTMANN?　　　40

SIND WIR
DEUTSCHEN
VERKLEMMT,
**MARIUS MÜLLER-
WESTERNHAGEN?**　　49

⏸ BREAK I
THE PUNK OF TODAY　　61

WER HAT EIGENTLICH
DEN DEUTSCHEN HIP-HOP
ERFUNDEN,
SMUDO UND MICHI BECK?　68

WIE HABEN PUNK UND
NDW UNSER
LAND VERÄNDERT,
EXTRABREIT?　　　79

WIE FESTGENAGELT IST
MAN AUF SEIN IMAGE,
YVONNE CATTERFELD?　86

WAS HAT DIE PROVINZ,
WAS DIE GROSSSTADT
NICHT HAT,
HARTMUT ENGLER?　　93

WIE PRODUZIERT
MAN EINEN DANCEHIT,
FELIX JAEHN?　　　100

⏸ BREAK II
ZWISCHEN
SCHUBLADENDENKEN
UND KITSCHVERDACHT　109

WIE VIEL U
VERTRÄGT E,
DAVID GARRETT?　　113

HOCHDEUTSCH ODER DIALEKT, **WOLFGANG NIEDECKEN?** 120

WIE HEAVY IST DEUTSCHLAND, **BLIND GUARDIAN?** 129

WIE EMPFINDSAM SIND DIE DEUTSCHEN, **REINHARD MEY?** 136

SPIELT OST ODER WEST NOCH EINE ROLLE FÜR EUCH, **SILBERMOND?** 149

▐▐ BREAK III
DAS DEUTSCHE ELEND HINTER SICH LASSEN 155

HABEN SIE DAS VOLKSLIED GERETTET, **HEINO?** 160

WAS IST DER PROPHET IM EIGENEN LAND WERT, **KLAUS MEINE?** 175

WIE VIEL MYTHOS BRAUCHT EIN STAR, **INA MÜLLER?** 186

IST DEUTSCHLAND EIN EINWANDERUNGSLAND, **ADEL TAWIL?** 195

▐▐ BREAK IV
CROSSOVER DEUTSCHLAND 205

WER HAT NUN DEN DEUTSCH-RAP ERFUNDEN, **MOSES PELHAM?** 210

IST TECHNO EINE REVOLUTIONÄRE BEWEGUNG, **SVEN VÄTH?** 219

WIE LEBT MAN ZEHN LEBEN IN EINEM, **FYNN KLIEMANN?** 225

VERSTEHEN OSTDEUTSCHE IRONIE BESSER ALS WESTDEUTSCHE, **SEBASTIAN KRUMBIEGEL?** 230

▶▶ ZUGABE
DIE REISE GEHT WEITER 239

▶▶ AUFTAKT

EINE REISE DURCH DEUTSCHLAND

23 Künstler, 23 Interviews – und ein Buch. Wir sprechen über Musik, über Musik aus Deutschland. Über die Musik, die uns in unserer Jugend geprägt hat und die, die heute wichtig ist. Wer sind die Künstler, die unserem Land ihren unverwechselbaren Stempel aufdrücken, durch ihre Lieder, ihre Texte, ihre Haltung? Wir wollen mehr erfahren und machen uns auf die Reise.

Unsere musikalische Expedition beginnt im Sommer 2019 in Hannover. Wir sprechen mit Klaus Meine, dem Sänger der Scorpions, der erfolgreichsten deutschen Band im Ausland, oft bewundert und oft geschmäht. Und sie endet im Sommer 2020 in Frankfurt, wo wir als Journalisten für die Frankfurter Allgemeine Zeitung arbeiten. Dazwischen liegen viele Fahrten in deutsche Städte, unzählige Mails und Anläufe, um mit den bekanntesten deutschen Populärmusikern lange und tiefgehende Interviews zu führen. Die Organisation braucht mindestens so viel Zeit wie die Interviews selbst und das Schreiben dieses Buchs. Auch unser Fotograf Daniel Pilar, der die Porträts anfertigt und uns auf vielen Terminen begleitet, hat viel Mühe, alle Künstler rechtzeitig vor die Linse zu bekommen, erst recht in Zeiten von Corona.

Musik ist unser »professionelles Hobby«, und mehr noch: unsere Leidenschaft. Wir sind nicht nur distanzierte Beobachter, wir sind Fans und Kritiker zugleich und immer mit Herzblut oder Abneigung dabei, aber selten mit Desinteresse. Wir haben selbst in Bands gespielt, der eine als Gitarrist, der andere als Keyboarder, und Musik war für uns in den seltensten Fällen »nur« Unterhaltung, sondern meist auch Identifikationsfläche, Provokationswerkzeug und Ausdruck der Zugehörigkeit oder Abgrenzung. Es ist auch unsere Musik, die uns zu denen gemacht hat, die wir heute sind. Wir können uns stundenlang streiten, welcher Künstler relevanter ist und ob in dieser Hinsicht deutsche Musiker ihren internationalen Kollegen das Wasser reichen können.

Für all das soll auch auf den langen Zugfahrten zu den Interviewterminen genügend Zeit bleiben. Unser Weg führt uns in zwölf Monaten immer wieder nach Berlin, das nach Jahrzehnten der Randlage (zumindest aus westdeutscher Sicht) wieder klares Zentrum auch der deutschen Popkultur geworden ist. Dort treffen wir auf die Altstars wie Reinhard Mey und Marius Müller-Westernhagen, und wir besuchen Judith Holofernes in ihrer Arbeitswohnung, Adel Tawil am Ku'damm und Silbermond in ihrem Studio.

Doch die Musik spielt natürlich auch woanders. In Tutzing am Starnberger See unterhalten wir uns lange mit Peter Maffay, der uns in sein unterirdisches Tonstudio führt, in Köln treffen wir Wolfgang Niedecken im BAP-Büro, im beschaulichen Kurstädtchen Bad Münstereifel trinken wir mit

Heino und seiner Frau Hannelore ein Käffchen nach dem anderen und essen artig seine berühmte Heino-Torte. Wir diskutieren mit solchen Legenden, die gefühlt immer schon da waren und irgendwie zum Inventar unseres Landes gehören, aber auch mit Vertretern der mittleren Künstlergeneration wie Johannes Oerding, David Garrett, Yvonne Catterfeld und den Fantastischen Vier, aber auch mit den Jüngeren wie Felix Jaehn und Fynn Kliemann.

Natürlich wird sich mancher vielleicht fragen: Warum diese Künstler – und andere nicht? Angenommen, wir hätten andere interviewt, aber diese nicht, wie wäre wohl die Reaktion? Genau! Sicher, Deutschland hat viel mehr zu bieten als diese 23, und jedem fallen auf Anhieb mindestens fünf bis zehn Künstler ein, die er unbedingt vermisst. Und was ist mit den Stars aus Österreich und der Schweiz? Wir hätten sie gern dabeigehabt: Wanda, Bilderbuch oder Christina Stürmer. Aber schon wegen der Übersichtlichkeit und Machbarkeit wollen wir uns in diesem Buch auf jene beschränken, die aus Deutschland kommen.

LIEBLINGE ODER FEINDBILDER?

Überhaupt ist der »Soundtrack Deutschland« eine persönliche Auswahl ohne Anspruch, vollständig und abschließend zu sein. Es kann nicht darum gehen, nur die persönlichen Lieblinge zum Interview zu bitten und die »Feindbilder« links liegen zu lassen. Mit dieser Auswahl bieten wir einen subjektiven Querschnitt durch die deutsche Populärmusik, von Rock bis Pop, von Volksmusik bis Metal, von Liedermacher bis Hip-Hop, von Techno bis Klassik. Einziges Kriterium: Die Künstler müssen bekannt und relevant sein. Die kleine Nische interessiert uns zwar persönlich sehr, aber nicht für dieses Buch.

Auch jeder Künstler versteht etwas anderes unter einem »Soundtrack Deutschland«. Einige, die wir sehr gern dabeigehabt hätten, weil sie für eine wichtige Epoche oder Musikrichtung stehen, lehnen ab, weil sie mit gewissen anderen Namen partout nicht in einem Atemzug genannt werden wollen. Vor allem die Jüngeren haben zudem häufig Sorge, sich in einem Interview, in dem es nicht nur um Musik, sondern auch um Politik und Gesellschaft gehen soll, kräftig in die Nesseln zu setzen. Die Angst vor dem Shitstorm ist mittlerweile eine mächtige Kraft, das lernen wir und bedauern es. Auch bedauern wir, dass es so schwierig ist, Künstlerinnen zu finden. Die Popbranche ist immer noch erstaunlich männlich, einige Namen ausgenommen, zumindest in der ersten Liga der Zunft. Glücklicherweise gibt es mittlerweile viele Nachwuchskünstlerinnen, die zwar noch nicht so bekannt sind, dafür aber für die Zukunft hoffen lassen.

Die meisten jedoch, bei denen wir anfragen, finden unseren Ansatz gut, in langen Interviews über ihre Musik, unser Land und das zu sprechen, was es bewegt, und sagen bereitwillig zu. Die Themen im Buch sind deshalb so vielfältig wie die Debatten, die Deutschland seit Jahrzehnten prägen: Rechtspopulismus. Emanzipation. Das Erbe der Achtundsechziger. Punk und Prüderie. Deutsch-deutsche Befindlichkeiten und Einwanderung. Hip-Hop und Schlager. Provokation und Harmoniesucht. Gemeinsam mit unseren Gesprächspartnern ordnen wir solche wichtigen Themen ein und geben Einblicke in die Gedankenwelt der einflussreichsten Musikerinnen und Musiker im Land. In vier Essays greifen wir ihre Punkte auf und stellen sie in den Zusammenhang mit anderen Künstlern, Entwicklungen und der Musikgeschichte.

Nach den ersten Monaten der Recherche wäre das Projekt fast noch gescheitert. Als die Corona-Pandemie im Februar und März 2020 auch Deutschland erreicht, müssen wir – wie alle – umdenken. Reisen sind plötzlich nicht mehr möglich, die Künstler und wir müssen einen Crashkurs in Sachen Videokonferenzen machen. Anfänglich ist das gewöhnungsbedürftig, und wir sind unzufrieden, weil die Atmosphäre und die Nähe zu den Künstlern darunter zu leiden scheinen. Aber mit der Zeit geht uns allen die neue Situation in Fleisch und Blut über. Und wir lernen, dass es nicht tragisch ist, wenn der Sohn plötzlich mitten ins Interview hereinplatzt, weil er die Badelatschen nicht findet. Im Frühsommer 2020 können wir dann endlich auch wieder ein Interview vor Ort führen.

Wir lernen in diesen zwölf Monaten viel. Und mit einigem Abstand können wir sagen: Deutsche Musik ist relevant für unser Land und ein Spiegelbild unserer Befindlichkeiten. In der Musik und in den Künstler-Karrieren verdichten sich

Debatten, die Deutschland bewegt haben: von Rio Reiser, der mit Ton Steine Scherben die Begleitmusik im Kampf der linken Jugend gegen das Establishment wurde, über Techno als Ausdrucksmittel einer befreienden Entgrenzung und auch eines neuen Hedonismus bis hin zu Hip-Hop und Gangsta-Rap, dessen Protagonisten Provokation und den Kampf in einer Klassengesellschaft neu definieren. Gern hätten wir auch mit ihnen diskutiert, aber leider blieben alle Anfragen in dieser Richtung unbeantwortet.

HARIBO IN HEINO-FORM

Viele Gespräche sind uns besonders in Erinnerung geblieben, allein schon wegen der Begleitumstände. Als wir auf dem Weg zu einer Künstlerin in Bayern sind, die es letztlich nicht ins Buch schafft, verfolgt uns plötzlich eine Frau im dunklen BMW, weil sie uns offenbar für Einbrecher hält. Sollten Sie dies hier lesen: Grüß Gott, wir wollten nur jemanden besuchen! In Bad Münstereifel drückt uns Heinos Frau Hannelore Süßigkeiten in die Hand, Haribo-Gummibärchen, selbstverständlich in Heino-Form, und wir sind durchaus überrascht, wie unterhaltsam und offen dieses Gespräch verläuft. Und in Tutzing muss uns Daniel Pilar sozusagen mit der Brechstange von Peter Maffay lösen, damit er noch genügend Zeit für die Fotos hat.

Andere Interviews sind von leichten Spannungen geprägt, weil sich Künstler falsch verstanden fühlen oder Gesagtes im Nachhinein lieber doch nicht gedruckt wissen wollen. In einem Fall kommt es sogar zum Äußersten. Mit einem berühmten Sänger führen wir ein langes und – wie wir finden – interessantes Gespräch, von dem er nachher plötzlich nichts mehr wissen will. Das gehört aber zum Berufsrisiko, zumindest in Deutschland, wo es üblich ist, Interviews vor der Veröffentlichung von den Künstlern autorisieren, das heißt, in dieser schriftlichen Form genehmigen zu lassen. Aber gut finden müssen wir das natürlich nicht. Denn ein Gespräch ist ein Gespräch und keine PR-Veranstaltung.

Das alles steht für Deutschland. Und Deutschland stand lange in erster Linie für klassische Musik. Die deutsche Popmusik hingegen musste sich erst von der englischsprachigen emanzipieren – und die (Medien-)Gesellschaft lernen, dass deutsche Musik sehr wohl internationales Format haben kann, selbst wenn gelegentlich noch immer der Dorfdisco-Stampf durchkommt. Und noch etwas zeigt dieses Buch sehr deutlich: Deutschland besteht nicht nur aus seinen Metropolen, sondern ist auch stark ländlich geprägt. Gelegentlich vergessen das die urbanen Beobachter und Musikkritiker in ihrem Hochmut. In den Dorffestzelten spielt eine andere Musik als in den Berliner Lofts und Underground-Locations. Aber beides hat seine Existenzberechtigung.

Deshalb ist der »Soundtrack Deutschland« so vielstimmig. Ein junger DJ wie Felix Jaehn ist heute weltweit erfolgreich, und dabei gerät fast in Vergessenheit, dass er aus Deutschland stammt. Sven Väth, einer der Pioniere der Techno-Bewegung, erobert als Kosmopolit die Welt – und spricht noch mit hessischem Zungenschlag. Im Ausland ist die deutsche Musiklandschaft oftmals für Skurrilitäten bekannt, etwa der, dass David Hasselhoff als Sänger hier so erfolgreich war. Darüber lachen die Amerikaner. Andererseits ging ein Teil der elektronischen Revolution in der Musik mit Pionieren wie Kraftwerk oder Tangerine Dream von Deutschland aus. Von Rammsteins Erfolgen in Frankreichs Stadien ganz zu schweigen, und das sogar auf Deutsch!

Die Zeit der Minderwertigkeitskomplexe ist jedenfalls vorbei, und keiner muss sich mehr schämen, dass Deutschland vor allem Modern Talking in die Welt exportiert hat. Das Verhältnis der Deutschen zu ihrer eigenen Musik, das in der Vergangenheit oft verkrampft, verdruckst und andererseits hochmütig wirkte, hat sich normalisiert. Und der Soundtrack Deutschland lässt (von) sich hören. Wir bleiben dran. Viel Spaß beim Hören – pardon: Lesen!

Wenn Peter Maffays Tonstudio in Tutzing nur reden könnte! So ziemlich alles, was ihn berühmt gemacht hat, ist hier entstanden – und wenn er von fliegenden Drumsticks und vielen leeren Flaschen erzählt, dann könnte man tagelang zuhören.

▶ INTERVIEW

SIND SIE EIN DEUTSCHER VOLKSSÄNGER, **PETER MAFFAY?**

An ihm kommt in Deutschland keiner vorbei. Peter Maffay ist eines der Urgesteine in der deutschen Musikszene. Andere Künstler verehren ihn, schreiben für ihn oder schauen sich etwas von ihm ab. Dabei sieht es lange Zeit nicht danach aus, dass der junge Rumäniendeutsche eine derartige Karriere hinlegt. Als Schlagersänger feiert er erste Erfolge, ehe er sich dem Country und Rock zuwendet. Später entwickelt er die Kindermusicalfigur Tabaluga, die aus vielen Kinderzimmern nicht mehr wegzudenken ist. Bayern, wohin er aus Siebenbürgen übersiedelt, ist er treu geblieben. Wir treffen ihn im November 2019 in seinem Tutzinger Tonstudio am Starnberger See, von wo aus er mit seinen Musikern und Mitarbeitern das »Maffay-Imperium« steuert. Es wird ein langes und facettenreiches Gespräch, an dessen Ende er uns mit dem Auto höchstpersönlich zum Bahnhof kutschiert, pardon: katapultiert. Selten haben wir einen derart interessierten und überlegten Musiker getroffen, von Alterslustlosigkeit keine Spur. Der Mann brennt noch immer. Peter Maffay über seine schwierige Familiengeschichte unter der Knute der rumänischen Kommunisten, Akribie, Disziplin im Musikbusiness und das Ankommen in einem Land, mit dem er anfangs nur einen Tintenfüller verbindet.

Peter Maffay, geboren 1949 im rumänischen Brașov. 1963 mit der Familie nach Deutschland eingewandert. **Mehr als 15 Millionen** in Deutschland **verkaufte Alben. Erster Nummer-eins-Hit »Du« (1970),** weitere bekannte Songs: »Sonne in der Nacht«, »Gelobtes Land«. **19 Nummer-eins-Alben in deutschen Charts.**

Herr Maffay, Sie gelten in der Branche als einer der härtesten, akribischsten Arbeiter. Liegen Sie manchmal in der Jogginghose auf der Couch?
Jogginghosen hab ich gar nicht! Aber klar bin ich auch manchmal träge. Bis irgendwann der Zeitpunkt kommt, an dem ich mich nicht mehr leiden kann und sage: Jetzt reicht's! Wenn es wieder daran geht, drei Stunden auf der Bühne zu stehen und hinzulangen – bei dieser Art von Musik geht das nicht, wenn man da nicht fit ist, dann geht man ein wie eine Primel. Wer Erfolg haben will, muss bereit sein, sich zu placken, das ist bei uns nicht anders als im Sport. Ich habe gestern im Fernsehen eine Dame bewundert, eine ehemalige Weltmeisterin im Boxen, eine Migrantin. Wie die sich das erkämpft hat, mit welchem Ergebnis. Mit Kämpfen, die wahnsinnig waren, mit dem Willen, sich fast selbst zu zerstören.

Haben Sie diesen Willen auch – sich fast selbst zu zerstören?
Es gab eine Zeit, in der ich der Selbstzerstörung nah war. Ich habe als jüngerer Mann eine Weile gesoffen, als wenn es kein morgen gäbe. Wir saßen nächtelang hier im Studio und haben es uns so richtig gegeben. Wir fanden alles sensationell.

Und, war es das auch?
Nein *(lacht)*. Am nächsten Morgen leider nicht mehr.

Wie kamen Sie aus diesem Sumpf wieder heraus?
Ich wollte wieder spüren, was ich mache. Das war ein Grund. Der andere war, dass ich vom Arzt in dieser Zeit plötzlich eine Diagnose bekam, die endgültig war …

Lungenkrebs.
Ja, aber zum Glück hat sich das als falsch herausgestellt. Trotzdem ist mir das Herz in die Hose gerutscht, das war viel zu früh für einen Abgang. Also habe ich von einem auf den anderen Tag aufgehört, mit dem Saufen und den Zigaretten. Das Erstaunliche war, dass mich das kaum angestrengt hat. Plötzlich schmeckte mir der Whiskey nicht mehr.

Haben Sie dieses Gefühl des Rauschs, der Entgrenzung nie vermisst?
Nein. Draußen im Flur steht eine angebrochene Weinflasche. Vor dreißig Jahren wäre das nie und nimmer passiert, dass die so lange da steht. Heutzutage trinken wir gemeinsam ein Bier, wenn wir im Studio fertig sind, abends nach sechs. Aber nicht mehr wie früher. Und wenn wir am Abend noch ein Konzert haben, ist ohnehin Vorsicht angesagt. Es reicht ein Quäntchen zu viel, und man hält die Zeit nicht mehr durch, ist unkonzentriert, verspielt sich und unterbricht an Punkten, an denen es geil geworden wäre. Mit Alkohol entgleiten einem die Dinge. Früher haben wir zwei, drei Flaschen Whiskey getrunken, in einer Nacht. Zu zweit!

Erstaunlich, dass Sie heute noch gerade stehen können.
Ich habe früh genug aufgehört. Mein großer Mitspieler damals war Tony Carey *(amerikanischer Musiker, Anm. d. Autoren)*. Der wohnte über die Straße rüber, man konnte das Fenster aufmachen und rüberschreien. Tony und ich haben hier im Studio Monate verbracht. Wenn der Sprit ausgegangen ist, ist er nachts an die Tanke gefahren und hat Nachschub besorgt.

Gab es Auftritte, bei denen Ihnen das zum Verhängnis wurde?
Reichlich. Das war eklig: Ich war launisch, habe nicht gut gespielt, Gitarren zerstört. Als ich mit dem Alkohol aufgehört hatte, konnte ich nicht mehr verstehen, wie ich das vorher zulassen konnte. Ich bekam plötzlich wieder mehr Luft, kam die Treppen leichter hoch. Ich war plötzlich wieder viel lebendiger.

Sind Sie heute deshalb so diszipliniert? Weil es eine Dauertherapie Ihrer Exzesse ist?
Ich habe immer schon hart gearbeitet, das hat doch mit Therapie nichts zu tun! Oder, anders gesagt: Es ist einfach der Weg, von dem ich annehme, dass er zum Ziel führt!

Ihr Arbeitsethos ist unter Ihren Musikerkollegen legendär. Aber wie passt das zusammen: Disziplin und Rock'n'Roll?
Dass das nicht zusammenpasst, ist ein infantiles Vorurteil, mit Verlaub. Dieses Rock'n'Roll-Klischee – Auflehnung gegen das Establishment, die Straße, gebrochen sein, Zerrissenheit und Exzess. Und das ordnet man dann, weil es romantisch und mystisch ist, diesem Genre zu. Jemand wie ich, der so war und nicht mehr ist oder der es nicht war und dann doch geworden ist, der passt nicht in das Klischee. Das begleitet mich schon mein ganzes Leben: Ich passe nicht in Schubladen. Zum Glück, das finde ich ganz spannend. Aber mehr ist es nicht.

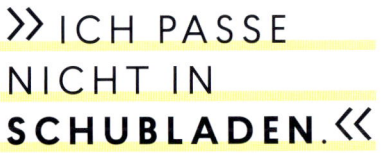

>> ICH PASSE NICHT IN SCHUBLADEN. <<

Umgekehrt gefragt: Kann man nur langfristig Erfolg haben, wenn man enorm diszipliniert ist?
Natürlich! Kann man ohne Disziplin erfolgreich sein? Ja, vielleicht. Kann man erfolgreich bleiben? Wahrscheinlich nein! Entweder geht man zu früh, oder man zerbricht, oder man steigt ab, weil die Leistung nicht mehr stimmt.

Oder man kommt wieder hoch, wie Udo Lindenberg.
Wenn man es unter Kontrolle hat. Wenn Udo noch ab und zu ein Eierlikörchen trinkt, gut. Aber ich weiß, wie sehr er sich damals mit der Sauferei an den Rand seiner eigenen Existenz gebracht hat. Sich selber zerstört hat. Ich habe ja oft genug mit ihm auf der Bühne gestanden. Die »Giganten«-Tour 2004 zum Beispiel, das war ein einziges Fiasko. Ich kann mich erinnern, wie

oft wir mit Steffi *(Steffi Stephan, Musiker und Produzent vieler Lindenberg-Alben, Anm. d. Autoren)* und Jacko *(Spitzname für Lindenbergs Keyboarder Jean-Jacques Kravetz, Anm. d. Autoren)* zusammengesessen und besprochen haben, wie man diesen Typen von seinem Trip wieder runterkriegt. Mithilfe seiner Kumpels hat er das geschafft. Ich glaube, seine Freundin Tine *(Acke, Lindenbergs Lebensgefährtin, Anm. d. Autoren)* hat daran einen enormen Beitrag gehabt.

Lindenberg wird dafür bewundert, dass er so ist, wie er ist. Dass er die Dinge scheinbar auch mal schleifen lässt und immer lässig daherkommt.
Was bei Udo locker aussieht, ist in weiten Zügen sehr cooles Handling. Es wirkt nur so, als ob er die Dinge schleifen lässt, weil er weiß, wie er sich verkaufen muss. Das ist sein Image. Und vielleicht auch ein bisschen seine angeborene Attitüde.

Ist Ihr Image als disziplinierter Arbeiter auch nur Attitüde? Und Teil einer sehr wirksamen PR-Kampagne?
Ganz ehrlich? Jetzt bin ich ein wenig großkotzig: So was brauche ich nicht. Mein Leben wird einfach ruhiger, wenn ich mich organisiere. Wahrscheinlich, weil ich aus dem tiefsten Chaos komme. Ich weiß noch, als Kind hatte ich einen Schrank für meine Bücher – ich hatte ja nicht viele. Ich habe die Bücher nicht fein säuberlich reingelegt, sondern reingestopft und dann schnell die Tür zugemacht. Jetzt sitze ich an meinem Schreibtisch und rücke den Bleistift von rechts nach links, bis ich das Gefühl habe, es sitzt alles richtig und sieht einigermaßen ästhetisch aus. Heute räume ich Sachen weg, wenn irgendjemand sie liegen lässt, weil mich das stört.

Wir waren neulich bei einem Musiker, der in jungen Jahren für Sie einen Text geschrieben hat. Er erzählte, wie er hier bei Ihnen in Tutzing vorgesprochen habe und Sie danach noch einen geschäftlichen Termin hatten. »Bleib ruhig hier«, hätten Sie zu ihm gesagt, »hier kannst du noch was lernen.« Was können andere denn von Ihnen lernen?
(Überlegt lange) Ich muss bei Geschichten wie dieser innerlich oft grinsen. Die werden mit jedem Jahr bunter ...

Die Geschichten reifen mit den Jahren wie ein guter Wein ...
... und jedes Mal kommt noch ein Stückchen dazu *(lacht)*. Es gibt eine Geschichte, die Peter Keller *(Gitarrist in Maffays Band, Anm. d. Autoren)* immer gern erzählt, um die Leute vor mir zu warnen. Wir sitzen in Dublin in einem Studio und produzieren das Album »X«, als es plötzlich ein Geräusch gibt, das mich völlig irritiert. Die Musik läuft ziemlich laut, aber das Geräusch geht nicht weg. Ich frage den Toningenieur: Was ist das für ein Sound? Er antwortet: Es gibt ein Gewitter, das ist der Regen. Ich sage aus Spaß: Halt die Maschine an und mach das weg! Das war wirklich nur Spaß, trotzdem wird die Geschichte jetzt sehr ernst genommen. Weil sie so in das Bild passt, das viele von meiner angeblichen Kontrollwut und Akribie haben.

Stören Sie solche Geschichten wirklich?
Die stören mich überhaupt nicht, das sind nette Anekdoten, die irgendwann zu »Legenden« werden. Wie diese andere Geschichte von Bertram Engel, meinem Schlagzeuger. Wir haben hier im Studio gesessen und geprobt wie die Geisteskranken. Plötzlich nahm Engel zwei Schlagzeugstöcke, warf sie vom Schlagzeug bis hier nach vorne und rief: Mit alten Männern spiele ich nicht!

Das wirkt selbstironisch. Ist das das Schöne an der Anekdote? Weil auch sie Ihr Image stärkt, von dem Sie letztlich profitieren?
(Überlegt sehr lange) Wenn ich ein Image erzeugen wollte, müsste ich vorher meine Situation analysieren. Aber das habe ich nie, ich habe mich einfach so entwickelt. Am Anfang die Schlaghose, dann irgendwelche Lederhosen, die Lederjacke, Cowboystiefel, ein Bart, später eine Glatze, weil mir die Haare ausgefallen sind: So war es halt. Aus all diesen Dingen, so widersprüchlich sie auch sein mögen, ist irgendwann dieses Image von Peter Maffay entstanden. Wir haben nicht am Rechenschieber gesessen und gedacht: Ab morgen bist du »der Rocker mit dem sanften Herz«. Als ich das zum ersten Mal über mich gelesen habe, dachte ich, ich kriege das Kotzen.

Aber den Schubladenwechsel aus dem Schlagerfach zum Rock haben Sie schon geplant, oder? Ihre Karriere hat 1970 mit der Ballade »Du« angefangen.
Ich konnte die Vorurteile nicht mehr hören, mit denen man mir auch dann noch begegnet ist, als ich schon längst andere Sachen gemacht habe. Die hingen mir noch ewig nach. Ich habe mir damals wieder und wieder die Sachen angehört, die ich gemacht hatte, und mich selber gefragt: Stimmt das mit dem Rocker und dem sanften Herz vielleicht doch?

Und, stimmte es?
In den allermeisten Fällen nicht, zumindest nicht mehr. Ich habe mich aber auch nie groß darum geschert, so eine klare Linie zwischen den Genres zu ziehen. Mir selber habe ich nur immer wieder gesagt: Wenn jemand das noch als Schlager bezeichnet, dann hat er was an den Ohren!

Trotzdem hatten Sie lange Jahre damit zu kämpfen, dass die Öffentlichkeit nicht von diesem Image lassen wollte. Als Sie 1982 im Vorprogramm der Rolling Stones in Hannover auftraten, wurden Sie unfreundlich empfangen ...
Unfreundlich empfangen ist gut!

Wir wollten es euphemistisch ausdrücken. Aber gut, Sie wurden mit Tomaten beworfen. Wie lange hat Sie das noch geärgert?
Das hat mich *(überlegt)* ... verletzt, meine Eitelkeit. Geärgert hat mich eher meine eigene Dummheit, dort aufzutreten und mir vorher nicht überlegt zu haben, welche Reaktion mich erwartet, wenn ich mich mit diesem Programm auf die Bühne traue.

Sie sind nach der J.-Geils-Band aufgetreten. Der Sänger brachte die Menge mit den Worten gegen Sie auf: »Wollt ihr Schlager hören oder Rock?«
Ich hätte einfach viel souveräner reagieren sollen, als die ersten Tomaten flogen.

> »DIE LEUTE WOLLTEN RANDALE HABEN, UND DANN KAM ICH.«

Wie denn?
Ich hätte noch selbstbewusster werden müssen, mit noch breiteren Schultern. Vor allem hätte ich direkt das Programm umstellen sollen: Balladen raus, Rock rein. Aber ich hatte mir keine Gedanken darüber gemacht, dass man nachmittags bei dreißig Grad Hitze keine Liebeslieder spielen kann, wenn danach die Stones auftreten. Das war dummes Zeug. Die Leute wollten Randale haben, und dann kam ich. Da haben die gedacht: Ah, den Maffay haben wir doch schon länger auf dem Kieker, dem zeigen wir's jetzt mal.

Und die Stones? Wie haben die reagiert?
Gar nicht, das war denen wurst. Mick Jagger ist auf die Bühne gekommen, hat gesungen und ist wieder verschwunden. Keith Richards ist auf die Bühne gekommen, hat gesoffen und ist wieder gegangen. Die Stones haben uns als Act akzeptiert, weil wir damals viele Platten verkauften und sie sich durch uns noch mehr Publikum erhofften. Ansonsten hatte ich mit denen nicht viel zu tun. Mit Mick Jagger habe ich eine einzige Pressekonferenz gegeben. Die lief hauptsächlich auf Deutsch, das gefiel ihm überhaupt nicht. Er fragte mich ständig: »What did they say?« Ich habe immer geantwortet: »Nothing wrong about you!« Keith Richards habe ich irgendwann mal in die sechste Etage eines Hotels in Köln gefahren, weil er nicht mehr in der Lage war, den Knopf zu drücken. Als wir oben waren, stand vor dem Fahrstuhl so ein Schrank, nahm Keith in Empfang und sagte zu mir: »So, und du fährst jetzt wieder runter!« Da habe ich gesagt: »Accepted!« *(lacht)*.

Für einen wie Keith Richards, bei dem man sich wundert, dass er überhaupt noch lebt, scheint Erfolg nichts mit harter Arbeit zu tun gehabt haben wie bei Ihnen. Hat er einfach viel Glück gehabt?
Der hat das richtige Blut. Nein, im Ernst: Selbst Keith hat hart gearbeitet, so ein Erfolg kommt bei niemandem von alleine. Auch ein Künstler wie Mick Jagger ist zeitlebens unfassbar fokussiert auf das, was er macht, sonst wäre er nie so lange erfolgreich geblieben. Wir reden aber auch über völlig verschiedene Voraussetzungen.

Bei Jagger und Ihnen, meinen Sie?
Klar, wenn man ein weltweiter Act ist wie die Stones, mit dieser Effizienz, dann spielt man alle vier oder fünf Jahre eine Tour und ruht sich in der Zeit dazwischen aus. Aber je kleiner der Markt wird, desto mehr ist man in Bewegung, und je stärker ist auch der Verschleiß.

Sie altern schneller als Jagger?
Nein, aber ich muss mehr dagegen tun.

Wie Jagger machen Sie Musik, seit Sie denken können. Welche Rolle hat sie in Ihren ersten Jahren gespielt, als Kind in Siebenbürgen?
Musik war schon früh sehr wichtig für mich, das liegt vor allem an meiner Mutter. Sie konnte ziemlich gut Ziehharmonika spielen und auch ein bisschen Mundharmonika – und sie sang. Wenn die Nachbarn kamen, dann wurde gemeinsam gesungen. Es gab ja keine Schallplatten, also musste man das selber machen, traditionelle siebenbürgische Volkslieder. Diese ganzen Schlagersachen aus Deutschland, »Capri-Fischer« und so weiter, waren bis zu uns ja nicht durchgedrungen. Und wenn, dann nur über Kurzwellensender, da wurde man dauernd gestört. Und man musste aufpassen, dass man nicht erwischt wird. Es war ein ziemlich dunkles Rumänien, und Musik war eine gute Ablenkung.

Wie haben Sie dieses »dunkle Rumänien« als Kind erlebt? War Ihnen die Situation bewusst, oder hat sich Ihr Bild erst im Nachhinein durch Erzählungen geformt?
Sicher ist das Bild noch düsterer geworden, seit wir in Deutschland sind. Aber für uns als Kinder war es auch schon düster genug. Nun kann man nicht von einem Zehnjährigen erwarten, dass er das politische System durchschaut. Aber der Druck, unter dem die Eltern gelitten haben, und die Gefahr, wenn man frei seine Meinung äußert, die ist sogar bei uns Kindern angekommen. Wenn die Eltern plötzlich sagen: »Jetzt Klappe halten!« Irgendwann erschloss sich, dass das offenbar gefährlich sein konnte, die Klappe aufzureißen. Es gab ja nicht nur in meiner Familie Fälle, in denen der Vater abgeholt wurde ...

Abgeholt von der rumänischen Securitate, dem Geheimdienst. Und irgendwann wiedergebracht?
Gebracht wurde niemand, wenn, dann kam er von selber zurück. Abholen ja, zurückbringen nein. Zu dieser Serviceleistung war der Staat nicht bereit.

Ihr Vater hat berichtet, dass er von der Securitate gefoltert wurde.
Ja.

Wie hat er seine Erfahrungen verarbeitet? Hat er die Wut, die Verzweiflung zu Hause an seine Familie weitergegeben?
Nein, das nicht. Diese Erfahrung ist in ihm versunken und hat ihn mitgeformt. Mein Vater ist aber zweifelsohne zutiefst geprägt von diesen Demütigungen und Erniedrigungen, die wahrscheinlich noch schlimmer waren als die physischen Foltermethoden. Ich nehme an, dass die physische Folter niemals so schlimm war wie der Stolz, den man in ihm brechen wollte. Was ihnen zum Glück nie wirklich gelungen ist. Seine Renitenz und seine Heftigkeit, das resultiert sicherlich daraus. Mein Vater hat sich zur Folter nie richtig geäußert. Aber es war gang und gäbe, dass so etwas passiert ist.

> »MEIN VATER HAT SICH ZUR FOLTER NIE RICHTIG GEÄUSSERT.«

Haben Sie diese Erfahrungen Ihres Vaters als Kind mitbekommen?
Als ich noch ein kleiner Junge war, habe ich meinen Vater mal im Donau-Delta besucht. In dieses Donau-Delta wurden politisch Verdächtige wie mein Vater verbannt und mussten Zwangsarbeit leisten, sie durften nicht nach Hause. Die einzige Möglichkeit, ihn zu sehen, war, dorthin zu fahren. Das war ein Abenteuer. Gelandet sind wir in einem Dorf ohne Elektrizität und ohne fließendes Wasser. Unser Hauptfortbewegungsmittel war eine Scharetta, ein zweirädriger Karren, der von einem Pferd gezogen wurde. Und wenn wir Wasser holen mussten, sind wir mit einem Ochsenkarren in die Donau reingefahren, bis die Eisenbehälter auf dem Karren gefüllt waren, und sind wieder rausgefahren. So haben wir da gelebt. Wir haben zwar keinen Hunger gelitten. Aber dieses System hat uns eindeutig unsere Grenzen gezeigt. Das habe ich sogar als kleiner Junge mitbekommen.

Wussten Sie vor Ihrer Flucht nach Deutschland irgendetwas von diesem Land jenseits des Eisernen Vorhangs?
Nein, so gut wie nichts, höchstens winzige Versatzstücke. Ich glaube, das erste Stück Deutschland, das ich wahrgenommen habe, war ein Pelikan-Füllfederhalter. Den hatte irgendjemand mitgebracht. Ich wusste gar nicht, was das ist, ein Füllfederhalter.

Haben Sie sich als Deutscher gefühlt in Siebenbürgen?
Natürlich. Ich hieß ja Peter Alexander Makkay, ein ungarischer Name, aber wir haben Deutsch zu Hause gesprochen. Meine Mutter kam aus einem kleinen Dorf in der Nähe von Kronstadt, Brenndorf. Siebenbürgen ist eine stark deutsch geprägte Landschaft. In den siebenbürgischen Dörfern sprach man eher das siebenbürgische Deutsch, das durch die lange Isoliertheit ein paar phonetische Eigenarten hat. Das hat sich erhalten.

Man hat also im Grunde ein Deutschsein gepflegt, das man gar nicht mit der Realität abgleichen konnte?
Mit Sicherheit war es eine andere deutsche Art und Konsistenz. Städtisch auf der einen Seite und mit einem sehr fortschrittlichen Staatswesen. Man darf nicht vergessen, dass die Reformation gerade im Siebenbürgischen eine wichtige Rolle gespielt hat. Die Siebenbürgen waren gut strukturiert und mit viel Wissen ausgestattet. Aber trotzdem waren wir isoliert, weit weg von Deutschland und vielleicht auch ein bisschen bäuerlicher.

Ihre Familie war seit dem Zweiten Weltkrieg gespalten. Wie hat sich das im Alltag bemerkbar gemacht?
Hitler hatte Siebenbürgen im Krieg »heim ins Reich« geholt und der Zweite Weltkrieg dazu geführt, dass die ethnischen Teile der Bevölkerung gegeneinander aufgehetzt wurden. Viele in Siebenbürgen haben sich von Hitler verführen lassen, sind in die Wehrmacht eingetreten, haben den Krieg verloren und sind danach nach Hause zurückgekehrt. Und dann ging der Zirkus los. Große Teile meiner Familie, mein Großvater väterlicherseits, meine Großmutter, der Bruder meines Vaters, sind raus aus Rumänien, als das noch ging. Meine Mutter und mein Vater sind aber wieder zurückgegangen in der Hoffnung, die Familie dort vorzufinden. Und dann gingen die Schotten zu, und drinnen waren sie! Also war das Ziel über Jahre hinweg, aus diesem Land wieder rauszukommen, um mit der Familie zusammen sein zu können. Mein Vater hat meine Großmutter, glaube ich, 17 Jahre nicht gesehen.

Das heißt, die Familie väterlicherseits war schon im Ausland?
Meine Großmutter lebte in New Jersey, auch mein Onkel, der in Australien gelebt hatte, ging rüber in die Staaten. Es war die Familie meines Vaters, die draußen war; die Familie meiner Mutter war in Siebenbürgen geblieben. Die erlebte ich, bis ich 14 Jahre alt war, und dann sind wir raus, eigentlich mit dem Ziel, in die USA auszuwandern, um dort die Familie wieder zu vereinen.

Haben Sie mal überlegt, was aus diesem Peter Makkay geworden wäre, wenn Sie in Rumänien geblieben wären, das ab Mitte der Sechzigerjahre durch den Familienclan der Ceaușescus regiert und erst nach 1989 »frei« wurde?
(Überlegt lange) Weiß ich nicht. Vielleicht wäre ich sehr angepasst gewesen und hätte mich irgendwann diesem Regime gebeugt. Vielleicht wäre ich aber auch das glatte Gegenteil geworden. Meine Begabung für technische Berufe ist gleich null. Zwei linke Hände. Vielleicht hätte ich auf dem Land gewohnt, ich fand das bäuerliche Leben immer interessant. Das hatte aber auch damit zu tun, dass es auf dem Land immer viel mehr gab als in den Städten. Wenn einer ein Schwein hatte, dann hatte er Schwein – im wahrsten Sinne des Wortes. Das wurde geschlachtet und verbraten und verkocht und ich weiß nicht was. Den Leuten auf dem Land ging es eigentlich immer besser als der Stadtbevölkerung. Auf dem Land wurden die Traditionen auch noch viel vitaler erhalten. In der Stadt gab es zu viele, die das beobachtet und gestört haben.

Aber ist das nicht gerade das, was Künstler eher suchen? Die Veränderung, die Avantgarde, die permanente Erneuerung?
Wenn ich in einen Garten gehe, erlebe ich die Erneuerung auch permanent. Oder welche Einflüsse meinen Sie?

Zum Beispiel kulturelle Einflüsse durch Migration. Veränderungen im Speiseplan, in der Kunst, der Musik. Synkretismen aus verschiedenen Welten. Das, was Berlin vielleicht von der Schwäbischen Alb unterscheidet.
Ja, zweifelsohne. Wenn ich etwas über das Meer erfahren will, kann ich das nicht irgendwo in Garmisch suchen. Dann gehe ich nach Hamburg. In Rumänien war das auch so. Wenn man vom Regime absieht, dann gab es den größten kulturellen Austausch in Kronstadt, Hermannstadt und Bukarest. Gerade Bukarest war immer schon ein Schmelztiegel. Nach Ceaușescu hat sich die Stadt in enormer Geschwindigkeit weiterentwickelt. Wenn man jetzt nach Bukarest geht, gibt es dort alles.

Ihre Eltern sind mit Ihnen 1963 nach Bayern ausgewandert. Ihr Vater wurde von der Securitate beobachtet. Wie gelang dann die Ausreise?
Das war ein enorm waghalsiges Unternehmen, weil wir nicht nur die rumänische Grenze überwinden mussten, sondern auch noch die ungarische. Dort wurden etliche geschnappt, und die hat man in den meisten Fällen gar nicht mehr wiedergesehen. Möglichkeit A war, einfach abzuhauen, mit der hohen Wahrscheinlichkeit, dass man erwischt wird. Möglichkeit B war, die wenigen Schlupflöcher, die es gab, auszuschöpfen. Das bedeutete in der Regel, dass man einen normalen Ausreiseantrag stellte. Dieser Antrag hat einen allerdings sofort in eine bestimmte Ecke gedrückt. Wer bereit war, auszureisen, hat sich geoutet als jemand, der den Staat nicht akzeptierte. Also hat der Staat gesagt, wenn das so ist, bekommst du auch keine Unterstützung mehr. Dann wirst du exkommuniziert. Punkt.

Welche Folgen hatte das?
Keine Arbeit mehr. Leb von dem, was du noch hast. Sieh zu, wie du zurechtkommst. Der rumänische Staat hat ja richtig Geld gemacht mit dem Geld der Ausreisewilligen. Niemand hat das so offen ausgesprochen, aber das war es, was aus Sicht des Staates dahinterstand: Wir haben in euch so viel investiert, dieses Geld wollen wir zurückhaben, und zwar in Valuta.

Den Schritt trotzdem zu wagen, erforderte viel Mut.
Absolut, für meinen Vater war diese Entscheidung enorm couragiert. Und die Quittung folgte auf dem Fuß. Der Staat reagierte sofort: Er wurde arbeitslos, wir lebten von den Verkäufen unserer kleinen Habe. Dann kam ein Zufall dazu. Mein Vater war Büchsenmacher und reparierte auch die Gewehre von Leuten aus der Regierung. So bekam er eine Chance, mit Ion Gheorghe Maurer *(1902-2000, Anm. d. Autoren)* zu sprechen, dem damaligen rumänischen Regierungschef, der von Siebenbürger-Deutschen abstammte. Mein Vater sprach ihn an, als Maurer seine Büchse abholte, und sagte: »Ich habe den Pass eingereicht, und der wird nicht bewilligt. Lassen Sie mich endlich aus diesem Land raus!« Das war ein ziemlich wortlauter Disput auf dem Hof dieser Büchsenmacherei. Mein Vater hat sicherlich damit gerechnet, im nächsten Moment inhaftiert zu werden. Und Maurer hat angeblich gesagt – so kenne ich die Geschichte: »Lasst diesen Mann endlich gehen. Wir wollen ihn hier nicht mehr sehen.« Kurz darauf bekamen wir die Papiere und ein Ultimatum, das Land in wenigen Stunden zu verlassen. Dann sind wir nach Bukarest und mit Sabena rausgeflogen.

Ihre Mutter musste damals ihre eigene Mutter, Ihre Großmutter, zurücklassen. Wie war das für sie?
Für meine Mutter war das ein gravierender persönlicher Einschnitt. Meine Großeltern waren ja damals schon alt und konnten oder wollten nicht mehr weg. Das heißt, meine Mutter hat ihre eigenen Eltern wegen dieser Ausreise und meinetwegen im Stich gelassen, wenn man so will. Das habe ich mit 14 aber in dieser Tragweite gar nicht begriffen. Aber ich kann mir vorstellen, in welchem Konflikt sich meine Mutter damals

> »MEINE MUTTER HAT IHRE EIGENEN ELTERN WEGEN DIESER AUSREISE UND MEINETWEGEN IM STICH GELASSEN.«

befunden hat. Und das jahrelang! Sie hat ihre Eltern danach zusehends weniger gesehen, und dann sind sie gestorben. Das muss man zwangsläufig als eine Art Schuld empfinden. Ein dunkles Kapitel in unserer Familie.

Haben Sie Ihre Großeltern nach der Flucht noch einmal gesehen?
Ganz am Anfang. 1963 sind wir raus, 1964 oder 1965 waren wir noch mal in Rumänien. Das war für uns eine unfassbare Situation, dass man jetzt deutscher Staatsangehöriger war und einfach so über die Grenze nach Italien oder Österreich fahren konnte, wo freundliche – in der Regel – Grenzbeamte oder Zöllner standen und sagten: »Ich wünsche Ihnen eine schöne Fahrt.« Mein Vater hatte in Deutschland gleich eine Anstellung gefunden und verdiente gutes Geld. Und was machten wir? Wir kauften direkt ein Auto und fuhren nach Rumänien.

Die Angst vor der Securitate war weg, weil Sie nun den deutschen Pass hatten?
Ja. Das war so etwas wie ein Schutz.

Sie haben von Schuld gesprochen, die Ihre Mutter empfunden hat, weil sie Ihre Großmutter zurückgelassen hat. Haben Sie diese Schuld auch verspürt, weil Ihre Familie auch Ihretwegen nach Deutschland geflohen ist?
Das ist so. Ich bin der Grund dafür, dass sie sich so entschlossen hat.

> »ICH HATTE EIN **ENORM GUTES VERHÄLTNIS** ZU MEINER MUTTER.«

Was empfinden Sie dabei?
Diese Rechnung ist offen geblieben. Leider. Bis zu ihrem Tod. Das hätte ich besser hinkriegen können, wenn ich Augen, Ohren und ein Herz dafür gehabt hätte. Ich hatte ein enorm gutes Verhältnis zu meiner Mutter, ich habe sie sehr geliebt und tue das heute noch so, als würde sie leben. Aber ich habe nicht gesehen, welchen Verlust sie damals erlitten hat. Ich kann das nicht mehr reparieren, sondern nur hereintragen in das Leben meiner Kinder. Ich kann ihnen sagen: »Das war deine Oma, und das hat sie gemacht. Wenn dir irgendwann mal etwas Ähnliches widerfährt, dann halte die Augen offen. Bleib empfindsam.«

Sie haben mit ihr nie darüber gesprochen?
Kaum. Ich weiß nicht, woher das kommt, aber in unserer Familie gibt es offensichtlich so einen Codex, dass man den anderen nach Möglichkeit nicht belastet. Das ist auch heute noch so. Mein Vater hat mich noch nie angesprochen und sich beklagt, dass ich zu wenig Zeit für ihn habe. Dabei ist das ganz bestimmt der Fall.

Wir haben den Eindruck, dass die Kriegsgeneration, aber auch deren Kinder, Ihre Generation, vieles nicht besprochen hat und vor Gefühlsäußerungen zurückschreckt. Haben Sie mit Ihren Kindern ein »verbales Verhältnis«?
»Verbales Verhältnis« ist der richtige Ausdruck. Schönes Wort. Die Beziehungen sind heute generell verbaler. Wir reden viel mehr, es gibt weniger Tabus.

Die Schuldgefühle, von denen Sie sprechen, waren sie der Grund, warum Sie die Asche Ihrer Mutter nach Mallorca geholt haben, wo Sie eine Finca und eine Kapelle besitzen?
Ich habe mich zu ihren Lebzeiten nicht häufig in ihrer Nähe aufgehalten. Ich war viel unterwegs, und das hat eine Menge Defizite erzeugt, gar keine Frage. Auch bei mir selbst. Vieles, was ich anderen angetan habe, weil ich nicht da war, habe ich mir selbst auch angetan. Ich war zwar mit mir da, aber auch manchmal nicht wirklich. Vielleicht ist das ein kleiner Versuch, die Aufmerksamkeit, die man zu Lebzeiten nicht gespendet hat, nachzuholen.

Als Sie 1963 nach Deutschland kamen, wie wurden Sie von den Bayern in Waldkraiburg empfangen?
Sehr freundlich und offen. Wenn die Bayern sagen: »Mia san mia«, dann kann man das durchaus wohlwollend betrachten. Das hat mit Isolation oder Ausgrenzung nichts zu tun, sondern ist eine Form des Selbstbewusstseins. Es gab allerdings damals ein Wort, das mir hängen geblieben ist, weil ich es vorher noch nicht gehört hatte: «Rucksackdeutscher«. Alle, die aus dem Osten kamen, ob aus Russland, Polen oder Tschechien, hatten oft Rucksäcke um, weil sie keine Koffer kaufen konnten.

Wie war Ihr Leben in Bayern, in den ersten Jahren?
Wir lebten im ersten Stock über einem Tengelmann-Geschäft. Da gab es Wurst, Käse, alles! Wenn wir in Rumänien in einen Laden reingingen, gab es nichts: »Oh, ein Brot.« Oder wenn es mal, selten genug, Öl oder Zucker gab, dann haben wir Zucker gekauft. Obwohl wir gar keinen brauchten. Der lag dann zu Hause. »Hast du zwei Eier? Dann tauschen wir.« Das war in Bayern anders, da gab es alles. Sogar Klamotten!

War Deutschland, wie Sie es erwartet hatten? Oder ganz anders?
Von draußen her konnte man ja keine Vorstellung über Deutschland entwickeln. Wie deutsch muss Deutschland sein? Keine Ahnung! Die Maschine aus Bukarest ging über Köln nach München, am Abend kamen wir an. Am nächsten Morgen bin ich auf die Straße gegangen, meine Eltern schliefen noch, wir haben die ersten Tage bei einer siebenbürgischen Freundin übernachtet. An dem Morgen bin ich also auf die Straße, und da waren lachende Menschen, das hatte ich vorher nicht erlebt.

Gewimmel, Straßenbahn, Autos – ich habe solche Augen bekommen! Diese Fröhlichkeit, die haben wir in dieser Form nicht gehabt. In Rumänien waren wir eher grau und geduckt. Mir hat das neue Leben gefallen. Dann bin ich raufgegangen, und wir haben gefrühstückt, Wurst und Käse. Das weiß ich bis heute.

Mussten Sie sich in Deutschland zu keiner Zeit durchboxen? Das ist nur schwer zu glauben.
Ich habe diese Zeit, die ersten Jahre nach unserem Ankommen, nicht als Kampf empfunden. Wir wussten, wie so etwas geht, mit Streit und Problemen, weil es in Rumänien immer Rangeleien gab, auch zwischen den Ethnien. Aber die waren immer durch die Umgebung verursacht. Als Kinder wurden wir immer als »Hitleristen« bezeichnet. Ich habe gefragt: »Kann mir irgendwer erklären, wer dieser verdammte Hitler ist?« Ich wusste nur, das ist etwas Unangenehmes. Angst hatte ich aber nie. Das ist auch so geblieben.

Gründet sich Ihre Durchsetzungsstärke, die manche in der Branche mit Härte gleichsetzen, auch in Ihrer Herkunftserfahrung?
Vielleicht spielt das eine Rolle, ja. Die Affinität zum Land, zu bäuerlichen Strukturen hat es bei mir offenkundig schon lange gegeben, ohne dass ich es gewusst habe. Und wenn Sie sich die siebenbürgische Geschichte anschauen, vor allem die der Landbevölkerung, dann ist es ein sehr entbehrungsreiches Leben, das die Menschen dort geführt haben. Wenn man dann sieht, welche Errungenschaften dieses bäuerliche Leben erreicht hat, dann weiß man, das geht nur auf der Basis ganz bestimmter Prinzipien. Und dazu gehört harte Arbeit.

Harte Arbeit, also Fleiß, Disziplin, ökonomischer Blick auf die Bücher? Und Empathie für die jeweilige Umgebung?
Gesellschaftliche Verantwortung. In jedem kleinen Dorf. Das war die einzige Möglichkeit zu überleben, wer das nicht praktizierte, hat es nicht geschafft in diesem entrückten, isolierten Teil Europas. Wenn man heute in einen Wald geht und dort überleben will, dann muss man mit den Prinzipien dieses Waldes vertraut sein und sich danach verhalten. Das Prinzip von Disziplin lässt sich auf jeden Beruf übertragen. In dem Moment, wo man etwas richtig machen und bestimmte Standards erreichen will, geht es nicht anders.

Wenn man lange Erfolg hat, wird wie selbstverständlich vermutet, das könne man nur durch harte Arbeit erreicht haben ...
Das ist doch auch so! Die Welt ist voller Beispiele, in denen es so und nicht anders funktioniert. Bis die Glühbirne erfunden war, hat Edison lange drangesessen und getüftelt und nicht aufgegeben. Jeder Spitzensportler geht mit dieser Einstellung an seinen Sport heran, sonst ist er nicht gut. Das ist bei mir nichts anderes. Und ich kenne viele Kollegen, die mindestens so akribisch sind wie ich. Meinen Toningenieur hier im Studio zum Beispiel, Ronald Prent.

... aber was ist mit der Kreativität? Mit Inspiration und »göttlichem Funken«?
Solche Fälle gibt es, sicher. Pascal Kravetz *(Musiker aus Maffays Band, Anm. d. Autoren)* zum Beispiel ist so einer. Der fährt mit uns nach Australien, wir sitzen irgendwo im Busch mit einem Freund, der Aborigine ist. Wir sitzen abends beim Lagerfeuer, einer holt ein Didgeridoo hervor, und Pascal sagt: »Ich möchte das auch mal ausprobieren.« Das Ding wiegt 20 Kilo, er bläst rein, aber es kommt nichts. Bis ihm einer erzählt, was Zirkularatmung bedeutet: gleichzeitig reinblasen und atmen, erst dann entsteht ein Ton. Pascal probiert 20 Minuten, dann kommt ein Ton. Am nächsten Tag kommt schon ein Rhythmus. Das macht der mit jedem Instrument, der hat eine unfassbare Grundbegabung. Auch zuweilen mit einer Arroganz, die provozierend ist.

Lassen Sie uns nicht nur über Arroganz, sondern auch über Konkurrenz sprechen: Helene Fischer hat Sie vor einer Weile bei den Top-Play-Charts überholt. Verspüren Sie noch Neid?
Einer Dame lässt man doch gern den Vortritt *(lacht)*. Aber klar verspüre ich noch Neid. Es ist das überflüssigste, giftigste und dämlichste Gefühl, das man entwickeln kann. Wenn man sich dem hingibt, tut man sich selbst keinen Gefallen. Aber man kann sich manchmal trotzdem nicht frei davon machen.

> »NEID IST DAS ÜBERFLÜSSIGSTE, GIFTIGSTE UND DÄMLICHSTE GEFÜHL, DAS MAN ENTWICKELN KANN.«

Woran machen Sie das fest? Dass andere mehr Alben verkauft haben als Sie?
(Überlegt lange) Ich glaube, es ist dasselbe wie bei zwei guten Läufern, von denen nur einer als schnellster ins Ziel kommen kann. Wir haben bisher 19 Nummer-eins-Alben geschafft. Ich versuche das immer ein bisschen runterzuspielen und höre das auch nicht gern, weil es dann gleich heißt, ja, der Maffay, jetzt spielt er sich wieder auf. Aber klar bin ich darauf ziemlich stolz.

Mit wem messen Sie sich denn noch, künstlerisch wie kommerziell? Mit Lindenberg, Grönemeyer, Westernhagen, mit Leuten Ihrer Generation?
Mit niemandem. Außer mit meiner eigenen Erwartungshaltung, auch wenn sie frech oder kühn ist. Ich wollte schon immer –

wenn es so weit war – das beste unserer Alben machen. Aber das hat sich verändert. Früher war es vor allem sportlicher Ehrgeiz. Heute weiß ich, dass alles danach viel leichter ist, wenn du mit einem Album einen großen Erfolg hast.

Im amerikanischen Magazin Time war mal Herbert Grönemeyer genannt, als ein »European Heroe«, der im Ausland für Deutschland steht. Ist Peter Maffay auch ein Gesicht der Deutschen, ein deutscher Volkssänger?
(Überlegt lange) Ich glaube nicht, dass es Sinn macht, mich als besonders deutschen Interpreten zu bezeichnen. Wenn, dann bin ich von allen deutschen Interpreten der Rucksackdeutsche. Dieser Typ, der immer dieses rollende R hat.

Welche Bedeutung hat dieser Spott für Sie, trifft Sie das noch?
Natürlich tut es das, weil es ja eine Verballhornung ist. Auch die Parodien auf mich und meine Stimme: Das ist eine Ausgrenzung. Wenn ich ein »deutscher Volkssänger« wäre, wenn es so etwas überhaupt gibt, müsste ich eigentlich ein anderes R sprechen.

Wie Heino oder Till Lindemann.
Vielleicht. Mir merkt man an, dass ich von draußen komme.

Haben Sie davon nicht auch profitiert, von jeder Maffay-Parodie, die Jürgen von der Lippe oder Helge Schneider gemacht haben? Weil sie Ihre Einzigartigkeit noch betont hat?
Jürgen von der Lippe hat mich einmal als Muräne bezeichnet. Das fand ich grauenhaft. Damals hat mir einer meiner engsten Freunde gesagt: Sieh das doch nicht so verbissen, ist doch nur Spaß! Aber das ist nicht nur Spaß, das ist dumm. Weil aus dieser Form der Verballhornung Attitüde entsteht und aus Attitüde irgendwann vielleicht physische Gewalt. Sich über jemanden anderen lustig zu machen, ist eine Selbstüberhöhung und Gift. Und diejenigen, die das ignoriert haben, sehen ihren Fehler jetzt hoffentlich gerade ein, da die Fremdenfeindlichkeit und der Hass immer mehr zunehmen.

Das heißt, bei der Herkunft hört der Spaß auf?
Witz und Witz sind zwei verschiedene Dinge. Wenn jemand den Muränen witzig findet, muss er das verantworten. Ich kann das aber nicht, weil ich weiß, was damit impliziert wird. Sind die Rumänen schlechtere Menschen, weil es ihnen wirtschaftlich schlecht geht und einige von ihnen nach Deutschland kommen und klauen, um endlich mal das zu haben, was sie zu Hause nie bekommen werden? Ist Armut so verabscheuenswürdig und Besitz ein so großes Privileg, dass man sich über jemand anderen stellen darf? Ist Herkunft eine Legitimation für solche Witze? Nein, ist sie nicht. Ich lache gern über feinfühlige, kluge Witze. Aber wenn der Intellekt dafür nicht reicht, sollte man es bleiben lassen.

Haben Sie mit Jürgen von der Lippe darüber noch mal gesprochen?
Seit vielen Jahren nicht mehr, das liegt lange zurück. Ich unterstelle ihm auch, dass er politisch korrekt ist. Ich glaube nur, die Feinfühligkeit in unserer Gesellschaft hat stark abgenommen. Und deshalb bemerken wir oft nicht mehr, dass solcher Spott wie von Jürgen sich irgendwann verstärkt. Das gab es ja schon einmal in unserer Geschichte, so etwas fängt klein an und wird dann immer größer, bis es zu einem Geschwür geworden ist und man es nicht mehr kontrollieren kann. So weit ist es heute ja fast wieder. Wenn wieder so viele Hakenkreuze an Wände geschmiert werden, dass man sie nicht mehr zählen kann, NPD-Veranstaltungen nicht verboten werden und es einen endlosen NSU-Prozess gab, bei dem viele Fragen offen bleiben, brauchen wir uns über eine Eskalation nicht zu wundern.

Hat sich die Art, andere zu beurteilen, in Deutschland in den letzten Jahrzehnten verändert?
Enorm sogar! Die Anonymität wird aufgegeben. Ich bring dich um, ich schneide dir die Kehle durch, ich vergewaltige dich. Ihr Juden gehört vergast! Solche Sachen kann man jeden Tag im Netz lesen. Bei einem Fußballspiel stehen Leute mit Hitlergruß im Stadion, und wir spielen in Jena bei »Rock gegen rechts« mit einer kugelsicheren Weste. Das hat sich verändert.

Woran liegt das?
Die Summe aller ahndungswürdigen Fälle von Hetze und Gewalt hat dermaßen zugenommen, dass wir nicht mehr in der Lage sind, entsprechend darauf zu reagieren. Es gibt Zigtausende Fälle, die anhängig sind, aber nicht bearbeitet werden. Meine Freundin kommt aus Halle. Wir wohnen da nicht weit weg von der Synagoge, vor der im Herbst 2019 dieser Typ mit der Knarre vorbeigegangen ist und eine Frau erschossen hat, als wäre sie ein Kaninchen. Es gibt so viele dieser Fälle, und es sind zu viele geworden, um sie alle noch einzufangen. Und irgendwann landet dieses Verhalten in der Mitte der Gesellschaft.

Und das nicht nur in Deutschland.
In vielen europäischen Ländern. In unserem Dorf Radeln in Rumänien leben siebzig Prozent Sinti und Roma. Ein großer Teil der rumänischen Bevölkerung ist rassistisch bis zum Abwinken.

Was können Sie als Musiker gegen die zunehmende Radikalisierung der Gesellschaft tun? Erreicht man mit Liedern wie »Morgen« auf Ihrem letzten Album noch jemanden?

Als Bob Dylan »Blowing in the Wind« geschrieben hat, hat das die Leute erreicht. Kunst, Musik, Bildhauerei, Lyrik, all das kann die Menschen verändern. Nehmen Sie zum Beispiel das Lied »Über sieben Brücken« von Karat. Wie viele andere habe ich den Song auch nicht als das Liebeslied verstanden, als das er ursprünglich gedacht war, sondern als Hymne mit einer klaren Botschaft: Versuch es oft genug, dann wirst du es schaffen! Musik kann noch immer etwas bewirken, davon bin ich überzeugt.

Viele Musiker, mit denen wir für dieses Buch gesprochen haben, haben Texte für Sie geschrieben. Trauen Sie sich das Texten nicht zu und greifen deshalb so viel auf andere zurück?

Zum Texten muss man, wie zum Komponieren, eine Begabung mitbringen. Die habe ich nicht. Ich habe in meinem Leben fünf oder sechs Texte geschrieben, aber die wollte keiner haben, obwohl ich die gar nicht so schlecht fand *(lacht)*. Ich kann ein Lied analysieren und durchaus sagen, warum »Morgen« so geendet hat. Wir diskutieren bei jedem Song und besprechen, wohin wollen wir mit dem. Und dann liegt es an mir zu sagen, was mich beschäftigt und was ich machen will.

Wie produziert man eigentlich ein Erfolgsalbum?

Indem man in den Spiegel guckt und sich nicht belügt. Und keine Sachen spielt, die einem nicht entsprechen. Das ist schwer, weil man nicht immer ehrlich mit sich umgeht und leicht zu verführen ist, falsche Dinge zu machen. Aber je besser diese Ortung gelingt, desto eher ist man in der Lage, ein Material zu erzeugen, das einem entspricht.

Das heißt aber ja nicht zwangsläufig, dass der kommerzielle Erfolg dann auch bleibt. Marius Müller-Westernhagen zum Beispiel hat nach den Neunzigerjahren mit seinen großen Erfolgen gebrochen und gesagt: Der kommerzielle Erfolg ist mir nicht mehr so wichtig. Das machen Sie anders. Sie gehen mit Johannes Oerding auf die Bühne, haben Jennifer Weist bei MTV Unplugged mit dabei, um Anschluss an eine jüngere Zielgruppe zu bekommen. Sieht nach einem ausgefeilten Plan aus.

Nein, das ist kein Plan und auch keine Marketingstrategie, das ist Neugierde! Ich gehe nicht mit Johannes auf die Bühne, weil ich damit eine neue Zielgruppe erreichen will. Es ist einfach enorm geil, mit diesem Typen Musik zu machen. Eine der schönsten Versionen von »Sieben Brücken« ist die mit Johannes, weil sie so beseelt ist. Die kommt aus dieser Chemie zustande, die auf der Bühne zwischen ihm und mir entsteht. Oder die Zusammenarbeit mit anderen Künstlern für das Album »Begegnungen«, das wir komplett an kommerziellen Erwartungen vorbei gemacht haben. Da kann man in vierundzwanzig Songs erleben, was Symbiose bedeutet, eine tolle Erfahrung.

Der Trend geht seit einigen Jahren weg von allzu glatten Produktionen, hin zu raueren, unbehaueneren Alben. Wie kritisch sind Sie bei der Produktion?

Glatt zu spielen, ist ziemlich einfach. Um rau zu spielen, muss man hingegen viel üben, weil das bedeutet, dass man in der Lage ist, einen Song auf seine Essenz zu reduzieren. Wir haben mal bei einer Tour auf einer Bühne drei Schlagzeuge aufgebaut, weil ich dachte, das würde was hermachen. Hat es auch. Bertram Engel (»*Der Schmied*«) in der Mitte, Pascal Kravetz links, der wirklich ein Tausendsassa ist, ein tolles rhythmisches Empfinden hat und Schlagzeuger, Keyboarder, Gitarrist und Organist zugleich ist. Rechts Charly *(Klauser, Musikerin in Maffays Band, Anm. d. Autoren)*, eine junge Dame, die auch fantastisch ist und immer besser wird. Die spielen zu dritt, es sieht total geil aus, und irgendwann unterbricht Bertram und sagt: »Leute, ich möchte euch dringend etwas empfehlen: Spielt nicht über eure Verhältnisse!« *(lacht)*. Wir sind zusammengebrochen vor Lachen. Bertram ist ein fantastischer Musiker. Man kann ihn nachts um zwei aus dem Bett klingeln und fragen: Wer hat auf der Scheibe 1956 von den Stones das Solo gespielt? Dann kommt die Antwort wie aus einem Computer. Der weiß alles.

Sie nicht?

Nein, nicht im Entferntesten, so weit ist es bei mir nie gekommen. Um richtig rau zu spielen, muss man aber solche Leute haben wie Bertram. Die sich ständig Fragen stellen wie: Warum hat Buddy Rich so Schlagzeug gespielt?

Manche Stars haben einen Minderwertigkeitskomplex ihren eigenen Musikern gegenüber, weil sie deren technische Raffinesse nie erreichen werden. Sie auch?

Ich erdreiste mich zu sagen, dass ich das nicht als Minderwertigkeitskomplex empfinde. Ich spiele drei Harmonien, und die ziemlich gut. Manchmal kommt noch eine vierte und fünfte hinzu, und wenn es noch komplexer wird, habe ich zum Glück Leute, die mir zeigen können, wie es geht *(lacht)*. Keller spielt besser Gitarre als ich, JB Meijers, Carl Carlton, die sind alle um Welten besser. Aber das, was ich spiele, können alle nicht. Warum? Weil es irgendwann mal aus diesem engen Radius entstanden ist, den nur ich ziehen kann. Bo Diddley hat nur einen Finger genutzt und ist auf der gestimmten Gitarre von Bund zu Bund gerutscht, mit einem Dreiklang für Blues, das war gut genug. Auch Chuck Berry war kein großer Gitarrist. Aber was für ein geiler! Es gibt viele Beispiele von Leuten, die sehr einfache Strukturen benutzt haben, um sehr viel rüberzubringen.

Sie sind mit der Musik von Chuck Berry und anderen aufgewachsen. Wenn man sich aber heute die Streamingzahlen von Rock ansieht, dann hat das Genre ein Problem: Rock ist die Musik von 40, 50+ geworden, angesagt sind Hip-Hop und Electro. Stirbt der Rock gerade aus?
Das Problem ist, dass sich die Kosten für die Produktion eines Albums heute nicht mehr rechnen, weil man kaum noch Tonträger verkauft. Es sei denn, man kann es mit Tourneen und anderen Sachen kompensieren. Deshalb ist die Frage, ob mein Genre, der Rock, überlebensfähig ist oder nicht, real, sie ist essenziell. Trotzdem habe ich keine andere Wahl. Wenn ich jetzt plötzlich anfinge, Hip-Hop zu machen, würde ich mich verbiegen und meinem Lebensgefühl widersprechen. Ich bin kein Hip-Hopper. Ich habe eine gewisse Geschichte, meine DNA hat sich vom Anfang bis jetzt nicht verändert. Und das wird so bleiben. Selbst wenn ich mir plötzlich mal ein anderes Hemd anziehe: Der Typ innen drin bleibt immer derselbe.

Als Rock'n'Roller müssten Sie dem Gangsta-Rap, der aktuell so angesagt ist, eigentlich etwas abgewinnen können. Immerhin transportiert er denselben Ausdruck von Provokation wie früher der Rock.
Natürlich kann ich das! Diese Art der Provokation hat es immer schon gegeben, in der Musik, in der Literatur, überall. Auch Heinrich Heine hat Dinge geschrieben, die das damalige Establishment nicht gern gehört hat. Auch die bürgerliche Revolte von 1848 hat solche Positionen vertreten. Aber die Sprache und die Wortwahl, die stört mich oft. Wenn jemand gewaltverherrlichend wird, lehne ich das kategorisch ab.

Die alten Insignien der Provokation sind die Symbole der Rock-Kultur: offenes Hemd, Halskette, Tattoos, schwere Motorräder. Manchmal wirken diese Posen mittlerweile wie aus der Zeit gefallen, altmodisch und überholt. Sie sind jetzt siebzig. Wie lange können Sie dieses Image noch bedienen?
Für meine Prinzipien als Rock'n'Roller spielt das Alter keine Rolle, denen bin ich treu geblieben wie am Anfang. Aber es ist in der Tat so, dass ich nicht mehr jede Position von früher noch glaubhaft beziehen kann und will.

Zum Beispiel?
Der Sprung von der Straße in ein gewisses Establishment ist natürlich längst passiert. Man gewinnt Preise, hat eine Stiftung für traumatisierte Kinder, ist von der Straße scheinbar weg. Tatsache ist aber, dass diese Straße immer noch lebendig ist, wenn auch vielleicht nicht mehr mit demselben Stellenwert wie vor fünfzig Jahren. Aber nur, weil ich jetzt älter und arriviert bin, verrate ich doch nicht automatisch meine Wurzeln. Das ist mir zu simpel gedacht.

Macht Ihnen Ihr Alter mittlerweile manchmal trotzdem zu schaffen?
Nein, warum denn? Neulich bin ich mit meiner kleinen Tochter hier unten am See spazieren gegangen, als ein Mann vorbeikam und mich ansprach. »Darf ich fragen, ob das Ihre Enkelin ist?« Und ich sagte ganz stolz: »Nein, das ist meine Tochter!« Der Herr schaute mich lange an, ich fragte ihn: »Was macht Sie so nachdenklich?« Er sagte: »Ich frage mich nur, wie man in diesem Alter noch ein Kind in die Welt setzen kann.« Ich habe einen dicken Hals bekommen und gedacht: Mit welcher Berechtigung nimmt so jemand sich die Frechheit heraus, so etwas überhaupt auszusprechen! Diese Kleinkariertheit steht mir bis hier. Dass in den Zeitungen dann wieder steht, jetzt ist er endgültig Rentner, und seine Frau ist kaum über dreißig, wie kann der nur!

Verstehen Sie, dass manche Menschen das zumindest bemerkenswert finden? Ein älterer Mann und eine so junge Frau?
Nein, überhaupt nicht. Denn ich bin ja nicht mit ihr zusammen, nur um ein Klischee zu bedienen. Solche Beziehungen stehen bei einigen direkt unter einem Generalverdacht, man nimmt sie nicht ernst. Aber wieso denn nicht? Wer kann für sich in Anspruch nehmen, das gültige Regelwerk dafür zu haben?

Wir haben über Ihre Wurzeln gesprochen und über Ihren langen Weg bis hierher. Fühlen Sie sich nach so vielen Jahren eigentlich als Deutscher?
Ja, ich bin angekommen, bin gerne hier, mein Lebensmittelpunkt ist Deutschland, auch wenn ich Kosmopolit bleibe. Ich bin dieser Gesellschaft unheimlich dankbar, es ist ein großes Geschenk, hier leben zu dürfen. Das erzeugt eine hohe Verbundenheit mit den Menschen in diesem Land und ihrer Attitüde. *(Überlegt lange)* Trotzdem sind meine Wurzeln woanders, die sind damals nicht gekappt worden.

» ES IST EIN GROSSES **GESCHENK, HIER LEBEN ZU DÜRFEN.** «

Sie fühlen sich noch immer auf eine Art fremd?
Fremd nicht. Aber egal, wie ich es drehe, ich habe eine Reise hinter mir. Vielleicht macht aber gerade das meine Geschichte aus. Denn so wie mir geht es Hunderttausenden Menschen, die hier in Deutschland leben, weil ihre Wurzeln auch ganz woanders liegen. Meine »Andersartigkeit« hat mir in vielerlei Hinsicht auch eine andere Sichtweise auf Deutschland ermöglicht. Ich empfinde das als glücklichen Umstand in meinem Leben.

▶ INTERVIEW

WIE KLINGT DER PERFEKTE SONG, JOHANNES OERDING?

Es gibt Musiker, die lieben die Bühne, weil sie die Popularität lieben. Und es gibt solche, die einfach gern Musik machen, am besten in der Live-Variante. Johannes Oerding gehört zur letzteren Kategorie dieser Spezies, die wir mal ganz unwissenschaftlich »Mucker-Musiker« nennen wollen. Gib ihm eine Gitarre und ruf ihm einen Songtitel zu, und er liefert eine erstklassige Coverversion, egal, ob von Prince oder Bruno Mars. Der Sänger und Songwriter kann stundenlang über Titel und Kompositionen reden, mit breitem Wissen aus der Pop- und Rockwelt. Wir hätten ihn gern in seiner Hamburger Heimat getroffen, doch dann kam Corona. Trotzdem wird unser Gespräch über den Videochatdienst Zoom so engagiert und heimelig wie eine Fachsimpelei unter Freunden in der Kneipe. Johannes Oerding über gelungene Songs, die neue deutsche Weinerlichkeit und den Singer-/Songwriter-Boom, der Deutschland fest im Griff hat. Und über zwei schwierige Fälle im deutschen Popgeschäft: die Flippers und Xavier Naidoo.

Johannes Oerding, geboren 1981 in Münster. Bislang sechs Studioalben, das letzte – **»Konturen«** – erreichte Nummer eins **in den deutschen Charts.** Teilnehmer am **Bundesvision Song Contest 2013**. Bekannter Song: »An guten Tagen«. Lebt in Hamburg.

Manche halten die deutschen Singer/Songwriter für zu weinerlich, zu selbstreferenziell. Auf Johannes Oerding trifft das aber ganz sicher nicht zu: Er ist längst eine feste Größe in der Branche, mit Ambitionen auf mehr. Daniel Pilar hat ihn in Hamburg getroffen.

JOHANNES OERDING

Johannes, gibt es einen deutschen Klassiker, der dir sofort einfällt? Weil er als Lied besonders gut funktioniert?
»Freiheit« von Westernhagen ist für mich, trotz seiner textlich plakativen und verklärten Art, eine ganz große Hymne, einer der schönsten Songs überhaupt. Als ich den mal im Müngersdorfer Stadion gehört habe, habe ich gesagt: So was will ich auch schreiben! Der Song bringt einfach alles auf den Punkt; er transportiert Gefühl, hat eine großartige Kernaussage und ist wahnsinnig gut komponiert. Oder »Ohne Dich« von Selig, ein Wahnsinns-Song. Auch Sachen wie »Still« von Jupiter Jones sind für mich Meisterwerke. Von ihrer Art her, was ihre Komposition angeht, mögen die vielleicht klein und einfach sein. Aber was sie auslösen, ist gigantisch. Es ist ein emotionaler Lottogewinn, solche Songs zu schreiben, die bleiben.

Was macht dieses Bleibende denn aus? Eine Ohrwurm-Melodie? Oder der Text?
Für mich geht beides einher. Ein Ohrwurm kann ein textlicher Ohrwurm sein wie bei »Da, da, da« *(singt den Song von Trio und Stephan Remmler an)*. Aber es kann genauso gut eine musikalische Melodie sein. Die Champions League fängt dann an, wenn man beides miteinander verbinden kann. Wenn deine Hookline, der Hit im Hit, selbst auch Ohrwurm-Charakter hat wie in »Die Chöre singen für dich« von Mark Forster *(Singt: Oh, oh, oh, oh, oh, oh, oh, oh)*. Gut, man kann sagen: Schon wieder einer dieser Oh-oh-oh-Chöre! Aber der ist originell, den hat man so noch nicht gehört. Und mit der Zeile und der Linie davor weist er sogar noch darauf hin: »Und die Chöre singen für dich.« Das ist handwerklich sehr gut gemacht.

Was macht einen Hit aus?
Ich befürchte, dass ihr die Antwort selbst in diesem Buch nicht finden werdet. Wenn jemand das Rezept wüsste, dann säße er links neben Gott *(lacht)*. Das Ding ist: Nach meiner Erfahrung gibt es verschiedene Gründe, warum ein Song ein Hit wird. Das kann Handwerk sein: Ein Song ist wahnsinnig geniehaft gemacht. »Music« von John Miles zum Beispiel. Da steckt einfach alles drin, was Musik ausmacht; unterschiedliche Genres von der Klassik bis zum Rock, die brillant miteinander verknüpft werden. Ein Geniestreich. Andere Songs werden ein Hit, weil sie genau die richtige Aussage haben, wie »Ein Hoch auf uns« von Andreas Bourani. Der kam zur richtigen Zeit am richtigen Ort, zur WM 2014 in Deutschland, und in solchen Fällen gelingt eine Symbiose aus einem Gefühl und dem dazugehörigen Satz, der es auf den Punkt bringt.

Nehmen wir mal »Atemlos« von Helene Fischer: Ist das genial gemacht oder zu einfach, um wirklich gut zu sein?
Auch bei dem Song kam viel zusammen. Helene Fischer war die Erste, die im Schlager auf Katie Perry gemacht hat, deutsche, sehr plakative Texte, aber Melodien, die gefühlt internationales Niveau hatten. Wenn man sich das mal auf Englisch vorstellt, hätte das auch eine Pink, eine Katie Perry oder eine Rihanna singen können. Die Sounds waren international, nicht nur wegen der 808-Claps *(Sounds aus dem legendären Roland-Drumcomputer TR-808, die seit den Achtzigerjahren in vielen internationalen Musikproduktionen verwendet werden, Anm. d. Autoren)*. Da war alles drin, was ein damaliger internationaler Hit auch hatte, aber gesungen von einer deutschen, noch dazu sehr gut aussehenden Frau. Das war neu, und gleichzeitig verkörpert es trotzdem noch die alte Schlagerwelt, dieses Lebensgefühl des »Zeit zum Abschalten – ich hol euch da raus, egal, wie schlimm es euch geht«. Auch das hat Hitpotenzial: Wenn Erwartungen gebrochen werden und etwas Neues entsteht.

Ist das ein Grund, warum deutsche Musik in den letzten Jahren so erfolgreich ist? Weil sie internationaler, professioneller und weniger muffig klingt als früher?
Das ist sicher so. Deutschland hinkt dem internationalen Sound erfahrungsgemäß immer ein Stück hinterher. Wir gucken in den englischsprachigen Raum, gerade zu den Briten, die immer schon die Trendsetter waren, und machen vieles langsamer. Aber irgendwann passen wir uns an. Ich glaube, die deutsche Sprache ist in der Popularmusik aber auch deshalb relevanter geworden, weil die Texte wieder viel besser geworden sind. Wenn man sich mit einem Text auseinandersetzt und er qualitativ hochwertig ist, bleibt ein Song bei den Leuten viel eher hängen. Das geht mir auch so. Die Texte, bei denen ich mir wirklich Gedanken gemacht habe und bei denen meiner Meinung nach jede Zeile stimmt, sind für die Menschen viel wichtiger als Songs mit Blablabla. In den letzten zehn, fünfzehn Jahren hat sich das deutsche Ohr auch mehr an gesungene deutsche Sprache gewöhnt, an diese Phonetik.

Was meinst du damit?
Abgesehen von den großen Liedermachern und den Helden der deutschen Popmusik klangen deutsche Texte in den Achtziger- und Neunzigerjahren oft sehr hölzern und hakelig. Das hat vielleicht viele Leute eher abgeschreckt. Ich glaube, dass wir aktuellen, jungen deutschen Songschreiber daraus gelernt haben und noch sensibler auf den Klang der Sprache achten. Ich auch. Ich versuche in meinen Texten eher die weicheren Worte zu benutzen und nicht Begriffe wie »Hackebeil« und »Blutwurst«.

Obwohl das ein reizvoller Titel für einen Song wäre.
In einem anderen Genre sicher *(lacht)*. Ich möchte Worte benutzen, die gut klingen und die man in langen Tönen auch lang singen kann. Ich suche mal ein Beispiel ... *(überlegt länger)*. Hier, »An guten Tagen« aus meinem letzten Album. Das ist sehr einfach, aber auch gut und weich zu singen *(singt den*

Refrain), da ist nichts drin, was sich irgendwie hakelig anfühlt und wo man beim Hören hängen bleibt. Hätte ich gesungen, »An überragenden Tagen«, wäre es viel komplizierter geworden, auch härter.

Jemand wie Herbert Grönemeyer hat sich nie an zu viel Hakeligkeit gestört, im Gegenteil, er macht sie zur Masche. Er singt oft besonders hart klingende deutsche Wörter wie »Hades«, »Schatten«, »die Propaganda ist platt«. Er entwaffnet die deutsche Sprache, indem er ihre Härte überhöht.
Vielleicht schon, er hat das zu seinem Markenzeichen gemacht. Es kommt ja auch immer auf die Mischung an. In meinen Strophen versuche ich oft, in der Prosa zu bleiben und Dinge so zu benennen, wie ich sie in meiner Umgangssprache sagen würde, nicht zu gestelzt und zu poetisch zu werden. Herbert Grönemeyer hat genau das Gegenteil gemacht, er hat seine eigene Poesie gefunden und bewusst dichterische Phrasen verwendet, um möglichst viel Freiraum für die Interpretation zu lassen. Was meint er denn jetzt damit: »ein Stuhl bei Gott«? »Ein Stück vom Himmel«?

Darüber könnten sehr viele Fans sehr viele Tage diskutieren.
Ich auch, ich löse diese Worträtsel auch gern. Das ist aber etwas anderes, als wenn ich singe: »An guten Tagen steh ich einfach nie im Stau.« Oder: »Die beste Bar rollt uns den Teppich aus / Gestern flogen wir hier noch raus.« Sehr rough, sehr klar im Ausdruck. Im Refrain versuche ich im Kontrast dazu oft, sehr plakativ und eher »grönemeyermäßig« zu sein: »An guten Tagen / Gibt es nur hier und jetzt / Schau ich nicht links noch rechts / Vielleicht nach vorn / doch nie zurück.« Diese Mischung habe ich für mich gefunden, und vielleicht hat sich das in der deutschen Musik in den letzten Jahren generell so entwickelt – nicht zu plakativ sein, denn dann ist es Schlager. Aber auch nicht zu verkopft, denn dann ist es Indie!

Bis vor einigen Jahrzehnten bestand die deutsche Musik aus Rudi Schuricke, Heino, Roy Black und vielleicht noch den Flippers.
Mmmmh *(lacht).*

Wer hat euch jüngeren Singer/Songwritern danach den Weg bereitet? Rio Reiser? Die Fantastischen Vier?
Für mich persönlich vor allem der deutschsprachige Hip-Hop. Fanta 4 hat man als Jugendlicher schon gehört. Aber ich bin dann sehr schnell sehr tief in die damalige deutsche Rap-Szene eingetaucht, Absolute Beginner, Main Concept, die ganze Heidelberg- und Stuttgart-Connection, Stieber Twins, Toni L, die ganze alte Bagage. Die haben mir damals den Zugang zu deutschsprachiger Musik und zum Reimen geebnet. Diesen Vibe, dass man die deutsche Sprache auch in Melodien und nicht nur in Sprechgesang verpacken kann, haben für mich aber die Big Five der Mainstream-Popmusik gebracht: Lindenberg, Grönemeyer, Westernhagen, Maffay und Niedecken. Aber auch Bands wie Ton Steine Scherben, Selig oder, in neuerer Zeit, Echt, Silbermond, Juli oder Wir sind Helden. Die waren für mich Vorreiter, weil sie den deutschen Pop nach der Neuen Deutschen Welle wiederbelebt haben.

Helene Fischer hat manchmal internationales Format, rutscht dann aber schnell wieder in diesen typisch altdeutschen Kirmes-Bierzelt-Schlager-Bassdrum-Disco-Stampf, bei dem sich manchen die Fußnägel hochrollen. Warum mögen viele Deutsche diese Musik immer noch so sehr?
Darüber habe ich schon viel mit Kollegen diskutiert, die teilweise auch für solche Künstler texten und schreiben. Ich bin manchmal sehr intolerant, was das angeht, und frage die: Wie könnt ihr so was nur machen? Das hat doch mit Musik nichts zu tun, das hat keine Tiefe und keinen Inhalt! Aber sie antworten etwas Entscheidendes, mit dem sie mich überzeugen. Es gibt eine riesengroße Nachfrage nach solchen Songs, und der Grund dafür ist, dass viele Menschen einen sehr stressigen, harten und frustrierenden Alltag haben. Und wenn sie dann im Feierabend sind, wünschen sie sich nichts mehr als Lieder, bei denen sie abschalten können und die ihnen nicht auch noch eine Aufgabe stellen, sondern ein gutes, warmes Gefühl geben. Lieder, die keine Probleme thematisieren, für die sie keine Lösung haben.

Heile Welt, damit das eigene Leben nicht mehr so wehtut?
Ja, vielleicht. Auf ein Konzert gehen und drei Stunden nicht behelligt werden. Sich einfach nur angucken, wie hier eine Feuerfontäne hochgeht und dort jemand auf einem Gummiadler übers Publikum fliegt. Ist ja durchaus nachvollziehbar. Ich mag diese Heile-Welt-Geschichte persönlich aber überhaupt nicht, schon weil sie oft so unglaubwürdig ist. Ein großer Ausverkauf, total durchkommerzialisiert. Wirkt halt oft wie eine große Kundenverarsche.

Warum Kundenverarsche?
Da bringt jemand ein Album raus, das sehr erfolgreich ist. Also macht er davon schnell noch vierundzwanzig verschiedene Versionen, das Ganze noch mal als Bossa nova, einmal nur mit

> »ICH MAG DIESE **HEILE-WELT-GESCHICHTE** NICHT, SCHON WEIL SIE **OFT SO UNGLAUBWÜRDIG** IST.«

Saxofon, einmal als Remixversion für den Club. Ich spüre einfach mit jeder Faser meines Seins, wie die Verantwortlichen im Hintergrund sagen: Wir müssen das jetzt machen, die Leute fressen uns das aus den Händen! Stimmt ja auch. Aber ich will das nicht, ich erschrecke selber vor dieser Inflation. Es wird immer langweiliger, je öfter man es macht.

Sagst du den betreffenden Kommerzkünstlern das eigentlich auch so, wenn du sie triffst?
Früher habe ich mit meiner Abneigung viel weniger hinter dem Berg gehalten, mittlerweile versuche ich entspannter zu werden. Ich kenne viele Protagonisten aus der Branche gut und schätze sie sehr. Man trifft sich und denkt: Mein Gott, was für nette Menschen! Warum machen die so was? Ich bin aber der Meinung, man darf Menschen nett finden und trotzdem ihr kreatives Werk anzweifeln. Das muss derjenige dann auch aushalten, dass ich ihm sage: Ich häng gerne mit dir ab, aber ich finde ziemlich kacke, was du machst *(lacht)*. Aber was weiß ich schon, am Ende ist es dann doch Geschmackssache!

> »MAN DARF MENSCHEN NETT FINDEN UND TROTZDEM IHR KREATIVES WERK ANZWEIFELN.«

Du hast vorhin ausgiebig Luft gezogen, als wir leichtsinnig die Flippers angesprochen haben. Hast du zu denen ein besonderes, womöglich traumatisches Verhältnis?
(Lacht lange) Oh ja, die Flippers! Ich kenne da ein paar Storys und Mythen, deshalb musste ich so schmunzeln. Man erzählt sich, dass sie vorne auf der Bühne »Die Rote Sonne von Barbados« geschunkelt haben, aber die härtesten Rock'n'Roller waren, wenn sie von der Bühne runterkamen. Leute, die mit ihnen auf Tour waren, werden das bestätigen. Da haben alle Rock-Klischees gepasst. Eine absurde Diskrepanz zur rosaroten Schlagerwelt, in der eingängige Melodien mit plakativen Texten gefeiert werden.

Die Fill-Ins von Flippers-Schlagzeuger Manfred Durban sind schon deshalb legendär, weil sie oft noch weiterliefen, selbst wenn er meterweit von den Drums weg stand. Haben die Leute das nicht gesehen? Oder wollten sie es nicht sehen?
Man wundert sich in der Tat, dass die Zuhörer das nicht bemerkt haben oder es ihnen offenbar egal war. Das hat mit Livemusik natürlich nichts mehr zu tun. Das gibt es aber auch bei uns in der Popbranche. Da läuft neunzig Prozent vom Band mit, selbst die Stimme wird mit Autotune in Echtzeit verbessert, noch während sie gesungen wird. Die technischen Möglichkeiten geben das mittlerweile ja her, dass einer auf der Bühne krumm und schief singt, und vorne bei den Boxen kommt es sauber raus. Mein Ansatz ist das nicht. Es gibt aber ein schönes Beispiel, dass es den Zuhörern oftmals egal ist …

… wieder von den Flippers?
Nein, von einem anderen sehr großen Schlager-Act. Sie tritt in einer Art Musikantenstadl auf, läuft ohne Mikrofon durchs Publikum und singt Vollplayback. Die Eltern eines guten Freundes sehen das und sagen zu ihm: Guck mal, die hat so eine gute Stimme, die braucht noch nicht mal ein Mikrofon! Oft fehlt es bei den Leuten schon am technischen Sachverstand, um solche Sachen zu bemerken.

Machst du auch Vollplayback?
Sehr selten, in meinem Leben bisher nur viermal. Das erste Mal vor 14 Jahren im ZDF-Fernsehgarten. Seitdem bin ich da nie wieder hin. Sonst höchstens mal Halbplayback, da singe ich wenigstens live.

Man kann ja noch verstehen, dass Halbplayback bei einer Vielzahl von Künstlern die einfachere Variante ist, als alle live abzumischen. Aber warum gibt es in Deutschland oft so große Angst davor, die Stimme live abzunehmen? Jemand wie Joe Cocker hat früher selbst bei »Wetten, dass..?« darauf bestanden, live zu singen, weil er mit Playback nicht klarkam.
Ich würde behaupten, die deutschen Künstler, von denen wir alle glauben, dass sie wirklich gut sind, singen auch immer live. Und es stimmt: Es ist immer möglich, live zu singen. Man hat sein Mikro, In-Ear-Kopfhörer und einen guten Sound. Das müsste der Mindestanspruch in jeder Fernsehsendung sein, egal, wie viele Künstler dort auftreten. Natürlich kann man nicht beim Eurovision Song Contest achtundzwanzig Bands abnehmen. Aber man kann zumindest live singen.

Ist es ein typisch deutsches Phänomen, dass die mangelnde Livekultur dazu führt, die Leute mit Vollplaybacks abzuspeisen? In Amerika wird an jeder Ecke, aber auch im Fernsehen viel mehr Livemusik gespielt. Hier ist diese Kultur viel weniger ausgeprägt.
Das stimmt definitiv. Egal, wo ich auf der Welt unterwegs war, hatte ich das Gefühl, dass Livemusik insgesamt mehr wertgeschätzt – und besser bezahlt – wurde. Es gibt auch mehr Bühnen für Livebands, auch das hat hier in Deutschland extrem abgenommen. In den USA, in Frankreich oder in der Schweiz, selbst in Südostasien wird an jeder Ecke live gespielt, und es ist immer ein Happening. Entsprechend hoch ist auch das Niveau. In den USA kannst du in eine beliebige Kneipe gehen, und der, der da vorne sitzt und Gitarre spielt, ist gefühlt so gut wie der beste

Singer/Songwriter hier in Deutschland. Beeindruckend, was da für ein Niveau herrscht.

Sind die deutschen Hörer trotzdem kritischer geworden in den letzten Jahren? Lassen sie sich nicht mehr alles vorsetzen?
Gott sei Dank merke ich, dass meine Zuhörer es honorieren, wenn ich live spiele, selber singe, texte und schreibe. Wenn alles sehr authentisch ist. Es gibt eine große Sehnsucht nach jemandem, der das, was er da singt, ernst meint und ehrlich macht. Mir kommt das entgegen, weil es das ist, was ich kann. Deshalb fand ich auch »Sing meinen Song« so gut.

Die Fernsehsendung, in der Musiker die Songs anderer singen und von der auch viele Künstler, die wir für dieses Buch interviewt haben, in höchsten Tönen schwärmen.
Das ist auch verständlich, weil es die Essenz dessen ist, was Musikmachen bedeutet. Abends am Lagerfeuer sitzen, spontan zu den Instrumenten greifen und singen, das war mein Ding. Und ich spüre, dass zumindest die Künstler, die das können, besonders wahrgenommen und vielleicht auch bewundert werden.

Hat diese große Sehnsucht nach Authentizität auch eine Kehrseite? Nämlich die, dass viele junge deutsche Singer/Songwriter in den letzten Jahren mit ihrer Gitarre auf die Bühne kamen, um »authentische« Lieder zu singen, und so der Eindruck entstand, dass ihr irgendwie alle gleich klingt, ob Bosse, Clueso oder Oerding?
Da ist mit Sicherheit etwas dran. Es ist wie mit jedem Trend: Irgendwann kommt einer, zu meiner Anfangszeit war es Ingo Pohlmann, als Junge mit der Gitarre aus der Kneipe und hat plötzlich diesen Hit, »Wenn jetzt Sommer wär«. Dann wird der Trend von den Künstlern, Produzenten und Plattenfirmen aufgenommen, und plötzlich machen es alle, es gibt »die Kopie der Kopie der Kopie«, um es mit Caspers Worten zu sagen. Und irgendwann wird das Ganze inflationär.

An dem Punkt sind wir jetzt?
Ich finde schon. Ich glaube aber fest daran, dass die Musikliebhaber irgendwann aussortieren und sich auf die fokussieren, die wirklich etwas können und regelmäßig Qualität abliefern. Diesen Prozess konnte man in den letzten zehn Jahren doch schon beobachten. Es kamen so viele Singer/Songwriter, Andreas Bourani, Mark Forster, Tim Bendzko, Johannes Oerding, Max Giesinger, Joris, Wincent Weiß, Bosse, Philip Poisel und wie wir alle so heißen. Uns könnte man theoretisch alle in eine Schublade stecken, »der Junge mit der Gitarre, der über Gefühle singt«. Aber aus dieser Schublade werden sich am Ende wieder drei oder vier herauskristallisieren. Die neue Generation der Big Five Grönemeyer, Westernhagen, Niedecken, Maffay und Lindenberg. Immerhin sind aus dieser Generation ja schon so Leute wie Xavier Naidoo entstanden. Bei allem, was der gerade für einen Humbug macht, darf man ja nicht vergessen, dass Xavier als großer deutscher Popkünstler die nächste Generation von Leuten wie Grönemeyer oder Lindenberg darstellte.

(Naidoos verschwörungstheoretische Aussagen lösten mehrfach Kontroversen aus. Anfang 2020 wurden Handyvideos öffentlich, auf denen er sich rassistisch äußerte. Daraufhin warf der Sender RTL ihn aus der Jury der Sendung »Deutschland sucht den Superstar« (DSDS).)

Naidoo war einer von wenigen, der es angesichts seines Talents auch international hätte schaffen können. Glaubst du, dass seine Karriere angesichts seines Abdriftens in die Ecke rechter, antisemitischer Verschwörungstheoretiker und Prepper zu Ende ist?
Ich befürchte ja. Wenn selbst DSDS dich rausschmeißt, kannst du nicht mal mehr bei Shopping 24 anfangen. Ich habe Xaviers Weg in den letzten Jahren noch einmal bewusst nachverfolgt und kann überhaupt nicht nachvollziehen, was er da macht. Dass er in so eine Welt abgedriftet ist, tut mir aufrichtig weh. Sehr verstörend, das macht mich sehr traurig.

Auf deinem letzten Album warst du politischer als auf den vorherigen. War das eine bewusste Absetzbewegung von den oft als zu emotional verschrienen anderen Singer/Songwritern? Weniger Heulsuse, mehr Statement?
Ganz klar, und dafür bin ich Leuten wie Udo Lindenberg und Peter Maffay, mit denen ich in den letzten Jahren zusammenarbeiten durfte, extrem dankbar. An ihnen habe ich gemerkt, dass zu einem Künstlerprofil mehr als nur das Musikmachen gehört. Dass man greifbar sein und Kante zeigen muss, damit die Leute sagen: Ach ja, das ist doch der Oerding, der steht doch für dies oder das! Irgendwann musst du an den Punkt kommen, an dem der Künstler nicht mehr das mystische Wesen ist, das auf Distanz bleibt. Sondern an dem er ganz klar zu verorten ist.

Reinhard Mey sagt, der Unterschied zwischen Liedermachern und Singer/Songwritern sei, dass die Liedermacher – Wader, Wecker, er selbst – eigene Erlebnisse verarbeitet hätten, während viele der Jüngeren ihre Texte aus den Fließbandproduktionen der Songwriter-Camps erhielten.
Ich bin da voll bei Reinhard Mey und sehe das ähnlich kritisch. Ich weiß ja auch, wie die Songwriting-Industrie funktioniert. Viel zu oft wird ein Song nur geschrieben um des Songschreibens willen, weil gerade ein Thema hochkommt, nach dem Motto: Komm, lass uns einen Song über die Flüchtlingskrise schreiben! Ich bin allerdings der Meinung, man muss ein

Thema schon selbst erlebt haben oder zumindest eine persönliche Affinität zu ihm spüren, um es authentisch rüberzubringen. Ich bekomme viele Debatten mit und beteilige mich an ihnen, manchmal auch nur im digitalen Raum. Aber ich laufe auch schon mal freitags bei Fridays für Future mit oder bei anderen weltoffenen zivilen Protesten.

Wie kommt es, dass die Singer/Songwriter wahnsinnig viel über Innerliches singen, Beziehung, Liebe, Herzschmerz, und so wenig den Blick nach außen kehren?
Ich habe eine These dazu, weshalb es so erfolgreich ist, wenn Jungs mit der Gitarre emotionale Songs abliefern. Ich glaube, dass Frauen die Frühadaptierer von Popmusik sind. Sie hören was Neues, spielen den Song zu Hause ihrem Mann vor und schleppen ihn dann aufs Konzert. Dann sagt der: »Ja, so schlecht ist das gar nicht!« Und beide machen ihr gemeinsames Event daraus. Und das relativ Neue und Attraktive daran ist, dass es jetzt Männer gibt, die sich auf der Bühne exponieren und über Gefühle sprechen, was viele Männer nicht so oft machen. Vielleicht ist das ein sexistischer und altmodischer Ansatz, aber da ist was dran. Man sieht auf der Bühne etwas, was es zu Hause nicht gibt. Das würde auch erklären, warum es nicht so viele weibliche deutsche Singer/Songwriter gibt, deren Gefühlsballaden genauso viel gehört werden. Da ist es eher umgekehrt, dass die starken Frauen – Pink, Adele, Beyonce, Rihanna, Cher, im Deutschen Sarah Connor, Ina Müller, Nena – abgefeiert werden. Vielleicht will man eher die starken Frauen hören und sehen! Beweisen kann ich meine Theorie aber natürlich nicht *(lacht)*.

Je stärker die Emanzipation in Fleisch und Blut übergeht und je weniger der starke Mann gefragt ist, desto wichtiger werden gefühlsbetonte Männer auch auf den Bühnen?
So erlebe ich das zumindest in meinem Umfeld. Wenn ich Sozialwissenschaften studieren würde, würde ich das sehr gerne untersuchen. Ich glaube aber auch da, dass ein Zuviel an Herzschmerz irgendwann nervt. Deshalb habe ich vor einer Weile angefangen, nicht mehr nur die klassischen Singer-Songwriter-Themen aufzugreifen – Eskapismus, Liebe, Sehnsucht -, sondern mit klassischen Storyteller-Perspektiven zu spielen. Nicht mehr nur vom Ich auszugehen oder vom Ich und Du, sondern zum Wir überzugehen, eine beobachtete Geschichte zu erzählen. So gerät man mehr und mehr in das Liedermachergenre, das fühlt sich gerade irgendwie gut an.

In dem Song »Unter einen Hut« reflektierst du über dich mit den Zeilen: »Hier kommt der mutige Feigling/Der zu laut schweigt und zu leise schreibt.« Du bist 1981 geboren, wir gehören zur selben Generation. Ist das nicht unser aller Problem? Die Unentschlossenheit?

Schön, dass du das sagst, das glaube ich nämlich mittlerweile auch. Das war ursprünglich gar nicht mein Ansatz, aber stimmt schon, der Song beschreibt auch unsere ganze Generation. In ihm habe ich versucht, meine Schwachpunkte und Stärken zusammenzufassen – hoffentlich nicht zu anbiedernd oder überheblich, aber auch ohne mich selbst zu klein zu machen. Ich bin ziemlich stolz auf diesen Text, weil ich versucht habe, die Bilder meinem Alltag und meiner eigenen Geschichte anzupassen. Ich singe von »Lego«, das war meine Kindheit! Am Anfang habe ich sogar gedacht, es wäre doch geil, den Song zusammen mit Udo *(Lindenberg)* zu singen, ich hatte auch schon ein paar Udo-Wörter im Text. Dann habe ich es aber doch gelassen, weil ich fand: Nein, der Song ist zu persönlich.

Was wären denn solche typischen Udo-Wörter gewesen?
»Der milde Mafiosi«, der »Geheimagent«, den »Hut tief im Gesicht« und so, klassische Udo-Sprache. Ich mag die total gerne, aber sie ist eben auch von ihm besetzt. Das muss man als kleiner Oerding dann nicht auch noch anfangen.

Für Künstler wie dich sind die »Alten« – Lindenberg, Maffay und Co – Referenzgrößen, das spürt man, du bist mit ihnen aufgewachsen. Glaubst du, dass deine Generation irgendwann einen ähnlichen Stellenwert bei den Jüngeren einnehmen wird?
Das hoffe ich doch! Auch darüber habe ich schon viele Nächte in Bars diskutiert. Die Welt, in der sich solche Legenden gebildet haben, war eine ganz andere. Da hat keiner mitgekriegt, was hinter den Kulissen ablief. Da konnte man als Künstler viel erleben, auch mal exzessiv, ohne dass die Karriere gleich vorbei war oder du durch die sozialen Medien getrieben wurdest. Wenn ich heute irgendwo im Club feiern gehe und danach besoffen raustorkele und in die Ecke kotze, dann ist das gleich im Internet. Wir Künstler sind deshalb behutsamer geworden und achten extrem darauf, dass unser Rock'n'Roll-Leben wirklich hinter den Kulissen stattfindet. Ich bin trotzdem der Meinung, dass man auch heute noch einen musikalischen Fußabdruck hinterlassen kann.

Wie denn?
Es war immer mein Wunsch, dass ich in den nächsten Jahrzehnten in Deutschland musikalisch dauerhaft eine Rolle spiele. Es klingt größenwahnsinnig, meine Hybris, ist aber mein absoluter Kindheitstraum: in Stadien spielen. Das ist greifbar – und machbar. Ich habe darüber neulich mit Tim Mälzer gesprochen, der sagte, nie wieder werde ein deutschsprachiger Künstler in Stadien auftreten, außer

>> **MEIN ABSOLUTER KINDHEITS-TRAUM: IN STADIEN SPIELEN.** <<

Helene *(Fischer)*, Andrea Berg oder Andreas Gabalier. Aber ich bin davon überzeugt: Doch, das wird es wieder geben!

Ein spannender Punkt: Kann man Legenden noch pflegen, wenn man sich nichts mehr traut? Auch den Größenwahn nicht mehr? Und kann man Legende sein, wenn man keine Geheimnisse mehr hat? Braucht die Legende nicht zwingend das Mysterium?
Ich habe ja das Glück, mit Ina Müller zusammen zu sein. Sie ist älter als ich, hat Kleinkunstbühnen bespielt und macht seit Langem die größten Arenen voll. Sie kommt aus einer Zeit, in der man sich als Künstler noch rar gemacht hat. Das habe ich von ihr gelernt, obwohl ich ja aus der Generation komme, die sich bei Instagram zeigt. Kommt her, ich zeige euch meine Wohnung, ich zeige euch meine Unterhose. Ich bin in der Hinsicht ein Zwitterwesen. Ich lasse ein bisschen was zu, aber kein Mensch weiß, wie ich lebe, wie wir leben. Vielleicht ist das der neue Weg, Künstler zu sein, ein bisschen was zu zeigen, aber ansonsten dichtzumachen. Natürlich wollen die Fans an dir teilhaben, das ist bis zu einem gewissen Grad auch in Ordnung. Ich glaube, sie wollen aber auch jemanden auf der Bühne sehen und sagen: Geil, was der kann, das kann ich ja nicht. Und dafür braucht es auch ein bisschen Geheimnis.

Gibt es auch abseits von dir schon eine Gegenbewegung zu dieser 24/7-Offenheit gegenüber den Fans?
Ich habe die Hoffnung, dass es eine Gegenbewegung gibt, wie bei fast allem, wenn der Antizyklus einsetzt. Bei Instagram ziehen Feed-Posts schon längst nicht mehr, die Storys müssen immer professioneller sein, damit überhaupt noch ein Reiz beim Publikum ausgelöst wird. Das wird sich irgendwann abgelutscht haben, und dann muss man sich was Neues einfallen lassen. Ich merke live, dass die Leute weg wollen vom Bildschirm. Sie wollen raus aus dem Digitalen und rein in die physischen Großveranstaltungen.

Du hast für Peter Maffay und Roland Kaiser geschrieben. Gerade für Maffay texten viele. Nach unserem Eindruck sind Künstler damit früher nicht sehr offen umgegangen, das hat sich geändert. Wieso?
Ich schreibe nur für ganz wenige, ausgewählte Künstler – wie für Roland und Peter, mit denen ich befreundet bin und vor deren Art und Weise, durchs Leben zu gehen, ich großen Respekt habe. Roland, der aus einem Genre kommt, in dem es nicht normal ist, sich aufzulehnen und kritisch zu sein, hat sich vor seinem Publikum immer schon klar positioniert *(gegen rechts und Pegida, Anm. d. Autoren)*. Auch das Texten für Peter Maffay war eine große Ehre für mich. Die Aufgabe bestand darin, ihm zuzuhören und herauszufinden, was will er sagen?

Und, hast du es herausgefunden?
Ja, ich habe tagelang mit Peter in Sankt-Peter-Ording zusammengesessen und gequatscht, und so sind auch die Themen entstanden. Und wenn Peter einen Satz sagt wie »Keine Ahnung, ob das mein letztes Album ist«, dann schreibe ich einen solchen Satz auf, der dann auch in einem Song wieder auftaucht: »Vielleicht ist das jetzt auch das letzte Lied.« Aber das Schreiben für andere darf nicht zu inflationär werden. Wenn Helene Fischer anrufen würde, um mich zu fragen, ob ich einen Song für sie schreiben will, dann fiele es mir schwer, Ja zu sagen.

Was hast du von Maffay gelernt?
Dass bei allem Talent, das man hat, noch drei, vier andere Ingredienzen wichtig sind, allen voran Disziplin, Strebsamkeit, Ehrgeiz. Immer wieder an sich zu arbeiten und auch von anderen zu lernen. Dafür muss man sich mit guten Musikern umgeben, um hier und dort noch einen anderen Akkord zu lernen. Das sieht man bei Peter, wie er über die Jahrzehnte auch handwerklich besser geworden ist. Und wie sehr man seinem Glück nachhelfen muss. Das habe ich schon in der Schülerband beherzigt, als ich 14 war. Dass man nicht nur zehn Demobänder verschicken sollte, sondern vierhundert, um die Wahrscheinlichkeit zu erhöhen, dass irgendwann einer im Studio sagt: »Ja, geil, kommt doch mal vorbei, höre ich mir an.« Das hat sich Peter bewahrt. Das lässt mich beruhigt schlafen, dass du auch noch mit sechzig, siebzig oder sogar achtzig auf die Bühne gehen und so brennen kannst.

Du hast auch Roland Kaiser gelobt. Wo verläuft für dich die Grenze zwischen Schlager und Pop? Oder ist mittlerweile alles Mainstream?
Ich glaube schon, dass es noch Grenzen gibt, und die machen sich an den textlichen Aussagen fest. Schlagertexte sind oft lustlos und zu plakativ. Hauptsache, es reimt sich Haus auf Maus oder Herz auf Schmerz. In der Schule hätten wir im Deutschunterricht keinen Schlagertext interpretiert. Aber über einen gut geschriebenen Poptext könnte man wahrscheinlich ganze Klausuren schreiben.

Auch über Songs von dir?
Schon, aber nicht bei jedem. Es gibt auch von mir Songs, gerade auf den ersten Alben, bei denen ich heute denke: Meine Fresse, da hast du dir keine große Mühe gegeben *(lacht)*.

Von Judith Holofernes sagt man, dass sie eine der wichtigsten Stimmen unter den deutschen Musikerinnen ist. Nach unserem Interview muss man hinzufügen: Sie ist sicher auch eine der klügsten. So ruhig wie hier im wilden Weinlaub in Berlin-Kreuzberg ist sie selten. Gottseidank!

▶ INTERVIEW

WAS IST SO TOXISCH AM POP, JUDITH HOLOFERNES?

Sie ist »gekommen um zu bleiben«: Der programmatische Songtitel der Band Wir sind Helden steht nicht zuletzt für ihre charismatische Frontfrau. Judith Holofernes ist im deutschen Popbusiness eine Ausnahmeerscheinung. Das Feuilleton liebt sie, weil sie klug und unangepasst ist, aber nicht abgehoben oder arrogant. Mit ihrer Combo, den Helden, die seit Jahren pausiert, kann sie allerdings auch die Massen begeistern, nicht zuletzt deshalb, weil sie auf typische Genregrenzen pfeift. Trotzdem hat sie sich vor einiger Zeit aus dem herkömmlichen Musikbusiness verabschiedet und finanziert sich jetzt über Crowdfunding. Wir treffen sie noch kurz vor dem Corona-Lockdown im Februar 2020 in ihrer Neuköllner Arbeitswohnung, klassisches Berliner Hinterhausambiente mit Kreativchaos. Holofernes kommt in dicker Winterkleidung über die Straße und begrüßt uns so, als würden wir uns schon ewig kennen. Das Eis ist trotz der tiefen Temperaturen schnell gebrochen. Die Berlinerin mit dem biblischen Künstlernamen über die Zwänge des Popgeschäfts, die Grenzen des Marketings und das Muttersein in einer Männerdomäne, die sich gern so progressiv darstellt und es dann aber doch nicht ist.

Judith Holofernes, geboren 1976 in West-Berlin. **Frontfrau und Gitarristin von Wir sind Helden,** mit denen sie vier Studioalben produzierte. Bekannteste Lieder: **»Guten Tag«, »Nur ein Wort«, »Denkmal«, »Gekommen um zu bleiben«.** Die Band pausiert seit 2012. 2014 erstes Soloalbum »Ein leichtes Schwert«, 2017 ein weiteres (»Ich bin das Chaos«).

Judith, du hast vor einem knappen Jahr deinen Rückzug aus dem herkömmlichen Musikbusiness erklärt, den Rückzug vom »Karriere-Aspekt des Judith-Holofernes-Seins«. Was war so schlimm daran, Judith Holofernes zu sein?

Eigentlich bin ich ganz gern Judith Holofernes *(lacht)*. Aber der Mensch, nicht diese öffentliche Figur. Ich hatte die Nase voll, ich kam einfach immer schlechter damit klar, wie die Dinge im Popbusiness so laufen.

> »ICH HATTE DIE NASE VOLL, [...] WIE DIE DINGE IM POPBUSINESS SO LAUFEN.«

Was läuft denn so falsch?

Ich hatte das Gefühl, es geht gar nicht mehr um meine Kunst. Sondern siebzig oder achtzig Prozent dessen, was ich mache und was von mir erwartet wird, sind nur noch Berufsermöglichung: Selbstpromotion, Gesehenwerden, Das-Rad-am-Laufen-halten. Alles ist sehr abhängig von deiner dauerhaften Präsenz. Das hat sich noch zugespitzt, als wir mit Wir sind Helden aufgehört hatten. Danach wusste ich erst mal gar nicht, ob ich überhaupt weitermachen soll. Es hat eine ganze Weile gedauert, bis mir klar geworden ist, was ich will. Ich will weiter Musik machen, aber nur noch nach meinen Regeln. Das hat sich aber leider nur zum Teil eingelöst.

Inwiefern?

Ich habe zwei Soloplatten gemacht, die auch wahnsinnig viel Spaß gemacht haben. Aber immer, wenn ich die dann veröffentlicht hatte, dauerte es nur ein paar Wochen, bis ich wieder das Gefühl hatte, ich bin quasi freiwillig in den Käfig zurückgeklettert, aus dem ich kam. Wie ein Kind, das seine eigene Flucht plant, mit einem Koffer mit Süßigkeiten unterm Bett, und dann, am Gartentor, von den Erwachsenen eingefangen wird. Das war niederschmetternd, ich hatte so viel verändert und kam aus der Mühle trotzdem immer noch nicht raus. Zu der Zeit hatte ich mal einen gemeinsamen Auftritt mit AnnenMayKantereit, vorher gab es bei denen im Proberaum eine Party. Henning *(Sänger von AMK, Anm. d. Autoren)* stellte mich einem anderen Gast vor, irgend so einem Amerikaner, der mich nicht kannte. Henning sagte: »Das ist Judith, sie ist supercool, weil sie den Ring als Heavy Weight verlassen hat und jetzt freiwillig als Federgewicht in denselben Ring zurückgegangen ist.«

Er meinte das als Kompliment, weil du etwas wagst?

Henning fand das total cool, aber in dem Moment habe ich gedacht: Hey, stimmt! Und es ist total grausam! Ich mache das freiwillig, aber ich bin grün und blau geschlagen, weil ich immer noch das gleiche Spiel mitspiele, nur extrem Indie und extrem unwillig. Und gleichzeitig bin ich nicht mehr in der Lage, bei manchen Dingen mitzuspielen, weil ich die Macht der Branche nicht mehr im Rücken habe. Dabei wollte ich doch gar nicht wieder in denselben Ring zurück, nur zu schlechteren Bedingungen. Ich wollte einfach weiter Musik machen.

Was meinst du mit »demselben Ring«? Dass man dann doch wieder in den Talkshows sitzt, obwohl man doch eigentlich so frei und unabhängig sein wollte?

Dass man ganz schnell wieder in dieselben Routinen verfällt. Bei einem Album zum Beispiel, das ist ja wie ein Tanklaster. Du schreibst es, es ist fertig, aber erst ungefähr ein Jahr später kannst du es rausbringen. Es hat einen unglaublichen Wendekreis. Wenn es klassisch läuft, unterschreibst du dem Label, dass du ab sofort ein Jahr lang nichts anderes machst als dieses Album zu promoten. Dass du kaum Raum haben wirst für neue Kunst, obwohl die Arbeit an dem Album schon zwei Jahre her ist. Das geht für mich eigentlich gar nicht. Der eigentliche Kunstaspekt hat in der ganzen Sache sehr wenig Platz, das hat mich total unglücklich gemacht. Vor allem, weil der Klassiker ist, dass man ein Jahr lang eine Platte promotet und dann die ersten Leute kommen und sagen: »Wo ist eigentlich die nächste?« Und man denkt: Was glaubt ihr eigentlich, wann ich das gemacht haben soll? Im Tourbus zwischen Detmold und Saarbrücken?

Klingt in jeder Hinsicht grauenhaft.

Es ist absurd! Oder Tourneen: Um auf einem gewissen Level touren zu können, musst du beim Veranstalter vorher unterschreiben, dass du damit einen bestimmten wirtschaftlichen Erfolg haben wirst. Und um das zu erreichen, musst du soundso große Hallen ausverkaufen, damit es finanziell halbwegs aufgeht. Und schon ist es total egal, ob du vorher eigentlich beschlossen hast, gar nicht mehr so viel Erfolg zu brauchen: Du brauchst den Erfolg, weil alles so aufwendig und teuer ist. Dasselbe gilt für einen Plattenvertrag. An und für sich ist an dem nichts unethisch. Aber der Deal ist ganz klar: Du unterschreibst einen gewissen Drang zum Erfolg und dass du bereit bist, dafür zu arbeiten, dass es sich für alle lohnt. Sobald man das nicht mehr machen will, ist man raus aus der Nummer.

> »DU BRAUCHST DEN ERFOLG, WEIL ALLES SO AUFWENDIG UND TEUER IST.«

Und bist du jetzt raus aus der Nummer, und Geld ist dir völlig egal?

Nein, ich möchte immer noch gern Geld verdienen. Aber ich will so gut wie nichts mehr danach ausrichten. Das hat für mich definitiv keine Priorität mehr.

Seit November 2019 finanzierst du dich über Patreon, ein Crowdfunding-Projekt, bei dem Fans monatlich einen festen Betrag zahlen können, um deine künstlerische Arbeit zu unterstützen. Fühlst du dich dadurch jetzt befreit?
Hoffentlich! Ich habe mich schon vor sechs Jahren in die Idee mit Patreon verliebt, bin aber selbst noch skeptisch, ob so was in Deutschland funktioniert. Auf jeden Fall wird es eine Weile dauern. Patreon ist sicher auch nicht für alle Künstler geeignet, weil das Prinzip nicht jeder verstehen wird. Wahrscheinlich klappt es nur bei ganz bestimmten Leuten.

Bei welchen, was macht die aus?
Dass sie eine Community haben, die an sie glaubt, auch wenn mal eine Weile nichts kommt. Das Tolle an Patreon ist, dass es Crowdfunding ist, ohne projektgebunden zu sein. Das heißt, es zielt nicht auf ein Album hin, sondern die Leute unterstützen das, was ich immer wollte, nämlich kontinuierlich irgendwelche Kunst vor mich hin zu machen. Damit muss ich nicht mehr sagen, ich unterstelle meine Kunst alle zwei Jahre für ein Jahr dem Kommerz. Wenn ich einen neuen Song habe, lade ich ihn hoch, und meine Patrons können ihn hören. Und wenn ich dann irgendwann doch beschließe, jetzt habe ich zwölf oder dreizehn Songs, aus denen ich eine Platte machen will, dann ist das eher diese altmodische Vorstellung von einem Album. Man fasst seine Arbeit zusammen, aber das Eigentliche ist schon passiert. Und es ist völlig okay, schon wieder völlig woanders zu sein.

Aber ist der Druck nicht derselbe wie vorher, nur in einem anderen Gewand? Wenn du die Plattenfirma gegen die Crowd eintauschst, die für ihr Geld doch auch neue Kunst hören will?
Ich habe den Druck dadurch minimiert, dass ich mein Geld bei Patreon »per thing« einsammle, per Kunstwerk. Ich habe aber mit meinen Unterstützern abgesprochen, dass sie trotzdem einmal im Monat zahlen, außer ich tue wirklich nichts. Das nimmt schon viel Druck raus, denn wenn ich nichts mache, sammle ich einfach nichts ein. Trotzdem ist das eine neue Form von Erwartungshaltung, klar. Mit der muss ich erst wieder umgehen lernen.

Inwiefern, was macht das mit dir?
Ich nehme mich selber jetzt überall hin mit, ich mache einen Podcast, kommuniziere mit den Fans in den sozialen Medien. Wenn man so ein Erfüllertyp ist, kann man sich da großen neuen Stress mit machen. Aber mir gefällt es so schon viel besser, dass der Stress sich für mich jetzt darauf bezieht, kontinuierlich Kunst zu machen, und nicht mehr darauf, jemand zu sein und was zu verkaufen. Ich habe das Gefühl, über Patreon das Internet wirklich zum Guten nutzen zu können. Viele Künstler haben das Internet bisher missverstanden.

Was haben sie denn missverstanden?
Dass man für gute Kunst immer ein großes Publikum braucht. Und dass das Internet generell so funktioniert, dass man immer vage an alle rankommunizieren muss. Das hat mich immer schon gestört, nicht nur im Internet, auch in der Pressearbeit. Es geht immer nur um Masse und überhaupt nicht um die Qualität der Beziehungen. Ich habe so viele Momente gehabt, in denen ich in irgendwelchen Talkshows saß und dachte: Wie soll ich denn hier an die Leute rankommen, für die mein Album gedacht ist? So ungezielt an alle heranzutreten, damit ein Bruchteil dieser Leute vage Sympathien für dich entwickelt, die sie dann vielleicht drei Monate später mit einem Klick auf Spotify umsetzen, weil sie dich in sieben Talkshows gesehen haben. Das ist doch Quatsch!

Dein Bruch mit der Branche und ihren Vermarktungsmechanismen ist sehr radikal. Hast du auch über andere Alternativen nachgedacht, wie du dich außerhalb der üblichen Maschinerie finanzieren könntest?
Natürlich gibt es auch andere Wege. Sponsoring zum Beispiel, was mittlerweile ja viele Bands machen. Selbst Bands, die ästhetisch sehr Indie sind, haben mittlerweile notgedrungen andere Schmerzgrenzen, was Kooperationen angeht, die spielen dann bei Nokia oder auf den Dächern irgendwelcher Schnapsbusse, um Kohle ranzuschaffen. Aber das kommt für mich nicht infrage. Ein anderer Weg ist, sich den Arsch abzutouren und einfach wahnsinnig viel zu spielen. Aber ich habe zwei Kinder, das mache ich nicht mehr. Außerdem ist meine Gesundheit nicht so stabil. Ich habe das jahrelang gemacht und mich dabei ordentlich runtergewirtschaftet.

Du hast wegen einer Meningitis lange pausieren müssen. War das die Quittung für den Stress und deine Unzufriedenheit?
Sicher, die Meningitis kam in einem Moment der größten Krise. Die Zweifel und das viele Denken und das Unglücklichsein hatten sich summiert; dieses Gefühl, eingesperrt zu sein, nicht mehr rauszukommen, obwohl ich es doch so doll versucht habe. Ich habe den Fehler nicht mehr gesehen: Zweites Soloalbum, warum fühlt sich das wieder so an? Ich war vier Monate richtig krank.

Wie bist du da wieder rausgekommen?
Das Problem war, dass ich lange nicht wusste, dass es eine Meningitis ist. Sie wurde nicht richtig diagnostiziert, ich dachte drei Monate lang, es sei ein Zervikalsyndrom, das von der Wirbelsäule kommt. Es war aber andersherum, die Schmerzen von der Meningitis haben mir fünf Wirbel aus dem Lot gezogen. Ich habe die Hälfte der Tour abgesagt, aber trotzdem noch vier Festivals mit Meningitis gespielt, ohne es zu wissen. Mit

abartigen Schmerzen, ich dachte auf der Bühne, was passiert eigentlich, wenn ich jetzt einfach hier liegen bleibe? Danach konnte ich wochenlang den Kopf nicht heben, lag nur starr im Bett. Das waren Momente, in denen mir sehr klar geworden ist, dass ich mein Leben ab sofort deutlich anders gestalten muss.

Ist das Musikbusiness so unbarmherzig, dass man auf solche deutlichen Signale seines Körpers nicht hören kann – oder will?
Der Druck ist immens, auch wenn das von außen vielleicht nicht so wirkt. Aber falls man sich mal fragt, warum ab und zu Musiker tot umfallen: Ich habe in zwölf Jahren mit Wir sind Helden nur drei Konzerte wegen Krankheit abgesagt. Ich habe mit Kotzeimern neben der Bühne gespielt und vollgepumpt mit Ibuprofen. Und durch diese drei Konzerte, die wir abgesagt haben, ist die Versicherungssumme so hochgegangen, dass ich jetzt in meiner Solokarriere meine Konzerte kaum noch versichern kann, weil ich dann gar nicht mehr losfahren muss. Wenn ich eine Show wegen Krankheit absage, kostet mich das Tausende von Euro. Das ist der Grund, warum viele trotz Problemen bis zur Erschöpfung und darüber hinaus weitermachen. Weil sie es sich kaum leisten können, eine Pause zu machen.

> »ICH HABE MIT **KOTZ-EIMERN NEBEN DER BÜHNE** GESPIELT UND **VOLLGEPUMPT** MIT **IBUPROFEN**.«

Du hast dich nach deiner Meningitis ein ganzes Jahr zurückgezogen und bist ausgerechnet in der TV-Sendung »Sing meinen Song« wieder aufgetaucht. Das ist bemerkenswert, auch weil so ein Fernsehformat körperlich sehr fordernd ist. Vor allem sind die Erwartungen der Zuschauer enorm. Eine größere Bühne kann man als deutscher Musiker heute kaum haben.
Das hat mein Mann Pola Roy damals auch gesagt, der dachte, jetzt spinnt sie total! Es war auch abartig anstrengend. Aber ich wollte das total, weil ich es so lustig fand und so sehr etwas gebraucht habe, was mich aus dem Berliner Winter rausbringt. Da klang Südafrika nach einer guten Idee. Überhaupt war »Sing meinen Song« für mich total wertvoll, weil mir daran klar geworden ist, wie ich ticke. Ich kann unheimlich viel arbeiten, wenn ich begeistert bin und auf etwas Bock habe. In den Jahren davor habe ich selber immer am meisten darunter gelitten, dass ich dieselben Fehler immer wieder gemacht habe.

Welche Fehler meinst du?
Stagnation, dieses Gefühl, eingeknastet zu sein. Immer dieselben Muster, wieder im Hotelzimmer in Baden-Baden zu sitzen und zu denken: Was zur Hölle mache ich bloß hier? Wie grausam bin ich mir selber gegenüber! Als ich in Südafrika war, ging es mir gut. Außerdem mache ich nur wenige Sachen lieber, als anderer Leute Songs zu covern.

Hattest du keine Angst, dass deine Fans es dir übelnehmen, wenn du bei einer so durchkommerzialisierten Show wie »Sing meinen Song« auftrittst?
Doch, schon! Ich dachte erst, mal gucken, wen das jetzt wieder abschreckt. Aber es ging. Vielleicht auch, weil es »Sing meinen Song« war und nicht Dieter Bohlen.

Beängstigend: Dieter Bohlen singt »Wir sind Helden«.
Eine bizarre Vorstellung *(lacht)*. Aber im Ernst, die Leute haben das erstaunlich gut verstanden, weil die Sendung so einen guten Ruf hat. Ich gucke so was aber auch gerne. Ich habe selber nie unterschieden in Indie oder Mainstream, ich mag Musik, oder ich mag sie nicht. Indie zu sein, ist für mich keine ästhetische Entscheidung, da geht es um echte Unabhängigkeit. Ich singe zu Hause Sia und Lady Gaga; mir ging es auch noch nie um solche Distinktionsgeschichten. Ich mochte Madonna, ich habe als Kind die ganze Zeit MTV geguckt und wollte da rein. Meine wichtigste musikalische Prägung ist der amerikanische Schlager aus den Sechzigerjahren. Motown-Zeug. Ich habe eine große Liebe zum Pop und relativ aus Versehen immer mal wieder schmissige Popsongs geschrieben.

Denken wir oft zu sehr in Schubladen? Muss man »Sing meinen Song« und Grönemeyer oder Bono als echter Indiefan furchtbar schlimm finden?
Überhaupt nicht! Ich habe über »Sing meinen Song« viele Leute kennengelernt, die wahnsinnig gut dieses Mainstream-Pop-Spiel spielen und das emotional gut verkraften. Ich glaube inzwischen aber verstanden zu haben, dass man dafür eine besondere Persönlichkeitsstruktur braucht. Leider haben sehr viele Künstler die nicht, deswegen gehen so viele von uns drauf. Und dann wundert man sich immer, wenn sich zwanzig Jahre später wieder irgendeiner in einem Hotelzimmer aufgehängt hat.

Was am Pop ist so toxisch?
Gar nichts, man kann die Oberfläche von Pop total lieben und ihn gern konsumieren. Aber für die Seele ist es sehr schwierig. Man ist Künstler geworden, weil man sensibel ist und etwas auszudrücken hat. Und dann rutscht man in ein knallhart kapitalistisches System rein, wo unglaublich viel Kohle dranhängt, die man nicht ignorieren kann.

Musstest du erst älter werden und schlechte Erfahrungen machen, um das so zu sehen?
Es lag sicher an den Helden, dass es eine ganze Weile gedauert hat. Wir waren sehr schnell sehr erfolgreich und wurden von allen gefeiert; alle haben dich ja unheimlich lieb, wenn es so gut läuft. Dadurch haben wir die Glaswände nie gespürt. Beim zweiten Album hat das aber schon angefangen, dass ich die Gewalt dieser Maschine gespürt habe und an Wände gestoßen bin.

Wie sah diese Gewalt aus?
Mir haben plötzlich Leute gesagt: Du kannst jetzt nicht mehr einfach schreiben, was du willst, da hängen jetzt Arbeitsplätze von ab! Das war zwar immer nur im Witz, aber du weißt natürlich, dass das ernst gemeint ist. Gerade bei unserer dritten Platte, die schon sehr meta war, kam öfter ein Spruch wie: Kannste nicht mal wieder was wie »Nur ein Wort« machen? Lass doch mal dieses ganze Buddhisten-Meta-Zeugs, das checken die Leute nicht! Und das hat mir jemand mit sehr starken Indiewurzeln gesagt. Der allerdings auch sehr betrunken war.

> »KANNSTE NICHT MAL WIEDER WAS WIE ›NUR EIN WORT‹ MACHEN?«

Trotzdem habt ihr euren Stil mit Wir sind Helden vier Alben lang durchgehalten.
Zwölf Jahre, ganz schön lang. Aber am Ende wurden die Reibungen schon sehr offensichtlich. Die letzte Platte, »Bring mich nach Hause«, war sehr, sehr Indie, damit sind wir gerade noch so durchgekommen. Das Tolle bei den Helden war, dass wir so unheimlich gute Deals hatten, weil wir im Gegensatz zu den meisten anderen Bands erst auf MTV und im Radio liefen und erst danach einen Plattenvertrag bekamen. Dadurch waren wir von Anfang an in einer so guten Position, dass alle Befindlichkeiten, ob beim Label oder bei den Sendern, für uns immer nur Vorschläge waren. Bei »Müssen nur wollen« haben Radiosender gefragt, ob wir nicht bitte den einen quietschigen Synthie rausnehmen könnten, der so nervt. Da konnten wir zum Glück, ohne zu zögern, sagen: Nein warum sollten wir?

Hat sich die Radiolandschaft seit den Helden-Zeiten verändert?
Sehr, das Radio, das überhaupt noch geblieben ist, ist noch viel mehr Mainstream als früher. Die meisten Sender werden im Prinzip von Controllern gemacht, mit Algorithmen, die Hits sortieren. Das sind knallharte Kriterien: Nach soundsoviel Sekunden kommt der Refrain, dann die Strophe, total heftig. Noch viel formatierter als damals.

Ihr habt mit den Helden 2012 auf unbestimmte Zeit eine Pause eingelegt. Ist die eigentlich endgültig?
Mal sehen, im Moment schon. Aber wer weiß. Ich mache jetzt ja auch Sachen, die ich mir vor fünf Jahren noch nicht vorstellen konnte.

Könnte der Punkt kommen, an dem du wieder Lust auf die Helden hast? Oder gibt es irgendwann diese Szene wie bei Mario Adorf in Kir Royal, in der er sagt: »Ich scheiß dich so zu mit meinem Geld«?
(Lacht laut und lange) Wenn wir uns mit Geld hätten zuscheißen lassen wollen, dann hätten wir das damals gemacht und hätten jetzt sehr viel mehr Kohle. Warum sollten wir's dann jetzt machen? Ich habe starke Gefühle für die Helden, ich liebe diese Band immer noch und kann alles gut finden, was wir gemacht haben. Nie im Leben würde ich unsere Legacy gefährden. Außerdem habe ich nach all den Jahren des Suchens mit meinen Solosachen gerade das Gefühl, genau da zu sein, wo ich sein wollte. Ich wäre schön blöd, das alles jetzt wieder aufzugeben.

Aber das Wissen, dass die Helden-Crowd euch weiter die Treue hält, ist trotzdem schön?
Klar, und wie. Ich poste ab und zu mal ein Foto aus den Helden-Zeiten. Dann geht's sofort los, wie ein Pawlowscher Reflex. Aber das ist so, wie wenn jemand ein Foto von sich bei seiner Abifeier posten würde, und alle würden sagen: Geil, geh doch wieder zur Schule!

Ihr seid das Bild der Jugend eurer Fans, deshalb wünschen sie sich so eine Reunion.
Klar, und wenn wir jetzt wiederkämen, würden sie merken, dass wir alle älter sind, das fänden sie sicher nicht so schön *(lacht)*. Oh Gott, das sind ja gar nicht die von damals, und außerdem machen sie jetzt lauter komisches Zeug!

Hat dich der Ruhm verändert?
Natürlich, es wäre totaler Blödsinn zu behaupten, dass man danach noch dieselbe ist. Es gibt einen Ted-Talk von Elizabeth Gilbert von »Eat, Pray, Love« über Erfolg als Trauma. In dem erzählt sie, dass ein Therapeut ihr erklärt hat, dass es mindestens so lange dauert, den Erfolg zu verarbeiten, wie ihn zu erreichen. Das Problem ist auch, dass man dieses einschneidende, krasse Erlebnis mit kaum jemandem teilen kann. Das hat uns bei den Helden auch immer so verbunden. Wir waren bei Rock am Ring auf der Bühne, vor Zehntausenden Fans, und es gab nur uns vier, die das erlebt haben und wussten, wie es sich anfühlt.

Man fühlt sich unbesiegbar?
Schon irgendwie. Das Gefährliche daran ist, dass man irgendwann kaum noch merkt, wie einfach durch den Erfolg alles wird.

Alles, was du machen willst, gelingt. Ganz viele Künstler, ich auch, haben ja über ihre ganze Jugend das Gefühl, sich für ihre Kunst verteidigen zu müssen. Du hast Eltern, Lehrer, und alle sagen immer: »Mach was Vernünftiges!« In dem Moment, wo du dann Erfolg hast, wird dein Kampf im Nachhinein geadelt, und du glaubst, dass das Universum mit dir kooperiert. Du hast das Gefühl, dass der Erfolg alles rechtfertigt. Da nicht abzuheben, ist enorm schwer.

Ist Erfolg, die Begeisterung vieler Menschen, eine Droge?
Es ist toll zu merken, dass das, was man macht, vielen Leuten etwas bedeutet. Und das, die Relevanz, ist bestimmt der Aspekt am Erfolg, der am suchterzeugendsten ist. Ich bin davor überhaupt nicht gefeit. Ich bin nur ein kleines, nerdiges, asthmatisches Mädchen, das gerne ganz viel Liebe von ganz vielen Leuten bekommen möchte. Ich war als Kind so ein kleines anfälliges Verreckerle, deshalb war ich schon früh sehr empfänglich dafür, wenn Leute mir gesagt haben, wie toll ich funktioniere und wie wahnsinnig robust ich bin. Es ist wichtig, um dieses Suchtpotenzial zu wissen, um es hinterfragen zu können.

Hinterfragen viele Künstler das zu wenig?
Vielleicht, weil Erfolg eben so berauschend sein kann. Aber gleichzeitig ist die Prämisse, die man in dem Business zwangsläufig akzeptiert, oft falsch: dass Erfolg dauerhaft sein muss. Ich habe immer ein Vertrauen darin gehabt, dass es völlig okay ist, wenn Erfolg kommt und geht. Und bin mir relativ sicher, dass es immer mal wieder Treffer geben wird, wenn ich einfach mache, was ich will. Und auch immer mal wieder etwas, was danebengeht. Das muss man dann eben aushalten, auch wenn es diesen krassen Erfolgsfetisch gibt. Ich kämpfe seit acht Jahren darum, dass es okay ist, weniger Erfolg zu haben als früher. Aber ich muss es mit Zähnen und Klauen durchsetzen.

> »ICH KÄMPFE SEIT ACHT JAHREN DARUM, DASS ES OKAY IST, WENIGER ERFOLG ZU HABEN ALS FRÜHER.«

Die Frage ist ja auch, wie man Erfolg definiert, ob nur rein kommerziell oder vor allem ideell.
Genau, Erfolg ist immer auch relativ. Ich kann ganz nischige Sachen machen, zum Beispiel mein Tiergedichtebuch. Das ist kommerziell vielleicht völlig irrelevant, fühlt sich für mich aber trotzdem wie ein Riesenerfolg an, weil es in dem Rahmen, dem ich dem Projekt gesetzt habe – schreibe ein Tiergedichtebuch! –, gut gelungen ist.

Die Erfüllung der eigenen Erwartungen, nicht die der anderen, ist alles, was zählt. Habe ich das erreicht, was ich mir vorgenommen habe?
Das ist auf Dauer das Einzige, was wirklich befriedigt. Ich habe mich in der letzten Zeit viel mit Fame beschäftigt und mit dem, was danach kommt. Wie gelingt einem nach so einem Erfolg ein erfülltes Erwachsenenleben? Und ich habe das Gefühl, es ist sehr viel einfacher, wenn man danach etwas ganz anderes macht. Kim Wilde zum Beispiel macht mittlerweile eine Gartensendung, die wirkt auf mich ganz fidel. Oder Viv Albertine von den Slits, die jetzt ein Modelabel hat, oder Carrie Brownstein, die Comedy in Portland macht. Aber so was kam für mich nicht infrage, stattdessen habe ich mich für den grausamsten Weg von allen entschieden: mit klarem Blick zu sagen, ich möchte weiter mitmachen, aber nicht mehr auf diesem Level.

Hat das mit auch deiner Kindheit zu tun, dass du die emotionale Stärke für diesen Schritt hast?
Stärke? Ich schaffe das nur mit totalen Blessuren und großen Opfern. Ein Teil von mir findet mich aber tatsächlich sehr tapfer, auch weil ich es gesellschaftlich wichtig finde, gegen diesen Erfolgsfetisch zu kämpfen. Man redet doch immer nur über Erfolg, und oft behauptet man ihn auch nur, weil man hofft, dass er sich allein dadurch einstellt. Kaum ein Künstler sagt doch in der Interviewrunde zu seinem neuen Album: Ehrlich gesagt, ich verkaufe drastisch weniger Platten als früher, aber trotzdem alles ganz geil.

Hat dich deine Erziehung in der Hinsicht geprägt, in Bezug auf deine Skepsis, auch auf deine Konsumkritik?
Definitiv, ich hatte sehr gute Bedingungen. Meine Mutter hat selbst einen künstlerischen Beruf, sie ist Übersetzerin und verdient so gut wie kein Geld. Sie hat sich früh dafür entschieden, dass sie kein Geld braucht, um glücklich zu sein, solange sie einen der tollsten Berufe der Welt hat. Ich habe früh gelernt, dass es eine sehr kluge Wahl ist, sich für ein gutes Leben zu entscheiden. Deshalb bin ich auch nicht besonders fixiert auf Geld. Das Komische ist auch: Ich bin schon eher ein Angsttyp. Aber viele Ängste, die andere Menschen haben, habe ich nicht. Existenzängste zum Beispiel oder Angst vor dem Scheitern. Das haben mir meine Eltern mitgegeben.

> »VIELE ÄNGSTE, DIE ANDERE MENSCHEN HABEN, HABE ICH NICHT. EXISTENZÄNGSTE ZUM BEISPIEL ODER ANGST VOR DEM SCHEITERN.«

Reinhard Mey hat uns im Gespräch für dieses Buch erzählt, dass er und seine Frau notfalls mit den Tantiemen von »Über den Wolken« auskommen könnten. Bist du durch die Helden finanziell auch so unabhängig, dass du davon leben kannst?
Wenn ich keine Musik mehr machen würde, könnte ich eine Weile sehr entspannt durchkommen. Das Absurde ist aber eben: Weil ich noch Musik machen möchte, muss ich noch ganz schön viel Geld verdienen, wenn ich meine finanziellen Reserven nicht sehr schnell aufbrauchen will. Früher habe ich mich immer gefragt, wie erfolgreiche Leute so schnell ihre ganze Kohle durchbringen und dann eine Reunion machen müssen, weil sie das Geld brauchen. Ich dachte: Was habt ihr denn gemacht, ihr Deppen? Vielen ist einfach nicht klar, wie wahnsinnig viel Geld es kostet, Musik zu machen.

> »VIELEN IST EINFACH NICHT KLAR, WIE WAHNSINNIG VIEL GELD ES KOSTET, MUSIK ZU MACHEN.«

Was ist so teuer daran?
Alles, ich bezahle die Studios, die Proben, die freien Tage auf Tour, eine sechsköpfige Band. Vor allem will ich meine Leute gut bezahlen. Viele brillante Musiker knapsen ohnehin schon am Existenzminimum, da ist eine faire Bezahlung alternativlos. Mir haben immer alle gesagt: Mach das doch nicht, stell dich doch allein auf die Bühne, das ist viel billiger! Aber dann kann ich auch Lesungen machen. Wenn ich schon Musik mache, dann will ich sie toll finden. Und dann geht es nur so. Ich will Streicher *(lacht)*!

Uns ist aufgefallen, wie schwer wir uns bei diesem Projekt getan haben, Künstlerinnen zu finden. Ist das Popbusiness immer noch so männerlastig?
Klar, total. Da muss man sich nur die Line-ups angucken. Man spürt es aber auch sonst an jeder Ecke. Du spielst bei irgendeinem Festival, und danach fragt dich ein Journalist backstage, ob du zu Hause auch manchmal ein Instrument spielst, weil er nicht gesehen hat, dass du gerade die Rhythmusgitarre in der Band bedient hast. Oder es kommt vor, dass Techniker dich nicht ernst nehmen. Am meisten habe ich das aber gemerkt, als ich mich fortgepflanzt habe. Da wurde es drastisch sichtbar, das hat mich für zwei Jahre wirklich niedergeschmettert.

Inwiefern?
Ich habe mich bei meiner ersten Soloplatte überreden lassen, als erste Single einen von drei Songs auszukoppeln, die mit dem Thema Fortpflanzung zu tun haben. Ich wusste schon, dass das eine saublöde Idee ist, obwohl ich den Song liebe. Eigentlich hatte ich auch das Gefühl, der Grundtenor des Albums ist ein ganz anderer, ich war auf ganz andere Stücke stolz. Aber in der Presse wurde die Platte fast ausschließlich als »Jetzt-ist-sie-Mama-das-merkt-man-auch«-Album wahrgenommen. In den Kritiken sind plötzlich irgendwelche Kinderinstrumente aufgetaucht und Kinderchöre, die es auf der Platte gar nicht gab. Alles wurde diesem Narrativ untergeordnet, egal, was ich machte.

Wie hast du reagiert?
Ich war total geschockt, weil ich das nicht erwartet hatte. Am Anfang habe ich noch relativ freimütig über das Thema geredet, weil ich dachte, es ist wertvoll, über die Realität des Älterwerdens und Elternseins zu sprechen. Aber bald habe ich das gelassen, weil das Mutti-Narrativ immer krasser wurde. Wie bei so einer Konzernbossin, der alle nach ihrem ersten Kind immer sagen, wie mütterlich sie ihre Flipcharts organisiert.

Oder über die gesagt wird, super, wie die das alles schafft!
Genau, das ist dasselbe Narrativ, nur umgedreht. Plötzlich wurde ich gefragt: Hey, Judith, was kannst du den ganzen jungen Frauen sagen? Und ich dachte nur: Keine Ahnung, holt euch 'nen Babysitter! Dabei war mein Leben mit nichts vergleichbar, es war total blöd, mich das zu fragen. Ich war mit meinen Kindern auf Tour, wenige Leute konnten daraus etwas für ihr Leben ziehen. Und plötzlich haben auch Radiosender mich nicht mehr gespielt.

Weil du vermeintlich nicht mehr ins Schema gepasst hast?
Weil ich mich durch das Kind aus der Zielgruppe verabschiedet hatte. Auf einmal gingen alle möglichen Türen zu; ich war plötzlich erwachsen, nicht mehr Pop, kein Jugendformat mehr. Auch Festivals, auf denen ich gerne gespielt hätte, haben mich nicht mehr eingeladen. Dabei war meine Platte alles andere als Middle-of-the-road. Mich hat das so zerstört, dass ich aufhören wollte.

Deinem Mann wäre das so wahrscheinlich nie passiert.
Natürlich nicht! Schon als wir noch mit den Kindern auf Tour waren, hat Pola nie jemand gefragt, wie er das eigentlich alles unter einen Hut bekommt. Bei Männern stellen sich diese Fragen offenbar nicht.

Gab es einen Moment, an dem du dachtest: Okay, dann mache ich halt keine Songs mehr über Kinder?
Nein, nie. Ich hatte ohnehin immer das Gefühl, dass die Leute, die meine Musik hören, zu viel mehr Differenzierung in der Lage sind. Und jetzt, seit ich mit Patreon arbeite und nicht mehr so breit an alle möglichen Leute rankommunizieren muss, wird diese Verbindung noch intensiver. Zumindest hoffe ich das.

Unser Eindruck ist, dass man als Künstler heute immer schneller in Schubladen gesteckt und in ein Verkaufsnarrativ gepresst wird. Entweder Indie oder Mainstream, jung oder Mutter. Dazwischen gibt es nichts mehr.

Das hat in den letzten Jahren dramatisch zugenommen, die Differenzierung verschwindet. Auf eine Art war das aber früher schon so. Jedes Mal, wenn wir mit den Helden ein Album rausgebracht haben, haben die ersten paar Wochen Interviews total Spaß gemacht. Da war noch jedes Gespräch anders, die Journalisten hatten sich einzeln vorbereitet. Und dann konnte man förmlich den Moment spüren, in dem das Narrativ griff und die meisten weiteren Interviews nur noch zu seiner Bestätigung dienten.

Ist dieses schematische, überkommene Frauenbild im Musikbusiness stärker ausgeprägt als in anderen Branchen?

Ich finde schon, das Musikbusiness ist noch immer krass patriarchalisch geprägt. Die meisten Schlüsselpositionen sind von Männern besetzt, Frauen kommen kaum vor. Das ist ein ganz klares strukturelles Problem der Branche. Allein die Tatsache, was für ein Makel es ist, Kinder zu kriegen, wie unpop, unsexy und unwild das ist! Aber nur weil ich jetzt Kinder habe, muss ich mich doch nicht die ganze Zeit nur noch darüber unterhalten, ob ich jetzt eine Latte schlürfende Prenzlauer-Berg-Mutti bin, die ihren Bugaboo *(Kinderwagen-Marke, Anm. d. Autoren)* durch die Gegend schiebt! Trotzdem ist der Stempel sofort da: keine Frau, keine Künstlerin, kein Vamp und auch kein eigenes Leben mehr. Das ist niederschmetternd! Eine Industrie, die Frauen aussortiert, sobald sie Mütter werden, kann ja gar nicht viele Frauen beherbergen, weil sie sie immer klein hält.

> »WAS FÜR EIN **MAKEL**, **KINDER ZU KRIEGEN**, WIE UNPOP, UNSEXY UND UNWILD DAS IST!«

In einer Kritik zu einem deiner letzten Alben stand der Satz, dass du neben deiner Musik ja auch eine »aparte Erscheinung« seist. Hast du persönlich auch mit Sexismus Erfahrungen gemacht?

Immer wieder. In den ersten Helden-Jahren, rückblickend war ich da eindeutig ein ganz schöner Feger, bin ich in Interviews auch gefragt worden, ob mich das manchmal traurig macht, dass ich nicht so als sexy gelabelt bin wie andere Kolleginnen. Mit solchen Fragen müssen sich männliche Kollegen nie auseinandersetzen. Ich hatte auch mal ein sehr schönes Interview über Frauen im Pop, ein stundenlanges Gespräch im Backstage eines Festivals, sehr tiefgehend und toll. Am Schluss fragte der Journalist, ob ich ältere Vorbilder in dem Beruf habe. Ich habe gesagt: »Patti Smith und Marianne Faithful.« Er antwortete: »Ah, Marianne Faithful! Na ja, ganz so auseinandergehen musste ja nicht!«

Selbst von eigentlich klugen und vermeintlich emanzipierten Männern kommen oft noch solche Sprüche.

Ja, nicht zu fassen. Ich habe mich über all die Jahre immer so über Inhalt definiert und hatte eigentlich nie das Gefühl, dass mein Beruf besonders von meinem Aussehen abhängen sollte. Trotzdem habe ich mich, als ich Kinder bekommen habe, mit meinem zusätzlichen Gewicht so elend gefühlt. Es fühlt sich scheiße an! Ich habe oft das Gefühl, dass es bei Männern Aggressionen hervorruft, wenn man diesem Image plötzlich nicht mehr entspricht. Die bekommt Kinder! Und zwischendurch sieht sie, Gott bewahre, sogar mal so aus!

Woher kommen diese Aggressionen?

Das ist so, als würde man das Lieblingsspielzeug von jemandem kaputt machen. Du zerstörst etwas, was demjenigen gehört hat, indem du dich vermehrst. Außerdem spüren die Leute an dir ihr eigenes Älterwerden, auch das macht aggressiv. Das ganze Mutterthema ist extrem belastet. Ich weiß noch, dass ich während der Schwangerschaft mal auf einer Aftershow-Party war, ich wog zehn Kilo mehr, mein Bauch hing mir in Falten runter. Ich hatte so ein Zeltkleid an, ein tolles, grünes, glitzerndes. Da kam ein Journalist zu mir und sagte: »Judith, wie schaffst du das nur, schon wieder so auszusehen?« Ich sagte zu ihm: »Komm mit, wir gehen aufs Klo, ich zeig dir meinen Kängurubauch! Ich will mit der Scheiße nichts zu tun haben, ich will nicht, dass du das schreibst, dass ich so aussehe, weil es nicht stimmt!« Da hat man gemerkt, wie stark bei vielen der Wille ist, auch das wieder einem Narrativ unterzuordnen: Schwanger, aber man sieht es kaum! Dabei will ich doch gar nicht so aussehen, als hätte ich mir mein Kind aus der Nase gezogen. Oder als würde ich nicht altern.

Stört es dich nicht, älter zu werden?

Nein, überhaupt nicht, ich freue mich aufs Altwerden, seit ich Teenager bin.

> »ICH FREUE MICH AUFS **ALTWERDEN**, SEIT ICH TEENAGER BIN.«

Wirklich? Warum das?

Weil ich dieses Zwischenalter sehr nervig finde. Dieses Nicht-mehr-jung-sein ist gerade für Frauen eine grauenhafte Zeit, extrem undankbar. Ich bin froh, wenn ich endlich fertig bin mit dem ganzen Scheiß. Fertig mit diesem unwürdigen Jung-sein-müssen. Es hat sich in den letzten Jahren zwar schon einiges getan, es gibt Lizzo und davor Beth Ditto und die Body-Positivity-Bewegung. Aber es gibt nur ganz dick und total proud, denn das kann man schon wieder ganz gut verkaufen, weil es schon fast wieder Punk ist. Dabei ist auch das natürlich nur Alibi, weil alle anderen weiter ganz dünn sein müssen. Und die Normalität dazwischen, nur ein bisschen dick und gar nicht mal so proud, wird ganz ausgeblendet.

Spürst du an dir selbst, unabhängig von patriarchalischen Narrativen, auch selbst so etwas wie eine Midlife-Crisis?
Das ist ja immer schwer zu unterscheiden, was selbst empfunden ist und was von außen kommt. Ich merke zumindest, dass ich im Moment weniger Lust habe, Musik zu machen. Ich habe regelrecht eine Art Liebeskummer in der Hinsicht. Ich bin aber sehr zuversichtlich, dass das wiederkommen wird. Trotzdem hat man als Frau beim Musikmachen immer diese Stimme in sich, die sagt, dass das nicht endlos ist. Musik hat eine Zeitlinie, für die man irgendwann zu alt werden könnte. Obwohl das natürlich Quatsch ist.

Du glaubst, dass du die Musik irgendwann vielleicht ganz an den Nagel hängst?
Wer weiß, vielleicht drängt sich auch das Schreiben in den Vordergrund. Im Moment fühle ich mich dazu einfach sehr hingezogen, das ist irgendwie auch die noch ältere Liebe. Mal abgesehen davon, dass es ja legitim ist, darüber nachzudenken, ob man mit Mitte fünfzig wirklich noch mal im Tourbus unterwegs sein will. Aber über Patreon kommt da jetzt eine Freiheit rein, die mir wieder Lust auf Musik macht.

Das ist ja das Schwierige – aber auch Spannende – an dieser Lebensphase: Man schaut auf die erste Hälfte zurück und fragt sich, wer man war. Und dann fragt man sich, wer man in der zweiten Hälfte sein will. Diese Frage stellen wir uns zumindest jeden Tag.
Diese Frage ist sehr quälend, aber auch toll. Und sie hat mir jetzt die Kraft dafür gegeben, diesen Schnitt zu machen und es mit Patreon zu versuchen. Weil ich mir denke: Wenn ich alt genug werde, bin ich ab jetzt definitiv länger alt, als ich noch jung sein kann. Das heißt, ich tue sehr gut daran, mich ab jetzt nicht mehr an einer Industrie zu orientieren, die diesen Jugendfetisch hat. In Deutschland gibt es zwar viele erfolgreiche Künstler, die nicht mehr jung sind. Annette Humpe zum Beispiel. Aber die gehen dann auch eher in die zweite Reihe und turnen nicht mehr auf allen Bühnen rum.

Oder man hat als Künstler einen Bruch im Leben hinter sich wie Udo Lindenberg. Der ist jetzt auch deswegen so erfolgreich, weil er so tief gefallen war. Auch das Comeback-Narrativ ist sehr beliebt.
Ja, aber die Strecke zwischen dem ersten großen Erfolg und der Lebenswerk-Tauglichkeit ist ein totales Jammertal. Lebenswerk ist dann schon wieder cool, und irgendwann merkt auch keiner mehr, dass du davor acht Jahre weg warst und keinen Erfolg mehr hattest. Wenn du lange genug durchhältst, kriegst du dieses Siegel. Dann bist du geadelt und kannst machen, was du willst.

Der Preis für das Lebenswerk ist ein Preis für das Durchhalten.
Ein Preis fürs Immer-noch-da-Sein. Die Kunst besteht aber darin, aus der Zeit dazwischen, zwischen erstem Erfolg und Ruhmeshalle, ein erfolgreiches, erfülltes Erwachsenenleben zu machen. Nur ist das in der Branche nicht vorgesehen und deshalb wahnsinnig schwer.

Die innere Attitüde muss sich vom Image lösen. Ist das der Weg?
In sich jung zu bleiben und sich nicht zwangsweise dazu machen zu lassen. Dieses Bild vom Altwerden hatte ich schon als Kind. Dass man nicht zahnlos und brav werden muss, sondern sich zu mehr Freiheit und größerer Konsequenz hin entwickeln kann. Man macht endlich, was man will. Und muss nicht mehr um jeden Preis gefallen.

▶ INTERVIEW

WIE CHILLIG IST DEUTSCHLAND, **TRETTMANN?**

Der Chemnitzer Trettmann, bürgerlich Stefan Richter, legt einen langen Weg zurück, bis er endlich Erfolg hat. Aufgewachsen in einem tristen Plattenbau in Karl-Marx-Stadt, muss er der DDR mit viel Fantasie etwas Farbe abgewinnen und zieht als Breakdancer durch die »Platte«, ehe er sich nach der Wende nach Jamaika aufmacht und den entspannten Sound zurück ins wiedervereinigte, aber immer noch ziemlich unchillige Deutschland bringt. Trettmann hält sich mühsam mit Jobs und Arbeitsamtmaßnahmen über Wasser, aber für ihn, der immer noch an sich glaubt, kommt der Durchbruch nicht zu spät. Seine Crossover-Mischung aus Trap und Hip-Hop, Reggae und Autotune-Gesang, verbunden mit klugen Texten, bringt ihm nicht nur in der Hip-Hop-Szene viel Anerkennung ein. Wir sprechen mit ihm im April 2020, mitten im Corona-Lockdown, über eine DDR-Jugend zwischen grauem Beton und FDJ, sein Erweckungserlebnis durch Harry Belafonte und das schlechte Image der Sachsen und Chemnitzer, seit Rechtsextreme die Stadt in Verruf gebracht haben.

Trettmann, geboren 1973 in Karl-Marx-Stadt, dem heutigen Chemnitz. Rappte zunächst auch auf Sächsisch und persiflierte die Reggae-Szene, bevor er seinen heute erfolgreichen Stil fand. **Vier Studio-Alben.** 2017 mit »#DIY« erstmals in den Charts, das letzte **Album, »Trettmann«,** erreichte 2019 Platz zwei der deutschen Charts.

Wenn aus Stefan Richter Trettmann wird: Ab und an mietet sich der Hip-Hopper in ein Leipziger Arbeitsappartment ein, um in Ruhe neue Songs zu schreiben. Das geht nur mit dem richtigen Mindsetting – und absolute Coolness gehört dazu.

Corona macht dir wie fast allen Künstlern einen Strich durch die Rechnung. Kannst du die erzwungene Saure-Gurken-Zeit zum Schreiben nutzen?

Das hoffe ich. Aber ich finde es schwierig, weil ich immer so einen Zeitgeistmoment brauche. Es ist in meinen Texten nicht alles Fiktion, ich muss schon raus, feiern und Dinge erleben, alleine, um Party-Tracks zu schreiben! Da muss ich mich erst zurechtfinden.

> »ICH **MUSS RAUS**, FEIERN UND DINGE ERLEBEN, ALLEINE, **UM PARTY-TRACKS ZU SCHREIBEN**!«

Reine Kopfgeburten sind nicht deine Sache?

Im letzten Jahr habe ich viel geschrieben, meine Reisen haben viel Stoff geliefert. Selbst eine Tour und Gigs spielen, eine Festivalsaison, das ist wichtiger Input für mich und eigentlich kaum zu ersetzen.

Brauchst du Orte oder Menschen?

Das ist schon beides. Ich brauche den Austausch, auch im Studio mit Fizzle von KitschKrieg. Er ist da mein Sparringspartner, mit ihm bespreche die Texte noch mal, wir arrangieren auch um.

KitschKrieg, das ist dein Produzententeam in Berlin. Freunde, die von sich sagen: »Jeder von uns war auf seine eigene Art und Weise an irgendetwas gescheitert. Wir waren richtig am Arsch.« Wie habt ihr euch gefunden?

Ich war schon lange mit Fizzle befreundet. Wir kennen uns aus der Dancehall-Szene, er hat damals einen Remix von einem meiner ersten Songs gemacht, das war 2006. Ich dachte so, krass, in Krefeld im Westen feiert mich jemand *(lacht)* und baut da einen Remix. Dann haben wir uns auf Shows getroffen und mochten uns. Wir haben angefangen, miteinander zu arbeiten und mal ein Mixtape gemacht. Von da an war der Link strong und ist bis heute nicht abgerissen. Er ist damals nach Berlin gegangen, genau wie °awhodat° und Fiji Kris, die kannten sich auch schon und sind dann zusammen in eine WG gezogen. Ich war immer mal als Gast dabei, und mit der Zeit wurde das daraus, was es jetzt ist.

Was geben dir deine Sparringspartner, was du selbst nicht hast?

Im Endeffekt ist es so, dass jeder irgendein Talent hat. Was ich gut kann, ist texten, performen, singen, Melodien erfinden, das ist mein Terrain. Die anderen sind talentiert in der Produktion, in ihren Visionen, was das Geschäft angeht, oder im Visuellen wie °awhodat°. Das Schöne daran ist, dass ich mich voll und ganz um meinen Part kümmern und beim Rest loslassen kann, weil ich weiß, dass ich mich auf die anderen drei verlassen kann. Die führen das zum Erfolg und sorgen dafür, dass ich mich wohlfühle und hinter unserer Sache stehen kann, über Jahre hinweg.

Kurz bevor die Corona-Pandemie auch Deutschland fest im Griff hatte, warst du noch auf Jamaika …

… ich liebe diese Insel. Nach der Tour im Dezember *(2019)* war ich noch mal da. Die Wärme! Und Jamaika ist einfach massiv inspirierend. Es ist nicht nur Reggae und Dancehall, da läuft auch viel Soul, R'n'B und Blues. Ich bin dort immer viel unterwegs und tanke Inspiration.

> »JAMAIKA IST EINFACH MASSIV INSPIRIEREND.«

Was inspiriert dich? Gehst du auf Konzerte? Oder liegst du am Strand und hörst einfach Musik?

Ich war vielleicht zweimal am Strand *(lacht)*, ansonsten bin ich pausenlos unterwegs. Es ist nur so, dass dort wegen der Gangkriminalität häufig Ausnahmezustand in Städten wie Kingston und Montego Bay herrscht. Und das bedeutet, dass die ganzen Open Airs, wofür Jamaika ja auch bekannt ist – Soundsystems *(mobile Clubs unter freiem Himmel, Anm. d. Autoren)*, die Dances –, um eins nachts schon aufhören, maximal bis um zwei, dann kommt schon die Polizei. Danach spielt sich alles im Club ab, im Stripclub. Okay, das klingt jetzt erst mal hart, ich bin in Deutschland kein Stripclub-Gänger, aber dort finden eben die Partys in solchen Clubs statt. Manchmal reicht es auch, sich irgendwo in eine Bar zu setzen und Musik zu hören. Du hast fast immer zwei, drei Soundquellen gleichzeitig.

Das ist in Deutschland komplett anders. Öffentliche Musik gilt schnell als Ruhestörung.

Vollkommen anders in Deutschland. Deswegen hänge ich auch so an der Insel. Ich war 1993 zum ersten Mal dort, als all meine Freunde nach New York geflogen sind, um Schallplatten und Sneaker zu kaufen. Irgendwer hatte mir einen Jamaika-Prospekt ins Zimmer gelegt. Vorher war ich als DDR-Bürger in der Tschechoslowakei und in Ungarn, und plötzlich wurde ich in diesen völlig anderen Kulturkreis geworfen. Ich habe vorher schon Hip-Hop und R'n'B gehört, und das ist ja auch wesensverwandt, die Heritage ist dieselbe. Ich bin dann immer wieder im Zweijahresturnus nach Jamaika geflogen, nur ab 2007 fast elf Jahre nicht mehr. Mit KitschKrieg bin ich vor drei Jahren zum ersten Mal wieder dorthin und saß am ersten Abend in der Bar, die Musik spielte, ich habe einen Spliff geraucht *(Joint, Anm. d. Autoren)*, und die Leute haben sich in ihrer Sprache Patois unterhalten. Ich habe gedacht: Wie konnte ich nur so lange nicht mehr hierhin fahren? Ich liebe das Land, die Leute und die Musik.

Livemusik auf der Straße, Kiffen in der Öffentlichkeit, die Lockerheit ... Sind die Deutschen dir nicht zu hüftsteif?
Man darf nicht vergessen, wir haben eben den Winter in Deutschland. Was die Menschen in Jamaika haben, das ist die Musik, ihr Nummer-eins-Exportschlager. Es gibt auch sonst nicht viel zu tun, bei dem Mangel an Jobs, und es ist immer noch ein Dritte-Welt-Land, sodass Musik einen ganz anderen Stellenwert hat, verbunden mit der Tradition, die mit Gospel und Soul mit den Sklaven aus Afrika kam. Du hast auch nirgendwo so viele Kirchen wie in Jamaika. Sonntags siehst du die alten Frauen mit ihren Hüten, den Kostümen und den Blumen, die den ganzen Tag singen gehen. Auf den Straßen hörst du überall Gesang und Musik. In Deutschland ist viel verloren gegangen nach dem Krieg, in Bezug auf Sprache, weil so viel aus Amerika herüberschwappte, und das waren Jazz und Rock'n'Roll. Erst jetzt, seit zwei Jahrzehnten, habe ich das Gefühl, dass die Leute gerne Deutsch singen. Mit diesen vielen neuen Artists im Bereich R'n'B und Hip-Hop passiert unheimlich viel. Ich schleiche nicht mehr vom Dancefloor, wenn deutsche Musik läuft, sondern kann entspannt weiterfeiern.

Wieso war das früher anders? Fandest du Musik aus Deutschland nicht zeitgemäß, Deutsch als Gesang- und Rap-Sprache unattraktiv?
Das war ein Mix aus beidem. Wenn ich an Advanced Chemistry denke, an so einen Song wie »Fremd in eigenem Land«, das war der Zeitgeist und hat mich komplett abgeholt. *(Advanced Chemistry, Hip-Hop-Pioniere aus Heidelberg, die immer wieder über ihre Identität als Deutsche mit Migrationsgeschichte in der Familie texteten, Anm. d. Autoren)* In Amerika war das die große Zeit von Hip-Hop, von Notorious B.I.G. und dem ganzen Bad-Boy-Hip-Hop *(gemeint ist das Plattenlabel von Puff Daddy, Anm. d. Autoren)*, der in New York so groß war. Das, addiert mit dem Dancehall-Sound! Ich habe Schallplatten importiert und in Deutschland aufgelegt, das war mein Kosmos, und da war keine Zeit und kein Raum mehr für deutsche Musik.

Woher hast du deinen Hang zum Crossover, zum Verwischen und Vermischen von Genregrenzen?
Den Crossover-Moment? Ich habe schon als Zwölfjähriger in der DDR die Plattensammlung meiner Mutter rauf- und runtergehört, alle R'n'B- und Soul-Platten, die auf dem ostdeutschen Label Amiga lizensiert waren. Stevie Wonder, Aretha Franklin, Al Jarreau, solche Künstler. Damit bin ich groß geworden und habe mich irgendwann darum gekümmert, dass ich immer an neue Musik komme. In Jamaika wird das alles nicht so stark getrennt wie hier in Deutschland. Hip-Hop, R'n'B, Soul ... wenn du hier auf eine Party gehst, hörst du hauptsächlich Hip-Hop. Wenn du auf eine Dancehall-Party gehst, hörst du Dancehall. Ich kann das alles nicht so trennen, und das spiegelt sich dann in meiner Musik wider.

Du singst fast ausschließlich mit Autotune, das heißt mit einer Stimme, die künstlich verfremdet wird. Wieso?
Ich feiere schon seit den Achtzigern die Effektierung der Stimme, habe früher Roger Troutman *(1999 verstorbener amerikanischer Discofunk-Musiker)* gefeiert, der diesen Vocoder-Sound genutzt hat. Als um die Jahrtausendwende Autotune aufkam, hat mich das sehr daran erinnert. Das ist wie ein Gitarreneffekt.

Warst du dir unsicher, ob deine eigene Stimme ausreicht?
Nein, gar nicht, ich habe vorher ja auch ohne Effekte gesungen und gerappt. Ich mochte es einfach. Auch als elektrische Gitarren aufkamen, wurde das von der älteren Generation verteufelt. Ganz schlimm *(lacht)*! Im Endeffekt ist es nur ein Stilmittel.

Du bist im absoluten Gegenentwurf zu deinen afroamerikanischen Idolen groß geworden, in der Plattenbausiedlung *Fritz Heckert* in Karl-Marx-Stadt, dem heutigen Chemnitz. Da scheint Stevie Wonder Lichtjahre entfernt auf einem anderen Planeten zu leben.
Elton John, Electric Light Orchestra, Chicago ... ich sehe heute noch den Plattenschrank vor mir und kann da durchblättern und erinnere mich an die Schallplatten, weil es etwas total Besonderes war. Es hieß immer, du bekommst das unterm Ladentisch. Und wenn du wusstest, dass an einem bestimmten Tag diese Schallplatte rauskommt, dann standest du mitunter hundert Menschen in einer Schlange. Vielleicht haben zwanzig die noch bekommen, der Rest ging unterm Ladentisch weg. Das heißt, du brauchtest Beziehungen, um noch welche abzustauben.

War die afroamerikanische Musikszene für dich in der grauen DDR ein Sehnsuchtsort?
Ja, auf jeden Fall, das spielte mit hinein. Das hatte für mich vor der Wende noch einen ganz anderen Stellenwert als nach der Wiedervereinigung und war wahrscheinlich auch viel wichtiger als im Westen, wo du dir Musik einfach kaufen konntest. Als ich

»ICH HABE SCHON ALS ZWÖLF-JÄHRIGER IN DER DDR DIE PLATTEN-SAMMLUNG MEINER MUTTER RAUF- UND RUNTER-GEHÖRT.«

vierzehn war, wurde dieser ganze Funk-Sound bekannt – the S.O.S. Band, Cameo (»Word Up«) –, und da kamst du nur ran, wenn du tauschen konntest oder Westgeld hattest. Das war mitunter so, dass jemand in Rostock die Aufnahme hatte, und du bist nach Dresden zu einem Kumpel gefahren, und es war derselbe Kratzer an der derselben Stelle. Du musstest hart dafür kämpfen. Und ich konnte NDR »Soul Train« hören, weil die Heckert-Siedlung fünfhundert Meter über dem Meeresspiegel liegt und ich deshalb NDR 2 oder Rias, Westradio, empfangen konnte. Ich habe dann ziemlich zeitig angefangen, mir meine Tapes zusammenzustellen mit dem Sound, den ich mochte. Unter der Bettdecke mit meinem Ostrekorder, obwohl ich eigentlich schon hätte schlafen müssen (lacht).

Gab es irgendeinen DDR-Künstler, der dich ansatzweise interessiert hat?
(Überlegt) Das ist schwer. Als Kind habe ich Gerhard Schöne gehört (DDR-Liedermacher, Anm. d. Autoren) oder »Der Traumzauberbaum« (Kinderhörspiel aus der DDR von 1980), die auch auf Amiga erschienen sind. Aber irgendwann habe ich meine Liebe zur schwarzen Musik entdeckt, und die hat mich nie wieder losgelassen. Es gab natürlich Bands wie Silly oder Karussell, die hatten schon Songs, die mich berührten, aber ich wurde nie Fan davon. Mein Bruder war eh in der Punkrichtung unterwegs, mir hat das zwar musikalisch nicht so gefallen, aber textlich war das oppositionell, und das hat mir imponiert. Herbst in Peking (Ostberliner Band) oder Anna B. und Kaltfront (Indieband aus Dresden) habe ich gehört und war da teilweise auch bei Konzerten, bei irgendwelchen Festen im Wohngebiet, »Fest des Maschinenbauers« (lacht). Der Keyboarder von Rammstein, wie heißt der noch mal?

Christian Lorenz alias Flake, der zu DDR-Zeiten Mitglied der Punkband Feeling B war.
Ja, genau, so eine early Punkband. Der hat mal gesagt, wir mussten diese Bands wie Puhdys scheiße finden, um noch in den Spiegel schauen zu können. Man darf nicht vergessen, alles, was man im Radio hörte, war von der Regierung abgesegnet, als ob die Künstler mit all dem, was in Ost-Berlin beschlossen wurde, konform gingen. Die hatten zwar versteckte Botschaften in ihren Texten, waren aber totaler Mainstream, und das war nicht mein Feld.

Aus heutiger Sicht ist eine Kindheit im Plattenbau etwas trostlos. Aber damals waren die Wohnungen eine echte Errungenschaft, oder?
In der Platte zu wohnen, das war ein Fortschritt! Die ganze Altbausubstanz in der DDR zerfiel damals nach und nach, es gab noch überall Ofenheizungen, die Toiletten lagen im Gang ein halbes Stockwerk tiefer. Da fiel der Stuck von der Wand, gerade in Leipzig, das siehst du heute noch … (Trettmann zeigt aus dem Fenster, schräg gegenüber steht ein altes, offenbar nicht saniertes Haus.) … wie dort drüben beispielsweise. Und da wohnen noch Leute drin. Die Platte aber war echt tight in Sachen Anbindung und Einkaufen. Es gab Kaufhallen und Versorgungszentren. Du hattest Schulen und Kindergärten in der Nähe und Fernheizung und TV, genau das, was das Leben heute noch schön macht. Eine solche Wohnung war einfach alles.

1984 kam der Harry-Belafonte-Film »Beat Street« in die Kinos, ein Breakdance-Streifen, der in der Szene aus DJs, Sprayern und Straßenjungs in der Bronx spielte.
Den habe ich im Kino gesehen damals, und der hat mich total geflasht. Und dann sind noch die New York City Breakers, eine Breakdance-Gruppe, bei »Wetten dass..?« aufgetreten. Das und »Beat Street«, dadurch tat sich für mich eine komplett neue Welt auf, Hip-Hop.

> »DADURCH TAT SICH FÜR MICH EINE **KOMPLETT NEUE WELT** AUF, HIP-HOP.«

Und dann bist du im real existierenden Sozialismus als Breakdancer durch die Platte getanzt?
(Lacht) Ja.

Wie hat das DDR-Regime auf Jungs wie dich reagiert?
Beat Street wurde in den DDR-Kinos zugelassen, weil der Film auch sehr sozialkritisch war. Er beschrieb die Zustände und Missstände im »bösen Westen«, der New Yorker Bronx. Die Drogen, die Arbeitslosen, das komplettierte das Bild, das die Honecker-Regierung gerne streute. Was sie aber nicht bedacht hatte: dass dieser Film der Input sein könnte für eine Jugendkultur, die sich verselbstständigte. Die wurde so groß, dass sie anfingen, sie zu kontrollieren. Ich kann mich erinnern, wie Leute in den Jugendclubs saßen, die Gruppen anleiten sollten. Es ging so weit, dass man als Breakdancer in einer Crew vor einer Jury tanzen musste, das nannte sich Einstufung. Wenn du diese Einstufung nicht bestanden hast, war dir nicht erlaubt, auf Stadtteilfesten oder irgendwelchen Brigadefesten aufzutreten.

Wie es dir ergangen, wenn du in der Siedlung mit deiner Crew getanzt hast?
Manchmal ist die Polizei gekommen und hat gesagt: »Hier nicht!« Aber irgendwann war es dann so normal, von Dessau über Karl-Marx-Stadt bis Leipzig, dass die nichts mehr gegen uns machen konnten. Das war 1986/87. Natürlich sagt das keiner. Aber für mich war diese Kultur ein Befreiungsschlag und ein Grund dafür, dass die Leute freier gedacht haben und auch

> » FÜR MICH WAR DIESE KULTUR EIN **BEFREIUNGS- SCHLAG**. «

ein bisschen diese Wendezeit eingeleitet wurde. Aus der DDR-Kulturszene kam kein Input mehr, das hat uns nicht mehr erreicht, auch wenn das Regime versucht hat, Trends aufzugreifen mit Jugendsendungen wie »Elf 99« und Radio »DT64« mit einer Hip-Hop-Sendung. Der Zug war aber längst abgefahren.

Nach der Wende hast du viel in einem Jugendzentrum abgehangen …
… ja, das war ein ehemaliger Ball- oder Tanzsaal, wo wir einen Raum für Konzerte bewirtschaftet haben. Das war wichtig, weil damals – das muss man wissen – ging erst einmal gar nichts im Osten. In der Zeit der Währungsunion hast du mitbekommen, klar, man ist nun frei, kann aber kaum noch ausgehen, weil man das Geld nicht hat, um den Eintritt zu zahlen oder sich einen Drink zu kaufen. Wir haben sonst unsere Wochenenden in Hauseingängen verbracht und dort geraucht und getrunken.

Du thematisierst diese schwierige Zeit in dem Song »Grauer Beton«: »Man hat uns vergessen dort, Anfang der Neunziger Jahre/Desolate Lage, jeden Tag mit der Bagage«. Hast du der DDR irgendwann eine Träne nachgeweint, so wie es manche heute tun?
(Überlegt lange) Das ist sehr komplex. Weint man seiner Kindheit hinterher, die schöne Momente hatte? Als die Mauer fiel, war ich sechzehn, und in meiner Wahrnehmung war die Kindheit sehr schön und behütet, weil ich auch in meiner Familie so etwas wie Existenzangst nicht kannte. Es wurde für einen gesorgt, und als Kind eckt man ja nicht an, weil man ohnehin nicht ernst genommen wird. Im Nachhinein habe ich diese Aspekte vermisst, als ich gemerkt habe, dass Geld im neuen Deutschland über allem steht. Dadurch verschob sich der Fokus, denn plötzlich musst du Dinge können, die eigentlich gar nicht deinem Talent entsprechen. Sich vermarkten zum Beispiel, vorher konnte ich meinen Film fahren, weil ich mich nur für Musik und Tanz interessiert habe.

Aber trotzdem hast du nicht resigniert?
Ich habe wahrscheinlich die Einheit viel schneller vollzogen als andere. Ich bin nach Berlin gefahren, war in Hannover auf Jams. Die Westdeutschen sind auch zu uns gekommen, es gab direkt einen regen Austausch. Die ersten Hip-Hop-Konzerte mit Advanced Chemistry oder Boulevard Bou, daran erinnere ich mich gut. Das ging ziemlich schnell, und daran konnte ich mich festhalten und bin deshalb nicht in eine Depression gerutscht wie andere, deren Eltern nur noch zu Hause hingen, weil sie ihre Jobs verloren hatten. Ich bin ziemlich behütet gewesen.

Bist du in der Zeit von Westlern abschätzig behandelt worden, die in dir den rückständigen Ossi gesehen haben?
Ich kenne das von meiner Mutter her, dass sie sich sehr viel erarbeiten musste. Ich selbst habe das nie so wahrgenommen. Ich bin nach dem Abi und Zivildienst gereist, habe mir Geld geliehen und bin losgefahren. Ich hätte mir ja vorher nie vorstellen können, dass ich mal ein Teil dieser für mich unbekannten, freien Welt sein könnte. Jamaika hat bei mir so viel verändert; auch Gastfreundschaft zu erfahren, obwohl die Menschen dort total arm sind. Das ist ein Erfahrungsschatz, der bei mir zu einer positiven Denkweise geführt hat. Ich bin nie in dieses Jammerossi-Ding reingerutscht. Das ist ja auch heute das Problem, wenn die Leute andere für ihre Probleme verantwortlich machen statt sich selbst.

Aber war die Musik im Westen weiter? Weil die Hip-Hopper zum Beispiel die besseren Sampler nutzten?
Natürlich, auf jeden Fall. Durch Technik, aber auch durch MTV, die Tänzer waren tighter. Und Graffiti: Bei uns in der DDR gab es ja keine richtigen Spraydosen, die Leute haben zum Teil mit Pinsel gemalt oder mit ungeeigneten Lackdosen. Mangelwirtschaft macht erfinderisch.

Andererseits boten Städte wie Leipzig und Berlin doch zu der Zeit ungeahnte Möglichkeiten, oder? Heruntergerockte Häuser, Brachen, billige Proberäume.
Das war ein Eldorado und ist es ja in Leipzig und Berlin zum Teil heute noch. Alleine die Partykultur, in alten Fabriken, Soundsystem-Partys, sogar in Karl-Marx-Stadt. Die Polizei, sowieso unterbesetzt, man hatte ziemlich freie Hand, herrliche Zeiten. Wir sind so häufig ins WMF *(ein damals angesagter Club in Berlin, Anm. d. Autoren)* gefahren, in die Katakomben am Potsdamer Platz, das war jahrelang der Style! Es kam genau zur richtigen Zeit, mit sechzehn bis zwanzig Jahren! Deshalb habe ich wohl auch diesen blinden Fleck in meinem Lebenslauf, wo ich auf dem Papier nichts zustande gebracht habe.

Was meinst du damit?
Ich sehe das bei Freunden, die – anders als ich – nach dem Abi die klassische Laufbahn durchgezogen haben. Studium, Arbeit, Familie. Die mussten irgendwann bremsen und kündigen, um zu leben. In den letzten zehn Jahren merkt man das häufig, dass Freunde unglücklich sind mit ihren Jobs, weil sie ihr Talent nicht bedienen oder gar nicht wissen, was ihr Talent ist. Für mich hat es funktioniert, ich vermisse nichts, auch wenn ich keine abgeschlossene Ausbildung oder ein Studium habe. Ich bin happy!

Du hattest erst mit 42 oder 43 Jahren kommerziellen Erfolg, während es immer heißt, da sei der Zug schon abgefahren. Du hättest vor die Wand fahren können und bist ein hohes Risiko eingegangen.

Davon bin ich ausgegangen, das hatte ich längst akzeptiert. Es lag immer am nächsten, dass es kein gutes Ende nimmt. Aber ich hatte nie die Ausdauer, längere Zeit in Jobs zu arbeiten. Das, was mich nicht glücklich macht, muss ich loswerden, weil es mich sonst zerbricht.

»DAS, WAS MICH NICHT **GLÜCKLICH** MACHT, MUSS ICH **LOSWERDEN**, WEIL ES MICH **SONST ZERBRICHT**.«

Was hast du denn ausprobiert? Spargelstechen?

Ach, alles Mögliche. Im Schallplattenladen habe ich die längste Zeit gearbeitet, was noch ganz cool war. Schuheverkaufen, Fensterbau, ich war mal Trendvertreter bei Polygram. Das hatte ich sogar übers Arbeitsamt vermittelt bekommen, weil die niemanden gefunden hatten, der proper Englisch spricht und was von Musik in Ostdeutschland versteht *(lacht)*.

Du hättest auch in einer Langzeitmaßnahme zur Parkpflege landen können.

Das ist mir auch passiert! Oder in Großpösna auf dem Feld Sojabohnen pflücken und die dann im Kreis mit Exhäftlingen und kranken Menschen sortieren, das war nicht meins. Habe ich meist nur zwei Wochen durchgehalten.

Gab es trotzdem einen Plan? Popstar zum Beispiel?

Nein, es gab keinen Plan. Sich Ziele zu setzen, dass man dafür ein gutes, funktionierendes Team braucht, all diese Dinge, das habe ich erst in den letzten Jahren gelernt. Vorher war das autodidaktisches Durchwurschteln.

Vor deinem Durchbruch hast du auf Sächsisch gerappt und die Figur Ronny Trettmann ersonnen. Versteht die Reggae-Szene Spaß?

(Lacht) Zu der Zeit war ich mit einem Soundsystem als DJ auf Europatour, und wir haben im Bus nach Montenegro und Serbien gefreestyled. Dabei hat sich dieser Charakter ergeben, eine Spaßgeburt. Das wurde zum besten Job, den ich je hatte! Eine Persiflage auf deutschen Reggae, auf Leute, die Rastas tragen und rot-gelb-grüne Pullover. Das fand ich damals richtig scheiße, weil dieses Hippie-Momentum so furchtbar oberflächlich ist. Die Reggae-Kultur ist doch viel tiefer und zum Teil viel, viel härter als das, was hier angekommen ist.

Dabei gilt Sächsisch für manche heute als eher verkaufshinderlich. Nicht erst seit den rechtsextremen Übergriffen in Chemnitz 2018 hat Sachsen ein Imageproblem. Pegida ist eine Dresdner Erfindung.

Früher war ich stolz, aus Karl-Marx-Stadt zu kommen. Heute habe ich ein ungutes Gefühl, wenn ich an meine Heimatstadt denke. Was ist in Chemnitz geschehen? Es ist kein Ort, auf den ich momentan stolz bin. Er steht für diese Übergriffe auf Ausländer, aber auch für eine gewisse Biederkeit. Selbst wenn ich heute nach Chemnitz fahre, senkt sich eine Glocke auf mich nieder, es ist nicht mehr mein Zuhause.

»**WAS IST IN CHEMNITZ GESCHEHEN?** ES IST KEIN ORT, AUF DEN ICH MOMENTAN STOLZ BIN.«

(Trettmann spielt auf die gewaltsamen Ausschreitungen in Chemnitz im Sommer 2018 an, als Rechtsextremisten tatsächliche oder vermeintliche Migranten angriffen und der sächsischen Polizei der Vorwurf gemacht wurde, zu spät und zu unbeherzt eingegriffen zu haben.)

Die Rechtsextremisten des NSU wuchsen in einem Jenaer Plattenbauviertel auf. Bist du in der Heckert-Anlage in deiner Heimat Nazis über den Weg gelaufen?

Zuhauf! Das war jeden Tag Thema, vor allem dann, wenn du ausgegangen bist. Als die Mauer fiel, ging das los. Von da an musstest du gefeit sein, dass du – wenn du mit dem letzten Anschluss nach Hause fährst – aufs Maul bekommst. Da wurden Jugendclubs überfallen, und man kannte sich auch.

Was waren das für Typen?

Es gab Leute, die Public-Enemy-Kapuzenjacken trugen, aber was gegen ausländische Studenten hatten. Expunks zum Teil. Wahrscheinlich auch Leute, die unter der Politik der DDR gelitten haben, aber darauf will ich das nicht schieben. Es gab in der DDR immer einen latenten Rassismus, den die Großelterngeneration ihren Kindern mitgegeben hat. Diese Tendenzen sind nicht ausgemerzt worden wie zuzeiten der Achtundsechziger im Westen, als sich die Kinder von ihren Eltern distanzierten. Die DDR hat sich zwar immer damit gebrüstet, aber die Entnazifizierung hat dort nie vollständig funktioniert. Gerade durch den Mangel an Austausch mit fremden Kulturen hat sich das fortgesetzt.

Aber es gab auch Ausländer in der DDR. Aus Vietnam, aus Nordkorea, aus Mosambik.

Ja, aber man darf nicht vergessen, dass diese ausländischen Studenten, auch aus Kamerun oder Angola, oder die Gastarbeiter aus Vietnam streng isoliert lebten. Es gab ein Verbot, mit ihnen näher in Kontakt zu treten. Es war klar, dass sie wieder in ihre Heimatländer gehen mussten. Deshalb bist du in einer vollständig weißen Gesellschaft groß geworden. Und ich, als einer, der seine Liebe zur schwarzen Musikkultur und ihrer Menschen entdeckt hatte, habe mich über jeden ausländischen Studenten gefreut. Schon als Sechzehnjähriger bin ich in den Internationalen Studentenclub gegangen und habe dort Musik gehört, diesen Austausch habe ich gesucht. Mir war diese Society zu weiß.

Du warst auch in der FDJ, weißer geht es nicht.
Das hatte so einen paramilitärischen Charakter. Marschieren, Uniform tragen, zusammen repräsentieren – und die Antennen von den Dächern herunterreißen bei den Menschen, die Westradio hörten. Mein Bruder hatte einen Ausreiseantrag gestellt, der war anders drauf. Mit zwölf oder dreizehn habe ich mitbekommen, dass er nicht konform geht, was er auch durch seine langen Haare und einen Aufnäher auf der Jacke mit dem Sponti-Spruch »Schwerter zu Pflugscharen« dokumentierte. Damals wusste ich aber noch nicht, wie ich das bewerten soll. Ich war noch überzeugter – wie soll ich sagen – Sozialist. Ich habe an all das geglaubt, was ich in Staatsbürgerkunde und in Geschichte gelernt hatte. Erst mit den ersten Demos in Karl-Marx-Stadt – und da haben wir vor der Karl-Marx-Büste getanzt – habe ich gesehen, was die Behörden der DDR, ihre Polizei den Menschen angetan haben. Die Stasi hat Leute rausgezogen und zusammengeschlagen. Damals ist mein Glaube an diesen Staat zerbröckelt, das war kurz vor dem Mauerfall.

Tun wir genug gegen Rechtsextremisten?
Nein, überhaupt nicht! Dass wir wieder Bewegungen wie Pegida, Legida oder AfD ertragen müssen, ist die Konsequenz daraus, dass man Rechtsextremismus und Faschismus nur ungenügend ächtet.

Müssen Künstler wie du Stellung beziehen?
Es ist gut, aber Kunst ist vielfältig; und es ist doch nichts schlimmer, als wenn jemand meint, er müsse sich nun positionieren, weil das von ihm verlangt wird. Jeder mit seinen Mitteln. Aber es muss nicht jeder seinen Senf dazu geben, der nicht will.

MARIUS MÜLLER-WESTERNHAGEN

Dass er so in sich ruht wie auf diesem Bild aus seiner Wohnung in Berlin, war nicht immer so bei Marius Müller-Westernhagen. Als er in den 90ern in Stadien auftrat, wollte er der Größte sein – und war es jahrelang auch. Mit dem Alter kommt nun die Gelassenheit dazu, und sie steht ihm gut!

▶ INTERVIEW

SIND WIR DEUTSCHEN VERKLEMMT, MARIUS MÜLLER-WESTERNHAGEN?

Er gehört zu den Big Five, jenen fünf Künstlern, die lange Zeit die deutsche Rockszene dominierten. Marius Müller-Westernhagen, der als Sohn eines Schauspielers selbst zunächst Schauspieler wird, rollt ab Ende der Siebzigerjahre mit seinen Shouterqualitäten und »Pfefferminz« in der Stimme die deutsche Mainstream-Rockmusik auf. Nebenbei prägt er mit seinem Film »Theo gegen den Rest der Welt« gleich noch das eigene Image vom Straßenrebellen, das er später als »Armani-Rocker« lustvoll einreißt, zum Verdruss vieler Fans. In den Neunzigerjahren steigt er in den Rockolymp auf und sorgt als erster deutscher Künstler für ausverkaufte Stadien und einen Millionenseller nach dem anderen. Mit Herbert Grönemeyer konkurriert er um den Thron im Rockhimmel. Danach verkleinert sich der »dürre Hering« mit den provokanten Texten und der gezielten Problemgruppenbeschimpfung (»Dicke«) und polarisiert bis heute von allen Mainstream-Rockern wohl am meisten. Wir besuchen ihn im Hochsommer 2019 bereits zum zweiten Mal in seiner Wohnung hoch über den Dächern Berlins. Auch seine Frau Lindiwe ist kurz dabei. Zum Parforceritt durch ein Rockstarleben, wie es in Deutschland nur wenige gibt, wird Espresso gereicht. Westernhagen über Rock'n'Roll und Sex, die neue deutsche Prüderie und die Entwicklung vom »progressivsten Act im Land« zum Mainstream-Star.

Marius Müller-Westernhagen, geboren 1948 in Düsseldorf. **Mehr als zwölf Millionen verkaufte Alben.** Das erfolgreichste: »Affentheater« (1994), acht Nummer-eins-Alben. Bekannteste Songs: »Sexy«, »Willenlos«, »Mit Pfefferminz bin ich dein Prinz«, »Dicke«. **Der Song »Freiheit« wurde zur Hymne der Wiedervereinigung**, obwohl er schon Jahre zuvor geschrieben wurde. Lebt in Berlin und zeitweise in Südafrika.

Marius, deine Texte sind wahnsinnig direkt: »Auch mein Schwanz bleibt ganz cool hängen, wenn man ihm mit Liebe droht.« Jeder zweite Rapper ist heute so explizit. Aber damals hat keiner so getextet, oder?
Keiner!

Was wolltest du damit erreichen?
Ich glaube, ich habe das nicht gemacht, weil ich provozieren wollte, sondern weil mir das normal erschien.

Für dich normal!
Musik hatte für mich natürlich mit Sex zu tun! Jeder hat das vermieden, aber das war mir gar nicht klar. Ich habe nur das geschrieben, was ich gefühlt habe. Das war nicht kalkuliert, und ich habe mir keine Gedanken gemacht, ob ich das verkaufen kann. Das weiß ich bis heute nicht.

War Sex in deinem Elternhaus ein Thema?
Ich habe meine Eltern – wenn überhaupt – nur zufällig mal nackt gesehen. Das war verklemmt, über Sex wurde auch nicht gesprochen. Aufgeklärt hat mich meine Schwester.

Du warst als Teenager nicht gerade selbstbewusst und hattest Probleme mit deiner Schmächtigkeit. Musstest du das unbedingt mit der großen Pose kompensieren?
Na ja, mein Selbstbewusstsein ist erst aufgebaut worden. Ich war immer der Kleine und der Schmächtige. In der Schule haben die Jungs, die solche Brocken waren, wer weiß was erzählt, was sie alles gemacht haben, und du kleiner Kerl stehst daneben und stellst dir vor, dass Sex furchtbar schwierig sein muss und auch was mit Muskeln zu tun hat. Das hatte sich dann erledigt nach dem ersten Mal *(lacht)*. Ich hatte das Glück, in einer Zeit groß zu werden, in der du als Teenager gar nicht dünn genug sein konntest. Nicht athletisch, sondern einfach nur dünn. Das fanden alle wahnsinnig toll.

War Sex das größte Tabu, gegen das du damals aufbegehren konntest?

> »WIR WOLLTEN NICHT WIE UNSERE ELTERN WERDEN.«

Ja, das wollte ich. Meine Generation hat von vorneherein eingeimpft bekommen, das Wichtigste sei Geldverdienen und Karrieremachen und so zu werden wie die Eltern, nur besser. Dass man sich anpasst und eine Rolle spielt, das war den Eltern meiner Generation sehr wichtig. Wir hatten es deshalb andererseits auch leichter als die heute Jungen, weil wir ein klares Feindbild hatten. Wir wollten nicht wie unsere Eltern werden. Wir wollten was ändern und hatten das Gefühl, sonst zu ersticken.

Du hast vor einiger Zeit dein legendäres Album »Mit Pfefferminz bin ich dein Prinz« von 1978 komplett neu arrangiert und aufgenommen. Warum?
Mich hat das einfach interessiert: Wenn du es schaffst, ein Album zu machen, das nichts mehr zu tun hat mit diesem Album vor vierzig Jahren, sondern wirklich anders klingt, mit minimalistischen Mitteln, im Studio erarbeitet, so wie ich das früher gemacht habe, dann wäre das was. Mich hat wieder erstaunt, dass man mit der Arbeit am Arrangement und den Tempi einen Song unfassbar verändern und wirklich aktualisieren kann. Und ich fand es toll, wie aktuell die Texte teilweise noch sind.

Alle? Kannst du einen Song wie »Oh Margarethe«, der aus der Sicht eines Zuhälters geschrieben ist, heute noch ironiefrei singen?
Ich habe die nie für gute Songs gehalten, aber es sind verdammt gute Songs *(lacht)*. Ich habe nur gedacht, in der Zeit von #MeToo einen Song wie »Margarethe« zu singen, würde heute wahrscheinlich als sexistisch angesehen werden. Dabei waren das nur meine Beobachtungen. Und ich glaube, es wird auch klar in dem Lied, dass die Frau das Opfer ist. Oder, auch sehr delikat, ein Song wie »Dicke«. Damals sollten diese Songs nicht im Radio gespielt werden, weil es so ziemlich die frechsten Songs waren, die es damals gab. Ich war einer der Ersten, der sich in den Texten mit Sexualität beschäftigt hat, inzwischen interessiert das keinen mehr. Heute würden sie das höchstens deswegen

> »ICH WAR EINER DER ERSTEN, DER SICH IN DEN TEXTEN MIT SEXUALITÄT BESCHÄFTIGT HAT.«

nicht mehr spielen, weil es nicht mehr in die Formate hineinpasst. Aber so was hat mich ja noch nie aufgehalten.

Da du von #MeToo sprichst ... 2005 hattest du bei deiner Tournee eine Tänzerin an der Stange auf der Bühne, die du bei »Sexy« mit langer Zunge abgeleckt hast. Ginge das heute noch?
Klar *(lacht)*! Nein, ich bin ja um die siebzig, ich würde das heute nicht mehr machen. Aber sonst unbedingt. Ist ja Show!

Aber verstehen das die Menschen auch als Show oder als Westernhagen-Statement?
Das ist das Problem der Leute. Die Deutschen tun sich schwer mit Ironie und Satire. Es ist genauso das Problem der Leute,

wenn ich die Songs spiele, die ich spielen will. Ich habe mich da bis auf wenige Ausnahmen nie angepasst.

In welchem Milieu hast du diese Songs damals geschrieben?
Es war ziemlich parallel zu den »Theo«-Drehbüchern, die ich damals gelesen habe, da bin ich zum ersten Mal so richtig mit diesem Ruhrgebietsmilieu in Berührung gekommen, davor war ich noch nie in Bochum oder Herne gewesen. Und ich war als junger Mann fasziniert von dieser Halbwelt. Die meisten meiner Texte waren Milieustudien, die ich eins zu eins abgebildet habe, aber die hatten nichts mit mir zu tun. Die waren frei von Moral, was ich für wichtig halte. In der Kunst darf es keine Moral geben. Wenn du siehst, welche unfassbaren Bilder aus Museen entfernt werden, weil die Frauen darauf nackt sind, wo kommen wir denn da hin? Ich möchte bei aller Liebe nicht zurück in dieses puritanische Zeitalter, wo wir allesamt so verklemmt durch die Gegend gelaufen sind.

Warum sind wir denn heute wieder so verklemmt?
Es liegt an der Hysterie der Zeit. Auf alles wird vollkommen hysterisch reagiert. Es wird nicht mehr unterschieden, wie man an der #MeToo-Debatte sieht. Immer geht es zuerst darum, wie populär der Täter ist. Dabei muss man doch jeden Fall individuell beurteilen. So jemand wie Harvey Weinstein ist natürlich ein kranker Mensch, der dementsprechend behandelt und bestraft werden muss. Aber es sind doch Karrieren von unfassbaren Schauspielern zerstört worden, die nach meinem Verständnis frech waren, aber denen kannst du deswegen doch nicht Berufsverbot erteilen! Das ist dann auch ein Schlag gegen die Kunst und die Kultur. Doch für eine solche Differenzierung ist kein Platz mehr, dazu ist alles zu plakativ.

War die Gesellschaft früher weniger oberflächlich und weniger auf Äußeres bedacht?
Die Oberflächlichkeit musste geringer ausgeprägt sein, weil wir nicht so abgelenkt waren. Es gab für Jugendliche keinen Markt. Was ich alles angestellt habe, um an Klamotten zu kommen! Ich habe als kleiner Kerl meistens in der Frauenabteilung gekauft, weil die Sachen da witziger waren. Es gab eine Boutique in Düsseldorf – Popov hieß die –, neben dem Lokal Cream Cheese, und die wurde von zwei Freaks geleitet, die importierten Klamotten aus New York und London, wahnsinnig teuer. Ich habe dann gespart und wollte die unbedingt haben. Ich bin mit Samthosen und Seidenhemden auf der Straße rumgelaufen und wurde auch wieder beschimpft.

Wie fanden das die Mädchen?
Die fanden das toll, aber manche Leute haben mir Prügel angedroht, auch wegen der langen Haare.

Konntest du in der Rockmusik besonders körperlich sein?
Das war attraktiv, weil du ein Outlaw warst. Und für die Mädchen auch, als Outlaw warst du fast wie ein Pirat. Du hattest immer so einen Schwarm an Mädchen, die aus den sogenannten guten Familien kamen, die Mädels mit den Faltenröcken. Du galtst als wild *(lacht).*

Hast du das Klischee denn auch voll ... sagen wir mal, ausgelebt?
Man darf sich nicht vertun. Die Figur auf der Bühne ist ein Charakter, den du spielst. Das ist bei allen so.

Aber die Leute haben dir deinen »Theo« oder den »Pfefferminz«-Rocker schon abgenommen.
Ja, das ist auf der einen Seite auch schön. Auf der anderen Seite war das über viele Jahre sehr behindernd. Tut mir leid, aber ich bin nun mal kein Lkw-Fahrer, und in dem Sinne war ich auch nie ein Kumpel.

Die Fans haben den Kumpel in dir aber gesehen und dir auf der Straße auf die Schulter geklopft.
Das gehört dazu.

Hast du das gemocht oder nur ertragen?
Als diese Popularität anfing, war ich fast paranoid und konnte das fast gar nicht ertragen. Hinterher habe ich verstanden, dass ich das ertragen muss, weil das die Leute sind, die dir das Ganze finanzieren und erlauben, solche Dinge zu machen.

Auch wenn jemand auf der Straße »Ey, Marius!« ruft?
Das ist nicht angenehm, aber meistens sind die Leute sehr höflich.

Ist es nicht schwieriger geworden, ein Rocker zu sein?
Nö, finde ich nicht. Was mein Leben ausgemacht hat, ist, dass ich immer das machen konnte, was ich wollte. Das einzige Mal, dass das in Gefahr geriet, war, als ich den Musterungsbescheid bekam. Da habe ich nur gedacht, was für eine Scheiße, was mache ich jetzt? Zum Glück bin ich vorbeigerutscht, weil ich damals nicht die körperlichen Voraussetzungen mitgebracht habe. Sonst konnte ich immer nonkonformistisch sein, und das ist auch heute noch so. Ich habe immer noch Diskussionen mit der Plattenfirma, wenn ich denen sage, ihr habt nur die Chance,

> »ICH HABE ALS KLEINER KERL MEISTENS IN DER FRAUENABTEILUNG GEKAUFT.«

etwas mit mir zu machen, wenn ihr mir nicht reinredet. Keine Chance, bei mir nur im Geringsten Einfluss zu nehmen. Diese Einstellung hatte ich immer. Man kann mich bezahlen, aber nicht kaufen. Das ist anstrengend, manchmal auch sehr verletzend. Aber auf lange Zeit erarbeitest du dir damit Respekt. Und ich fühle mich wohler, denn wenn es scheiße ist, dann kriege ich auf die Fresse, aber dann weiß ich wenigstens, das habe ich gemacht.

Sind wir Deutschen generell zu angepasst?

Ja! Ja! Es ist zu uniform! Es ist alles sehr opportunistisch. Die Interviews sind inzwischen wie die bei Fußballern. Da hörst du die Schulung, und zwar keine gute. Diese Interviews sind wie Schablonen. Wenn ich mich da an Interviews von Bob Dylan oder Bruce Springsteen erinnere, die sagen, was sie denken. Das ist der Unterschied zwischen Prostitution und Bezahltwerden.

Du galtst früher bei Interviews als ziemlich arrogant. Hast du dich verändert?

Weiß ich nicht. Aber auch Talks im Fernsehen sind mittlerweile zu viel Show, da tut ja keiner keinem mehr weh. Ich halte das Konzept, da sechs oder acht Leute sitzen zu haben, für idiotisch, weil das immer nur an der Oberfläche kratzen kann.

Gut, aber du kannst doch auch zu einem Freitagabendtalk gehen und vom Leder ziehen. Die Möglichkeit hast du doch immer noch.

Na ja, ich war mal bei Giovanni di Lorenzo im NDR-Talk *(2018, Anm. d. Autoren)* und habe ihn da angegriffen, weil er sich auf irgendeine Diskussion nicht einlassen wollte. Ich glaube, dass die Leute solche Streitgespräche interessanter finden und am Ende auch unterhaltsamer. Ich finde es uninteressant, Biografien zu lesen, denn da wird nur gelobt, gelobt, gelobt. Dabei haben wir alle eine dunkle Seite, machen Fehler und verletzen wahnsinnig viele Menschen. Was ich wichtig finde in einer Biografie, ist, dass du in einem Lebenslauf eine Haltung erkennst. Das hat immer mit einer Moral und einer Ethik zu tun. Aber es ist doch klar, dass es keinem gelingt, ein solches Leben fehlerfrei zu leben.

>> **ICH WEIGERE MICH ANZUERKENNEN, DASS ROCKMUSIK EINE BELANGLOSE FORM VON UNTERHALTUNG IST.** <<

Das ist auch eine Frage des Mutes. Andererseits zitieren sich gerade ältere Künstler gern selbst, gehen nicht mehr auf Risiko.

Das verstehe ich auch nicht. Dann hätte ich längst aufgehört. Für mich muss es spannend bleiben. Und eigentlich muss ich denken, das schaffst du nicht, aber lass es mich wenigstens probieren! Ich hoffe, dass die Rockmusik eine Entwicklung nimmt wie der Jazz und auch die Klassik, dass es darauf ankommt, große Werke neu zu interpretieren. Ich weigere mich anzuerkennen, dass Rockmusik eine belanglose Form von Unterhaltung ist, für mich ist das eine Kunstform, wenn man sie ernsthaft betreibt. Und dafür werde ich auch kämpfen bis zum Gehtnichtmehr.

Aber das Rock-Klischee wirkt manchmal so aus der Zeit gefallen, Drogen und Alkohol, die große Pose eben.

Ja, aber die Leute früher haben das viel mehr gelebt. Du kannst nicht, wenn du von der Popakademie kommst, in eine Lederjacke schlüpfen und dann meinen, du seist ein Rocker. Das ist wie in der Schauspielerei. Du kannst auch nicht Leute von der Straße spielen, ohne sie zu kennen.

Bei der Popakademie hast du mal vor den Studierenden gesprochen ...

... und Verwirrung gestiftet *(lacht)*.

Aber warum? Handwerklich sind die jungen Musiker euch älteren doch meilenweit überlegen.

Die sind viel besser! Das musste ja auch Madonna bei dem Auftritt beim Eurovision Songcontest feststellen *(lacht) (Madonnas missglückter ESC-Auftritt 2019, Anm. d. Autoren)*. Technisch sind die viel stärker, als wir es jemals waren. Die können singen, da fragst du dich, ist das Playback oder live? Aber darauf kommt es eben nicht an.

Sondern? Auf Schweiß und die Straßenattitüde?

Ja, das fehlt ihnen. Instrumente? Hatten wir nicht. Proberäume? Hatten wir auch nicht. Was den Jüngeren da teilweise beigebracht wird, ist, sich in diesem Business clever zu verhalten.

Auch wir, die wir Ende der Siebzigerjahre geboren wurden, mussten uns nicht mehr so von unseren Eltern abgrenzen wie du. Die Armut und die Nachkriegswirren haben wir auch nicht erlebt. Wie kann man uns vorwerfen, dass wir stromlinienförmiger geworden sind als – sagen wir mal – Willy Brandt, Herbert Wehner, Udo Lindenberg oder Marius Müller-Westernhagen? Ganz zu schweigen von denen, die noch fünfzehn Jahre später geboren wurden.

Ich bin nicht der Kritiker dieser Jugend. Die Voraussetzungen für junge Leute sind heute ganz anders. Die Chance, erfolgreich zu sein, ist vielleicht größer. Aber die Chance, zufrieden zu sein und eine Befriedigung zu erlangen durch das, was du machst, ist heute ungleich kleiner. Wenn ich eine neue Platte mache, dann will ich mich selbst durch die Arbeit daran zufriedenstellen. Wenn dann noch jemand den Scheiß kauft, finde ich das auch gut *(lacht)*. Das habe ich versucht, den jungen Musikern zu erklären. Heute gilt doch: Wer erfolgreich ist, ist großartig. Wer nicht erfolgreich ist, der ist schlecht, der fällt durchs Sieb, und dem gibt man auch keine Chance mehr. Das halte ich für gefährlich, da bleibt die Kunst auf der Strecke.

Was hast du den Studierenden denn konkret geraten?
Gar nichts. Erzähle du mal deinen Kindern, dass du früher zu Weihnachten dein einziges Geschenk nur dann bekommen hast, wenn du vorher gesungen oder ein Gedicht aufgesagt hast, und dass du schon Wochen vorher aufgeregt warst, was das denn sein könnte. In meinem Fall ein Waggon von der elektrischen Eisenbahn. Erzähle mal, dass du gestorben bist für einen Ball. Wie willst du das heute vermitteln?

Man könnte zum Beispiel Verzicht predigen. Verzichtet auf Konsum! Auf Instagram und Twitter!
Predigen kannst du das. Ich treffe ja junge Leute, die sagen, ich mache den Scheiß nicht mit. Das gibt mir Hoffnung. Meine Generation ist sowieso frustriert, weil die die Hippiezeit miterlebt hat. Wir haben ja wirklich gedacht, das geht – Love and Peace – und keine Kriege mehr. Das wird ja im Augenblick alles ad absurdum geführt.

Aber das ist doch schon lange so, seit die Konsumgesellschaft in den Achtzigerjahren so richtig Fahrt aufgenommen hat.
Für mich hat da diese grenzenlose Vermarktung von Musik angefangen. Wir haben einen Verfall der Qualität der populären Kultur erlebt, im Fernsehen dadurch, dass die Privatsender auftauchten. Dann haben wir erlebt, dass MTV dazu kam und aus der Musik ein visuelles Medium gemacht wurde. Das geht heute so weit, dass Jugendliche Musik nur noch im Zusammenspiel mit Video auf YouTube erleben und die Musik dabei in minderer Qualität hören. Musik ist zu einem Fashion-Statement geworden. Früher war das Spannende an der Musik doch, dass man auf sie fokussiert war und gar nicht wusste, wie sieht der Sänger überhaupt aus? Was hat der an, ist der gut aussehend und attraktiv oder eben nicht? Die Musik war das Wichtigste, da hat man nicht gesagt: Der hat die falsche Hose an.

> » MUSIK IST ZU EINEM FASHION-STATEMENT GEWORDEN. «

Verstehen wir. Andererseits können sich bei YouTube nun Talente präsentieren, die früher nie einen Plattenvertrag bekommen hätten. Die Musik ist der großen Industrie teils entrissen. Ist das keine gute Entwicklung?
Ja, das ist immer ein zweischneidiges Schwert. Am Verfall der Bedeutung der Musik für Jugendliche ist die Industrie in hohem Maße schuld, weil es früher darauf ankam, dass du dir Loyalität zu deinem Publikum aufbaust, das dir sehr lange treu blieb. Und heute geht es um sehr kurzfristigen Erfolg, und den erreicht man durch Blenderei. Genau wie du in der Politik eine Wahl durch einen Slogan gewinnst, so überzeugst du auch in der Musik nicht mehr mit Inhalten. Diese Entwicklung ist in der Gesellschaft ja auf mehreren Ebenen zu beobachten: Es wurde immer mehr Konsum, Konsum, Konsum. Natürlich gibt es heute Plattformen, auf denen Leute eine Chance bekommen. Aber dann auch wieder nicht, weil das Radio nicht mitspielt.

> » AM VERFALL DER BEDEUTUNG DER MUSIK FÜR JUGENDLICHE IST DIE INDUSTRIE IN HOHEM MASSE SCHULD. «

Die Digitalisierung ist Fakt und nicht mehr zurückzudrehen. Was schlägst du vor?
In jeder Gruppe, egal, wie klein sie ist, muss es immer Regeln geben. Und da ist der Einfluss des Netzes als im Grunde rechtsfreie Zone gefährlich. Ein zweites Problem ist, dass nur minimal stimmt, was im Netz steht. Selbst die etablierten Medien, die versuchen, mit diesem Tempo mitzuhalten, produzieren gelegentlich Dinge, die nicht wahr sind. Sodass kein Mensch mehr weiß, was er glauben soll.

Spürst du davon etwas in deinem Beruf, in der Musik?
Ja. Das, was in den Sechziger-, Siebziger- und Achtzigerjahren so wichtig war als Sänger, das war die Glaubwürdigkeit. Und die geht natürlich verloren.

Andererseits hat man den Eindruck, dass unsere Gesellschaft immer stärker reglementiert wird. Wir wollen den Menschen vorschreiben, ob sie Fleisch essen oder wie sie zur Arbeit oder in den Urlaub fahren.
Die Politik reagiert oft zu lange nicht, weil es nicht populär ist. Das Internet wäre schon längst reglementiert, wenn es an die Pfründe der Politiker ginge. Gegen Rechtsradikalismus wird endlich reagiert, aber auch erst, seit 2019 der Politiker Walter Lübcke erschossen worden ist. Ist da in dem Maße vorher etwas unternommen worden? Auch beim Thema Klima wird

jetzt, nachdem jahrelang wenig bis nichts passiert ist, einigermaßen hektisch reagiert. Ich fahre so schnell auf der Autobahn, bis die Politik mir sagt: Schluss! Dem Mann auf der Straße wird die ganze Umweltmisere in die Schuhe geschoben, während die Schwerindustrie zugange ist, denen kaum Vorschriften gemacht werden. Aber der böse Konsument! Der soll mal Müll trennen! Im Endeffekt liegen die Probleme woanders.

Wo?

In einer unglaublichen Vermarktung von allem. Dadurch entstehen die Fleischmengen, die wir in uns reinfressen; und das Methan der Rinder zerstört die Atmosphäre. Da tut kein Mensch was! Womit Geld verdient wird, das ist legitim.

Beim Thema Fleisch entwickelt sich doch gerade ein anderes Bewusstsein, zumindest in den Industriestaaten. Immer mehr Menschen werden zu Vegetariern. Das ist ähnlich wie bei der Gleichberechtigung von Mann und Frau. Erst müssen sich die wenigen Frauen in Führungspositionen durchbeißen, den Hohn und Spott der Männer ertragen, und dann sind sie so viele, dass sie ihre eigenen Netzwerke bilden.

> »ICH WAR NIE EIN MACHO.«

Ich war nie ein Macho. Als mein Vater starb, war ich vierzehn, ein richtiges Kind. Deshalb kann ich wohl auch fühlen, wie die weibliche Psyche ist. Ich hatte nie ein Problem mit Frauen, die waren für mich naturgemäß gleichberechtigt. Ich halte nur nichts von Quoten, weil ich glaube, der soll den Job machen, der ihn besser kann. Das Gleiche gilt für mich bei der Herkunft oder sexuellen Dingen. Wenn einer auf Männer steht, dann steht er auf Männer. Wenn meine Tochter lesbisch wäre, dann würde ich sagen: Gut, hast du ein nettes Mädchen? Nicht, weil ich ein progressiver Kerl wäre, sondern es erscheint mir normal dank meiner Erziehung.

Hat dich der frühe Tod deines Vaters geprägt?

Oh ja, immens! Dadurch wurde ein Tabu verletzt, weil du als junger Mensch immer denkst, alle sterben, nur nicht dein Umfeld oder gar die Familie.

War es denkbar für dich, seine Rolle in der Familie zu übernehmen?

Schwierig. Meine Mutter habe ich als Kind bedingungslos geliebt. Die Konflikte gingen los mit dem Tod meines Vaters. Meine Mutter begann irgendwann, sich mit anderen Männern zu treffen, was für dich als Kind eine absolute Qual ist. Auf der anderen Seite sollst du die Stelle des Patriarchen in der Familie übernehmen, womit du vollkommen überfordert bist. Ich hatte nie die Figur des starken Mannes vor Augen. Mein Vater war ein gebrochener Mann, als er aus dem Krieg kam.

Hast du das auf der Bühne umgesetzt?

Wahrscheinlich. Natürlich war das sehr prägend, aber auch keine Entschuldigung. Ich bin der Meinung, wenn du über dreißig bist, dann hast du dein Leben selbst zu verantworten. Mein Vater war so krank und hat getrunken; aber das gilt dann nicht mehr.

> »WENN DU ÜBER DREISSIG BIST, DANN HAST DU DEIN LEBEN SELBST ZU VERANTWORTEN.«

Trotzdem kann es sein, dass auch ein fünfzig Jahre alter Mensch noch an so etwas knabbert und zum Therapeuten geht. Hast du dafür kein Verständnis?

Natürlich habe ich Verständnis, weil manche in unserer Gesellschaft denken: Wenn du mit einem Therapeuten redest, dann bist du verrückt. Das ist leider immer noch so und natürlich vollkommener Blödsinn. Ich war mal bei einem Therapeuten, um mir über meine Beziehung zu meiner Mutter klar zu werden, und das war der größte Luxus, weil du mit einem Menschen redest, der nicht beurteilt, aber dir zuhört. Und du kannst deinen ganzen Müll abladen. In dem Moment, wo du den ausspricht, wird dir wohler. In Amerika ist das ganz normal.

Deine Mutter hast du zeitweise gehasst. Liebst du sie heute wieder, in der Rückschau?

Ja, durchaus.

Warum dann der Hass?

Ich lebte zu Hause, ich arbeitete viel, hatte aber eine Mutter, die viel Einfluss auf mein Leben nahm. Sie stellt das Zimmer um oder so was, da reagiert man als junger Mensch nicht rational, sondern aggressiv. Und meine Mutter war immer sehr eifersüchtig auf meine Freundinnen *(lacht)*.

Wie war dein Verhältnis zu ihr, als du schon der große Rockstar warst?

Meine Mutter hat nie verstanden, was ich gemacht habe, aber sie hat es sehr unterstützt. Meinen sogenannten Ruhm hat sie sehr genossen und auch für sich in Anspruch genommen, was ich ganz furchtbar fand. Ich bin kein Mensch, der es gerne hat, wenn sich alles auf mich fokussiert. Meine Mutter war mal bei einem Stadionkonzert in Köln, als ich da gespielt habe, und dann saßen da auf der Ehrentribüne Leute wie Alfred Biolek. Da habe ich ihr gesagt, verhalte dich bitte diskret. Und dann ging der Vorhang auf, und sie ist aufgesprungen und hat gerufen: »Das ist mein Sohn!« Das war mir so was von peinlich.

Das Thema sollte nicht ich sein. Sie wollte auch immer Autogrammkarten, dem musste ich einen Riegel vorschieben. Ich weiß noch, da fuhr ich sie zum Bahnhof und sie fragte mich: Wieso kriege ich keine Autogrammkarten? Da habe ich geantwortet: Reicht es dir nicht, dass ich dein Sohn bin? Und sie hat wirklich geantwortet: Nein.

Hat dich die Antwort enttäuscht?

(Überlegt) Nein. Die hat bei mir eher Heiterkeit ausgelöst. Ich habe nur gedacht, wie verführbar ist doch der Mensch.

> » VIELES, WAS MAN IM LEBEN TUT, HAT MIT KOMPENSATION ZU TUN. «

Wie geht deine Tochter Mimi mit ihrem berühmten Vater um?

Schwierig. Und für meine Frau Lindiwe ist es übrigens auch schwer. Ihre Mutter war ein riesiger Star in Südafrika und hatte die erste Talkshow, in der sie Schwarz und Weiß zusammengebracht hat. Als Kind siehst du das als Messlatte für dich. Das war bei mir nicht anders: Mein Vater war nie so populär wie ich. Aber trotzdem habe ich jahrelang gehört, dass ich der Sohn vom Hans bin. Und natürlich spornt dich das an. Vieles, was man im Leben tut, hat mit Kompensation zu tun.

(Hans Müller-Westernhagen (1918-1963) war ein deutscher Schauspieler, unter anderem unter Gustaf Gründgens am Düsseldorfer Schauspielhaus.)

Konntest du es deiner Mutter trotzdem noch recht machen?

Na ja, ihr wäre wohl lieber gewesen, ich hätte den Hamlet in Remscheid gespielt als in Stadien den Rockstar. Aber sie hat mich immer unterstützt und die Band gefüttert und die Verstärker rumgefahren. Großartige Frau. In ihrem Denken natürlich eine andere Generation. Das dauert, bis man das begreift, dass die Eltern mitunter auf einem anderen Planeten leben als du selbst. Da muss man freundlich sein, zuhören, aber nicht mehr versuchen, deine Eltern verändern zu wollen. Bei Leuten, die ein gewisses Alter haben, erreichst du da nichts mehr, dafür ist deren Weltbild zu festgefahren und auch selbstgerecht. Das große Glück in meinem Beruf ist, dass ich mit so vielen jungen Leuten zu tun habe.

Mittlerweile bist du selbst ein Elder Statesman, zumindest nicht mehr jung und wild. Bist du ein Angry Old White Man, und kannst du mit dem Begriff etwas anfangen?

Ja, sehr viel sogar. Weil ich glaube, dass viele Menschen in meinem Alter oder sogar noch jünger es nicht mehr begreifen, die digitale Revolution, die neue Zeit. Deshalb brauchen wir Leader, die wesentlich jünger sind und das kapieren. Und deshalb sollten auch schon Sechzehnjährige wählen dürfen. Das Verständnis vom Erwachsenwerden und Demokratie setzt heute viel früher ein als früher. Obwohl: Wenn jemand sechzehn Jahre im Amt ist wie damals Helmut Kohl oder jetzt schon fast Angela Merkel, dann kann man sich fragen, ob das noch Demokratie ist. Ich finde, die Regierungsperioden müssten länger sein, zweimal fünf Jahre, und danach müsste automatisch Schluss sein. Dann muss Veränderung her.

Warum äußern sich heute trotzdem so wenige Künstler politisch?

Ich versuche das ja immer mal wieder und werde das auch weiter so machen. Aber natürlich gibt es auch Zeiten, in denen das nicht angebracht ist, in denen politische Agitation auf der Bühne unangemessen ist.

Warum das?

Weil die Zeit dann okay ist und die Demokratie funktioniert. Aber wenn sie in Gefahr ist, dann müssen Künstler, die eine Plattform haben, aufstehen und was sagen.

Werden sie denn noch gehört? Früher waren Künstler eine mächtige Stimme. Ist das heute immer noch so?

Ich glaube schon! Bei meiner Unplugged-Tournee haben die Leute sehr genau hingehört, wenn ich was gesagt habe. Vielleicht mehr auf einer emotionalen Ebene, aber das ist ja egal. Es reicht doch, die Menschen in ihrem Wunsch zu bestärken, dass sich etwas ändern muss. Das gibt ihnen schon Mut und Kraft.

Du hast mit dem Song »Freiheit« eine dieser Hymnen zur Wiedervereinigung geschrieben. Allerdings ist das Lied schon vorher entstanden.

Ja, aber das war reiner Zufall. Ich habe dabei an alles gedacht, aber nicht an die Wiedervereinigung.

Sondern?

Ich hielt die Wiedervereinigung damals für völlig illusorisch, das hätte ich nie gedacht. Man hatte sich an die beiden Deutschlands gewöhnt und sie akzeptiert. Ich habe »Freiheit«, ich weiß das noch so genau, mal auf einem kleinen Keyboard in Südfrankreich geschrieben und dachte immer: Was mache ich nur damit? Ich habe immer wieder angesetzt, einen Text zu schreiben, aber nichts hat funktioniert. Dann war ich in Paris und wusste nicht, was ich machen sollte, also habe ich eine Stadtrundfahrt gemacht. Und der Reiseführer erzählte von der französischen Revolution und davon, dass die Menschen damals auf Gräbern getanzt haben. Das Bild hat sich bei mir so eingeprägt, und dazu hab ich dann assoziiert. Ich halte »Freiheit«

wirklich nicht für einen bedeutenden Song, ich habe viel bessere geschrieben.

Trotzdem hat er offenkundig einen Nerv getroffen.
Ich habe lange darüber nachgedacht, woraus für viele die Faszination besteht. Und ich glaube, am Ende ist es diese einzelne Zeile: »Freiheit ist das einzige, das zählt.« Das hat die Leute dazu gebracht zu sagen: Ja, genau das ist es! Dass das Lied dann zu so einer Hymne wurde, hätte ich nicht gedacht.

Klaus Meine, der für die Scorpions die Hymne »Wind of Change« geschrieben hat, sagt, man könne so ein Lied nur ein Mal im Leben schreiben. Stimmt das?
Das ist Quatsch, dieses Gerede vom »Song deines Lebens«. Ich habe auf »Alphatier« zum Beispiel ein Lied geschrieben, »Liebe um der Freiheit willen«, das viel besser ist als »Freiheit«. Aber er hat vielleicht insofern recht, als man nie weiß: Wie kommt ein Song an, welchen Nerv trifft er bei den Leuten? Da steckt man nicht drin.

Die Familie deiner Mutter kam aus der DDR. Wie hast du die Teilung in deiner Kindheit erlebt?
Meine Mutter wurde in Kiel geboren, wuchs aber in Potsdam auf. Ihr Vater war beim Militär, ein radikaler Hitler-Gegner. Es gab acht Kinder, und der Vater sagte: Wer in diesem Raum seine rechte Hand hebt, dem hacke ich die Hand ab. Aber er war Chefingenieur der U-Boot-Flotte bei Karl Dönitz und wurde nach dem Krieg von den Russen verschleppt. Ich hatte meinen ersten totalen Alkoholrausch in der DDR, bei einer Hochzeit. Meine Onkels hatten mich so breit gemacht, dass ich dachte: Wenn das Bett das nächste Mal vorbeikommt, springe ich rein. Eine gute Erfahrung. Später war ich ein paarmal mit Peter Schneider drüben, für die Recherche zu »Der Mann auf der Mauer«. Ich weiß noch, wie ich damals, in den Siebzigern, in der DDR ankam und dachte, hier sieht es aus wie in einem Heinz-Rühmann-Film. Es war stehen geblieben in den Fünfziger- und Sechzigerjahren, und ein paar Leute versuchten, mir meine Bluejeans abzukaufen. Und plötzlich landete ich bei einem dieser berühmten Schriftstellertreffen ost- und westdeutscher Schriftsteller, die sich mit einer unfassbaren Vehemenz gegenseitig kritisierten. Das hat mich nachhaltig schockiert *(lacht)*.

Hattest du Fans in der DDR?
Damals noch nicht, nein. Später schon. Mir hat mal eine Frau auf dem Ku'damm in Berlin gesagt, während der Dreharbeiten zu »Der Mann auf der Mauer«: »Wissen Sie, dass ich für Ihre Pfefferminz-Platte zweihundertfünfzig Mark bezahlt habe?« Andere ostdeutsche Fans haben mir später erzählt, welche große Bedeutung der Song »Freiheit« für sie hatte. Einer kam mal auf mich zu und sagte: »Als ich geflohen bin, bin ich rübergeschwommen unter Scheinwerfern, die mich gesucht haben. Und als ich auf der anderen Seite klitschnass ankam, war das Erste, was ich gemacht habe, lauthals ›Freiheit‹ zu singen.« Das hat mich sehr berührt, wie viel man für Leute bedeuten kann. Das ist einem gar nicht klar.

Gibt es heute schon so etwas wie eine gesamtdeutsche Fankultur? Oder sind das immer noch ost- und westdeutsche Fans?
In den Reaktionen auf Konzerten nicht, da gibt es keine Unterschiede mehr. Nur die Berliner sind besonders kritisch, weil die halt alles kriegen. Das macht wählerisch. Und das finde ich gut *(lacht)*. Ich habe ja in den Neunzigern eine Zeit erlebt, in der es auf Konzerten von vorne bis hinten nur Gekreische gab. Da ging es wirklich nicht mehr um Musik. Wenn ich das heute einem erzähle, dass beim Westernhagen früher die Mädchen vorne immer umgefallen sind und rausgetragen werden mussten, das glaubt mir kein Mensch mehr. Und auch nicht, dass ich mal der progressivste Act im Land war. Irgendwann rutschst du in den Mainstream rein, ohne dass du Mainstream bist. Und dann biste da drin. Das ist aber sogar Bruce Springsteen widerfahren. Der wurde mal als der neue Bob Dylan gehandelt, dann spielt er Stadien, verkauft Millionen von Platten und wird dafür gekreuzigt.

> »IRGENDWANN **RUTSCHST DU IN DEN MAINSTREAM** REIN, OHNE DASS DU MAINSTREAM BIST.«

Du bist vor ein paar Jahren von Hamburg nach Berlin gezogen. Warum?
Ich will jetzt nicht schon wieder was gegen Hamburg sagen, sonst krieg ich von denen wieder Ärger *(lacht)*. Nein, im Ernst: Ich lebte in Hamburg in einer dieser Straßen zur Alster runter, in einem wunderschönen Haus. Wenn man da abends spazieren ging, haben die Leute geflüstert *(flüstert)*: »Guten Abend, Herr Westernhagen.« Das waren viele Menschen, die ihren Lebensplan hatten, was ich nie hatte, und die diesen Lebensplan für sich dann irgendwann erfüllt sahen.

Und dann: Ende.
Ja, grauenhaft. Schönes Haus, Kinder sind aus dem Haus, haben studiert, später ein Haus auf Sylt, drei bis vier Autos, aber keinerlei Visionen mehr für den Rest. Die leben so ihr Leben runter, weil sie denken, alles, was ich mir vorgenommen habe, ist jetzt passiert. Das hatte ich nie. Ich bin auch nicht der Meinung, dass man sein Leben planen kann.

Hast du ein Haus auf Sylt?
Ne, Sylt interessiert mich auch überhaupt nicht.

Also deshalb Berlin? Weil man hier kreativer ist, unbehauener?
Nein, eigentlich fand ich Berlin immer sehr bedrückend, als es die Mauer noch gab. Wenn ich hier gearbeitet und gedreht habe, war ich immer sehr froh, wenn ich wieder raus war, weil es irgendwie etwas Klaustrophobisches hatte. Als die Mauer fiel, war auf einmal Aufbruch, aber da war ich natürlich erst wieder zu vorsichtig, um gleich zu sagen: Super, jetzt kauf ich hier was für kleines Geld. Ich musste erst an der Situation wachsen, bis ich irgendwann dachte: Ach, scheiß doch auf das Haus in Hamburg, da willst du doch nicht bleiben. Hier in Berlin fällt man mit seiner Popularität auch nicht so auf wie woanders. Als ich hierherzog, sagten mir Leute: Ach, cool, dass du jetzt hier bist! Aber mit so einer Lockerheit, die einem in Hamburg nie begegnen würde.

Gibt es einen Punkt, an dem auch du sagst: Berlin ist mir zu arriviert?
Vielleicht, aber der ist noch weit weg. Obwohl man ja jetzt schon sieht, wie radikal sich Mitte verändert hat. Diese Gentrifizierung ist auf Dauer der Tod der großen Städte. Das reißt ihnen die Seele heraus. Auch auf diese Weise dienen wir dem Kapitalismus, weil uns immer eingebläut wird: Du musst das machen, weil es nicht weitergeht, wenn es kein Wachstum gibt. Was für ein Quatsch. Wir müssen gar nichts. Wir sind Herr unserer eigenen Entscheidung. Aber die meisten Menschen begreifen das nicht. Überhaupt sind wir in unserer Kultur, auch in der Musikkultur, unheimlich stark auf das Materielle bezogen. Das sieht man gerade auch bei der Vermarktung von Hip-Hop. Leute, die Erfolg haben, zeigen ihre Autos, ihre Häuser, ihren Reichtum, auch wenn der oft erfunden ist. Das wird auf der einen Seite von vielen angebetet, erzeugt aber auch Neid. Wie das Internet. Es weckt in dir alle schlechten Bedürfnisse: Wollust, Neid, Rache, Bösartigkeit.

Deine Frau kommt aus Südafrika. Habt ihr persönlich Erfahrungen mit Rassismus gemacht?
Komischerweise in New York und London, mit meiner Exfrau Romney. Aber meine Frau Lindiwe hat es auch hier erlebt, in Berlin. Sie geriet in irgend so eine Demonstration, und plötzlich schrie einer sie an: »Geh nach Hause!« Auch in Südafrika gab es solche Situationen für sie. Hasserfüllte Blicke von alten Menschen, die frustriert darüber sind, dass es die Apartheid nicht mehr gibt. Ich habe es mal erlebt, als ich in Südafrika in einem Laden war und zwei gepflegte schwarze Männer reinkamen. Die Verkäuferin hat sofort ihren Tonfall geändert. Ich habe den Laden dann sofort verlassen. Das spürst du da nach wie vor.

MARIUS MÜLLER-WESTERNHAGEN

Viele Menschen, die fremdenfeindlich sind, haben eine latente, unbegründete Angst. Vor dem Unbekannten, vor dem Verlust ihrer Pfründe, vor Veränderung. Ist das das Leitsymptom unserer Zeit? Angst?
Absolut, unsere Epoche wird von einer wahnsinnigen Angst bestimmt, von hysterischen Reaktionen auf viele Dinge. Aber Angst ist eben nicht konstruktiv, sondern eine destruktive Regung, genau wie Eifersucht. Wer Angst hat, bewegt nichts, das habe ich selbst so oft erlebt. All die Sachen, die ich in meiner Karriere falsch gemacht habe, alle falschen Entscheidungen, habe ich alle aus Angst getroffen. Jede einzelne. Weil ich einfach Schiss hatte und dachte: Das kannst du nicht.

> »WER ANGST HAT, BEWEGT NICHTS, DAS HABE ICH SELBST SO OFT ERLEBT.«

Welche Entscheidungen meinst du?
Vor allem Rollen in amerikanischen Filmen, die mir angeboten wurden, richtig gute Rollen, die ich ausgeschlagen habe, weil ich mir das einfach nicht zugetraut habe.

Spürst du in deinem heutigen Leben eine stärkere Angst als früher, die vielleicht mit dem Alter zu tun hat?
Eher weniger. Komischerweise werden viele Leute ja umso ängstlicher, je älter sie werden. Meine Mutter guckte früher zum Beispiel unters Bett, bevor sie schlafen ging. Mir geht das zum Glück nicht so.

Hast du Angst vor dem Tod?
Nein, aber vor Krankheit und Siechtum. Ich fände es ganz schrecklich, wenn mich mal irgendjemand später durch die Gegend schleppen und mir den Hintern abwischen muss. Das möchte ich nicht erleben: nicht mehr Herr über meinen Körper oder sogar über meinen Geist zu sein.

Gunter Sachs hat in so einer Situation seine Konsequenzen gezogen.
Das würde ich so nicht machen. Aber die Maschinen abstellen lassen, wenn es nicht mehr geht, das sicher schon. Und sonst kann man nur hoffen, dass man den richtigen Arzt hat, der einem im Zweifel die richtigen Mittel besorgt. Damit man es nicht mehr so mitkriegt.

Wäre Sterbehilfe – so wie in der Schweiz – für dich eine Option?
Im Moment nicht, nein. Aber es ist schon manchmal beklemmend zu sehen, wie viele Leute in meinem Alter plötzlich

einfach wegsterben. Auch meine Idole, zu denen ich früher hochgeguckt habe.

Was stirbt einem mit den Idolen weg? Auch ein Stück Sicherheit, weil die immer so unerreichbar schienen?
Ja, sicher. 1980 wurde John Lennon erschossen, der auch für mich eine prägende Figur war, was seine Texte und seine Haltung anging. Auch Bob Marley starb, ein anderes meiner Idole. Dass selbst solche Leute sterben können, hat mich lange beschäftigt.

Kann man heute als öffentliche Figur, als Prominenter, überhaupt Schwäche zeigen? Verletzlichkeit?
Mehr als früher, aber bei Weitem noch nicht genug. Nehmt doch mal Coming-outs! Die dürften heute für das Publikum doch wirklich kein Big Deal mehr sein, aber sie sind es für viele immer noch. Das ist ja das Krude an dieser Zeit: Wir sind in vielen Dingen so viel toleranter geworden, aber in manchen noch immer Mittelalter.

Auch deine Fans sind mit dir gealtert. Hast du das Gefühl, dass sie dein Älterwerden akzeptieren? Kann man Rockmusik glaubhaft mit siebzig oder sogar achtzig noch machen?
Ja, aber nicht so, dass man es als Karikatur auffassen kann. Ich habe allen meinen Frauen gesagt: Sagt mir bitte Bescheid, wenn es peinlich wird auf der Bühne.

> »SAGT MIR BITTE BESCHEID, WENN ES **PEINLICH** WIRD AUF DER **BÜHNE**.«

Aber deine Fans verzeihen dir alles?
Zumindest sehr viel. Meine Shows waren früher ja immer sehr pompös, mit viel Licht, vielen Effekten, das war beeindruckend, aber immer auch eine Ablenkung von dem, was ich eigentlich machen wollte. Vielleicht hatte ich damals auch nicht genügend Vertrauen in meine Songs. Bei MTV Unplugged habe ich dann aber festgestellt: Ich brauche dieses Chichi überhaupt nicht! Ich sitze den ganzen Abend auf meinem Stuhl, und die Songs sind gut genug. Wenn du authentisch bist, funktioniert es. Dann ist es auch nicht peinlich. Bei Bruce Springsteen sieht man ja, dass das Alter auch eine Chance sein kann. Wieder die alten Stärken auszuspielen. Minimalistischer zu werden.

Es ist wahnsinnig schwer, in Deutschland – abseits des Schlagers – eine Frau zu finden, die eine lange, erfolgreiche Musikkarriere hinter sich hat wie viele Männer. Woran liegt das?
Am Mut. Ich finde, viele Frauen trauen sich auch zu wenig zu, weniger als die Männer. Die haben Zweifel an sich, beißen sich vielleicht nicht genügend durch. Wer das allerdings konsequent macht, ist Nina Hagen. Die hat ihre Rolle perfektioniert. Es liegt aber sicher auch daran, dass Frauen in der Branche noch immer stiefmütterlich behandelt werden.

Hast du Fälle sexueller Belästigung in der Branche erlebt?
Nein, in meinem Umfeld nicht und auch nicht bei Kollegen. Mich haben Frauen nie interessiert, die sich mir angeboten haben. Das finde ich nicht attraktiv. Ich will Frauen erobern, sonst hätte ich das Gefühl, die biedern sich dir jetzt nur an, weil du ein Star und reich bist. Aber sicher gibt es solche Geschichten von sexueller Belästigung, das ist im Musikgeschäft nicht anders als beim Film. Es gibt Leute, die benehmen sich wie Schweine, und natürlich geht es wie beim Film auch bei uns etwas lockerer zu. Auf der Bühne oder im Proberaum fallen manchmal derbe Worte, oder einer klopft jemandem auf den Hintern. Das war immer vollkommen normal, das ist halt kein Büro. Das gehört zum Rock'n'Roll dazu, dass er politisch nicht immer korrekt ist. Aber ist das so schlimm? Ich bin der Meinung, dass die Frauen auch immer die Möglichkeit haben, stopp zu sagen.

|| BREAK |

THE
PUNK OF
TODAY

Pop, Punk und Rock waren einmal das Medium der Provokation und des Aufbegehrens der Jugend gegenüber dem Establishment. Was ist davon übrig geblieben, und welche Rolle spielt Gangsta-Rap?

Wie leicht es doch früher war, die Öffentlichkeit in Wallung zu bringen. Als die damals vierundzwanzigjährige Nina Hagen am 9. August 1979 zum herrlich drögen Thema »Was ist los mit der Jugendkultur?« im österreichischen Fernsehen in der Talkshow »Club 2« die besten Masturbationsstrategien an der eigenen schwarzen Lederhose vorführte und durch die Hose andeutete, wie Frauen über direkte Stimulation der Klitoris zum Orgasmus kommen (»in front of ... is the point of woman sex«), zog die Ungeheuerlichkeit wochenlange Diskussionen nach sich und die Redaktion erstickte in kritischen Briefen (»sittliche wie geistige Bankrotterklärung«).

Wo ist der Skandal?, fragt man sich heute. Mit Masturbationshandgriffen sollte es zwar immer noch gelingen, für hohe Einschalt- und Klickquoten zu sorgen, das lässt sich ja heutzutage besser messen denn je. Allerdings dürfte sich die Aufregung in Grenzen halten. Wahrscheinlich würde ein solches Video, bei YouTube hochgeladen und bei Instagram geteilt, für einen kurzen Aufmerksamkeitshype raketengleich abheben, um danach in der Vielzahl ähnlicher und noch viel drastischerer »Provokationen« zu verglühen. Andererseits hagelt es schnell Shitstorms, wenn man ein falsches Wort sagt oder eine saloppe Bemerkung macht. Zwischen Lethargie und Hysterie liegt ein schmaler Grat.

Die Frage ist eng verbunden mit Musik, vor allem mit der Pop- und Rockmusik, die von Anfang an ein Medium der Provokation und Identitätsfindung war und deshalb schnell zum Ausdrucksmittel der Jugend avancierte, egal, ob sich Teenager Elvistollen frisieren ließen oder sich Ketten mit Vorhängeschlössern um den Hals legten, damit sie ihrem Idol Sid Vicious von den Sex Pistols nacheifern konnten. Rockmusik sollte die Eltern schocken oder sie zumindest herausfordern, ganz anders als bei der klassischen Musik oder dem Jazz, dem Soundtrack der eher Älteren und Gesetzten. Das Tragen eines Nirvana-T-Shirts war für Teenager in den Neunzigerjahren auch das Bekenntnis zur Melancholie und zur Verweigerung in einer Elterngesellschaft, die immer mehr Leistung einforderte: Ich nehme mir heraus, schlecht drauf zu sein, egal, was ihr von mir erwartet, so wie es Kurt Cobain getan hätte. Wer sich heute allerdings in ein Nirvana- oder Type-O-Negative-Shirt wirft, trägt entweder noch seine alte Garderobe auf oder hat es frisch im Modegeschäft oder gar beim Discounter erstanden. Die einstigen Heiligen der Popkultur werden längst auf dem Grabbeltisch der Kommerzialisierung verramscht.

Das ursprünglich progressive Element der Popmusik – die Grenzverschiebung – ist vielleicht ihr charakteristischstes Merkmal nach dem Zweiten Weltkrieg. Um beim Sex zu bleiben: Das Thema hat Liedermacher und Komponisten zuvor ja kaum weniger interessiert als die Künstler heute. Das berühmt-berüchtigte »Donaulied«, das es allein aus dem 19. Jahrhundert in mehreren Textfassungen gibt, handelt von einem Mann, der sich am Donauufer über ein schlafendes Mädchen hermacht. Solche teilweise sogar gewalttätigen Männerfantasien waren nie auf Freiheit gemünzt, zumindest nicht auf die Freiheit der Frau, sondern zementierten die Machtverhältnisse in einer patriarchalen Gesellschaft. Josephine Baker, Sinnbild des verruchten Berlins in der Weimarer Republik, war da schon von anderem Schlag, auch wenn es schwerfällt, sie, die als Schwarze im Baströckchen vor weißen Männern in Nachtlokalen tanzte, als Feministin zu bezeichnen.

DUMPFE PSEUDOMORAL

Mit diesen zarten Pflänzchen von Freiheit und Emanzipation machten die Nazis mit ihrer dumpfen kleinbürgerlichen Pseudomoral Schluss, sogar über die Zeit ihrer zwölfjährigen Regentschaft hinaus. Die Adenauerepoche war zwar vielleicht nicht ganz so prüde, wie sie vor dem Hintergrund der selbst erklärten sexuellen Revolution der Achtundsechziger erscheint, aber zumindest das Entertainment und die Musik zeigten sich in der jungen Bonner Republik biederer denn je. 1951 konnte Hildegard Knef noch mit der Andeutung nackter Brüste im Film »Die Sünderin« einen Skandal auslösen, auch weil der Streifen gleich noch andere Tabus der Zeit verhandelte: Prostitution, Sterbehilfe und Suizid. Ansonsten wirkten die autoritären Erziehungsmuster von Kaiser- und Nazireich noch nach: Ordnung, Gehorsam, Disziplin. Musik sollte erbauen, aber nicht entgrenzen.

Ein Klima, in das die deutsche Musikergeneration der heute 65- bis 80-jährigen hineingeboren wurde: Peter Maffay, Udo Lindenberg, Katja Ebstein, der etwas jüngere Herbert Grönemeyer, Wolfgang Niedecken, Inga Rumpf, Klaus Meine, Marius Müller-Westernhagen. »Meine Generation hat von vornherein eingeimpft bekommen, das Wichtigste sei Geldverdienen«, erzählt uns Westernhagen, 1948 in Düsseldorf geboren, im Interview für dieses Buch. »Dass man sich anpasst und eine Rolle spielt, das war den Eltern [...] sehr wichtig.« Und: »Wir wollten nicht wie unsere Eltern werden.« Deren Musikstars, das waren Rudi Schuricke (»Capri-Fischer«), Vico Torriani (»Grüß mir die Damen aus der Bar«) oder etwas später Peter Alexander (»Die kleine Kneipe«, im Original von Vader Abraham), die allesamt verdienstvolle, begabte Musiker und Entertainer waren, bei vielen Jugendlichen aber als konservativ und spießig galten, mitunter sogar als reaktionär wie Freddy Quinn mit seinem unsäglichen Lied »Wir«, mit dem er 1966 gegen Studenten, Protestler und allgemein Langhaarige wetterte: »Wer will nicht mit Gammlern verwechselt werden? Wir!« Immerhin, dieser Song löste schon damals eine Kontroverse aus.

Sicher, hüben wie drüben gab es Verletzungen, und die jungen Achtundsechziger schossen gelegentlich übers Ziel hinaus, wie der BAP-Sänger Wolfgang Niedecken in Distanz zu seinem damaligen Ich berichtet. Sein Vater war Mitglied der NSDAP, »mit sechzehn oder siebzehn hatte ich natürlich spitzgekriegt, dass ich ihn damit kriegen konnte«. Bei den Diskussionen zu Tisch habe er ihn oft »unbarmherzig in die Ecke gedrängt«, erinnert sich Niedecken. Sein Vater, der kein Nazi, aber wie viele seiner Generation »angepasst« gewesen sei, habe dabei »hilflos« reagiert und sich kaum gegen seinen Sohn wehren können. Klaus Meine, der 1948 in Hannover geboren und als Sänger der Scorpions weltweit bekannt wurde, beschreibt das Klima der Zeit in seiner Heimat so: »Junge Menschen wie mich hat das erdrückt, wir wollten raus aus dem Spießertum und den miefigen vier Wänden, uns von der Elterngeneration abnabeln, die den Wahnsinn des Krieges überlebt hatte.«

Ein Star wie Peter Alexander, der zwar im Krieg Flakhelfer, aber kein Nazi gewesen war, war für die Achtundsechziger indiskutabel. Das galt auch für die vermeintlich lockeren und jüngeren »Rock'n'Roller« wie Peter Kraus und Ted Herold, die in den Fünfzigerjahren populär wurden. Die Plattenindustrie vermarktete Kraus als jungen Wilden, der Little Richards »Tutti Frutti« eindeutschte. So stellten sich die behornbrillten Programmmacher Rock'n'Roll in Deutschland vor: Es ging darum, den »dreckigen« afroamerikanischen

Rhythm'n'Blues und den schwarz-weißen Rock'n'Roll vom Schlage Richards, Bill Haleys, Muddy Waters und Chuck Berrys für den deutschen Geschmack zu domestizieren und bis zur Unkenntlichkeit zu verweichlichen. Nichts sollte die Eltern und Großeltern verschrecken, nichts provozieren. Kraus feierte mit seinen Songs (»*Sugar Baby*«) zwar große Erfolge, aber letztlich blieb seine Musik der biedere Abklatsch einer ungemein faszinierenden neuen Graswurzelmusik, die eine Geschichte zu erzählen hatte. Das galt umso mehr für die in jeder Beziehung weich gespülten Schnulzenstars wie Heintje (»*Mama*«) oder Roy Black (»*Ganz in Weiß*«), Lieblinge der Omas und angepasst bis zur Selbstverleugnung.

Einflüsse von außen wurden, wo möglich, einmal durch den Schlagerwolf gedreht, harmonisiert und möglichst glatt gebügelt, eine Strategie, die im Schlager bis auf wenige Ausnahmen auch heute noch vorherrscht. Politische und friedensbewegte Jugendliche hielten sich natürlich eher an die amerikanischen Originale der schwarzen Blues- und Rock'n'Roll-Szene oder, etwas später, an die amerikanischen und britischen musikalischen Versuchslabore von The Velvet Underground mit Lou Reed, Crosby, Stills and Nash oder Pink Floyd. In Deutschland kamen während der Studentenbewegung Bands wie Amon Düül auf, deutscher Krautrock, die in verschiedenen Besetzungen ebenfalls ein Experimentierlabor für Noten und andere bewusstseinserweiternde Substanzen wurden. Aus diesem Dunstkreis entsprangen Musiker wie Lothar Meid, der später mit Westernhagen dessen Durchbruchsalbum »Mit Pfefferminz bin ich dein Prinz« produzierte. Auf der Scheibe befindet sich auch der Song »Dicke«, mit dem der Deutschrocker 1978 noch provozieren konnte: »Und darum, ja darum bin ich froh, dass ich kein Dicker bin/Denn dick sein ist 'ne Quälerei«. Radiostationen boykottierten das Lied, Westernhagen wollte und will den Text bis heute aber ironisch verstanden wissen.

Mitte der Achtzigerjahre wurde der Deutsch-Rock dann endgültig zum Mainstream, und auch der ehedem subversive Punk von Extrabreit, den Toten Hosen und den Ärzten nahm seinen Weg vom Underground in die Teenagerzimmer. Eine wirkmächtige Provokation für die Elterngeneration war er allerdings immer noch. Aber auch das änderte sich im folgenden Jahrzehnt. 1997 musste sich Tote-Hosen-Sänger Campino noch bei der NDR-Talksendung »3 nach 9« mit der betagten Schauspielerin Maria Schell anlegen (»*Was übrigens eine Krankheit unserer Jugend ist: dass sie sich zu wenig interessiert*«), um sich als jugendlicher Rebell zu inszenieren. Das funktionierte in diesem Fall sicherlich noch und dürfte den Fans gefallen haben. Aber heute? Gehen die Hosen-Fans mit Kind und Kegel zu einem Konzert ihrer Helden, um die eigene verflossene Jugend zu feiern. Das ist völlig nachvollziehbar und verständlich, hat aber nichts mehr mit Provokation und Veränderungsdrang zu tun. Der Punk ist erwachsen geworden, was eigentlich ein Widerspruch in sich sein müsste.

Echter Punk war aber nie nur »links gegen rechts« oder »jung gegen alt«. Speziell Extrabreit waren gut darin, die eigenen Leute auf die Barrikaden zu bringen. 1983 leisteten sie sich einen Gastauftritt im Nena- und Markus-Film »Gib Gas – Ich will Spaß« (»*Kleine Taschenlampe brenn'*«) und flogen in einer Szene im Hubschrauber ein. »Die Punkszene hat getobt«, erzählt uns Sänger Kai Havaii. Als Stachel im Fleisch der eigenen, mitunter strukturkonservativen Punkbewegung bestand die Provokation genau darin, bei diesem seichten Kommerzfilm mitzuspielen. Dass die vermeintlich Toleranten gelegentlich besonders intolerant sein können, ist indes kein Alleinstellungsmerkmal einer bestimmten Gruppe, sondern eher die Regel denn die Ausnahme. Und so arbeiteten sich Extrabreit nicht nur – erwartbar – an der CSU und Franz Josef Strauß ab, sondern mit Zeilen wie »Annemarie, bitte fick mit mir« auch an »immer humorloser werdenden, Knoblauchbrot fressenden Hardcore-Femistinnen […], die einfach anfingen zu nerven«, sagt Havaii. »Das war klar, dass solche Wörter die trutschigen Alt-Hippies vergrätzen würden, und das fand ich gut!« Da hatte einer die Punk-Message ernst genommen.

Nachdem das mit dem Knoblauchbrot geklärt ist und auch der Punk seine scharfen Zähne verloren hat, stellt sich die Frage, was danach eigentlich noch provokativ sein konnte. Die Techno- und Elektrowelle, die ab den Achtzigerjahren durchs Land schwappte, galt vielen als eher hedonistisch und betont unpolitisch, was einer ihrer Urväter, Sven Väth, so keinesfalls stehen lassen möchte: »Die Techno-Bewegung stand von Anfang an für Weltoffenheit, Toleranz und Frieden.« Musikalisch hat die Elektronik, auch durch die deutsche Band Kraftwerk, die Musik zweifellos revolutioniert, nicht nur die tanzbare, sondern generell auch den Pop und sogar den Rock und gesellschaftlich die letzten Reste von Prüderie und sexueller Verkrampftheit hinweggespült. Vor allem die Loveparade, die 2010 leider in einer Tragödie endete, habe »die deutsche Gesellschaft befreit«, sagt Väth. Die politische Message war hier eher Subtext eines neuen Lebensgefühls, das nun aus den Underground-Clubs herausfand und sich offen und in Massenveranstaltungen auf der Straße zeigte. Techno war aber niemals – im politischen Sinn – so explizit wie Rock oder Punk. Das setzt sich auch bei seinen jüngeren Vertretern wie Felix Jaehn fort. »Vielleicht bin ich einfach nicht Rebell genug«, sagt er uns im Interview.

FALLEN DIE LETZTEN TABUS?

Mit Rammstein konnte die Rockmusik in den Neunzigerjahren noch einmal zeigen, wozu sie in der Lage ist, wenn sie ritualisierte Starposen durch eine innovative Idee ersetzt. Heute gehört dieser erfolgreiche deutsche Musikexport längst zum arrivierten Inventar der Republik. Die Musiker entstammen der subversiven DDR-Punk- und -Rockszene, mehrere Mitglieder waren Teil der Punkband Feeling B. Rammstein setzt immer wieder Nadelstiche in einem Bereich, in dem die Deutschen besonders empfindlich sind, in ihrer nationalsozialistischen Vergangenheit. Die Band bedient sich dabei ihres teutonischen Auftretens, des rollenden R von Sänger Till Lindemann, einer überdimensionalen Pyrotechnik und marschähnlicher Stakkatorhythmik. Zum anderen stichelt sie mit gezielten Provokationen wie im Video »Stripped«, für das sie Szenen aus einem Leni-Riefenstahl-Propagandafilm adaptierte. Das war Ende der Neunzigerjahre ein Skandal mit Ansage, der die meist kontextignoranten Kritiker von Rammstein darin bestärkte, ausgerechnet diese Band im rechten Lager zu verorden, wo sie definitiv nicht hingehört.

Aber selbst Rammstein tut sich heute schwer, solche Coups zu wiederholen. Als sie 2019 ihren Song »Deutschland« herausbrachte, veröffentlichte die Band einen Videoteaser, in dem die Musiker als KZ-Häftlinge mit Galgenstrick zu sehen waren. Wie zu erwarten, meldeten sich die Kritiker zu Wort, die große Aufregung blieb dann jedoch aus. Selbst die rechte Wochenzeitung Junge Freiheit konstatierte, der Band falle »nichts Neues« mehr ein, für Rammstein ein Alarmsignal, wenn selbst dieses Blatt sich nicht mehr ärgern lässt. Was kann da noch kommen, da Rammstein sogar schon die blutige Absonderlichkeit des »Kannibalen von Rotenburg«, der Leichenteile seines Opfers, darunter den Penis, essen wollte, textlich und musikalisch verarbeitet hat? »Denn Du bist, was Du isst. Und Ihr wisst, was es ist. Es ist Mein Teil.« Da mag selbst Till Lindemanns als Fleischermesser maskiertes Mikrofon nicht mehr wirklich schocken. In den Neunzigerjahren war Rammstein noch gut dafür, mindestens Unverständnis bei den Eltern zu erregen. Heute sind die Rammstein-Fans selbst Eltern oder sogar Großeltern und nehmen ihre erwachsenen Kinder mit aufs Konzert. Die Toten Hosen lassen grüßen.

Man kommt nicht umhin, jedes Mal aufs Neue die Frage nach dem Motiv solcher Provokationen zu stellen: Rammsteins Probebohrungen auf dem NS-verseuchten Geschichtsfeld sind sicherlich Teil einer wichtigen Selbstverortung der Deutschen, aber selbst dieses für Deutschland so zentrale Erinnerungsthema wandelt sich zusehends und wird der Popkultur, mitunter sogar dem Humor zugänglich. Aber gilt das auch für kriminelle und abzulehnende Vergewaltigungs- oder Pädophilie-Fantasien? Sicherlich nicht, das wären reine Provokationen nur um der Provokation willen und eine Katastrophe für potenzielle Opfer. Es ist nach wie vor richtig, dass letzte Tabus Bestand haben, selbst wenn so kluge Künstler wie der 1998 verstorbene Falco mit seiner mindestens zweideutigen Song-Reihe »Jeanny« schon Mitte der Achtzigerjahre die Grenzen bei diesem Thema auslotete. Dieser Song reizte damals die Kritiker; unvergessen, wie der Journalist Dieter Kronzucker (»*Sie werden sich fragen, warum uns ein solcher Schlager eine Nachricht wert ist*«) Falcos neuestes Werk sogar im ehrwürdigen ZDF-Heute Journal besprach: Mehr Antipathie ging nicht.

Die Tatsache, dass sich Jugendliche in der Gegenwart kaum mehr mit dieser Art von Rockmusik beschäftigen, hat auch mit der mangelnden Anschlussfähigkeit ihrer Protagonisten und der Themen zu tun, für die sie stehen. Fatalerweise erreichen Rockmusiker auch bei gesellschaftlich relevanten

Entwicklungen wie dem wieder erstarkenden Rechtsextremismus nur noch sehr bedingt die Ohren – und Köpfe – jugendlicher Fans, obwohl sich viele Künstler tapfer gegen die neue Welle verbaler und körperlicher Gewalt gegen Flüchtlinge und Ausländer engagieren.

Aber wer hat dann noch Einfluss? Feine Sahne Fischfilet? Oder Jennifer Rostock? Möglich, aber auch diese Bands wirken vor allem in ihren eigenen Filterblasen. Große Mainstream-Schlagersänger wie Helene Fischer, Andrea Berg und Roland Kaiser üben hingegen enormen Einfluss auf eine große Bandbreite von Menschen aus, die verkopftere Künstler wie Element of Crime oder Diskursrocker wie Tocotronic der Hamburger Schule nicht erreichen. Die Tatsache, dass sich Roland Kaiser, der seit Jahren große Konzerte an Dresdens Elbufer veranstaltet, öffentlich gegen die ausländerfeindliche und rechtsextreme Bewegung Pegida stellt, könnte ihn zwar einige Fans kosten, bewirkt möglicherweise aber mehr als eine verdienstvolle Mahnwache oder Lichterkette, zu der sich ohnehin nur die Sympathisanten einfinden. Helene Fischer tut sich da schon schwerer als der sturmerprobte Kaiser, aber auch sie hat sich zuletzt, zumindest als der öffentliche Druck größer wurde, klar gegen die neue Radikalität im rechten Lager positioniert. Aber Künstler wie sie könnten noch mehr tun, weil sie durch ihre große Bekanntheit auch Zugang zu Gruppen haben, die andere nicht erreichen. Leider ist der harmoniesüchtige und unpolitische Schlager abseits dieser Beispiele oft immer noch ein Totalausfall. Aber wie lange kann sich der Schlager diesen Eskapismus noch leisten?

Die Musik verhandelt Tabus, und nirgends wird das so deutlich wie in der derzeit erfolgreichsten Pop-Richtung, dem Hip-Hop. Zu einem besonderen Zusammentreffen der »alten« Rock- und der »neuen« Hip-Hop-Welt kam es 2018, als Campino die Rapper Farid Bang und Kollegah während der Echo-Verleihung wegen einer antisemitischen Textpassage angriff. Im Zentrum stand vor allem diese Zeile aus Bangs und Kollegahs Song »0815«: »Und wegen mir sind sie beim Auftritt bewaffnet/Mein Körper definierter als von Auschwitz-Insassen«. Später legten Bang und Kollegah Blumen in Auschwitz nieder, was die Debatte um sie sicherlich verkürzte, nicht aber jene um Antisemitismus und andere sehr problematische, rassistische, sexistische oder gewaltverherrlichende Entwicklungen im Hip-Hop. Die Rap-Szene ist selbst tief zerstritten, das zeigt auch die Gegenreaktion der Düsseldorfer Antilopen Gang, die sich seit Jahren gegen verschwörungsideologische Songs oder antisemitische Inhalte im Dunstkreis von Hip-Hop engagiert. Auch Campinos Engagement bei der Echo-Verleihung war vor diesem Hintergrund verdienstvoll, allerdings erreicht er kaum Jugendliche, die Farid Bang hören oder mit antisemitischen Videos auf YouTube in Berührung kommen. Die Kritik an solchen Entwicklungen ist klar und unmissverständlich: Wenn Rapper antisemitische Klischees verbreiten oder zu Hass aufrufen, kann man ihnen das nicht durchgehen lassen, zumal sie das nicht nur in ihrer künstlerischen Blase tun, sondern starken Einfluss auf Jugendliche ausüben, die anfällig sein könnten. Nicht zuletzt bei Einwandererkindern mit palästinensisch-muslimischem Hintergrund können antisemitische Klischees von den angesagten Hip-Hop-Bands auf umso fruchtbareren Boden fallen.

Zugleich ist die Sicht, Hip-Hop und sogar Gangsta- und Battle-Rap auf gewaltverherrlichende Inhalte zu reduzieren, etwas wohlfeil. Künstler wie RAF Camora, Capital Bra oder Gzuz sind längst die Megaseller der Musikbranche, und ja, sie haben auch die Punk- und Rockszene als Provokationsmedium Nummer eins abgelöst. Wegbereiter dieser Entwicklung wie Bushido, Azad oder Sido trafen in den Nullerjahren mit ihren Texten über Gewalt, Drogen und das triste Leben in deutschen Großstadthochhaussiedlungen einen Nerv bei Jugendlichen. Klar, es gibt in ihren Texten durchaus Ansätze, soziale Missstände zu kritisieren, aber sie tun es eher subkutan und wenig plakativ, indem sie ein Milieu schildern, zu dem der deutsche Einfamilienhausbesitzer keinen Zugang hat. Vor allem die Nachfolger von Bushido und Co lassen in dieser Hinsicht wenig anbrennen und demonstrieren einen Hang zu materialistischem Protz und Sexismus, wie ihn Capital Bra in seinem Song »Roli Glitzer Glitzer« auf die Spitze treibt: »Bitches haben Cash im Kopf und Kokain im Tanga *(ja)*.« Das muss man nicht schön finden und mit Sicherheit auch nicht allzu ernst nehmen. »Vieles ist auch Fassade«, sagt der Sänger und Rapper Adel Tawil im

Interview für dieses Buch, der selbst etliche der Protagonisten aus der Szene kennt. »Ich habe schon mit Rappern gesprochen, Milonair zum Beispiel ist so ein Typ, die leiden unter diesem Zwang, immer mit einer goldenen Rolex rumzulaufen. Milonair sagt: ›Ey, wenn ich an der Tankstelle bin und neben mir hält so ein Homie, ein Fan, dann erwartet der, dass ich das Bündel mit den Fünfhunderteuroscheinen raushole und beim Tanken fünfzig Euro Trinkgeld gebe.‹«

Im Grunde ist diese Attitüde eine Zurschaustellung einer Lebenswelt, die für die Arrivierten im Land eine einzige Provokation darstellt. Aber sie ist auch ein Ausdrucksmittel derer, die aus dem Elend kommen und den Aufstieg geschafft haben, zumindest den materiellen. Dieser Rap, der längst nicht nur aus den Kinderzimmern sozial Unterprivilegierter schallt, ist eine eigene Kunstform geworden, in der Künstler wie der türkischstämmige Offenbacher Haftbefehl ihre trostlose, durch Kriminalität geprägte Jugend karikieren. Solche Künstler arbeiten mit ihrer eigenen, kraftvollen Sprache als Synkretismus aus Deutsch, Türkisch, Arabisch, manchmal Albanisch, dazu Englisch und der Fantasie, der in diesem Genre ohnehin kaum Grenzen gesetzt ist. »Chabo«, also Junge, und »Baba«, Papa oder Sippenchef, sind nur zwei der bekanntesten Begriffe aus dieser Welt.

Hip-Hop ist das eine, doch auch der Rechtsrock könnte vor dem Hintergrund großer gesellschaftlicher Spannungen Zulauf bekommen. Wer gegen einen angeblichen »linken Zeitgeist« opponiert, wie es in rechten Kreisen oft heißt, und stattdessen nach nationalistischer Heimeligkeit Ausschau hält, dürfte sich über entsprechende musikalische Angebote freuen. Aber in dieser Ecke ist es, zumindest im musikalischen Mainstream, noch relativ ruhig.

Obwohl, es gibt sie doch. Lassen wir Xavier Naidoo beiseite, dessen Abdriften in verschwörungsideologische Gefilde selbst früheren Freunden kaum noch erklärlich ist, aber es fallen einem noch andere Musiker ein wie Frei.Wild (»*Sprache, Brauchtum und Glaube sind Werte der Heimat/Ohne sie gehen wir unter, stirbt unser kleines Volk*«) und Andreas Gabalier (»*Kameraden halten zusammen ein Leben lang/Eine Freundschaft, die ein Männerleben prägt/Wie ein eisernes Kreuz, das am höchsten Gipfel steht*«). Ziehen wir den alpenländischen Kitsch der Südtiroler Band und des Kärntner »Volks-Rock'n'Rollers« ab, bleibt moderne Mainstreammusik, die mit ihren textlichen Chiffren auch bei Jugendlichen mit Hang zum Identitären gut ankommen dürfte. Sebastian Krumbiegel von den Prinzen hält das für gefährlich: »Gabalier sagt, die Schwulen sollten sich ruhig küssen, aber lieber nicht in der Öffentlichkeit, weil da auch Kinder zusehen. Da kann ich nur sagen: Fuck you! Dagegen muss man sich erheben.«

Aber muss man? Krumbiegel, der in einer Akademikerfamilie in der DDR aufwuchs, hat in diesem Punkt eine Entwicklung durchgemacht. »Eigentlich habe ich es immer abgelehnt, als Künstler eine politische Verantwortung zu haben. Aber man hat sie, und dieser Verantwortung sollte man auch gerecht werden. Man kann nicht einfach eine Sache wie Farid Bang, Kollegah oder Xavier Naidoo raushauen und danach sagen, was wollt ihr denn? Ich bin Künstler!«

Heutzutage bergen solche politischen Statements ein ganz anderes Risiko, das nicht vom Staat herrührt, sondern von der neuen Intoleranz, Andersdenkende abzuwatschen oder sogar zu bedrohen. Bei den Künstleranfragen für dieses Buch ist uns aufgefallen, dass offenbar gerade die Jüngeren fürchten, missverstanden zu werden und ein »falsches Wort« zu sagen. Selbst wenn sich Künstler halb nackt auf Instagram zeigen und damit in der Öffentlichkeit selbst Privatestes bereitwillig preisgeben, beherrscht sie im Wort-Interview plötzlich die Sorge, mit einem missverständlichen Wort, einem schiefen Sprachbild oder einer saloppen Bemerkung am Netzpranger zu landen. Eine Sorge, die unsere älteren Gesprächspartner aus der »analogen Zeit« viel weniger umtreibt. Das ist natürlich eine Beobachtung ohne Anspruch auf Repräsentativität, aber dennoch ein Hinweis auf eine bedenkliche Entwicklung. Künstler sollten Raum haben und auch Mut zeigen, zumal nur zur Legende wird, wer sich etwas traut. »Es ist zu uniform! Es ist alles zu opportunistisch«, bringt es Westernhagen auf den Punkt. Und: »Die Interviews sind inzwischen wie bei Fußballern [...]. Diese Interviews sind wie Schablonen. [...] Unsere Epoche wird von einer wahnsinnigen Angst bestimmt.«

▶ INTERVIEW

WER HAT EIGENTLICH DEN DEUTSCHEN HIP-HOP ERFUNDEN, **SMUDO** UND **MICHI BECK?**

Wer seine Jugend wie wir in den Neunzigerjahren verlebt hat, der weiß, welch enorme kulturelle Revolution Die Fantastischen Vier in Deutschland lostreten. Smudo, Thomas D., Michi Beck und And. Ypsilon deutschen ihre amerikanischen Vorbilder gnadenlos ein und kreieren etwas ganz Eigenes, das es so vorher nicht gab: Hip-Hop Made in Germany. Mit »Die da«, einem eher klamaukigen Song, haben sie 1992 ihren ersten Charterfolg, danach folgen etliche andere, deren Textzeilen mitunter in den deutschen Sprachgebrauch eingehen: »Was geht? Ich sag's euch ganz konkret«! Die Generation der Fünfunddreißig- bis Fünfzigjährigen weiß sofort, wo solche Sätze herkommen und welcher Vibe mit ihnen transportiert wird. A propos Vibe: Interviews mit gleich zwei Gästen sind deshalb so interessant, weil man teilweise auch die Eigendynamik zwischen den Charakteren mitbekommt. Das ist an diesem Tag im April 2020 nicht anders, zumal das eingespielte Team munter drauflos diskutiert, mit uns und sich selbst. Kaum auszudenken, wenn Thomas D. noch dabei wäre! Smudo und Michi Beck von den Fantastischen Vier über die Anfänge des Hip-Hops in Deutschland, das mühsame Altern als einstige Teeniestars und die Lust am kommerziellen Erfolg, selbst wenn sie einen zum Discounter statt in den Underground führt.

Smudo und Michi Beck, 1968 bzw. 1967 in Offenbach und Stuttgart geboren, sind **zwei der Fantastischen Vier**. Thomas D. und And.Ypsilon komplettieren die Band, die unter diesem Namen erstmals 1989 auftrat. Seit 1991 haben die vier zehn Studioalben veröffentlicht. Zusammen mit erfolgreichen Live-Veröffentlichungen kommen sie auf **fünf Nummereins-Alben. Bekannteste Songs u.a. »Die da«, »Sie ist weg«, »Tag am Meer«, »Populär« und »Troy«.** 2018 gelang ihnen mit dem Song »Zusammen« mit Clueso ein weiterer Hit in den Charts.

Natürlich hätte man Smudo und Michi Beck eigentlich in Stuttgart fotografieren müssen. In ihrer Hood, von der aus sie Deutschland den Hip-Hop gelehrt haben. Aber wenn man eine so schöne amerikanische Imbissbude findet wie hier in München, dann ist das ja auch nicht so schlecht.

Smudo, Michi, viele Künstler, mit denen wir für dieses Buch gesprochen haben, nennen euch, wenn man sie fragt, welche Band für die deutsche Musik in den letzten Jahrzehnten am prägendsten war. Schmeichelt euch das?
Smudo: Klar schmeichelt das! Und es ist spannend, weil wir das auch immer wieder von Leuten hören: dass sie erst durch uns zur deutschsprachigen Musik gekommen sind. Pop war für sie vorher eher englischsprachig oder international. Uns ging das ja nicht anders, bei uns war es aber die Neue Deutsche Welle, die uns verdeutscht hat, auch der Punk und die elektronische Musik aus Deutschland. Nach dem Schlager, den man aus Dieter Thomas Hecks Hitparade und von Ilja Richter kannte, war das in unserer Musikerwerdung der neue heiße Scheiß. Vorher war die deutschsprachige Musik verschlagert und verheimatlicht, aus den Fünfzigerjahren. Die Nazis haben die internationale Musik in Deutschland kaputt gemacht. Vielleicht ist meine Einschätzung über die Karriere der deutschen Musik vom Zweiten Weltkrieg bis zu uns Fantas aber auch nur eine romantische Erinnerung.

>> DIE **NAZIS** HABEN DIE INTER-NATIONALE **MUSIK IN DEUTSCH-LAND KAPUTT** GEMACHT. <<

Warum das?
Smudo: Vielleicht hat es mit der Realität ja gar nichts zu tun, wenn die Leute von heute das Gefühl haben, dass sie mit den Fantas die deutsche Sprache auf die Map bekommen haben. Vielleicht ist es nur ihr persönliches Gefühl, weil sie zufällig zu der Zeit begonnen haben, eine eigene musikalische Identität zu entwickeln, als die Populär-Fantas in aller Munde waren und gezeigt haben, dass die deutsche Sprache auch ihr Gutes hat.
Michi Beck: Jetzt stellst du das Licht von Thomas und dir aber unter den Scheffel, Smudo! Es war doch schon so, dass nach der Mitte der Achtziger, als die NDW durch war, niemand mehr deutsche Musik hören wollte. Danach wurde die doch immer ekliger, schlagerhafter und stumpfsinniger. Deshalb haben wir in unseren frühen Teenietagen nur englische Sachen gehört, Beastie Boys, Run DMC oder, noch früher, Grandmaster Flash. Die haben uns abgeholt, weil sie was völlig Neues und anderes gemacht haben. In Deutschland entstand zu der Zeit gerade Techno, da hat niemand an deutsche Texte gedacht. Rap aus Amerika war cool und neu, aber auch der war auf Deutsch undenkbar. Man erinnere sich an Diedrich Diederichsen …

… den legendären Pop-Kritiker und -Theoretiker.
Michi Beck: Diederichsen schrieb damals in der *Spex*: Was soll denn noch kommen? Gamelanmusik auf Deutsch? Niemand hat daran geglaubt, dass die Leute deutschen Rap hören wollen!

Trotzdem habt auch ihr mit englischem Rap angefangen. Habt ihr selbst nicht daran geglaubt, dass so etwas auf Deutsch funktionieren kann?
Michi Beck: Am Anfang wollten wir nur so klingen wie unsere Vorbilder.
Smudo: Wir fanden Hip-Hop aus Amerika unendlich cool, haben aber schnell gemerkt, dass die Texte wirklich nicht Schillers Glocke waren. Wir haben sie trotzdem nachgemacht, eigentlich haben wir amerikanischen Hip-Hop nachgespielt. Wir hatten aber von Anfang an auch ein paar witzige deutschsprachige Stücke im Programm, eigentlich nur aus Scheiß, um ähnlichen Blödsinn von uns zu geben wie unsere amerikanischen Vorbilder. So Sprüche wie »Throw your hands in the air / and wave them like you just don't care / And if you all got clean underwear / somebody say ›Oh yeah‹!«. Solche Sachen haben wir auf Deutsch gemacht. »Ich sage eins und zwei und drei und vier / auf dem Klo gibt's nicht nur Wasser, ja da gibt's auch Papier.« Eigentlich plemplem, aber soulful.
Michi Beck: Eigentlich ein ganz geiler Text in der Coronakrise *(lacht).*
Smudo: Wir waren ja immer schon humorvoll. Und je mehr wir aufgetreten sind, am Anfang auf ein, zwei selbst organisierten Gigs in Jugendhäusern, desto mehr haben wir gemerkt, dass die Leute bei diesen witzigen deutschen Stücken am meisten abgegangen sind. Die englischen Sachen fanden die gar nicht so geil.

Trotzdem habt ihr mit englischem Rap weitergemacht, bis du, Smudo, 1988 gemeinsam mit Thomas D. durch Amerika getrampt bist.
Smudo: Knapp vier Monate!

Welche Erfahrungen habt ihr dort gemacht?
Smudo: Wir waren beeindruckt, was für ein kultureller Melting Pot das ist und was für ein unfasslich großes, vielfältiges und rätselhaftes Land. Mit harten gesellschaftlichen und sichtbaren rassistischen Linien. Wir sind zurück nach Deutschland geflogen und dachten, wir können auf keinen Fall auf Englisch weitermachen, weil wir sowohl kulturell als auch sprachlich viel zu wenig damit zu tun haben, um authentisch zu sein. So kamen wir vom »Hip-Hop spielen« zu »Hip-Hop machen«.
Michi Beck: Ich weiß noch genau, wie Thomas und du nach Hause kamt und ihr gesagt habt: »Wir müssen jetzt endgültig alles auf Deutsch machen!« Das war ein Tabubruch, aber ihr wart total überzeugt davon.

Michi, ihr auch? War das schnell Konsens bei euch?
Michi Beck: Sagen wir so: Wir haben uns Smudo und Thomas gefügt. Wie immer *(lacht)*.
Smudo: Na ja, zumindest, was den Hip-Hop angeht.
Michi Beck: Aber wir haben uns noch jahrelang dafür verteidigen müssen, dass wir deutschsprachigen Rap machen. Viele hielten das für einen völligen Kulturverrat. Aber da hatten wir in Deutschland schon eine Tür aufgestoßen in Sachen Coolness, obwohl unsere Texte zu der Zeit oft überhaupt nicht cool waren.
Smudo: Na, na, und wie cool die waren! Wir waren absolut besessen von der Idee, deutschen Rap zu machen. Wir haben alles eingedeutscht, statt »scratchen« »kratzen« gesagt, »Sprechgesang« statt »Rappen«, DJ *(Smudo spricht die Buchstaben D und J deutsch aus, nicht englisch)* Hausmarke, angelehnt an »Biz Markie« *(amerikanischer Rapper und DJ, Anm. d. Autoren)*. Wahrscheinlich hat das die Leute der next generation wirklich stark geprägt. Jemand wie Sido sagt ja, dass »Die da« für ihn das Erweckungserlebnis war.
Michi Beck: Wir fanden es total witzig, für diese Amerikanismen deutsche Ausdrücke zu finden, weil es das noch nicht gab. Es gab im Deutschen für »Kratzen« eben keine Bedeutung außer die Reaktion auf »mich juckt's«. Und »Hausmeister« war irgendwie ein zweifelhafter Beruf, wurde aber durch die Übersetzung von »Grandmaster« plötzlich cool. Diese Adaption der neuen amerikanischen Kulturwelt ins Deutsche war das Berauschende, das uns angetrieben hat.
Smudo: Es war am Anfang wie ein Experiment. Heute bin ich total stolz darauf, dass man sagen kann: Ja, es stimmt, wir haben den deutschsprachigen Hip-Hop erfunden.

Smudo, eben wolltest du diese Rolle erst aber gar nicht annehmen. Ist es dir unangenehm, dass du mittlerweile ein Elder Statesman des Hip-Hops bist?
Smudo: Nein, die Rolle als Deutsch-Hip-Hop-Pionier nehme ich sehr gerne an! Im Gegenteil, man kann das gar nicht oft genug sagen und feiern. Ich hasse es, wenn ein neunmalkluger Feuilletonist mir erzählen möchte, Advanced Chemistry habe schon vor Fanta Vier deutschsprachigen Hip-Hop gemacht. Das ist nicht wahr, wir waren die Ersten!

Samy Deluxe hat mal gesagt, Die Fantastischen Vier seien die Ersten gewesen, die er nach Falco auf Deutsch rappen gehört habe. Spielte jemand wie Falco eine Rolle für euch?
Michi Beck: Klar haben wir Falco wahrgenommen, aber eher aus dem Augenwinkel. Wir wollten nicht rappen wie er, nicht wie die Hosen mit ihrem Bommerlunder-Rap und auch nicht wie Nina Hagen, die auch mal Rap-Adaptionen gemacht hat. Für all die war Rap immer nur eine Spielart, die man mal ausprobiert hat, wir wollten aber den Oldschool-Rap aus Amerika nach Deutschland bringen. Mit Ausnahme vielleicht von »The Message« war der politische Rap in Amerika vor 1987 an zwei Händen abzuzählen. Das meiste, das auch durch die GI-Kultur zu uns nach Deutschland kam, war Party-Rap. Das war für uns das Spannende: die musikalische Frage zu ergründen, wie man echten amerikanischen Rap in Deutschland machen kann. Dass man auf der Bühne als Frontman mit einem Mike in der Hand stehen konnte, ohne singen und ein Instrument spielen zu können, hat uns total geflasht.
Smudo: Die GI-Kultur hat uns sehr stark geprägt, auch was die gehört haben. Durch die GIs haben wir UTFO, Whodini, LL Cool J und andere Rapper kennengelernt, das fanden wir obercool und wollten es unbedingt nachmachen. Michi, ich finde aber schon, dass es auch Vorbilder aus dem deutschsprachigen Raum für uns gab.

> »DIE GI-KULTUR HAT UNS SEHR STARK GEPRÄGT.«

Nämlich?
Smudo: Sicher die Neue Deutsche Welle, auch soundmäßig. Spliff fand ich immer sehr interessant, Andi *(Ypsilon, Anm. d. Autoren)* ist als Synthie- und Soundfan immer voll auf Kraftwerk abgefahren. Auch Falco fand ich sehr spannend, wegen seines Schmähs und den dadurch lautmalerisch interessanten Vortrag wie beim »Kommissar«, aber auch wegen der Rhythmik. Auch wenn ich das nie als Rap oder Hip-Hop verstanden habe. Ich finde, dass sich in den Fantas der deutsche Musik-Synthie-Nerd-Commodore64-Style mit der amerikanischen GI-Hip-Hop-Partykultur vermählt.

Euren Durchbruch hattet ihr 1992 mit »Die da«, einem Song, der noch vieles von den eher klamaukigen Adaptionen der amerikanischen Rapkultur aus eurer Anfangszeit hat. Was hat die Leute an dem Song so begeistert? Die Frechheit? Das Spiel mit der deutschen Sprache, das man so bis dato nicht kannte?
Smudo: Eigentlich kann ich mir den Erfolg von »Die da« nicht richtig erklären. Ich glaube aber, der Song war vom Popverständnis her einfach etwas völlig Neues. Für die Hip-Hop-Welt waren wir mit unserem ersten Album und den vielen Konzerten, die wir danach gespielt hatten, plötzlich irgendwie relevant geworden, ob man uns gefeiert oder abgelehnt hat. »Die da« und das zweite Album waren der Schritt in den Pop-Crossover und damit in den Mainstream. Platz zwei in den Charts, Pop-Phänomen in Deutschland, plötzlich waren wir voll drin im Neunzigerjahre-Popmusik-Turbo. Es gab zwar noch kein Viva, das kam erst ein Jahr nach »Die da«, aber schon MTV, das damals die Jugendkultur bestimmt hat.

Und gleichzeitig immer mehr private Radiostationen, die wie Pilze aus dem Boden schossen.
Smudo: Genau, auch das hat unseren Erfolg beschleunigt. Es gab plötzlich viele kleine Privatradiostationen, die alle irgendwie was anderes machen wollten und Lücken für alternative Songs hatten. Da kamen wir gerade recht. Gleichzeitig gab es wieder eine allgemeine Hinwendung zur deutschsprachigen Musik, Lucilectric ist so ein Beispiel dafür oder auch Selig. Es war wie eine Welle, auf der wir gesurft sind.

Diese Welle ist bis heute nicht verebbt, im Gegensatz zur Neuen Deutschen Welle, die nach wenigen Jahren wieder vorbei war. Woran liegt das? Habt ihr die Sprache so nachhaltig entmufft?
Smudo: Das ist echt verrückt, finde ich, wie lange das schon anhält.
Michi Beck: Das ist heute aber auch etwas anderes. Klar spielt deutschsprachiger Rap seit unseren Anfängen bis heute in den Charts und in der Jugendkultur vorne mit. Aber das Image, das derzeit durch Rap transportiert wird, ist ein völlig anderes als bei uns früher. Heute geht es um das Straßen-Getto-Gangsta-Feeling, das viele Bands auch authentisch transportieren. Aber ich würde mal behaupten, die Mehrheit der Gangsta-Rapper adaptiert genauso wie wir damals einfach die amerikanische Kultur. Sie spielen die bösen Jungs, so sign-of-the-times-mäßig. Ihre gettomäßige Gangstersprache ist lediglich das Medium für etwas, das sie gerne sein möchten, das war bei uns früher nicht anders.

Die Gangster sind in Wirklichkeit gar nicht so böse, weil alles nur adaptierte Attitüde ist?
Michi Beck: Glaube ich schon! Das wirkliche Vorbild für die Jugendkultur in Deutschland ist nach wie vor Amerika, man will so sein und so klingen wie die da drüben. Ob das – wie zum Beispiel bei Trettmann – Autotune ist, der vor zehn Jahren aus den USA rübergeschwappt ist und jetzt alles beherrscht, oder die Trap-Art zu rappen. Die Trends geben nach wie vor die Amerikaner vor. Das ist ja das Irre, dass der Einfluss von dort immer noch so gigantisch ist.

Wobei der deutschsprachige Gangsta-Rap sich schon deutlich von seinen amerikanischen Vorbildern unterscheidet.
Michi Beck: Er hat eine eigene Farbe, ja, weil er sehr vom türkisch-arabischen Kulturkreis geprägt ist. Aber im Endeffekt ist er immer noch eine Adaption des amerikanischen Raps. Dort ist Rap immer noch die Musik der schwarzen Minderheit, die die Kultur bestimmt.
Smudo: Wahrscheinlich ist einer der Hauptgründe für die Popularität von Rap heute noch derselbe wie bei uns damals: Man kann ihn leicht machen. Die technischen Hürden sind nicht hoch, man muss nicht jahrelang Noten gelernt haben, und jeder kann was dazu sagen. Dadurch ist Rap eine direkte Message aus der Jugendkultur. Bei einem Rapper ist völlig klar: Das, was der gerade rappt, ist seine Meinung, das stammt von ihm. Wenn Helene Fischer mir erzählt, dass sie die ganze Nacht durchmachen will, bin ich mir nicht sicher, ob sie das persönlich sagt. Das ist der Motor, der Rap so spannend macht. Seine Stilmittel sind längst total Pop, wie übrigens auch im Rock und im Punk. Aber in seiner Basis hat er nichts von seiner Authentizität verloren.

Im Gangsta-Rap spielen Provokation, starke Männer, junge hübsche Mädchen und längst überwunden geglaubte Rollenbilder eine große Rolle. Auch die Zurschaustellung von Konsum wie bei Shirin David. Je mehr Prada, desto mehr kann man zeigen, dass man den sozialen Aufstieg aus den trostlosen Vorstädten geschafft hat. Ihr kamt damals aus einer anderen Welt, aus dem wohlsituierten schwäbischen Bürgertum. Was war eure Botschaft?
Smudo: Die war ganz ähnlich wie die der heutigen Stars: konsumieren, Party machen, Spaß haben *(lacht)*. Aber ja, bei uns gab es noch eine tiefere inhaltliche Ebene darunter: Mach dein eigenes Ding, lass dir nicht reinreden. Die klassische Rock'n'Roll-Haltung.
Michi Beck: Na ja, aber wenn ich unsere ersten Raps anhöre, gibt es da nicht so viele Unterschiede zu heute. Klar, wir waren vielleicht wohlerzogenere Mittelstandboys als viele Gangsta-Rapper. Aber eigentlich haben wir auch Halbstarkenmusik gemacht.
Smudo: Halbstark, das ist gut *(lacht)*.
Michi Beck: Und wie! Was wir da für einen Bullshit erzählt haben, genauso Pseudo-Macho wie die Jungs heute! Aber gleichzeitig immer nach dem Motto: Ich trau mich nicht, Fotze zu sagen, deswegen sag ich doofes Mädel. Alles ziemlich halbgar, die Provokationsvorstellungen wohlerzogener Mittelschichtkids. Im Ergebnis waren unsere Sachen aber nicht viel anders als die der Jungs heute. Dieses Gepose à la »Yeah, ich kann jede haben«, das im Gangsta-Rap so eine große Rolle spielt, haben wir auch gemacht.

Selbst viele einst böse Gangsta-Rapper sind mittlerweile ja domestiziert. Auch die werden also irgendwann gesettelt.
Michi Beck: Schaut euch doch mal Sido an! Früher hat der die Bürger verschreckt, und was macht er jetzt? Er tritt bei »The Voice of Germany« auf und spielt bei »Jerks« mit! Selbst Jungs wie Bushido oder Kollegah schwenken langsam um und werden ruhiger. So ist das halt, wenn man älter wird und Erfolg hat.

Könnt ihr als Männer im mittleren Alter noch etwas mit den Fanta-Jungs von »Die da« anfangen?
Michi Beck: Nicht mehr viel, wir waren damals einfach völlig anders drauf. Wir sind heute sicher auch schlauer als die Jungs,

die damals im Jugendzentrum aufgetreten sind und einen auf dicke Hose gemacht haben. Die Möglichkeit haben Gangsta-Rapper aber auch, zumindest die, die ein bisschen Grips haben. Es ist doch so: Im Moment stehen die jüngeren Kids von elf bis sechzehn noch auf diese Gangster-Texte. Aber irgendwann werden die auch älter, mit zwanzig können die mit diesen Provokationen vielleicht schon gar nichts mehr anfangen. Deshalb tut man gut daran, sich als Künstler weiterzuentwickeln, selbst als Gangsta-Rapper.

Kann man heute überhaupt noch schockieren, in einer Zeit, in der fast jede Provokation schon einmal ausgesprochen wurde?
Michi Beck: Es ist zumindest viel schwieriger geworden als früher. Wogegen will man heute musikalisch denn noch rebellieren, wenn die eigenen Eltern schon Rapper gewesen sind? Rap ist schon alt, Rock ist noch älter, Techno auch längst eine Altherrenveranstaltung. Schockieren, mich auflehnen und rebellisch sein, das kann ich nur noch durch allergrößte Tabubrüche: Gewalt, Drogen- und Frauenhandel, Waffen. Ich glaube aber, dass selbst die Kids, die diese Rapper hören, die Texte nicht ernst nehmen. Das ist einfach »the punk of today«.

> » DAS IST EINFACH ›THE PUNK OF TODAY‹.«

Besteht aber nicht doch ein elementarer Unterschied zwischen vielen Gangsta-Rappern und euch, was die Schicht und die soziale Herkunft angeht? Es macht immerhin einen Unterschied, ob man als unterprivilegierter Migrant aus Berlin-Hellersdorf stammt oder wie ihr aus der Mittelschicht im reichen Stuttgarter Speckgürtel.
Smudo: Ja, vielleicht. Es hat aber auch viel mit dem Grad an Rebellion zu tun, den man sich traut. Im Prinzip ist das Thema doch immer dasselbe: die da unten gegen die da oben, der Befreiungsschlag der Jugend gegen das Establishment. Wenn man in einer toleranten Familie groß geworden ist wie wir, die nichts dagegen hat, dass man sich selbst verwirklicht und nicht in die Fußstapfen der Eltern treten will, dann kann man sie nur schocken, indem man entweder christlicher Fundamentalist wird *(deklamiert)*: »Solange du die Füße unter meinen Tisch setzt, gehst du nicht als Jungfrau in die Ehe.« Oder man benutzt Verschwörungstheorien, Kraftausdrücke, Gewaltfantasien, Sexismus, alles, womit man beim verständnisvollen Establishment anecken kann.
Michi Beck: Natürlich ist Rap auch ein Sprachrohr für unterdrückte Schichten, für Leute, die keine Chance haben. Und auch für echte Gangster und Arschlöcher, da gibt es ganz viele in der Branche. Ich habe aber den Eindruck, der Gangsta-Rap ist langsam wieder auf dem absteigenden Ast. Durch die Corona-Pandemie wird das sicher noch verstärkt.

Inwiefern, was meinst du damit?
Michi Beck: Weil bald niemand mehr dieses Gucci-Fotzen-Gepose braucht, es wird wieder um andere Werte gehen. In den USA hat sich das ja schon verändert, da gibt es wieder viel mehr Conscious-Rap als bei uns in Deutschland. Gangsta-Rap wird langsam ausbluten, davon bin ich überzeugt.

> » GANGSTA-RAP WIRD LANGSAM AUSBLUTEN, DAVON BIN ICH ÜBERZEUGT.«

Irgendwann ist alles Frische und Neue Gewohnheit, und es wird auch aus dem wildesten Punk Mainstream. Gab es bei euch einen Zeitpunkt, an dem ihr gemerkt habt: Mist, jetzt sind wir die Lieblinge des Mittelstands, die wir nie sein wollten!
Smudo: Das war einen Monat nach der »Die-da«-Veröffentlichung im September 1992 ... *(lacht)*.
Michi Beck *(ruft rein)*: Na klar haben wir das gemerkt!
Smudo: Auf jedem Stadtfestival!
Michi Beck: Manche in der Band haben diese Entwicklung ja auch forciert, vor allem unser Manager. Bei der zweiten Platte, »4 gewinnt«, gab es die klare Ansage, ihr könnt das jetzt schaffen, ihr könnt jetzt richtige Popstars sein! Hat ja auch geklappt. Der Erfolg von »Die da« war ein Wendepunkt, an dem wir gemerkt haben, jetzt wird alles anders. Gleichzeitig hat es geschmerzt, dass sich manche aus der Szene von uns abgewendet haben, weil wir denen zu kommerziell wurden. Aber wir fanden es geil, so viele Platten zu verkaufen! Wir fanden es geil, mit dem Privatjet nach London zu MTV zu fliegen, in geilen Hotels zu wohnen. Und wir hatten – Gott sei Dank – genug Weitsicht, mehr auf uns selbst zu hören als auf irgendjemanden aus der Szene.

Künstlerisch freigeschwommen habt ihr euch aber erst mit dem Album danach, »Die 4. Dimension«, als man merkte, Die Fantastischen Vier sind nicht nur die Spaßcombo wie bei »Die da«, sondern vielschichtiger. Viele halten einen Song wie »Tag am Meer«, den du, Michi, auf dem Album gerappt hast, für einen eurer besten. Ihr auch?
Michi Beck: »Die 4. Dimension« ist nach wie vor mein Lieblingsalbum, weil wir da gemeinsam den Drang hatten, etwas richtigzustellen. Das merkt man diesem Album an. Vorher glaubten viele, wir seien nur Popsternchen, von außen produziert und ein »One Hit Wonder«, das sich auf den neuen Rap-Zug draufsetzt. Das war natürlich nicht so! Auf der

»4. Dimension« wollten wir unseren musikalischen Horizont widerspiegeln, deshalb haben wir viel über Gefühle gerappt und sind textlich deutlich stärker geworden. Wirklich etabliert haben wir uns aber eigentlich erst 1995 mit dem Album danach, »Lauschgift«. Das kam zu der Zeit, als langsam auch andere Leute in Deutschland kommerziellen Erfolg mit Rapmusik hatten. Vielleicht hat man uns den Spagat zwischen State-of-the-Art-Rap und Kommerz deshalb endlich abgenommen. Man kann auch sagen, da hatten wir die Leute, wo wir sie haben wollten.

Wo denn? Bei der Erkenntnis, dass Subversion und Kommerz oder Anspruch und Kommerz einander nicht ausschließen müssen?
Smudo: Dass zahlenmäßiger Erfolg und Qualität und Ideenreichtum sich nicht ausschließen, sondern sich in unserem Fall sogar untereinander bedingen. Das Glück des Pioniers.
Michi Beck: Wahrscheinlich eher Anspruch und Kommerz. Als subversiv haben wir uns da längst nicht mehr empfunden.

Wie haltet ihr euch eigentlich heute, nach dreißig Jahren, noch auf dem Laufenden? Indem ihr neue Musik hört?
Smudo: Gar nicht *(lacht)*.
Michi Beck: Ich merke, dass ich ein alter Sack geworden bin, der sich viel weniger für neue Sachen interessiert als früher. Dabei fehlt mir dieses Suchen und Jagen nach neuer Musik, wie es früher mein Leben war, durchaus, aber es ist heute eben nicht mehr notwendig. Ich ertappe mich regelmäßig dabei, dass ich bei Spotify die brandneue deutsche Rap-Playlist höre. Und dann klingt ein Lied wie das andere, grauenhaft! Immer dasselbe: »Ey, Fotze, isch will Gucci, vertick die Batzen am Kotti ...« Dann denke ich aber, komm schon, Michi, Rap war wie Pop schon immer ganz vielen kulturellen Einflüssen unterworfen. Und im Moment ist es so extrem, was man da an Scheiße hört, dass der Scheitelpunkt sicher schon überschritten ist.
Smudo: Mit steigendem Alter wird es immer schwieriger, auf dem Laufenden zu bleiben. Ich bin deshalb sehr von Tipps abhängig. Manchmal sagt mir jemand, hör dir das mal an, das hilft mir dann. Mir geht es aber wie Michi: Wenn ich mich bei Spotify durch die hausgemachten Hitlisten klicke, um zu sehen, was gerade in ist, interessiert mich das allermeiste davon überhaupt nicht. Vielleicht leide ich mittlerweile unter einer allgemeinen Musikmüdigkeit.

>> VIELLEICHT LEIDE ICH MITTLERWEILE UNTER EINER ALLGEMEINEN MUSIK-MÜDIGKEIT. <<

Ehrlich? Du hast keine Lust mehr auf Musik?
Smudo: Ach, es ist nicht so, dass Musik mich nicht mehr interessiert. Aber ich habe überhaupt nicht mehr das Gefühl wie früher, dass ich aus der ganzen Masse noch etwas Spannendes und Neues für mich rausfischen kann. Vielleicht bin ich darüber hinweg, mich über den Konsum von Musik und ihre Inhalte zu definieren. Das ist wahrscheinlich eher was für junge Leute, die auf der Suche nach Blaupausen für ihre eigene Identität sind. Für mich ist Musik mittlerweile eher etwas, um Gefühle zu transportieren und kontrolliert zu konsumieren und unterhalten zu werden. Die ganze zwangsweise Sinnhaftigkeit, die sie früher für mich hatte, ist weg.
Michi Beck: Mir geht es ganz ähnlich wie Smudo, aber was mich mit wachsendem Alter immer mehr beeindruckt, ist die Tatsache, wie die Skills der Bands gewachsen sind, wie professionell viele von denen mittlerweile arbeiten. Diese neue Art zu reimen, wie programmiert und gerappt wird, das hat schon oft ein beachtliches Niveau. Nur der Inhalt langweilt auch mich maßlos, weil wir darüber in unserem Alter wahrscheinlich hinaus sind, sich mit so etwas völlig zu identifizieren.
Smudo: Und damit seine Zeit zu verschwenden! Wir haben alle herzlich gelacht, als Trettmann gesagt hat: »Doch am meisten frustrier'n den Raver/andere Raver, die mein'n, sie wär'n Raver/Ich schütt' euch meinen Longdrink über'n Blazer«. Ein super Reim.

Kann man, wenn man seine Karriere als Stimme einer Jugendkultur begonnen hat, überhaupt glaubhaft und in Würde älter werden? Immerhin stellt ihr in eurem 2019 erschienenen Dokumentarfilm auffallend oft die Frage, ob ihr noch genügend Inspiration habt.
Smudo: Das ist eine generelle Frage in jedem Leben, die wir in dem Film stellen und die uns gerade sehr intensiv beschäftigt: Können wir das noch, und wollen wir es auch? Wir werden, wie in der Vergangenheit auch, jetzt mal gucken, wie sich das Ganze weiterentwickelt. Und ich habe schon das Gefühl, dass wir alle nicht wissen, ob und wie lange wir wirklich noch weitermachen können. Wenn ich mir andere Bands anschaue wie die Hosen oder die Ärzte, bin ich mit deren Antworten auch nicht immer zufrieden und frage mich: Muss das denn jetzt sein?

Was meinst du damit? Dass jemand wie die Hosen wahrscheinlich noch mit siebzig Hansa-Pils und Punk-Attitüde vor sich herträgt, ohne sich je neu erfunden zu haben?
Smudo: Ich glaube, das ist gar nicht die Frage, die man sich als Musikhörer stellt. Dem ist es doch vielleicht völlig egal, wie lange eine Band schon existiert und ob sie sich schon einmal neu erfunden hat, sondern er möchte denjenigen, den er da hört, immer noch gut finden. Das Problem ist eher, dass ich, Smudo, nicht mehr so klar wie früher sagen kann, ob das, was ich gerade

aufschreibe, mich und andere noch kickt. Vielleicht liegt das daran, dass ich den Job schon zu lange mache. Oder Popmusik ist einfach nicht mehr relevant, wenn man fünfzig, sechzig oder siebzig ist. Die eigene Biografie wird wichtiger, der Rest des Lebens, den man für die Musik so lange hintangestellt hat. Ich tröste mich manchmal mit diesem Essay von Max Goldt, in dem er mal geschrieben hat, er wünsche sich mehr Musik von alten Leuten. Damit sie darüber berichten, wie das so ist, älter zu werden.

Die Würde des Alters kann also auch bedeuten, rechtzeitig aufzuhören?
Smudo: Ich habe vor einiger Zeit für den Südwestfunk eine Sendung mit Rufus Thomas gemacht *(legendärer amerikanischer Blues- und Soulsänger, Anm. d. Autoren)*, ein paar Jahre, bevor er gestorben ist. Er hat in der Sendung live gespielt und seine alten Styles aufgefahren, sein »Die da«, sozusagen. Der »Funky Chicken Dance« in kurzen Paillettenhosen, mit über achtzig Jahren! Neulich habe ich mir das Band noch mal angeschaut und gedacht: Das ist ein gültiger Entwurf einer Popstar-Pension.
Michi Beck: Ähnlich bewundernswert haben das ja auch die P-Funker um George Clinton hinbekommen *(amerikanischer Musiker und Produzent, Begründer des P-Funk und Kopf der Bands Parliament und Funkadelic, Anm. d. Autoren)*. Man kann auch im Alter noch abfreaken, aber was Smudo meint, ist: Schreiben, sich der Welt mitteilen, wird sehr viel unwichtiger, wenn man jenseits der fünfzig ist. Mir geht es mittlerweile so: Wenn ich einen Song mache, dann, damit wir auf der Bühne mal wieder was Neues haben. Neue Musik darbieten zu können, ist die Daseinsberechtigung, um immer noch live zu spielen und nicht irgendwann nur noch die alten Kamellen zu machen.

> »SCHREIBEN, SICH **DER WELT MITTEILEN**, WIRD SEHR VIEL **UNWICHTIGER**, WENN MAN **JENSEITS DER FÜNFZIG** IST.«

Man hat als erfolgreiche Band irgendwann nur noch zwei Möglichkeiten: Entweder man macht das, was man schon immer gemacht hat, bis zum Ende weiter und zitiert sich irgendwann nur noch selbst wie die Toten Hosen. Oder man erfindet sich irgendwann und immer wieder radikal neu wie David Bowie.
Smudo: Die Hosen machen das seit vielen Jahren, aber mit denselben Handicaps wie wir. Auch denen fällt es mit jedem Jahr schwerer, auch die wollen sich nicht dauernd wiederholen und lavieren ständig um die Frage herum, welche alten Sachen die Fans hören wollen und wie viel Neues man ihnen zumuten kann. Ich glaube, die Hosen sind mit ihrer Situation manchmal ebenso ratlos wie wir, was die künstlerische Herausforderung angeht. Das Ganze ist geradezu archetypisch.

Jung zu bleiben, obwohl man alt wird?
Smudo: Wären wir an dieser Stelle unserer Karriere ein afghanischer Taliban-Warlord, dann wäre es Zeit, irgendeinen dieser Verräter aus der dritten Reihe eigenhändig vor allen Leuten umzubringen, um zu zeigen, dass man's noch drauf hat. Ein archaisches Thema: Haben die da oben jetzt ausgedient und machen Platz für die Jungen?

Und, macht ihr Platz für die Jungen? Wird es die Fantas in zwei oder fünf Jahren noch geben?
Smudo: Die Musikwelt ist ja sehr viel flacher in der Hierarchie als die Gangsterwelt. Eine erfolgreiche Band gräbt keinem anderen Act das Wasser ab.
Michi Beck: Ich finde, die Jungen haben doch ausreichend Platz neben uns *(lacht)*. In zwei Jahren wird es uns auf jeden Fall noch geben. In fünf? Schauen wir mal …

Warum halten wir den Älteren eigentlich immer vor, dass sie nicht mehr innovativ genug sind? Können wir nicht einfach sagen, gut, die Jungen sind für Innovation zuständig, die Senioren machen das weiter, was sie können, und gut ist?
Smudo: Wir wollen ja nicht unbedingt uninnovativ sein, aber wir wollen auch nicht so tun, als seien wir noch Mitte zwanzig. Das ist keine leichte Aufgabe, nach einer jahrzehntelangen Karriere aus der Routine und der gepflegten Langeweile noch etwas zu machen, das die Bezeichnung »motivierte Authentizität« verdient.

Gelingt euch diese »motivierte Authentizität« noch, trotz Sinnkrise und der Frage, wie lange ihr noch weitermachen wollt?
Smudo: Schon bevor es mit der Corona-Pandemie losging, waren wir im Wandel. Wir sind jetzt alle über fünfzig, und unsere Bookingfirma Four Artists scheint den Weg alles Irdischen zu gehen. Auch mit dem dreißigjährigen Jubiläum der Fantas geht etwas zu Ende. Das sind alles Wegmarken, die einen Paradigmenwechsel einläuten könnten. Entsteht da etwas Neues, eine neue Attitüde in der Band, die zu neuer Motivation führt? Möglich, vielleicht entsteht daraus irgendwann auch eine neue Platte. Aber jetzt, im Moment? Eher nicht, gerade dreht sich doch alles nur um Corona. Und jetzt wie die Ärzte einen Song über Toilettenpapier machen? Das ist doch Kacke.

(Smudo bezieht sich auf den Song »Lied für Jetzt« der Ärzte, der im Home Office der betagten Punks entstanden ist.)

Michi Beck: Es ist vermessen zu denken, nach dreißig Jahren noch innovativ sein zu müssen ... und zu können. Ich wüsste niemanden, der das geschafft hat! Musikalisch können wir keine Pionierleistungen mehr erbringen, auch weil wir für unsere Fans nachvollziehbar bleiben wollen. Wir können uns nicht jahrelang im Keller einschließen, um auf unsere alten Tage noch Jazz-Innovatoren zu werden. Aber wir können versuchen, auf anderen Feldern Neues zu versuchen. Wir haben Deutsch-Rap erfunden, haben als erste Band ein Konzert live in knapp hundert 3D-Kinos übertragen, erst kürzlich eine umfangreiche VR-Experience veröffentlicht. Wir sind ständig auf der Suche nach einer Zusammenarbeit mit anderen Pionieren, auch auf der technischen Seite. Auch so kann man sich neu erfinden. Für uns wäre es der größte Horror, zu tingeln und mit siebzig nur noch »Die da« in Dauerschleife zu spielen.

Würden eure Fans das überhaupt wollen? Kämen da noch genügend zusammen?

Michi Beck: Es würden sicher immer noch viele Leute kommen, die »Die da«, »Sie ist weg« oder »Troy« hören wollen und nichts anderes. Aber das kann ja keine Motivation sein. Wir sind sehr stolz darauf, dass wir vor zwei Jahren noch mal einen Riesenhit wie »Zusammen« *(featuring Clueso, Anm. d. Autoren)* geschafft haben. Aber die Pionierarbeit, das Frische und Innovative, müssen jetzt die Jungen machen.

Das klingt ziemlich resigniert.

Smudo: Ich habe neulich auf einer Party einen jungen Rapper kennengelernt, der so um die zwanzig war. Der war völlig geflashed, dass ich, die Legende himself, vor ihm stand, und hat mir lauter interessierte Fragen gestellt. Warum habt ihr das so gemacht, was habt ihr euch bei dieser Bass Line gedacht? Wie ein Archäologe, der in der Vergangenheit für die Gegenwart forscht. Er hat mir auch Sachen vorgespielt, die er aktuell macht und die in der »Szene«, wie er sagte *(lacht),* offenbar gerade in sind, weil »Opa« ja nicht mehr so genau weiß, was am Start ist *(lacht).*

Und?

Smudo: Was soll ich sagen? Es klang alles original nach Hip-Hop aus den Neunzigern, wie Onyx »Back da fuck up« oder »A Tribe Called Quest«, richtig nachgemacht oder gesampelt. So wie wir damals James Brown aufgegriffen haben, greifen die jetzt zwanzig, dreißig Jahre zurück und sampeln den Hip-Hop von damals. Das ist total verrückt, die Stücke könnten teilweise Tracks von uns sein! Da dachte ich, ach, musikalisch müssen die sich heute nicht neu erfinden. Der heiße Scheiß kam aus unserer Zeit, aus den Neunzigern!

Ihr wart beide Teil der Jury bei der Castingsendung »The Voice«. In euren Anfangsjahren hättet ihr so viel geballten Mainstream wahrscheinlich abgelehnt. Warum jetzt nicht mehr?

Smudo: Wir verstehen uns ja nicht ausschließlich als Musiker, sondern als Unterhaltungskünstler. Michi und ich wollten schon deshalb zu »The Voice« gehen, weil wir deutlich bessere Unterhalter sind als zum Beispiel Nena oder Xavier Naidoo. Wir sind wirklich witzig und bringen dazu musikalische Kompetenz mit, für dieses Format zumindest.

Michi Beck: »The Voice« war das einzige Format, bei dem ich mich wohlgefühlt habe. Ansonsten ist Moderieren ja nicht so mein Ding.

Smudo: Ich fand das immer schon großartig, wenn große deutsche Künstler oder Liedermacher ins Fernsehen gegangen sind, ich hatte nie Berührungsängste wie andere. Aber Musik funktioniert heute anders, meine Kinder haben mich in der Hinsicht auf den Stand gebracht. Wir wurden im vergangenen Jahr beim YouTube-Award geehrt, und komischerweise kannte ich gut zwei Drittel der anwesenden Künstler, die meine Kids die ganze Zeit im Internet gucken. Die YouTube-Unterhaltung ist so viel direkter als lineares Fernsehen, die Leute sind ihre eigene Redaktion und machen selbst die Inhalte. Es ist wie im Fernsehen: Neunzig Prozent sind Schrott, aber zehn Prozent sind super, interessant und innovativ. Ich bin überzeugt: Wenn es Fanta 4 heute als neue Band geben würde, wären wir YouTuber.

> »WENN ES FANTA 4 HEUTE ALS NEUE BAND GEBEN WÜRDE, WÄREN WIR YOUTUBER.«

Was würden denn die YouTube-Stars Smudo und Michi Beck heute tun?

Smudo: Für das dreißigjährige Jubiläum bin ich noch mal die alten Tapes durchgegangen, die ich im Schrank habe. Wie wir damals bekifft losgezogen sind, am Marktplatz in Stuttgart rumhingen, wie die letzten Deppen die Leute auf der Straße angemacht und mit ihnen kleine Interviews gemacht haben. Im Prinzip dasselbe, was später Stefan Raab getan hat. Das würden wir als YouTuber wahrscheinlich genauso machen.

Michi Beck: Das hat mich immer fasziniert, als wir uns kennengelernt haben, wie Smudo unterhalten kann. Klar, das Musikalische, die ersten Rap-Sachen von Andi und ihm, das war der Hauptantrieb für die Band und der Grund, warum ich an sie geglaubt habe. Aber dazu war Smudo eben schon immer wie ein Moderator. Das könnte auch niemand anderes so wie er. Der Thomas *(Thomas D., Anm. d. Autoren)* ist dagegen wie der neue Peter Lustig ...

Smudo: ... mit seiner Latzhose *(lacht).*

Könnt ihr eigentlich noch miteinander streiten? Oder braucht ihr dafür – wie Metallica - einen Bandtherapeuten?
Michi Beck: Wir streiten seit dreißig Jahren, wieso?

Wegen des Aldi-Deals: Wie sehr flogen bei euch die Fetzen, als ihr euch entschieden habt, die Tickets für eure Jubiläumstour allen Ernstes bei einem Discounter zu verkaufen?
Michi Beck: Das war eine harte Diskussion! Eine ähnlich schwere wie 1992, als wir Bravo-Shootings machen sollten.

War das damals wie heute eine Abwägung? Reine Lehre gegen kommerziellen Erfolg?
Michi Beck: Eigentlich wollten wir vor allem CTS Eventim einen vor den Bug geben *(CTS Eventim ist ein Live-Event und -Ticketing-Unternehmen, das den deutschen Ticketmarkt dominiert und auch in Europa Marktführer ist, Anm. d. Autoren).* Wir wollten den Leuten klarmachen, dass es ein Ticketmonopol in Deutschland gibt. Aldi kam auf uns zu mit dem Argument, sie hätten viel mehr Verkaufsstellen als CTS. Und sie verlangten keine versteckten Gebühren, was gerade beim Internetverkauf ansonsten gang und gäbe ist. Aldi hat mehr als viertausend Verkaufsstellen, alle mit Parkplatz davor. Und wenn die so eine Aktion machen, dann stehen die Leute Schlange, das war bei uns auch so. Für die Stadiontournee war das die richtige Entscheidung.
Smudo: Eine Stadiontournee ist schließlich ein enormes Risiko!
Michi Beck: Aber natürlich ist es auch für uns als Band ein extremes Risiko, so etwas mit Aldi oder einem anderen Discounter zu machen. Die meiste Kritik kam übrigens von unseren Bohème-Friends, die wie ich noch nie bei Aldi eingekauft haben. In manchen Musiker-Kulturkreisen schwingt eine Arroganz mit, man glaubt es kaum. Aber hey, dreiundachtzig Prozent der Deutschen kaufen bei Aldi ein, und wir hatten das Gefühl, dass die meisten Leute sehr dankbar über diesen Service waren. Dieses Imaging hat uns aber lange beschäftigt, das gebe ich gerne zu.
Smudo: Total. Und das hat damit zu tun, dass auch wir eine Haltung zu solchen Dingen haben. Ich habe mir den letzten Hosen-Film angeschaut *(Film über die Toten Hosen: »Weil du nur einmal lebst«, 2019, Anm. d. Autoren).* Da geht der klassische Hosen-Fan zum Konzert, im Schlepptau hat er seine zwei Kinder und die Frau. Die Eltern sind alte Punks, beide um die fünfzig und in Lederjoppe. Sie haben sich ein Hotelzimmer genommen und gehen mit den Kindern in der Fußgängerzone Spaghetti-Eis essen. Die Tickets hingen ein Jahr zu Hause an der Wand, die gesamte Familie hat sich Wochen darauf vorbereitet. Und sie gibt richtig viel Geld aus, sie macht quasi Tote-Hosen-Urlaub.

Du siehst Parallelen zu euch?
Smudo: Na klar! Ob wir wollen oder nicht, das ist nun mal so als Pop-Dinosaurier, das sind die Leute, die zu unseren Konzerten kommen. Warum auch nicht? Im Fall der Hosen waren die mal Punks und sind nun das, was sie sind, weil sie einiges mitgenommen und schon mehr als ein halbes Leben hinter sich gebracht haben. Und bei uns sind sie immer noch Hip-Hop, wenn man so will, aber sie haben auch die Konservativ-Features angenommen, die das Alter und das Familienleben so mit sich bringen. Für die ist das dann wie damals: Ich gehe ins Konzert, ich haue jetzt mal auf den Putz! Solche sind das! Und ohne die können wir keine Stadionkonzerte machen! Was bilden wir uns denn ein? Wollen wir ein Stadion mit zwanzigtausend Feuilletonisten vollbekommen?

Klingt schwierig.
Smudo: Also kann man nicht Nein sagen, wenn Aldi kommt und den Deal will. Wir profitieren vom Vertrieb, vom Marketing. Und die Einzigen, die sich darüber beschwert haben, sind Feuilletonisten, die einem dann aber später sagen: »Wenn man es genau betrachtet, ist das auch eine andere Art von Pioniergeist.« Nämlich: Jetzt steht man zwischen Dosenbier und Filterkaffee, und wo steht man bei Eventim? Zwischen Helene Fischer und Cirque du Soleil! Ich verstehe ja, dass man das Revolutionäre daran nur schwer verstehen kann, wenn man sich von dem einen Monopolisten wie Eventim abwendet, um dann zum nächsten Monopolisten wie Aldi zu gehen. Es gibt sicherlich gute Gründe, das nicht zu machen, aber unser Wunsch, eine Stadiontournee zu machen, war einfach größer.

Man könnte es aber ja auch kleiner machen. Wir haben mit Judith Holofernes von Wir sind Helden gesprochen, die keine Lust mehr auf die große Marketingmühle hat und ihre Projekte jetzt einige Nummern kleiner mit Crowdfunding finanziert. Wäre das keine Alternative?
Michi Beck: Das machen wir ja ab und zu, bei einzelnen Aktionen. Aber es wäre gelogen zu sagen, wir machen das Geschäft nur der Kunst wegen. Wir haben's ja eh dicke, also machen wir nur noch abgefahrene Kunstprojekte! Nein, dafür sind wir zu unterschiedlich. Als Einzelkünstler ginge das vielleicht.
Smudo: Das Künstlerdasein umbauen, um der Maschinerie aus Tour und Plattenvermarktung zu entgehen? Danach ist uns allen nicht, eher im Gegenteil. Wir wollen auch künftig Mittel und Wege erschließen, um das alles so wie gehabt weiterzuführen. Das beschäftigt uns! Und Livespielen, das ist etwas, das uns immer noch die größere Freude macht, wenn auch Publikum vorhanden ist.
Michi Beck: Allen Respekt für Judith Holofernes. Aber manchmal macht man auch aus der Not eine Tugend.
Smudo: Oder aus der Tugend eine Not.

Was die Rakete von Tim und Struppi in einer Hamburger Wohnung mit Punk und NDW zu tun hat? Keine Ahnung, aber in solchen Schubladen denken Kai Havaii (r.) und Stefan Kleinkrieg von Extrabreit ohnehin nicht, erst recht nicht musikalisch. Beide mögen einfach die Comics. Punkt.

▸ INTERVIEW

WIE HABEN PUNK UND NDW UNSER LAND VERÄNDERT, EXTRABREIT?

Erfolg ist relativ und lässt sich nur bedingt an Verkaufszahlen ablesen. Extrabreit aus Hagen landen mit ihren Alben niemals auf Platz eins der deutschen Charts, dafür inspirieren sie viele Bands und Musiker, und das gleich in zweierlei Genres, im Punk und in der Neuen Deutschen Welle. Ihr Hit »Hurra, hurra, die Schule brennt« dürfte noch jedem im Ohr sein. Gelegentlich bedient sich die Band aber auch am Liedgut der Altvorderen wie an Hans Albers' »Flieger, grüß mir die Sonne« und reaktiviert sogar die eigentlich schon abgeschriebenen Altstars Hildegard Knef und Harald Juhnke zur Zusammenarbeit, was alles überhaupt nicht zu einer Punkband aus der linken Szene zu passen scheint. Extrabreit entziehen sich einer klaren Zuordnung. Ahnungslose schelten sie noch immer eine NDW-Spaßkapelle, die bierernste Punkszene nimmt der Band ihre Lust auf kommerzielle Erfolge und ihre Goldenen Schallplatten übel. Ob es nun stimmt, dass Die Toten Hosen oder Die Ärzte ohne Extrabreit nicht denkbar sind, wie es in der Bandbeschreibung mal hieß, lassen wir dahingestellt. Aber Extrabreit verbinden Bereiche, die unbedingt zusammengehören: Anarchie und Spaß, aber durchaus mit Tiefgang! Bei unserem Interview im April 2020 sprechen Sänger Kai Havaii und Gitarrist und Bandgründer Stefan Kleinkrieg über die Neue Deutsche Welle und lästige Imagestempel, die Essenz von Punk und eine junge Sängerin, die von Hagen aus die Musikwelt erobern sollte: Nena.

Kai Havaii und Stefan Kleinkrieg, 1957 bzw. 1955 in Hagen **geboren,** sind die Gesichter und Köpfe von Extrabreit. Kleinkrieg hat die Band **1978 gegründet. Bekannteste Songs: »Polizisten«, »Hurra, Hurra, die Schule brennt«,** als Coverversionen »Flieger, grüß mir die Sonne« und »Für mich soll's rote Rosen regnen« (mit Hildegard Knef).

Kai, Stefan, »Hurra, hurra, die Schule brennt«, »Flieger, grüß mir die Sonne«, aber auch »Polizisten«, eure Songs kennt jeder. Dabei seid ihr schwer auf einen Nenner zu bringen zwischen Punk, Rock und Neuer Deutsche Welle. Wie ist das, wenn ihr heute bei Konzerten trotzdem als reine NDW-Band angekündigt werdet?
Kleinkrieg: Ach, lasst mich doch mit der Scheiß-NDW in Ruhe *(lacht)*!
Havaii: Da läuft einem manchmal schon die Säure aus den Zähnen. Ich kriege immer noch Pickel, wenn ich irgendwo lese: »Heute spielt Extrabreit, die Mega-Kult-Band aus der NDW.«

Wir merken: NDW ist ein Label, mit dem ihr nicht so gut leben könnt.
Havaii: Sagen wir so, die meisten Leute verstehen unter NDW alles Mögliche, aber nicht unbedingt Punk oder Rockmusik. Aber genau da haben wir uns immer gesehen. Damals wie heute.

Ihr habt mal gesagt: »Wir haben den Scheiß eben mitgemacht.« War die NDW nichts anderes als »Scheiß«?
Kleinkrieg: Das kann man so nicht sagen. Aber es waren nur zwei oder drei Jahre in unserer Bandgeschichte, und damals haben wir uns gar nicht so etikettiert gefühlt. Wir dachten, jetzt haben wir es geschafft, und das bleibt auf ewig so. Wir haben uns niemals in Verbindung gesehen mit NDW-Kollegen wie Markus oder Frl. Menke.

Aber ihr seid so aufgetreten, hattet die NDW-Ästhetik voll angenommen. In Fernsehausschnitten aus der Zeit, Anfang der Achtzigerjahre, tragt ihr bei »Hurra, die Schule brennt« grellbunte Klamotten, euer Schlagzeuger steht zwischen zwei Snaretrommeln und hüpft von einem Bein aufs andere. Natürlich Vollplayback.
Havaii: Und gestreifte Hosen!
Kleinkrieg: Ich bezeuge, sie waren nicht gestreift, sondern kariert. Es graust einen, wenn man so etwas sieht. Aber was meint ihr, wenn sich die Jungs mit den Daunenjacken und den Baggy Jeans in fünf, sechs Jahren sehen? Das wird für die auch kein schöner Anblick!

Trotzdem: Wie schwer ist es euch gefallen, als Band aus dem linken Punk-Milieu plötzlich für einen neuen Mainstream-Trend mitverhaftet zu werden?
Havaii: Das war ungewohnt für uns, aber wir haben schnell erkannt, dass es einen ziemlichen Schub für uns bedeuten wird, wenn wir eine Story mit der Bravo machen oder im Fernsehen vor Millionen Leuten auftreten. Wir haben den Rausch des Erfolges schon genossen. Da war es uns egal, ob wir für die Zeitungen jetzt noch die subversive linke Punk-Band oder schon eine NDW-Kapelle sind. Außerdem fühlten wir uns dem Punk zwar zugehörig, waren aber nie typische Punks mit Sicherheitsnadeln durch die Wange.

Aber mit Hansa-Pils aus der Dose, Lederjacken und Nieten, wenig Schlaf und vielen Partys?
Havaii: Partys waren eher rar. Aber wir lebten schon von der Hand in den Mund und tranken Dosenbier. Pennten mal im Auto oder woanders, in dieser WG oder in einer anderen. Das war schon so, zumindest bei mir, ziellos und in den Tag hinein.

Was hat dich am Punk so fasziniert, Kai?
Havaii: Dass man mit drei Akkorden Songs machen konnte. Das hat mir sehr imponiert. Punk hat unsere Auffassung von Rockmusik geprägt.

Ist das die Essenz von Punk? Musikalischer Dilettantismus?
Havaii: Es hieß damals, die Sex Pistols könnten nicht spielen, ein Image, das sie immer wie ein Ehrenschild vor sich hertrugen. Das passte zur Message, nicht gekünstelt, dafür echt und unmittelbar zu sein. In gewisser Weise ist das immer Blödsinn gewesen. Was aber stimmt, ist, dass Punk eine relativ einfach strukturierte Musik war, und wenn man ein bisschen Talent zum Texten hatte, konnte man die Dinge so ganz gut auf den Punkt bringen.

Wie ging es in der Hagener Szene zu, in der ihr euch in den Siebzigern bewegt habt? Radikallinke Spontis, die den Protest gegen die Bürgerlichen gepflegt haben?
Kleinkrieg: Es war wenig los, ziemlich öde eigentlich. Entweder man spielte in einer Fußballmannschaft, oder man gründete eine Band. Gerade in der Zeit, als aus England viele Bands herüberschwappten, zogen in Hagen viele nach.
Havaii: Das fing an, als sich mehrere Hagener Bands zu Grobschnitt vereinigten. *(Die Band gründete sich um 1970 und fiel durch musikalische Improvisationen, Theater und Show auf, aber auch durch politisches und friedensbewegtes Sendungsbewusstsein, Anm. d. Autoren.)* Dann gab es die Ramblers mit Hartwig Masuch *(heute Musikmanager, gilt als Wegbereiter der NDW)*, die auch schon einen Vertrag mit Sony hatten. Das war eine Generation ganz talentierter Menschen, die einfach machten, Connections hatten und sich gegenseitig befruchteten.

Auch Nena stammt aus der kleinen Hagener Szene. Hattet ihr Kontakt?
Havaii: Wir haben uns mit Nena einen Proberaum geteilt. Aber das ging nicht lange gut, weil wir zu unordentlich

>> WIR HABEN UNS MIT **NENA** EINEN PROBERAUM GETEILT.<<

waren. Ihr Gitarrist Rainer Kitzmann schimpfte mal, das sei das reine Gift für sie *(lacht)*.

Nena spielte damals noch in der Band The Stripes und sang auf Englisch. Ihr eigentlicher Erfolg als deutschsprachige Sängerin begann, als sie sich Richtung Berlin orientierte. Nena ist bis heute eine Ikone, sie hat rund fünfundzwanzig Millionen Platten verkauft. Was war das Besondere an ihr?
Havaii: Nena verkörperte für die damalige Zeit einen neuen Typus Frau, sehr modern, sehr selbstbewusst. Auch ichbezogen, unbefangen und sehr offensiv in dem, was sie tat.

Eine Vorreiterin der späteren Instagram-Generation?
Havaii: Wenn man so will, ja. Hinzu kam, dass sie eine super Stimme hatte und blendend aussah. Sie hat immer das Kunststück geschafft, gleichzeitig subversiv zu wirken und trotzdem den Massengeschmack zu treffen. Sie wurde schon damals als »Frolleinwunder« bezeichnet. Ein großer deutscher Popstar, der auch international funktionierte.

Durch eure, aber auch durch Nenas Texte aus der Zeit zieht sich ein gemeinsames Motiv: Eigensinn, Freiheit, Anti-Establishment. Wie politisch wart ihr damals?
Kleinkrieg: Zu den politischen Motiven sag du mal lieber was, Kai *(lacht)*.
Havaii: Die Band war ganz eng verbunden mit der links-alternativen Szene in Wehringhausen *(Stadtteil von Hagen, Anm. d. Autoren)*. Alles, was nach einem anderen Leben roch und nichts mit dieser saturierten Spießigkeit zu tun hatte, war attraktiv. Hauptsache, nicht so werden wie die eigenen Eltern! Sich die Freiheit zu nehmen und nicht von bürgerlichen Ängsten schrecken zu lassen, war zumindest für mich ein großer Antrieb.
Kleinkrieg: Ich war weniger politisch, mir gefiel vor allem die Idee, mit ein paar Leuten im Proberaum einfach loszulegen, ohne groß nachzudenken. Es ging mir auch um den Spaß.

> »ALLES, WAS NACH EINEM ANDEREN LEBEN ROCH UND NICHTS MIT DIESER SATURIERTEN SPIESSIGKEIT ZU TUN HATTE, WAR ATTRAKTIV.«

Trotzdem habt ihr mit »Polizisten« einen dezidiert politischen Song gemacht und die bedrückende Stimmung in einem Staat beschrieben, der sich allmählich zum Polizeistaat mausert. Gehörte »Anti-Bullen-Lyrik« damals in der Szene zum guten Ton?
Kleinkrieg: Irgendwie schon, gerade von Punkbands aus dem härteren Lager gab es Texte mit Zeilen wie »Haut die Bullen platt wie Stullen«. Das fand ich aber zu eindimensional, so waren wir nicht gestrickt. Der Text von Kai hat mir gefallen, weil er eine andere Sichtweise transportierte, zurückhaltender und beobachtender war.
Havaii: Ich wollte mit diesem Text nicht in dieselbe Kerbe hauen, wie es vielleicht eine Agitpropband getan hätte. Es sollte vielschichtiger, auch ironischer und sarkastischer sein und Polizisten als das darstellen, was sie auch sind: Menschen, die man verarschen darf. Wir wollten gerade nicht so verkopft und verkrampft sein wie solche Bands, bei denen jeder Satz eine große politische Botschaft transportieren musste, die zu jeder Zeit unmissverständlich und von großen hehren Absichten getragen war. »Befreit die Arbeiter« oder die Krankenschwestern oder wen auch immer, das war nicht unser Ding.

Jedenfalls hat eure Botschaft ausgereicht, dass Bayerns damaliger Ministerpräsident Franz Josef Strauß gegen »Polizisten« persönlich ein Sendungsverbot beim Bayerischen Rundfunk erwirkte.
Havaii: Ja, er fühlte sich provoziert. Das war ziemlich aufregend, weil der Song in den Hitparaden dadurch immer höher kletterte und überall gespielt wurde. Nur die Bayern weigerten sich, weil die Regierung um Strauß den Song als Verunglimpfung von Staatsorganen ansah. Wir haben uns darüber eher gefreut, weil uns das eine enorme öffentliche Aufmerksamkeit brachte.

Und die links-alternative Szene? Wie hielt die es damals mit Humor und Ironie?
Havaii: Viele waren leider auch dort ziemlich humorbefreit. Die bierernste Hippieszene hatte sich übertragen auf die Typen, die ich Punk-Mullahs nenne. Diese Punkpolizei mit den spitzen Secondhandschuhen, die in ihren kargen Düsseldorfer Schreibstuben saßen, immer schlecht gelaunt waren und nur das akzeptierten, was mit Sicherheit nicht vielen Menschen gefallen würde. Von der Seite kriegten wir immer Feuer, mit wenigen Ausnahmen von Leuten, die gesagt haben: »Wieso, das ist doch eine gute Band, die nicht platt ist, viele Facetten bietet und nicht so formatiert ist!«

Haben die Deutschen generell ein Humorproblem?
Kleinkrieg: Nein, aber in Deutschland muss alles immer einen Sinn haben! Wenn sich hierzulande Bands gründen, dann hat man den Eindruck, das sind Gruppen mit Bildungsauftrag. Jeder, der hier auf die Bühne geht, wird sich erst einmal verkleiden, um sich weniger angreifbar zu machen, und wenn es nur ein Hütchen ist. Das ist typisch deutsch! Man lässt sich nicht auf

etwas ein, sondern versteckt sich hinter einer Kunstform und hält sich immer eine Hintertür offen.

> »›FICKEN‹ IST EIN SCHÖNES, EINDEUTIGES WORT UND WIRD ÜBERALL VERSTANDEN.«

Mit wem wolltet ihr euch mit Zeilen wie »Annemarie, bitte fick mit mir« anlegen?
Havaii: Das war natürlich auf die immer humorloser werdenden, Knoblauchbrot fressenden Hardcore-Feministinnen gemünzt, die einfach anfingen zu nerven. »Ficken« ist ein schönes, eindeutiges Wort und wird überall verstanden. Das war klar, dass solche Wörter die trutschigen Alt-Hippies vergrätzen würden – und das fand ich gut!

Wer waren diese »Hardcore-Feministinnen«? Jemand wie Alice Schwarzer?
Havaii: Ach, nichts gegen Alice Schwarzer. Die hat nämlich durchaus Humor, wie ich mal bei einer Talkshow feststellen konnte, in der ich neben ihr saß. Und sie hat wirklich ihre Verdienste! Was mich damals nervte, waren diese völlig spaßbefreiten, verbissenen Stricklieseln, die nur in Sack und Asche gingen und stets den moralischen Zeigefinger hoben, während sie oft einfach nur frustriert und verbittert waren.

Auf eurer Homepage hieß es mal, dass Bands wie Die Ärzte und Die Toten Hosen ohne Extrabreit nicht denkbar seien. Ist das nicht ein wenig vermessen?
Havaii: Der Satz stammt nicht von uns, sondern stand in einer Konzertkritik im Berliner *Tagesspiegel*. Und für Schmeicheleien waren wir immer schon empfänglich *(lacht)*! Damit war wohl gemeint, dass wir die Ersten waren, die dieses Genre – gitarrenorientierte Musik, Drei-Minuten-Songs, Catchy Hooklines, die ein wenig anders waren – in Deutschland groß gemacht haben. Oder, Stefan, kann man doch so sagen?
Kleinkrieg: Vor allem waren wir mit Sicherheit die Ersten, die trotzdem keine Angst vor Pop-Appeal hatten. Wenn du unsere erste Single »Hart wie Marmelade« nimmst, da gab es Stimmen, die sagten: »Das ist ja Schlager!« Aber wenn man eine Wolfgang-Petry-Nummer hört: Dasselbe Akkordschema verwenden auch viele andere Bands, die man heute hört.

Das hat man den Toten Hosen bei ihrem Song »An Tagen wie diesen« vorgeworfen, das Schlagerhafte und zuckersüß Eingängige. Solche Vorbehalte gegenüber dem Schlager hattet ihr nie?
Havaii: Ne, warum denn?
Kleinkrieg: Die Toten Hosen machen das jetzt so, wie wir es schon immer gemacht haben.

Gerade an den Hosen merkt man aber auch, wie etabliert und kommerziell Punk längst geworden ist. Was bleibt überhaupt noch von dieser einst zügellosen Bewegung?
Havaii: Den Punk, wie er war, gibt es nicht mehr. Er hat längst nicht mehr die Bedeutung wie früher, als es darum ging, eingefahrene Ordnungen zu sprengen. All die Indielabels, die gegen die großen Konzerne gerichtet waren, hatten damals einen Sinn. Heute ist alles professionalisiert und vermarktet. Die Acts, die in den Charts oben sind, sind gleichzeitig halbe Konzerne. Von denen kann man natürlich nicht erwarten, dass sie das Rad noch mal neu erfinden.

> »DEN PUNK, WIE ER WAR, GIBT ES NICHT MEHR.«

Kleinkrieg: Aber eine Erkenntnis bleibt trotzdem vom Punk: Man muss nicht fünfzehn Jahre geübt zu haben, um auf die Bühne zu gehen.

War das die Verbindung zwischen Punk und der NDW? Das Anarchische, auch Improvisierte?
Havaii: Ich finde schon! Auch die Einfachheit im Rhythmus, eine gewisse Eckigkeit und Monotonie. Das war ein großer Kontrast zum überproduzierten Bombastrock der Siebziger. Auch die Experimentierfreude hat Punk und die NDW verbunden. Heutzutage wird die NDW zu Unrecht nur auf die bonbonsüße Spaßabteilung verengt.

Auf Bands wie Markus und Hubert Kah.
Havaii: Die waren aber ja nur ein kleiner Teil der NDW! Es gab auch Acts wie Fehlfarben und DAF, Deutsch Amerikanische Freundschaft. Die probierten viel mit elektronischen Effekten aus und waren Vorreiter in der elektronischen Musik, die dann von Deutschland aus in die Welt ging. Teilweise waren das sehr beeindruckende Bands, die es zum Teil heute noch gibt.
Kleinkrieg: Die Ironie und Skurrilität, die viele Bands in der NDW ausgezeichnet hat, haben schon damals viele nicht verstanden. Auch das war neu in der Musikszene, die sich ansonsten immer sehr ernst nimmt.

Wie Stephan Remmler und Trio mit »Da Da Da«. Das war nicht mehr verkopft und bierernst, sondern ironisch und reduziert.
Havaii: Ein fantastisches Stück, dieser dadaistische Minimalismus, dazu die vordergründig sinnentleerte Lyrik, die unter der Oberfläche gar nicht sinnentleert war, aber ein Gefühl der Leichtigkeit erzeugte. Trio hatte aber auch noch abseitigere

und krassere Nummern im Programm, eine der spannendsten Bands der NDW.
Kleinkrieg: Das war das große Verdienst dieser Bewegung. Zum ersten Mal interessierte sich die Masse der deutschen Musikhörer mehr für deutschsprachige Musik als für internationale Acts. Auch Ideal, die Band von Annette Humpe, ragte heraus, sie hat den Test der Zeit bestanden.

Dabei gab es in vor allem in linken Kreisen große Vorbehalte gegenüber deutschen Texten, gegenüber der Sprache der Volkslieder und der als spießig empfundenen Elterngeneration.
Kleinkrieg: Vielen galt Deutsch als total piefig und uncool! Uns hat das aber nie interessiert, im Gegenteil. Wir wollten immer so down to earth wie möglich sein.
Havaii: Wir hatten eher das Gefühl, es sei affig, in Englisch zu singen, weil immer etwas Gekünsteltes mitschwang. Man war mit Englisch nie so nah dran an der eigenen Lebensrealität. Insofern war es schon ein Stück Ideologie, eine Art Kulturpatriotismus, dass wir auf Deutsch gesungen haben. In unseren Kreisen wollte man sich von der politischen Übermacht der Vereinigten Staaten und der angloamerikanischen Musik freischwimmen.

>> VIELEN GALT DEUTSCH ALS TOTAL PIEFIG UND UNCOOL! <<

Hat auch das die Leute damals so an der NDW fasziniert? Dass sie ein Gegenmodell zur dominierenden amerikanischen Musikkultur war?
Havaii: Ich glaube schon, das war auch eine kulturelle Emanzipationsbewegung! Und es war einfach eine geile Zeit, die geilste eigentlich. Wir waren jung, allein das wirkte modern, wir schienen alle miteinander auf der Spitze des Zeitstrahls zu sitzen. Im Rückblick kann man das kaum noch glauben, aber damals fanden wir uns total avantgardistisch.
Kleinkrieg: Man kann sich das heute kaum noch vorstellen, aber es gab diese Läden, schwarz-weiß gekachelt, hundertfünfzig Neonröhren, alles gleißend hell, und man ging da rein und fühlte sich cool. Man bestellte irgendwelchen dämlichen Milchshake oder Gin Tonic und fand sich super. So wie ihr heute wahrscheinlich in eine Shishabar geht und euch super dabei fühlt.

Das machen wir täglich.
Havaii: Aber wir haben viel mehr Bier getrunken. Das tun die jungen Leute heute zu wenig *(lacht)*.

Als ihr mit »Hurra, die Schule brennt« eine der bekanntesten Bands der NDW geworden wart, hattet ihr 1983 einen kurzen Auftritt im Nena-Film (»Gib Gas – Ich will Spaß«, Anm. d. Autoren) als »Superhelden-Ordnungsmacht«. Von der Punkszene wurdet ihr dafür sehr angefeindet. War es ein Fehler, dort mitzumachen?
Kleinkrieg: Eigentlich wollten wir in dem Film überhaupt nicht auftreten. Deshalb haben wir dem Regisseur Wolfgang Büld eingeredet, dass wir in unserer Szene unmöglich einfach so mit dem Auto ankommen können, sondern mit einem Hubschrauber einfliegen müssen. Wir dachten, wir machen das jetzt einfach so teuer, dass Büld entnervt absagt. Aber er fand die Idee großartig, und wir konnten nicht Nein sagen und offen zugeben, dass wir eigentlich scheiße finden, was er macht. Und schon saßen wir im Heli und hatten einen schönen Nachmittag.
Havaii: Die Punkszene hat getobt.
Kleinkrieg: Für die hatten wir den Punk verraten. Uns war das aber ziemlich egal. Mich hat viel mehr gestört, dass ich nicht zur Premiere gehen konnte und den Film in einem Kino in Wien sehen musste. Als unser Hubschraubereinsatz kam, fragte in der ersten Reihe vor mir ein Typ laut: »Wer is'n dös?«
Havaii: Kurz darauf sind wir von der Produktionsfirma zu einer Autogrammstunde nach Hamburg eingeflogen worden, die ähnlich verheerend verlief *(lacht)*. Wir saßen vorne auf einem riesigen Podest, und vor uns war nur ein dünnes Rinnsal von ein paar Leuten, die ein Autogramm haben wollten.

Bei Nena war es wahrscheinlich voller.
Havaii: Das war eben schon zu Zeiten des Niedergangs.
Kleinkrieg: Man hatte in Deutschland beschlossen, dass wir für die Sünden der NDW büßen sollen.

Warum währte der große Erfolg der NDW nur so kurz? Was war passiert?
Havaii: Sie wurde beliebig, zu kommerzialisiert. Am Anfang kam die NDW aus den Kellern; sie war Subkultur und hatte den Flair von Underground. Aber dann sprang die Plattenindustrie auf den Zug und penetrierte den Trend so lange, bis er mausetot war. Die Labels hatten eigentlich keine Ahnung, warum die NDW so erfolgreich war, dachten aber, das geht jetzt ewig so weiter. War aber nicht so.

Wie bei jedem neuen Trend. Er wird immer stärker, bis er Mainstream und nicht mehr spannend ist.
Havaii: Die Plattenfirmen warfen einfach immer neues Zeug auf den Markt, das irgendwie nach NDW klang. Und nach kurzer Zeit hatte die Nation einen tierischen Kater, der Zuckerguss war ab und lag auf dem Boden. Die ganzen Solo-Acts, Markus, UKW und wie sie alle hießen, sind abgeschmiert. Und die

Bands, die überlebt hatten wie wir oder Ideal, hatten fortan das Brandzeichen NDW auf der Stirn.

Was konnte man tun, um sich von diesem Brandzeichen zu befreien?
Havaii: Gar nichts, das war wie ein Mal, das man nicht mehr loswurde. Eigentlich hätten sich nach dem Ende der NDW alle NDW-Bands auflösen müssen. Wir haben versucht, uns von dem Image zu lösen, indem wir ein englisches Album aufgenommen haben. Wir dachten, jetzt werden wir Weltstars. Aber das hat nicht funktioniert.

Immerhin wart ihr damit nicht allein, auch Stars wie Nena, Joachim Witt oder Ideal waren plötzlich nicht mehr gefragt.
Havaii: Das ging den meisten so, die in der NDW ganz oben gewesen waren. Anfang der Achtziger war noch alles neu und cool, aber nach ein paar Jahren wurde es langweilig, weil die Welle sich nur noch selbst reproduzierte. Ende der Achtziger war die deutsche Musik sehr oberflächlich und steril geworden, das haben viele Bands nicht überlebt.

Wenn man heute Bands fragt, warum sie wieder auf Deutsch Musik machen, dann sagen trotzdem viele: Die Neue Deutsche Welle war die Inspiration für uns, sie hat uns die Tür geöffnet. Wird die Wirkung der NDW heute überschätzt? Oder im Gegenteil unterschätzt?
Kleinkrieg: Die NDW hat sicher eine nachhaltige Wirkung gehabt, weil sie Deutsch als Sprache wieder cooler gemacht hat. Aber sie war ein Zeitabschnitt und keine neue Musikform, wie heute oft fälschlicherweise gesagt wird. Frl. Menke ist NDW und Extrabreit auch. Aber wir passen nicht zusammen, das sind verschiedene Arten von Musik. Deshalb haben wir uns so lange gegen das Etikett NDW gewehrt. Mittlerweile ist uns das egal.
Havaii: Ich finde auch, dass man den Einfluss der NDW auf keinen Fall unterschätzen darf. Mit der NDW ist hier zum ersten Mal eine so junge und vielfältige Musikkultur entstanden, von elektronischer Musik über Rock und dadaistischen Pop bis hin zu Rap wie bei Falco. Die ersten zwanzig Plätze in den Charts waren deutsche Musik, das hatte es vorher noch nicht gegeben. Viele der Musikgenres, die es heute in Deutschland gibt, haben sich erst daraus entwickelt. Das ist von dieser besonderen Zeit übrig geblieben, von diesem kleinen Musik-Tsunami.

Nach dem Ende der NDW und dem Ausbleiben eures Erfolgs bist du, Kai, in die Drogensucht abgestürzt. Kamst du mit dem plötzlichen Verlust der Popularität nicht klar?
Havaii: Sicher war auch Frust dabei, weil es nicht mehr so lief. Der Hype war vorbei, unser englischsprachiges Album, das wir in München mit sehr viel Aufwand gemacht hatten, gefloppt. Da erschienen mir Drogen als geeignetes Mittel zur Elendsbekämpfung. Wir waren alle ziemlich drauf in der Zeit, auf was auch immer, vieles rauschte nur so vorbei. Wir haben teilweise siebzig Gigs am Stück ohne einen Tag frei gemacht, man hat alles wie durch einen Schleier wahrgenommen.
Kleinkrieg: Im Rückblick war das eine schreckliche Zeit. Wir sind ja auch nicht gereist, wie Bands das heute machen, mit Nightliner und allem Komfort, sondern immer in irgendwelchen Karren durch die Gegend gefahren. Alles war ein riesiges Abenteuer, und Aufgeben war keine Option.
Havaii: Ich war völlig in meiner eigenen Blase. Erst als ich mich dazu durchringen konnte, eine Entziehungskur zu machen, wurde ich wieder zugänglicher. Ich bin für ein halbes Jahr bei unserem Bandkollegen Bubi (Hönig, Extrabreit-Gitarrist, Anm. d. Autoren) und seiner Frau eingezogen. Die beiden haben mich wieder aufgepäppelt, dafür bin ich ihnen heute noch dankbar.

Ihr habt euer Comeback 1993 zusammen mit Hildegard Knef und einer Coverversion ihres Lieds »Für mich soll's rote Rosen regnen« geschafft. Wie kam diese Zusammenarbeit zustande?
Havaii: Wir kannten Knef eigentlich durch unsere Eltern, die ihre Platten im Schrank stehen hatten. Ich war immer sehr beeindruckt von ihr, vor allem von ihrer Stimme. Auch wenn ich ihre durchgelebten Texte mit dreizehn noch nicht verstanden habe. Irgendwann, als wir nach der NDW-Zeit in der Versenkung verschwunden waren, hatten wir die Idee, eine Coverversion von »Für mich soll's rote Rosen regnen« zu machen, in unserem Stil.
Kleinkrieg: Eigentlich wollten wir von ihr nur die Erlaubnis einholen, den Song zu covern, weil die Plattenfirma nicht wusste, bei wem mittlerweile die Rechte lagen. Ich habe ihr einen Brief geschrieben, und sie schrieb gleich zurück, sie finde das ganz großartig und ob man das nicht gemeinsam machen wolle. Also haben wir sie auf die Nummer draufgepfropft und ein paar Fernsehshows mit ihr zusammen gemacht.

Der Song war für beide Seiten ein großer Erfolg. Auch Knef war vorher jahrelang erfolglos gewesen.
Havaii: Sie war völlig abgetaucht und ziemlich pleite. Es war ziemlich schwierig, überhaupt herauszufinden, wo sie gerade lebt. Durch die Zusammenarbeit hat auch ihre Karriere einen neuen Schub bekommen.

> »WIR WAREN ALLE ZIEMLICH DRAUF IN DER ZEIT, AUF WAS AUCH IMMER, VIELES RAUSCHTE NUR SO VORBEI.«

Ihr habt nicht nur mit Hildegard Knef, sondern auch mit Harald Juhnke und Marianne Rosenberg zusammengearbeitet oder mit »Flieger, grüß mir die Sonne« und »Und über uns der Himmel« zwei alte Hans-Albers-Lieder neu aufgenommen. Warum dieses Faible für alte Hits?
Havaii: Weil sie so wunderbar sind! Ich liebe den besonderen Umgang mit der Sprache in ihnen, den gewissen Horizont, die große Weite. Ich hatte immer schon eine Affinität zu dieser Musik. Außerdem fand ich Albers als Figur immer klasse, er war so lustig und gleichzeitig so rebellisch. Ein Abenteurer!

Wo verläuft die Grenze zwischen cool und verstaubt, zwischen Hans Albers und Freddy Quinn?
Kleinkrieg: Freddy Quinn fand ich immer zu verbissen.
Havaii: Als Kind hab ich Freddy gehört, meine Eltern haben mich immer vor die Musiktruhe gesetzt, wenn sie ihre Ruhe haben wollten. Da lief der rauf und runter. Aber Quinn hat man nicht als cool empfunden, weil er viel zu schwiegermuttermäßig gebügelt wirkte. Hans Albers hingegen schon, weil er schon lange tot und auch so eine freakige Figur war.

Von Freddy Quinn stammt auch das Lied »Wir«, ein durchaus bösartiges Lied gegen die langhaarigen Gammler der aufkommenden Achtundsechzigerbewegung. Die Restauration in Liedform, ihr müsst es gehasst haben.
Havaii: Der Vater eines meiner Schulfreunde hatte diese Single, wir fanden das maximal abstoßend.
Kleinkrieg: Freddy hat sich ganz eindeutig in der Restauration positioniert, er war das Gegenmodell zu uns.

Und Marianne Rosenberg? Auch auf sie muss man mit eurem Bandhintergrund erst mal kommen …
Havaii: Das hat sich zufällig ergeben, aber dahinter steckte auch ein Marketingplot. Wir hatten diesen Song …

»**WER** KANN DA JETZT **MITMACHEN**, DER EIN BISSCHEN **FRIVOL** IST UND SEHR **EXPLIZIT IN** SEINER **AUSDRUCKS-WEISE**?«

»Duo infernal« von 1982 …
Havaii: … und dachten, wer kann da jetzt mitmachen, der ein bisschen frivol ist und sehr explizit in seiner Ausdrucksweise? »Duo infernal«, das roch schon sehr nach Sex. Marianne Rosenberg hatte immer das Image des kleinen Mädchens, das viel zu sehr Paul McCartney anhimmelt als verrucht zu sein. Die arme kleine Schlagermaus. Wir fanden, dass das ein netter Kontrast zu uns und dem Text ist. Rosenberg war sofort Feuer und Flamme, auch weil wir damals gerade ganz oben waren und sie eher auf dem absteigenden Ast.

Für viele andere Bands wäre so eine Zusammenarbeit undenkbar. Warum haben viele so große Angst davor, das eigene Genre zu verlassen? Schlager versus Rock und dazwischen eine unüberwindliche Grenze?
Havaii: Wahrscheinlich, weil die Deutschen so gründlich sind. Sie müssen auf alles ein Etikett kleben.
Kleinkrieg: Ich glaube, das liegt auch daran, dass uns in unserer Populärmusikgeschichte zwölf Jahre fehlen. Die Swingbewegung, die es in Deutschland in den Zwanzigerjahren und danach gab, wurde von den Nazis nachhaltig zerstört. Auch nach dem Krieg hat man weiter sehr darauf geachtet, die Gattungen akribisch zu trennen in E- und U-Musik, Schlager, Rock und Pop, in die Punk- und die Metalfraktion. In anderen Ländern ist das nicht so strikt.
Havaii: In England gibt es nur Rock und Pop, und selbst das wird dort kaum unterschieden. Es kann doch auch sehr reizvoll sein, vermeintliche Grenzen zu überschreiten und neue Dinge zu versuchen. Warum denn nicht?

Eure grenzüberschreitende Nummer, »Nichts ist für immer« von 1996 mit Harald Juhnke, hat aber nicht mehr funktioniert. Wieso nicht?
Kleinkrieg: Wir wollten für das Album »Jeden Tag, jede Nacht« eigentlich ein Intro machen lassen, das Ivan Rebroff singt. Rebroff wollte aber gleich ein ganzes Stück singen. Das wollten wir aber

»**WIR MÜSSEN ALLE IRGENDWANN STERBEN**.«

nicht. Dann kamen wir auf Harald Juhnke, der gleich zugesagt hat. Kurz darauf hatte er leider diesen legendären Absturz in Los Angeles, als er unangenehm aufgefallen ist, weil er ein Schlückchen zu viel getrunken hatte.
Havaii: Er fiel in diesen Glastisch, sehr unschön. Kurz davor hatten wir das Video mit ihm gedreht, da war er noch trocken wie die Sahara gewesen. Jedenfalls kippte die Stimmung total, und der Song war nicht mehr vermittelbar. Wir haben in ihm zwar nicht zum Saufen aufgerufen, aber der Tenor war: Nichts ist für immer, was soll der Geiz, wir müssen alle irgendwann sterben, und wenigstens trinken wir nicht heimlich!
Kleinkrieg: Das kam dann nicht mehr so gut.
Havaii: Außerdem sah irgend so ein junger Redakteur bei Viva das Video, das wirklich nicht schlecht war, und sagte: »Die Band ist ja nicht mehr so frisch, der eine da ist mir wirklich zu alt!« Er meinte Juhnke damit!

▶ INTERVIEW

WIE FESTGENAGELT IST MAN AUF SEIN IMAGE, **YVONNE CATTERFELD?**

Um die Jahrtausendwende erscheint ein Phänomen auf der Bildfläche, das es in Deutschland traditionell schwer hat: der schauspielernde Sänger oder die singende Schauspielerin. Sicher, Grönemeyer und Westernhagen wurzeln ebenfalls im Bühnenhandwerk und wachsen eher zufällig ins Rockstarbusiness hinein. Aber mit den Privatsendern – allen voran RTL – beginnt eine allumfassende Vermarktungskette, die der koreanische K-Pop heute auf die kommerzielle Spitze treibt, mit Soapstars, die Musik produzieren *(lassen)*, und Sängerinnen, die Soaps drehen. In Deutschland fällt einem Jeanette Biedermann ein und natürlich Yvonne Catterfeld, die Begabtere von beiden. Sie ist ausgebildete Musikerin, eine facettenreiche Sängerin, und sie sorgt in ihrer Karriere nicht nur mit einem Streit mit ihrer Managerin für den nötigen Boulevardstoff in der Welt der Soapsternchen und Teeniestars. Dass diese ihre eigenen Regeln hat und wenig Rücksichten auf die Bedürfnisse einer damals noch sehr jungen Frau und ambitionierten Künstlerin nimmt, überrascht kaum. Wohl aber schon, wie sehr dieses Image noch immer an der erwachsenen und etablierten Sängerin und Schauspielerin klebt. Im Mai 2020 führen wir ein überaus lohnendes Gespräch mit einer engagierten Diskutantin mit einem gewissen Hang zum Abschweifen. Yvonne Catterfeld über dominante Produzenten, einen verschwiegenen Partner, ihre abgesagte Romy-Schneider-Rolle und Deutsch als Herausforderung in der Popmusik.

▶ **Yvonne Catterfeld, 1979** in Erfurt **geboren,** studierte an der Musikhochschule Leipzig, w**urde beim Gesangswettbewerb »Stimme 2000« entdeckt** und bekam ihren ersten Plattenvertrag. **2003 Durchbruch** mit dem von Dieter Bohlen produzierten Titel **»Für dich«**, bislang sieben Alben, davon erreichten zwei Nummer eins in den Charts. **Schauspielerin** u.a. in »Gute Zeiten, schlechte Zeiten« und »Sophie – Braut wider Willen«, verschiedene Kino- und Fernsehrollen.

Wie oft ist Yvonne Catterfeld schon auf ihre Ähnlichkeit mit Romy Schneider angesprochen worden? Keine Angst, wir haben sie vor allem zu ihrer Musik befragt. Trotzdem: Auch der Schneider hätte dieses Porträt aus einem Wald in Berlin zur Ehre gereicht.

Yvonne, du bist Schauspielerin und Sängerin, hast viele erfolgreiche Filme gedreht und zahlreiche Alben veröffentlicht. Trotzdem sehen manche in dir noch immer fast ausschließlich die junge Frau aus »Gute Zeiten, schlechte Zeiten«, die 2003 mit dem Popsong »Für Dich« zum Jungsschwarm in der Bravo wurde.

Verrückt, oder? Ich habe schon mit so vielen tollen Leuten zusammengearbeitet, mit Max Herre und Joy Denalane, mit Mousse T. und Walter Afanasieff, der mit Mariah Carey Alben produziert hat. Auch Xavier Naidoo hat Songs für mich geschrieben! Und trotzdem denken immer noch manche an die Bravo und den Starschnitt und irgendwelche Produzenten, mit denen ich nur sehr kurz zusammengearbeitet habe.

Dabei hast du dich schnell von Produzenten wie Dieter Bohlen getrennt, aber andere haben nicht die Wahl, wenn sie professionell Musik machen wollen. Sie werden von mächtigen Musikmanagern entdeckt und fahren dann mit ihnen im Fahrstuhl hoch und auch schnell wieder hinunter. Haben viele junge KünstlerInnen zu wenig Selbstvertrauen, um nicht alles mit sich machen zu lassen?

Viele denken, dass sie das Spiel mitspielen müssen, um weiterzukommen. Auch ich habe damals erst gedacht, dass ich keine andere Wahl habe. Wenn alle auf dich einreden – »Du bist schließlich ein Newcomer«! Irgendwann glaubst du das und gerätst in einen Strudel, in dem du völlig manipulierbar bist. Erst viel später hat mir ein Coach einen Satz gesagt, der mir immer noch viel bedeutet: »Wenn du nicht deine Interessen verfolgst, verfolgen andere ihre!« Dieser Satz hat mich aufgeweckt. Heute sage ich fast alles ab, was ich nicht machen will. Darauf habe ich lange hingearbeitet, und die Erfahrung der Ohnmacht, dass mir andere ihren Willen aufgedrängt haben, hat mich willensstark gemacht. Aber das kann sich nicht jeder leisten.

> »VIELE DENKEN, DASS SIE **DAS SPIEL MITSPIELEN** MÜSSEN, UM WEITERZUKOMMEN.«

Du hast in Leipzig Pop und Jazz studiert und wurdest im Jahr 2000 bei dem Gesangswettbewerb »Die Stimme« entdeckt, mit zwanzig. Wie warst du als Kind und Jugendliche?

Total schüchtern! Ich war eher unscheinbar, habe immer alle vorgelassen und mich nicht getraut. Dabei wusste ich schon mit fünfzehn, dass ich Sängerin werden will und dass ich gut und anders bin. Ich habe Gesangsunterricht genommen, war auf einer Musikschule, habe als Kellnerin in der Thüringenhalle in Erfurt gekellnert und Bier gezapft, um das zu finanzieren. Instinktiv habe ich von Anfang an gespürt, dass ich auf die Bühne gehöre, weil irgendetwas mit mir passiert, sobald ich singe. Plötzlich sah man mich und staunte.

Wenn man sich das so vorstellt: Da wird ein schüchternes zwanzigjähriges Mädchen bei einem Talentwettbewerb entdeckt, und plötzlich kommen die großen Musikmanager und wollen es unter Vertrag nehmen, in deinem Fall der frühere BMG-Musikchef Thomas Stein. Wie schwierig ist es, da nicht unter die Räder zu kommen, sich nicht überfahren zu lassen?

Sehr schwierig, weil man sich als junger, unerfahrener Mensch leicht einschüchtern lässt. In der Jury bei dem Wettbewerb saßen Thomas Stein, Ute Freudenberg (*ostdeutsche Schlagersängerin, Anm. d. Autoren*) und auch meine spätere Managerin, die mir bei unserer ersten Begegnung nicht sonderlich sympathisch war. Kurz darauf kam sie zu mir, um mich darauf vorzubereiten, welche Macht Plattenfirmen zu der Zeit hatten. Sie sagte, wenn sie wollen, dass du dir die Haare grün färbst, dann machst du das! Ich glaube, sie hat absichtlich so ein übertriebenes Beispiel gewählt.

Hielt sie dich für ein – grob gesagt – doofes kleines Mädchen, mit dem man alles machen kann?

Nein, diesen Eindruck hatte ich nie. Ich war zwar nicht die Selbstbewussteste in dem Alter, aber ich wusste, was ich kann. Aber man konnte mich zu der Zeit beeinflussen.

Was wollten BMG und deine Managerin von dir?

»Du musst Deutsch singen!« Aber mir widerstrebte das total, weil es damals für mich keinen einzigen deutschsprachigen Sänger gab, mit Ausnahme Xavier Naidoos, der deutsch sang, aber trotzdem Soul hatte. Ich hatte schon immer R'n'B, Gospel, Soul und Blues gehört, im Studium mit Jazz angefangen, in einer Siebzigerjahreband gesungen. Außerdem hatte ich schon mit sechzehn eigene Stücke ge-

> »ALS **JUGENDLICHE** WAR ICH IN **GRUNGE-** UND IN **METAL-**CLIQUEN.«

schrieben. Ich wollte auf keinen Fall dieses zuckersüße Popsternchen sein, das man aus mir machen wollte. Als Jugendliche war ich in Grunge- und in Metal-Cliquen. Ich habe zwar nie geraucht und gekifft, aber war immer mit alternativeren Leuten befreundet. Bis BMG kam, war ich erstaunlich stark, ich habe mich Gruppenzwang widersetzt und war ziemlich rebellisch. Danach passierte das Gegenteil, und ich habe mich angepasst.

YVONNE CATTERFELD

Du solltest keine rebellische, unabhängige Metalqueen werden, sondern ein massentauglicher Bravo-Starschnitt für die Teenies.
Na ja, Ersteres wollte ich auch nicht *(lacht)*. Aber irgendwann vergaß ich, was ich wollte. Ich erinnere mich an ein solches Bravo-Shooting, bei dem ich die ganze Zeit lachen sollte, aber in mir war Wut. Ich konnte erst Jahre später dem Fotografen sagen, was mir nicht passt und dass sie ein anderes Bild von mir zeigen wollten, welches aber nicht meiner Persönlichkeit entsprach. Es ist erschreckend, was aus einem werden kann und was man mit sich machen lässt. Ganz unschuldig bin ich jedenfalls an meinem Image nicht!

Wie hat man dich beeinflusst?
Mir wurde ständig und überall gesagt, dass ich machen muss, was man von mir erwartet. Deutsche Texte, Massenkompatibilität, nicht soulig singen, sondern bitte mit der hohen »Catterfeld-Stimme«, obwohl ich damals schon verdammt tief singen konnte. Das ging bis in mein Privatleben hinein. Ich weiß noch, dass ich einmal mit meinem A&R zusammensaß *(Redakteur der Plattenfirma, Anm. d. Autoren)* und irgendwann mein damaliger Freund anrief. Der A&R war ganz irritiert und fragte: »War das gerade dein Freund?« Als ich das bejahte, erklärte er mir, dass das niemand erfahren dürfe. »In der Öffentlichkeit hast du keinen Freund«, sagte er.

Er wollte dir deinen Freund verbieten, weil du als begehrenswertes Mädchen für die Jungs und Identifikationsfigur für die Teeniemädels sonst nicht mehr vermittelbar gewesen wärst?
Das war gang und gäbe und ein übliches Marketingtool. Heute würde ich so etwas natürlich nicht mehr machen, aber damals habe ich mich darauf eingelassen, öffentlich weder über meinen Freund zu sprechen, noch mich mit ihm zusammen zu zeigen. Man hat mir eingeredet, das sei normal. Offenbar war es das auch damals.

Wann hast du gespürt, dass dir dein Leben immer mehr entgleitet?

»ICH WAR TOTAL WELTFREMD, HABE NUR GEARBEITET UND VIELES VERLOREN.«

Mit dreiundzwanzig, als meine Karriere richtig losging. Am Anfang habe ich nichts dagegen unternommen, aber ich spürte schon, wie sehr mir dieses Leben gegen den Strich ging, weil ich keines mehr hatte. Ich habe mich danach gesehnt, endlich dreißig zu werden, weil ich dachte: Dann ist das alles vorbei. Die Entscheidung, meinen Freund zu verheimlichen, hatte ja einen gravierenden Einfluss auf alles, auf mein Privatleben, auf meine Freunde und auch auf die nächste Beziehung, über die ich wieder nicht sprechen durfte. Ich war total weltfremd, habe nur gearbeitet und vieles verloren. Erst 2005 habe ich angefangen, mich zu wehren, um mich zurück in die richtige Bahn zu lenken. Um mein Leben in meine eigenen Hände zu legen.

Und wie hast du dein Leben »zurückbekommen«?
Ich habe Forderungen gestellt, ich wollte freie Wochenenden! Davor hatte ich fünf Jahre durchgearbeitet. Auf einer Tour ist die Situation eskaliert. Noch im Tourbus habe ich angefangen, mit anderen Managern zu telefonieren, fünfzehn von ihnen habe ich bestimmt getroffen. Später, als der Bruch mit meiner Managerin vollzogen war, kamen plötzlich alle möglichen Leute zu mir und sagten: »Siehste, das habe ich ja immer schon gesehen, dass das nicht gesund ist!«

Nach dem Bruch hast du weiter gesungen und Alben veröffentlicht, dich unserem Eindruck nach für eine Weile aber auf die Schauspielerei konzentriert. Hattest du die Nase voll von der Musik?
Sagen wir so: Diese Erfahrungen haben mich nachhaltig geprägt. Danach habe ich meine Wut verarbeitet und mich Album für Album freigeschwommen. Aber es hat viele Jahre gedauert, und Eingriffe in meinen Geschmack und meinen Willen gab es auch nach dem Bruch immer wieder. Erst »Sing meinen Song« hat mir geholfen, mein altes Image abzulegen und die Menschen zu überraschen, die zu Recht voreingenommen waren.

»Sing meinen Song«, die Musik-Show im Fernsehen, in der sieben Interpreten die Songs der anderen im eigenen Stil singen. 2015 hast du an der zweiten Staffel der Sendung teilgenommen.
Davor hatte ich mich als Sängerin schon fast aufgegeben und wollte eigentlich keine Musik mehr machen. Ich dachte, was mache ich hier eigentlich? Ich brauche diese Branche doch gar nicht, das macht mich kaputt! Diese ständigen Diskussionen um irgendein Stilmittel in jedem Song, das ist so absurd! Ich habe mich an meine Jugend

»ALS EIGENSTÄNDIGE KÜNSTLERIN WAHRGENOMMEN ZU WERDEN, DAS WAR DIE PURE FREIHEIT!«

zurückerinnert und mich gefragt: Warum wollte ich mit fünfzehn Musik machen, warum war das so ein starker Drang? Das hatte mit dem, wo ich war, überhaupt nichts mehr zu tun. Bei »Sing meinen Song« hörte ich zum ersten Mal in meiner musikalischen Karriere: »Du kannst machen, was du willst.« Nicht mehr irgendein Image bedienen zu müssen, sondern als eigenständige Künstlerin wahrgenommen zu werden, das war die pure Freiheit! Ich durfte uneingeschränkt kreativ sein und machen, was ich wollte.

Hast du in der Filmbranche, in der es sicher nicht weniger Egomanen und Marketingzwänge gibt als im Musikbusiness, ähnliche Erfahrungen in puncto Schubladen gemacht? Weil du deine Karriere als Schauspielerin bei »Gute Zeiten, schlechte Zeiten« *(GZSZ)* begonnen hast?
Bei der Schauspielerei war es leider ähnlich, auch da haben sich am Anfang Bilder festgesetzt, die ich lange nicht loswurde. Das Interessante ist: Ich habe an mehreren internationalen Castings teilgenommen, an zwei englischsprachigen und einem französischen, und habe die Rollen immer bekommen, weil keiner danach gefragt hat, was ich vorher in Deutschland gemacht hatte. Die hat nur meine Leistung interessiert.

Man hat ja auch den Eindruck, dass Schauspieler, die Musik machen, hierzulande häufiger belächelt werden als anderswo. Uwe Ochsenknecht war so ein Fall. Genauso Musiker, die schauspielern, mit wenigen Ausnahmen. Ist das typisch deutsch, diese Krittelei?
Irgendwie schon, wenn man Sängerin und gleichzeitig Schauspielerin ist, denken die Menschen offenbar: Kann die beides nur halb so gut? In Amerika ist es völlig normal, dass Schauspieler singen und tanzen können, oft ist das sogar gewollt und wird besonders wertgeschätzt. Bei »Les Misérables« am Broadway, in der ganzen Musicalszene, findet das niemand seltsam.

Du hast bei einem dieser Castings die Rolle der Romy Schneider bekommen, in der deutsch-französischen Produktion »Eine Frau wie Romy«. Hat dich die Rolle auch deshalb so interessiert, weil auch sie früh auf ein Image gelabelt war, auf das der Sissi?
Es gab viele Dinge, in denen ich mich Romy Schneider nah fühlte. Ich wurde schon mit zwanzig auf meine Ähnlichkeit zu ihr angesprochen. Damals habe ich angefangen, Bücher über sie zu lesen und mir seither gewünscht, einmal im Leben diese Rolle zu spielen. Als sieben Jahre später die Einladung zum Casting kam, habe ich mich monatelang vorbereitet. Französischunterricht war dabei das Geringste, hat aber in »La Belle et la Bete« dazu geführt, dass ich nicht synchronisiert wurde. Ich war jedenfalls so gut vorbereitet wie noch nie.

> »ES GAB VIELE DINGE, IN DENEN ICH MICH **ROMY** SCHNEIDER NAH FÜHLTE.«

Trotzdem hast du die Rolle, die dein Traum war, am Ende abgelehnt. Warum?
Der Film war eine deutsch-französische Koproduktion, Douglas Welbat war der Regisseur für den deutschen Part und Raymond Danon für den französischen. Danon wollte mich für die Rolle unbedingt ...

Er sagte damals in einem Interview, er habe dich ausgewählt, weil du Romy Schneider so ähnlich sähst. Und dass er ihrem früherem Ehemann Daniel Biasini deine Probeaufnahmen gezeigt habe. Biasini sei von deiner Art, zu sprechen und dich zu bewegen, »so frappiert« gewesen, dass er eine »Gänsehaut« bekommen habe.
Danon kannte Romy, er hatte acht Filme mit ihr gemacht und war mit ihr befreundet gewesen. Er wollte den Film mindestens so sehr wie ich, aber dann geriet er mit Douglas Welbat in Streit und stieg aus dem Projekt aus. Ohne Danon wollte ich auch nicht mehr. Ich hatte das Gefühl, das Projekt könne nur mit ihm gut werden, weil er Romy als Einziger persönlich kannte. Nur er hätte gewusst, ob ihr der Film gerecht wird. Aber die Entscheidung hat mich Kraft gekostet.

Bereust du deine Absage im Nachhinein?
Nein, es war eine tolle Zeit. Ich habe Alain Delon kennengelernt, fantastische Begegnungen gehabt. Aber ich musste irgendwann loslassen. Mit Delon zu Abend zu essen, so intensiv in Romys Welt einzutauchen ... ich hatte das Gefühl, dass ich mich darin auch verlieren kann. Ich habe immer noch alle ihre Filme. Aber ich sehe sie mir nicht mehr an, weil es trotz allem mit einem Schmerz verbunden ist.

Weil dieser Film dein internationaler Durchbruch hätte sein können? Dein Ticket nach Hollywood?
Wer weiß, zumindest wollte ich genauso ernst genommen werden, wie Romy sich danach gesehnt hatte. Den Film habe ich damit verbunden. Aber die Sache ist abgeschlossen, auch durch den wunderbaren Film mit Marie Bäumer (*»3 Tage in Quiberon« von 2018, Anm. d. Autoren*). Sie hat die Romy so fantastisch gespielt, dass ich meinen Frieden damit machen konnte. Und offenbar war mir der internationale Durchbruch nicht so wichtig, sonst hätte ich »Fast and the Furious« unter allen Umständen gemacht und nicht abgelehnt.

Hat sich der Umgang mit Frauen in der Film-, aber auch in der Musikbranche in den letzten Jahren verändert? Ist er gleichberechtigter geworden?
Ich habe den Eindruck, dass Frauen in Deutschland es vor allem in der Musikbranche immer noch schwerer haben als in anderen Ländern. Die Männer dominieren weiter die Radiowelt. Trotzdem hat sich in den letzten Jahren etwas getan, was ich

schon daran merke, dass ich mittlerweile viel mehr mit Frauen zusammenarbeite als früher. Mit Jasmin Shakeri ist mittlerweile auch eine Frau eine der erfolgreichsten Songwriterinnen des Landes. Da verändert sich gerade etwas. Und ich habe letztes Jahr mit Hannah V, einer englischen Producerin, Songs geschrieben und produziert. Früher hatte ich nur mit männlichen Songwritern zu tun, jetzt kommen mehr und mehr Frauen hinzu.

Trotzdem werden männliche Stars auch weiterhin nicht gefragt, was Kinder mit ihrer Karriere machen, im Gegensatz zu weiblichen Musikerinnen wie dir oder Judith Holofernes.
Nein, das würde Männern nicht passieren. Trotzdem muss man das differenziert betrachten. Ich kenne auch einige Männer aus der Fotobranche, die diskriminiert werden, weil nur noch Frauen gesucht werden. Ich bin keine Feministin im klassischen Sinne. Gleichberechtigung heißt, dass beide Geschlechter gleichberechtigt sind, gerade im Sorgerecht. Ich kenne traurige Fälle, bei denen immer die Männer benachteiligt werden. Es sind nicht immer nur Frauen die Opfer.

> »ICH BIN KEINE FEMINISTIN IM KLASSISCHEN SINNE.«

Hat sich auch die Macht der männlichen Produzenten verändert, die lange patriarchalisch und vielleicht auch autoritär die Branche dominiert haben?
Ich finde ja, weil immer mehr Künstler unabhängiger werden, ein eigenes Label gründen und ihre Sachen selbst veröffentlichen. Man sucht sich die passenden Leute, dadurch ist diese krasse Macht der Handvoll Produzenten kleiner geworden, die die Branche lange so dominiert hat. Diese Alphatierkultur ist mittlerweile ein Auslaufmodell. Und das ist auch gut so. An den Spitzen der Plattenfirmen bin ich mir da jedoch nicht so sicher. Meine Demos wurden damals jedenfalls immer von Männern beurteilt. Heute gibt es zum Glück viele weibliche A&Rs.

Erhoffst du dir davon auch mehr Abwechslung, musikalisch gesprochen?
Das wäre der deutschen Musikbranche nur zu wünschen! Ich glaube aber, die Verantwortlichen gehen immer noch nur die kleinsten Risiken oder gar kein Risiko ein und orientieren sich an dem, was erfolgreich ist. Das spiegelt leider nicht das Potenzial und Talent mancher Songwriter und Künstler wider.

Klingen viele junge deutsche Songwriter deshalb so ähnlich, dass man sie kaum unterscheiden kann?
Ja, und auch, weil das Radio ein großes Problem ist. Trotz YouTube und neuer Plattformen bist du als Künstler weiter von ihm abhängig. Tom Beck zum Beispiel (*deutscher Schauspieler und Sänger, Anm. d. Autoren*), ein guter Freund von mir, ist so ein toller Musiker und hat trotzdem jahrelang dafür kämpfen müssen, im Radio auch nur aufzutauchen. Aber man muss dort stattfinden, wenn man von einer breiten Masse gehört werden will, und ist sehr schnell weg vom Fenster, wenn man nicht permanent promotet. Diese Macht des Radios scheint zu bleiben.

Warum das? Wir hören Formatradio eigentlich nur noch im Auto, und selbst dort läuft die meiste Zeit die Playlist vom Handy. Im Internet gibt es unzählige Spartensender. Warum schielen trotzdem alle Künstler noch so darauf, im Formatradio zu laufen?
Weil wir durch das Radio abhängig davon sind, wovon andere Leute glauben, dass es funktioniert. Das macht mich wütend! Ich war mal im Studio bei Mousse T. in Hannover, eine tolle Zusammenarbeit. Mein damaliger A&R-Manager kam dazu und fand den Song richtig klasse. Und dann schüttelte er den Kopf und sagte: »Wenn ich das gut finde, ist das nicht gut für den Markt.« Das hat mich fassungs- und sprachlos gemacht, steht aber sinnbildlich für meine ganze Karriere: Es wird so lange formatiert, bis alle Ecken und Kanten abgeschliffen sind. Der Widerstand gegen diese Gleichmacherei ist bei mir mittlerweile so groß, dass ich lieber Musik im kleinen Rahmen mache, als meine Individualität aufzugeben und mich anzupassen an das, was alle machen. Wo bleibt denn dann der Sinn von Musik?

> »ES WIRD SO LANGE FORMATIERT, BIS ALLE ECKEN UND KANTEN ABGESCHLIFFEN SIND.«

Die Mainstream-Vermarktbarkeit steht also über allem, vor allem über dem individuellen künstlerischen Ausdruck?
Erfolg steht leider oft über Kreativität und Individualität. Es gibt überall im System Lücken, in die Leute mit viel Macht und viel Geld reinstoßen, um für sich das Beste rauszuholen.

Du bist schon mehrere Male in der Jury der Castingshow »The Voice« gewesen. Was rätst du den jungen Leuten, die von einer Karriere im Musikbusiness träumen?
Ich mache ihnen Mut, sich auf ihr Talent und auf ihr Bauchgefühl zu verlassen. Ich sage ihnen: »Hört nicht darauf, wenn die Plattenfirma und der Produzent sagen, du musst jetzt unbedingt was auf Deutsch machen. Das klingt eh alles gleich! Sondern macht was auf Englisch, außer ihr habt auf Deutsch einen ganz besonderen Ton, den man so noch nicht im Radio gehört hat.«

Kein Blatt vorm Mund: Hartmut Engler in der Pur-Zentrale am Waldrand in Bietigheim-Bissingen. Nicht weit von hier haben die Musiker als Schülerband angefangen – und sich in einer wahrhaftigen Ochsentour nach oben gespielt. Kann man oben auf dem Boden bleiben?

▶ INTERVIEW

WAS HAT DIE PROVINZ, WAS DIE GROSSSTADT NICHT HAT, **HARTMUT ENGLER?**

Pur polarisieren, die Band ist ein echtes Phänomen. Viele lieben sie und ihre Musik und pilgern seit Jahren zu ihren Konzerten. Aber gerade zu Beginn ihres großen Erfolgs mit dem Album »Seiltänzertraum« in den Neunzigerjahren schütten manche auch viel Häme über den Musikern aus dem Stuttgarter Speckgürtel aus, allen voran über Sänger Hartmut Engler. Überhaupt ignorieren manche Musiksender und die Großstadtpresse die Combo aus Schwaben. Erst nach und nach spielen sich die Musiker frei und ringen selbst ihren stärksten Kritikern Anerkennung ab – für ihre Live-Qualitäten und das konstant hohe Niveau ihrer Auftritte. Ihre Fans ficht diese Kritik ohnehin nicht an. Und so gehört Pur seit mehr als dreißig Jahren zu den erfolgreichsten Bands, die Deutschland je hervorgebracht hat. Wir treffen Hartmut Engler im August 2019 in der Pur-Zentrale am Waldrand im schwäbischen Bietigheim-Bissingen. Das Gespräch ist intensiv, aber man spürt durchaus, dass Engler nicht immer gute Erfahrungen mit Journalisten gemacht hat, die ihn wie wir mit Klischees über die Band konfrontieren und die er schon lange nicht mehr hören kann. Trotzdem – oder gerade deshalb – wird es ein lohnendes Gespräch. Hartmut Engler über die Attraktivität der Provinz, die Anfänge als Schülerband, arrogante Großstädter und den Punkt, an dem Schlager aufhört und Rock beginnt.

Hartmut Engler, 1961 in Großingersheim im Landkreis Ludwigsburg **geboren,** ist **Sänger und Gesicht von Pur.** Roland Bless und Ingo Reidl hatten die Band 1975 als Crusade gegründet, zehn Jahre später benannten sie sich in Pur um. Die Band machte die Ochsentour, spielte sich die Finger wund und wurde 1986 Bundesrocksieger. **»Lena« war 1990 der erste Charterfolg,** die Alben »Seiltänzertraum« und »Abenteuerland« wurden zu Millionensellern. Mit **knapp zehn Millionen verkauften Alben** in Deutschland und **neun Nummer-eins-Platten** gehört die Band zu den erfolgreichsten im Land.

Wir sind hier in Bietigheim-Bissingen im Speckgürtel von Stuttgart, wo Pur als Schülerband angefangen hat und wo Sie noch immer leben. Für eine der erfolgreichsten deutschen Bands ganz schön kleinbürgerlich, dieses Setting. Oder ist das zu »berlin-mittig« gedacht, anmaßend großstädtisch?

Wo ist das Problem? Bietigheim hat viele Vorteile. Hier ist die Welt noch einigermaßen in Ordnung. Es ist eine sehr reiche Stadt, es hat eine fantastische Verkehrsanbindung. Wir haben Stuttgart als kulturelle Großstadt, auch wenn der Berliner oder Hamburger darüber nur müde lächelt. Wir haben landschaftliche Schönheiten direkt vor der Tür. Wir können immer noch zum Friseur oder zum Supermarkt fahren und das Auto oder auch das Fahrrad direkt davor parken. Ich weiß, das ist keine moderne Einstellung, aber trotzdem schön. Ich war inzwischen ziemlich viel unterwegs auf der Welt und habe viel gesehen. Es zieht mich aber immer wieder hierher zurück.

Was macht dieses Zuhause aus? Dass sich nichts verändert?

Dass vieles gleich bleibt, ja. Wir sind hier zur Schule gegangen. Die Menschen, die hier alteingesessen sind, kennen uns schon als Schuljungs. Es war damals schon stadtbekannt, dass es da am Ellental-Gymnasium eine Schülerband gibt, die in der Aurainhalle größere Konzerte gibt. Da waren schon mal achthundert Leute da. Seit der Zeit hat sich viel getan, aber es sind auch viele Dinge noch so wie früher, was ich schön finde. Die Bäcker, Metzger, Restaurants, die Menschen.

Fallen Sie heute noch auf, wenn Sie in Bietigheim vor die Tür gehen?

Nein, weil mich viele schon von klein auf kennen. Ich bin hier aufgewachsen. Einmal im Jahr ist Pferdemarkt, da kommen ganz viele Leute von außerhalb, und ich merke den Unterschied sofort, wenn ich in die Stadt gehe. Für die Auswärtigen ist das dann ein Spektakel, wenn der Engler da ist. Aber nicht für die Alteingesessenen. Manche fragen dann: »Sie hier?« Ich sage dann: »Ich muss ja auch irgendwo sein!« Ich kann hier normalerweise in Jogginghose einkaufen gehen. Aber wenn lauter Fremde dazukommen, wird das ein Spektakel.

Wenn Sie in Jogginghose in die Stadt gehen, warten dann keine Fans vor Ihrer Tür oder lauern Ihnen beim Joggen auf?

Nein, das war nur Mitte der Neunzigerjahre so, als wir mit »Abenteuerland« ganz groß durchgestartet sind. Damals lebte ich noch in Ingersheim, wo ich meine Kindheit verbracht habe und auch zur Grundschule gegangen bin. Da war es schon so, dass die Menschen mein Haus belagert haben, im Viereck drumherumgelaufen sind, geklingelt und gefragt haben, ob sie mit mir mal einen Kaffee trinken können. 1996 bin ich Papa geworden, und dadurch wurde mir klar, etwas muss jetzt anders werden.

Manche würden den Satz »Etwas muss jetzt ganz anders werden« sicher anders verstehen, grundsätzlicher. Hat es Sie nie gejuckt, zum Beispiel nach Berlin zu ziehen? Weil es da kulturell viel munterer ist?

Nein. Kreativ hätte uns das auch nichts gebracht, sondern eher verwirrt. Unsere Musik ist auch deshalb so geworden, wie sie ist, weil wir abgeschottet von allem sind. Wir bekommen Strömungen und das, was die anderen machen, gar nicht so stark mit. Wir kannten damals die Stuttgarter Musikszene, in der es so viele Bands gab. Wenn sie sich gestritten haben, sind sie am nächsten Abend zur anderen Band in den Proberaum gegangen und haben sich ausgetauscht. Es gab einfach keine Kontinuität.

Hat Pur das nie gemacht: sich mit anderen Bands ausgetauscht, um sich Inspiration zu holen?

Nein, wir hatten immer nur uns. Wir waren ein eingeschworenes Team, und keiner hatte irgendwelche Flausen im Kopf. Ich gehe jetzt ein Jahr nach Amerika oder Australien.

Ist die Gefahr nicht groß, irgendwann nur noch das eigene Süppchen zu kochen und sich nicht mehr weiterzuentwickeln?

Ja, vielleicht. Aber unser Publikum hat entschieden, dass die Suppe schmeckt, die wir permanent kochen. Das ist bis heute so, deshalb war die Entscheidung goldrichtig. Wir waren für viele Großstädter nie hip oder in oder cool genug. Aber wir wollten auch nie hip, in oder cool sein.

> »WIR WAREN FÜR VIELE GROSSSTÄDTER NIE HIP ODER IN ODER COOL GENUG.«

Wann haben Sie sich zum letzten Mal über den Spott über die »Provinzband« geärgert, die viele Kritiker bis heute über Pur ausschütten?

Schon lange nicht mehr. Wir haben Normalsein auch noch nie als Schimpfwort begriffen, im Gegenteil. Wenn es hieß, da kommen die »Normalos von Pur«, dann haben wir das immer als Anerkennung empfunden. Irgendein Journalist, der mal tagelang mit uns unterwegs war, hat mir damals gesagt: »Ihr seid die Normalsten unter all den Verrückten« (lacht). Trotzdem sind wir auf eine Art natürlich auch nicht normal, in dieser Branche kann man das eigentlich nicht bleiben, wenn man bei drei Gigs vor 36.000 Leuten spielt. Da wird man abgefeiert ohne Ende, das ist Ausnahmezustand. Aber ich bin kein Bühnenworkaholic, der ohne die Bühne nicht kann. Trotzdem ist es auch für mich das Geilste, wenn ich von der Bühne runtergehe, und es war alles gut. Nach wie vor. Ein Glücksgefühl, das ich sehr genieße. Auch wenn ich mittlerweile andere Dinge außerhalb der Musik entdeckt habe, die mich zufriedenstellen.

Gab es denn auch Zeiten, in denen Sie – der Normalste unter den Verrückten – abgehoben sind?
Ja, die gab es. Ich glaube, in solchen Zeiten ist es gut, wenn man in einer Band spielt.

Welche Situationen waren das?
Ach, das würde zu weit gehen und zu privat werden. Aber mir fiel es morgens im Spiegel auf. In der Nacht waren einfach ein paar wilde Sachen passiert, und ich hatte mich auch nicht gut benommen. Und ich habe dann morgens in den Spiegel geschaut im Hotel und gesagt: »Pass auf, dass du jetzt nicht jeden Tag ein bisschen mehr zum großen Arschloch wirst. Sondern schau, wo du herkommst!«

> **» PASS AUF, DASS DU JETZT NICHT JEDEN TAG EIN BISSCHEN MEHR ZUM GROSSEN ARSCHLOCH WIRST. «**

Wenn wir uns das mal bildlich vorstellen: Sie gehen in Bietigheim auf den Pferdemarkt oder in Jogginghose zum Metzger. Und am nächsten Tag stehen Sie vor Zehntausenden Menschen in der Schalke-Arena – wie verkraftet man diesen Spagat mental?
Das war das Thema auf dem Album »Zwischen den Welten« (das Album ist 2018 erschienen, Anm. d. Autoren). Da saß ich auf dem Sofa und dachte: Okay, in zwei Wochen trete ich wieder auf Schalke auf. Bis dahin hatte mich das gar nicht so tangiert. Die Proben standen an, die Kollegen kamen wieder. Und ich dachte mir: Einfach machen! Und nicht wegrennen!

Und nach so einem großen Konzert? Wie kommen Sie da wieder runter?
Die Euphorie auf den Konzerten ist riesig, und nach einer Tournee fällt man in ein Loch. Da kommt man nach Hause, und plötzlich jubelt keiner mehr. Dann heißt es, den Müll rausbringen. Auch meine Kinder haben früher nicht applaudiert, das erdet einen komplett. Früher habe ich nach einer Tournee schon manchmal Probleme bekommen und versucht, das mit Alkohol zu lösen. Das waren dann auch schon mal ein, zwei gefährliche Wochen. Aber auch das lernt man zu beherrschen und durchzustehen, inzwischen weiß ich ja, was auf mich zukommt. In diesem Sommer ist bei fast allen Terminen meine Freundin dabei, ich bin also im Hotelzimmer nicht mehr alleine. Und nach der Tour muss man sich schnell neue Ziele setzen. Einfach so in den neuen Tag reinschleifen, das ist gefährlich.

Hätten Sie das auch woanders geschafft, aus so einem Loch wieder herauszukommen? In New York, Berlin oder sonst wo?
Davor hätte ich Angst, denn eine solche Großstadt birgt noch ganz andere Möglichkeiten, durchzudrehen (lacht). Nein, wir sind da alle sehr ähnlich. Wir treten zwar eher in Großstädten auf, weil dort die großen Hallen stehen. Aber wir sind immer heilfroh, wenn wir nach drei, vier Tagen wieder herausfahren können.

Ob man Pur nun mag oder nicht: Die Band ist faszinierend. Und zwar deshalb, weil sie so anders funktioniert als die meisten Megaseller. So bodenständig. Wie ein gut geführter baden-württembergischer Mittelstandsbetrieb. Wie erklären Sie sich den Aufstieg der einstigen Schüler- zur Stadionband?
Wir können uns das nicht erklären, wir haben einfach immer weitergemacht (lacht). Als junge Band haben wir hier in der Nähe in einem Jugendheim gespielt: fünf Mark Eintritt, die haben hundert Plakate geklebt, zwanzig Leute standen vor der Bühne. Ein Jahr drauf waren es hundert Leute. Und im Jahr drauf haben sie dann die kleine Mehrzweckhalle gebucht, weil sechshundert Leute kommen wollten. Wir haben diese Logik angenommen und uns gedacht: Wenn das im Kleinen geht, warum nicht auch im Großen? Wir müssen nur lang genug durchhalten. Livekonzerte sind unsere Stärke. Wenn wir die Menschen erst einmal im Konzert haben, sagt danach kaum einer mehr was Negatives. Keiner von uns hatte einen reichen Papa. Wir haben in den Sommerferien oder später in den Semesterferien gejobbt, um uns unseren ersten Siebeneinhalbtonner zu kaufen, einen alten Mercedes. Den haben wir »Burgsmüller« getauft, weil er der Dienstälteste war, aber immer noch gut funktionierte. Wir sind zusammen mit drei Roadies durch die Gegend gefahren und hatten hinten Equipment drin für Hallen bis zu zweitausend Leuten. Wir haben das Equipment selbst auf- und selbst abgebaut.

Bodenständigkeit und regionale Verwurzelung gehören zu den Markenzeichen von Pur. Ihre Eltern waren Vertriebene, die ursprünglich aus Ungarn und dem Sudetenland stammen. Was bedeutete Heimat für Sie?
Meine Eltern litten sehr unter dem Trauma der Vertreibung. Als sie gehen mussten, waren ihnen nur zwei Taschen erlaubt, das ist ein Hammer. Das kann man sich nicht einmal ansatzweise vorstellen, wenn man es nicht selbst erlebt hat. Sie konnten uns das auch nicht vermitteln, weil sie hier schon fest integriert waren, als wir als Kinder anfingen zu denken. Integriert durch die Vereine im Ort. Das war eine Generation, die über ihre Befindlichkeiten noch nicht wirklich geredet hat.

Hat man Ihren Eltern diese Geschichte angemerkt?
Oh ja. Ich war mit ihnen nie im Urlaub. Bis ich fünfzehn geworden und in die Band eingestiegen bin, war ich mit ihnen noch nie in einer Pizzeria gewesen oder in einem chinesischen Restaurant. Auch aus Geldgründen natürlich. Ich habe immer zugesehen, dass ich der Braunste war, wenn das Schuljahr wieder losging, dabei hat das Freibad hier sehr geholfen *(lacht)*. Zum Glück hat mir mein Papa seine braune Haut vererbt, da wurde ich nie angesprochen, ob wir in Urlaub waren oder nicht. Ich habe das gegenüber meinen Mitschülern auch nie thematisiert, die alle in Italien waren, was damals sehr angesagt war. Mir hat nichts gefehlt, Nestwärme war da. Mein Vater hat erst mit neunundvierzig Jahren einen Führerschein gemacht, wir waren also auch nicht mobil. Sonntagsmorgens ging es zu Fuß ins nächste Dorf, um dort in die katholische Kirche zu gehen, da musste ich mit. Und nachmittags dann der Spaziergang mit Verwandten, der war auch Pflicht. Mein Sonntag war immer durchgetaktet, bis ich mich richtig wehren konnte.

Warum waren Sie nie in der Pizzeria?
Wir sind grundsätzlich nicht essen gegangen. Und wenn, dann nur zu großen Familienfesten wie der Kommunion. Da gab es aber keine Pizza, sondern den gemischten Braten, Flädlesuppe und ein kleines Eis als Dessert, das war eigentlich immer das gleiche Schema. Das war immer extrem spießig und hat mir nie gefallen. Irgendwie essen gehen, aus der Reihe einfach mal so, das wäre meinen Eltern nie in den Sinn gekommen, sie waren, sie mussten extrem sparsam sein. Sie hatten ein Siedlungshaus, in den ersten Jahren war die eine Hälfte noch vermietet. 1961, als ich auf die Welt kam, wurde das bezogen, das war das Wichtigste, das Eigenheim. Dieses Haus und den Garten hätten meine Eltern normalerweise freiwillig gar nicht mehr verlassen, wenn es nicht noch die Fußballspiele, die Kirche und den Gesangsverein gegeben hätte. Das waren die Aktivitäten, extrem überschaubar.

Haben Sie als Kind gegen diese Enge rebelliert?
Nein. Ich hatte genug damit zu tun, die Streitereien auszugleichen, zwischen meinem Bruder und meinem Vater und meiner Schwester und beiden Elternteilen.

Es gab viele in der Generation, die aufbegehrt haben. Hatten Sie wirklich nie den Drang?
Meine Aufgabe war anders gelagert. Wenn ich auch noch rebelliert hätte, wäre das Chaos in der Familie perfekt gewesen. Meine Mutter und meine Schwester, die in der Zeit eine Art Ersatzmutterschaft für mich übernommen hat, sagen beide, dass ich ein wirklich liebes und braves Kind gewesen bin. Meine Aufgabe war, auf diese Art und Weise quasi Glückseligkeit in der Familie zu verbreiten, was mir oft gelungen ist. Das hat mich zu einem sehr harmoniebedürftigen Menschen gemacht, weil ich als Kind immer das Feedback bekommen habe, wenn du Freude verbreitest, dann wirst du geliebt. Letztlich ist das ein Motor für mich, auf der Bühne zu stehen.

Hat dieser Drang auch zu der Art von Musik geführt, die Sie machen?
Ich denke, dass das alles natürlich damit zu tun hat. Das soziale Gewissen ist mir einsozialisiert worden, und viele meiner Bandkollegen haben einen ähnlichen sozialen Background, waren ebenfalls Heimatvertriebene. Rudi, der Gitarrist, hatte auch ungarische Eltern, das spielt sicher alles hinein. Auch die Lust, plötzlich Neues zu entdecken, als die Band mit fünfzehn die Chance dafür bot. Mit siebzehn auf dem Moped vom Schlagzeuger mal nach Frankreich zum Zelten, Lac de Vouglans! Im Jahr darauf mit dem Auto – einer hatte schon einen Führerschein – nach Schottland. Vier Wochen Rundreise, mein längster Urlaub ever, danach gab es nie wieder vier Wochen am Stück. Das war eine aufregende Zeit. Plötzlich diese enge Freundschaft, du hattest Buddies, mit denen man Sachen machen konnte, die ich alle noch nicht kannte ... Mädchen kamen ins Spiel. Ich hatte eine wilde, wilde, aufregende Pubertät.

> »ICH HATTE EINE **WILDE**, WILDE, AUFREGENDE **PUBERTÄT**.«

Sie sagen, Sie seien harmoniebedürftig. Wie kann man sich da in einer Band durchsetzen?
Ich muss mich nicht durchsetzen. In den Anfangsjahren war ich als Sänger einer von vielen in der Band. Doch durch die Bekanntheit und den Erfolg wurde ich später sozusagen medial dazu bestimmt, der Erste unter Gleichen zu sein. Im Innenverhältnis ist es bei uns schon geklärt, wie die Situation ist.

Und wie ist die? Sie sind der Boss?
Alle wissen, wenn ich krank bin, geht's nicht. Alles andere ist machbar. Das ist eine Erkenntnis, die hätten wir damals noch nicht so unterschrieben, Roland *(Bless)* stieg aus, und Ingo *(Reidl)* steht uns krankheitsbedingt ja seit Jahren nicht zur Verfügung. Und trotzdem läuft das Ganze nach wie vor unglaublich gut. Wir waren immer der Meinung, genau in dieser Konstellation, als Gruppe, funktionieren wir. Deshalb haben wir den Erfolg.

Wie gehen Sie mit dem Thema Krankheit gegenüber den Fans um?
Als ich meinen Bandscheibenvorfall bekam, hatten wir eine große Fernsehshow geplant, die wir dann absagen mussten. Da hat die Zeitung mit den großen vier Buchstaben gefragt, was

denn los sei, und dann habe ich den Grund genannt. Wenn das nicht gewesen wäre, hätte ich mich auskuriert und mich dann wieder zurückgemeldet, ohne dass es jemand gemerkt hätte. Allerdings wusste ich nicht, dass eine solche kleine Meldung so für Furore sorgt. Ich habe neulich mal »Hartmut Engler« gegoogelt, und das müssen dreißig oder vierzig Einträge sein, nur wegen dieser Bandscheibe!

Wird einem Prominenten keine Schwäche zugestanden?
Doch, aber bei mir war die Presse schon immer sehr kritisch. Was gab es schon für Schlagzeilen über mich: »Traumehe kaputt«, erste Seite *Bild*. »Depression, Alkohol«, erste Seite Bild. Das sind so die Tage, an denen man nicht aus dem Haus geht. Oder am besten gleich verreist.

Schadet Ihnen so was?
Ich denke, wir haben mittlerweile eine so hohe Glaubwürdigkeit beim Publikum erreicht, dass uns so was nicht mehr schaden kann.

Wie ist denn generell der Umgang der Presse mit Ihnen?
Das war über die Jahre oft ein schwieriges Verhältnis. Den meisten sind wir 1992 aufgefallen, weil unser Livealbum nach oben geschossen ist, die nachfolgenden Alben wurden überragend verkauft. Ab da hat man uns wahrgenommen, plötzlich schrieben auch Stern und Spiegel über uns. Heute wäre das undenkbar, dass man vier Jahre braucht, um zu kapieren, wer gerade die Nummer eins bei den Bands ist. Aber bei uns hat es lange gedauert, bis sich das in den Großstädten bis in die Redaktionen herumgesprochen hatte.

Und dann noch dieser Sänger mit der goldenen Locke und dem Ohrring ...
Genau *(lacht)*, in der Zeit wog ich auch mehr als hundert Kilo. Nach der Kelly-Familie, die sich da schon etwas verabschiedet hatte, war ich da natürlich der Ersatz zum Draufhauen für die Großstädter. Die sagten: »Was macht denn diese optisch lächerliche Gestalt da?« Unsere Musik hatten sie da noch gar nicht gehört, sonst hätte sich vieles schon früher geregelt.

>> **WARUM HAST DU SO EINE FURCHTBARE LOCKE UND DEN VOKUHILA**? <<

Hat Sie dieser Spott wirklich immer kalt gelassen?
Nein, am Anfang nicht. Vor allem Talkshows waren für mich eine Tortur, weil es meistens immer um dieselben Themen ging: Warum polarisiert ihr so? Warum hast du so eine furchtbare Locke und den Vokuhila? Und wie war das gleich mit den Depressionen? In die Talkshows kommt man hauptsächlich mit den schlechten Themen. Das hat sich mittlerweile geändert, ich war zuletzt in vier der großen Talkshows zu Gast und verspüre mittlerweile größte Wertschätzung. Ich fühle mich deutlich wohler in meiner Haut als früher.

Warum haben sich viele Medien und Prominente so lustvoll an Ihnen abgearbeitet?
Ich glaube, weil wir zu erfolgreich waren. 1989 haben wir den Preis der deutschen Schallplattenkritik bekommen, das war unseren Kritikern dann plötzlich zu viel. So eine Band kann doch nicht so erfolgreich sein, das geht doch nicht! Also hat man auf uns draufgehauen, wo es nur ging.

Sie haben in der Zeit drastisch abgenommen und sich ein paar Jahre später, 1996, bei »Wetten, dass.. ?« vor einem Millionenpublikum Ihre Locke abschneiden lassen. War das ein spätes Eingeständnis, dass Ihre Optik vielleicht doch etwas fragwürdig war?
Ach, man muss doch auch selbstironisch sein! Esther Schweins hat mir in der Sendung für einen guten Zweck die Locke abgeschnitten, ein schöner Moment.

Woher kommt diese große Lust am Spott eigentlich? Haben die Deutschen Vorbehalte gegenüber Normalität und auch gegenüber Romantik und Kitsch in der Musik?
Die Deutschen nicht.

Aber der deutsche Großstädter.
Vielleicht noch nicht einmal der. Aber die deutsche Presse, die vor allem in den Großstädten unterwegs ist. Ich habe damals jedem Journalisten, den ich getroffen habe, gesagt, das Album ist klasse, Platz eins, die Tournee ist ausverkauft, hör's dir an und schreib was. Aber für die Presse waren wir schwer zu handeln, weil wir für sie zu normal und zu langweilig waren. Dass wir schon damals eine ganz große Fanbase hatten, die wir emotional gepackt haben, war ihnen egal. Die Grundhaltung bei vielen Journalisten war lange, das ist Musik aus der schwäbischen Provinz, das kann nicht cool sein. Sie hatten vorgefertigte Meinungen, gegen die wir kaum ankamen.

>> **MUSIK AUS DER SCHWÄBISCHEN PROVINZ**, DAS KANN **NICHT COOL** SEIN. <<

Sie erzählen das so, als hätten Sie mittlerweile Ihren Frieden mit dieser sicher auch schmerzhaften Vergangenheit gemacht. Was hat sich denn geändert?
2015 kam die Sendung »Sing meinen Song«, das war für uns ein unglaublicher Glücksfall. Ab da hat sich die Wahrnehmung meiner Person bei sehr vielen Menschen geändert, auch bei den Journalisten. Vielleicht hätte ich so etwas schon früher machen sollen. Aber wir waren selbst in der Musikbranche nicht die beliebtesten Gäste. Höchstens im Schlagerbereich, da wurden wir sehr gemocht, und viele sagten uns: »Ihr seid toll!« Aber diese Anerkennung war nicht unbedingt das, was wir gesucht haben. Wir haben uns immer als Rockband verstanden, vor allem von der Lebenseinstellung her. Wir machen keinen Schlager. Heute kategorisiert man das nicht mehr so streng, aber damals wollten wir nicht dazugehören.

Was ist denn der Unterschied in der Lebenseinstellung, zwischen Schlager und Rock?
Vor allem: Do it yourself! Wir schlagen uns zusammen durch. Wir spielen uns die Finger wund und schreien uns die Seele aus dem Leib, wir arbeiten uns hoch. Das ist eine ganz andere Lebenseinstellung, als wenn jemand sagt: »Ich bin ein hübscher Kerl, ich habe eine nette Stimme, oh, darf ich ins Fernsehen?« Und hinterher absolviere ich kleine Playback-Konzerte.

Bekommt man in Deutschland immer erst Anerkennung, wenn man seine Sache lange genug durchzieht?
Vielleicht, kann sein. Man hat uns das immer prophezeit, zumindest diejenigen, die gut zu uns waren. Die meinten, eure Platten verkaufen sich gut, die Konzerte sind voll, irgendwann wird es langweilig, auf euch einzuhacken. »Sing meinen Song« hat dazu jedenfalls beigetragen.

Die musikalische Kompetenz hat bei Pur, bei aller Häme, nie jemand ernsthaft bezweifelt.
Nein, das haben sogar die Musikjournalisten von Anfang an begriffen, dass wir handwerklich schon immer sehr gut waren. Sie wussten, das kommt alles aus dem Hause Pur, da arbeiten keine anderen Leute mit. Wir mussten in der Hinsicht auch nie faken oder flunkern, das ist einfach so. Wir haben ja einige studierte Musiker in der Band, auch das unterscheidet uns sehr von manchen anderen.

Von den Ärzten zum Beispiel.
Ja, aber die sind dafür die beste Band der Welt *(lacht)*. Wir haben dafür das beste Publikum der Welt.

Welchen Anteil hat, bei aller Inspiration und bei aller glücklichen Fügung, harte Arbeit am Erfolg von Pur?
Natürlich ist es harte Arbeit. Wir haben in den Neunzigerjahren teilweise 280 Arbeitstage pro Jahr gehabt, jahrelang keinen Urlaub gemacht, haben 160, 170 Konzerte pro Jahr gespielt. Der Erfolg wird einem nicht geschenkt, das klingt jetzt sehr schwäbisch, aber das ist so. Mit fünfzehn in die Band einzusteigen, Abitur zu machen und trotzdem dreimal die Woche konsequent zu proben, das ist hart. Aber es gab keine Entschuldigung, nicht ein Arztbesuch, nicht eine kranke Freundin. Aber zu diesem Arbeitsethos muss dann natürlich noch dazukommen, dass man sich als Band über einen so langen Zeitraum wirklich gut versteht. Wenn einer nicht mitzieht, dann geht es einfach nicht.

Gab's mal einen Moment, in dem Sie eine Schreibblockade hatten? Als der Erfolgsdruck am größten war?
Solche Momente gibt es, ja. Wir haben 1992 das Livealbum veröffentlicht, das sich weit über eine Million Mal verkaufte, und danach direkt ein Studioalbum. Das Studioalbum vor dem Livealbum hatte nur 150.000 verkauft, der Sprung zum Livealbum war gigantisch. Also sagten jetzt alle: »Was kommt jetzt?« Dann kam »Seiltänzertraum«, vor dem Album hatte ich große Angst, weil ich befürchtet habe, dass wir den Erfolg des Livealbums nie würden halten können. Aber die Platte war eine Sensation, sie war ebenfalls enorm erfolgreich. Nach »Seiltänzertraum« kam aber der Punkt, an dem wir dachten: Was machen wir denn jetzt? Wir wussten: Die nächste Platte ist die wichtigste. Entweder verabschieden wir uns jetzt von diesem hohen Niveau, oder wir sind endgültig durch, mit drei Millionensellern hintereinander.

Und dann fielen Sie in ein Loch?
Vielleicht nicht in ein Loch, aber der Druck war enorm groß. Die Musik zu »Abenteuerland« war schon fertig, aber ich war beim Texten wie blockiert, drei Monate lang. Die Plattenfirma rief dauernd an, und ich habe sie immer wieder vertröstet, weil es einfach nicht ging, mir ist nichts eingefallen. Und dann gab's diesen supertollen Moment, das war noch in meinem kleinen Haus in Ingersheim, wo ich aufgewachsen bin. Ich bin auf den Speicher gegangen und habe in meinen alten Schulheften geblättert, alte Grundschulaufsätze. Einer handelte von einem Füller, den ich gekauft hatte; in dem Aufsatz hat der Füller in der Ichform erzählt, was er erlebt. Ich saß da und dachte: Was, das hab ich geschrieben? Was ist nur aus meinem Schädel geworden, dass ich so etwas als Kind hinbekommen habe, und jetzt fällt mir nichts mehr ein? Und plötzlich war die Idee da: Lass dich von dem kleinen Jungen an die Hand nehmen. Ins

> »LASS DICH VON DEM KLEINEN JUNGEN AN DIE HAND NEHMEN. INS ABENTEUER-LAND.«

Abenteuerland. Dann kam noch der Kniff mit Peter Pan und Captain Hook, komplett ausbrechen, Fantasy World. Der Rest ist Arbeit, und das Ding war fertig. Und wir alle wussten sofort, das wird ein Kracher. Das ist was ganz Besonderes.

Hätte Pur auch mit englischen Texten Erfolg haben können?
Eher nicht. Ich denke, dass wir gerade durch die deutschen Texte unser Publikum erreicht haben. Ich habe im Alter von fünfzehn Jahren noch Songs auf Englisch gesungen. Das erste Konzert war das SMV-Fest in der Schule, vor dreihundert Leuten. Ich war so stolz und dachte: Jetzt krieg ich endlich auch Mädels *(lacht)*.

Und?
Nee, war auch noch zu früh.

Mit fünfzehn?
Jedenfalls waren die Mädels noch nicht bereit für mich *(lacht)*. Also, ich bin nach dem Konzert von der Bühne runter, und das Erste, was ich meinen Jungs gesagt habe, war: »Ich biete euch demnächst mal was auf Deutsch an. Mich langweilt das hier, entweder schlecht gesungenes passables Englisch oder passabel gesungenes schlechtes Englisch. Englisch ist nicht unsere Muttersprache, und ich versuch's jetzt mal. Ich möchte, dass das Publikum mich versteht, wenn ich singe.« Und dann schrieb ich meinen allerersten deutschen Text »Der Henker«, acht Jahre später auf unserem ersten selbst produzierten Album »Opus I« zu hören.

Pur ist eine anerkannt gute Liveband. Aber in Deutschland ist die Live-Kultur deutlich weniger ausgeprägt als in anderen Ländern, vor allem haben die Deutschen oft gar nicht die Hörgewohnheiten, um Livemusik auch schätzen zu können. Also engagieren viele Veranstalter bei Stadtfesten im Zweifel lieber einen DJ. Woran liegt das?
Gute Frage. Vielleicht, weil wir die Leute nicht dazu erzogen haben, den Unterschied zu hören? Ich kenne Leute aus dem Schlagerbereich, die es sich immer noch erlauben, für ein Ticket sechzig oder achtzig Euro zu nehmen, und dann eine Vollplayback-Show abziehen. Ich weiß von einigen Kollegen, die sagen: »An guten Abenden singe ich dann ein paar Titel auch live.« Also Halbplayback für achtzig Euro, das ist doch unverfroren und eine Publikumsverarsche sondergleichen!

> »HALBPLAYBACK FÜR ACHTZIG EURO, DAS IST DOCH UNVERFROREN UND EINE PUBLIKUMSVERARSCHE SONDERGLEICHEN!«

Früher gab's da immerhin ein paar Ausnahmen, die ZDF-Hitparade oder Jürgen von der Lippe bei »Geld oder Liebe«, der auch Livebands einlud. Wie war das in Ihrer Zeit in den Neunzigerjahren bei »Wetten, dass.. ?«
Vollplayback, aber das schützt die Musiker natürlich auch. Denn da es bei uns ja nie gepflegte Kultur war, Livemusik zu machen, haben die Sender teilweise auch nicht die guten Leute, die so was umsetzen und abmischen können. Und wenn man bei »Wetten, dass.. ?« die Möglichkeit hat, vier Minuten zu performen, und der Tontechniker macht zu viel Hall und die Stimme zu leise, dann ist man hinterher ziemlich sauer. Also verzichtet man drauf. Die Amerikaner sind da deutlich straighter. Die sind es gewohnt, immer live zu spielen, und machen das einfach.

Und das eben auch in den großen Talkshows wie bei Jimmy Kimmel.
Ja, deshalb habe ich damit jetzt auch angefangen, live zu singen, wenn ich in Talkshows eingeladen werde. Dann nur mit kleiner Besetzung, nicht mit der kompletten Band.

Eine Herausforderung, oder?
Das ist schwer und geht auch nur mit ganz speziellen Liedern. »Verboten schön« ist tief, da muss ich nicht Gas geben. Man kann nicht zwanzig Minuten reden und dann aus dem Stand die hohen Stellen von »Abenteuerland« brüllen.

Nach einer jahrzehntelangen Karriere und Millionen verkauften Alben, verspüren Sie da heute noch Neid?
Das ist vorbei. Ab Mitte der Neunziger, als wir so einen bombastischen Erfolg hatten, bin ich ziemlich neidfrei. Seither kann ich alles aus einer sehr guten Position beobachten.

Und auf wen waren Sie mal neidisch?
Auf Die Prinzen zum Beispiel. Heute sind das wunderbare, liebe Freunde von uns, aber als sie ihren Zenit hatten, haben sie Pur mal kurz links überholt mit »Alles nur geklaut«. Das hat mich schon tierisch gefuchst. Da war ich neidisch, das gebe ich ehrlich zu.

Weil Sie es nicht aushalten, mal nicht der Beste zu sein?
Ich bin ehrgeizig, das ist doch normal, dass man immer ganz vorne sein will. Später haben wir Die Prinzen ja aber auch wieder überholt und sind winkend an allen anderen vorbeigezogen *(lacht)*.

Ist das wie eine Sucht, sich nicht mit dem zweiten Platz zufriedengeben zu können?
Nein, keine Sucht. Aber es ist einfach ein schönes Gefühl, ganz vorne zu sein.

▶ INTERVIEW

WIE PRODUZIERT MAN EINEN DANCEHIT, **FELIX JAEHN?**

Wenn es um Deep House, Tropical House und ganz generell um junge, tanzbare Musik geht, fällt sein Name meist sehr schnell: Felix Jaehn, deutscher DJ und trotz seiner jungen Jahre längst einer der angesagtesten Acts im Land. Auch international ist der gebürtige Hamburger ein deutsches Aushängeschild, der auf den Tanzflächen von Rio bis Ibiza eine ungewohnte neue deutsche Leichtigkeit – und Tanzbarkeit – an den Tag legt. Wo Jaehn auflegt, bewegt er die Massen. Da mag mancher kaum glauben, dass auch dieser lebensfrohe junge Mann am Puls der Zeit lange mit seiner Rolle gehadert hat und nicht wusste, wohin er soll mit seinem Erfolg und seinem Leben. Doch das hat Jaehn längst überwunden. Mit einem Remix des Songs »Cheerleader« des jamaikanischen Sängers Omi gelingt ihm 2014 der internationale Durchbruch, 2015 mit einem Remix von »Ain't nobody« von Chaka Kan ein Sommerhit in Deutschland. 2020 veröffentlicht er den autobiografischen Track »Sicko«, in dem er auch seine eigenen Erfahrungen mit Depressionen und Selbstzweifeln verarbeitet. Im Gespräch gibt Jaehn Einblicke in sein Innerstes – ein Interview über die schwierige Zeit, die er privat durchgemacht hat, das Gefühl, Tausende auf der Tanzfläche in Ekstase zu versetzen, und darüber, was die Technobewegung der 1990er-Jahre für ihn noch bedeutet.

Felix Jaehn, 1994 in Hamburg **geboren**, ist **einer der erfolgreichsten jungen deutschen DJs**. Mit **»Cheerleader«** gelang ihm 2014/2015 ein **weltweiter Dancehit**, der unter anderem in Deutschland, den Vereinigten Staaten, Australien, Österreich, Belgien, Frankreich, im Vereinten Königreich, Schweden und der Schweiz **Nummer 1 in den Charts** erreichte. Für das deutsche Mainstreampublikum wurde Jaehn auch ein Begriff, als er 2016 gemeinsam mit Herbert Grönemeyer den Song »Jeden für jeden« zur Fußball-EM produzierte.

Felix Jaehn ist gern auf Achse. Aber endlich hat er auch wieder Spaß dabei – das war lange nicht so. Als wir ihn auf der Kieler Kulturwiese zum Foto bitten, ist schnell klar, dass der Bauwagen mit aufs Bild muss. Weil das Orange zum Cover seines Songs »Sicko« passt.

Felix, was ist das für ein Gefühl, am Pult zu stehen bei einem Festival, vor Zehntausenden Fans, und die Masse bewegt sich zu deinem Beat?

Pure Freude, ein gigantischer Adrenalinkick, unglaubliche Energie. Vor allem eine totale Lockerheit. Ab der Sekunde, wenn ich die Bühne betreten habe und der erste Song läuft, fällt alle Anspannung von mir ab. Teilweise hatte ich Auftritte, bei denen ich krank war, ich lag im Bett und konnte nichts essen. Ich habe mich trotzdem auf die Bühne geschleppt, und die zwei Stunden hinterm Pult ging es mir plötzlich blendend. Danach bin ich wieder zusammengeklappt.

Du hast mit neunzehn deinen ersten großen Erfolg gehabt. Mit dem Song »Cheerleader« standest du 2014 als erster Deutscher seit 25 Jahren auf Platz eins der amerikanischen Billboard-Charts. Über Nacht warst du plötzlich berühmt, begehrt, ein Weltstar. Was macht das mit einem?

Ich war völlig euphorisch, ein krasses Gefühl, aber ich konnte mit dem plötzlichen Ruhm überhaupt noch nicht umgehen. Das war zu viel, bizarr, eine Geschwindigkeit, die ich nicht mal ansatzweise nachvollziehen konnte. Ich bekam Angstzustände, hatte Panikattacken. Ich war ziemlich am Ende und hatte überhaupt noch nicht die Reife, das zu verstehen. Alle wollten plötzlich etwas von mir. Dabei wusste ich doch selbst noch nicht, wer ich überhaupt bin.

Wie hält man diese Diskrepanz aus, abends gefeiert zu werden und danach in sein leeres Hotelzimmer zu kommen und plötzlich allein zu sein mit sich selbst?

Der Kontrast ist extrem, auf der Bühne bist du voller Adrenalin, ein Riesenkick, wie im Rausch. Und danach musst du irgendwie runterkommen, in irgendeinem Hotel, die man nach ein paar Wochen kaum noch auseinanderhalten kann. Was mich aber noch mehr belastet hat, war eine generelle Unruhe und Nervosität, die mich körperlich total fertiggemacht hat. Ich hatte jeden Tag krasse Kopfschmerzen. Irgendwann kannte ich gar keinen schmerzfreien Zustand mehr, das hat mich fast verrückt gemacht.

Andere, die so schnell so großen Erfolg haben, heben ab, halten sich für unbesiegbar, stellen nichts mehr infrage. War das bei dir auch so?

Ich konnte gar nicht abheben, weil ich mich gar nicht erst cool gefühlt habe. Ich war eher eine welkende Blume als der unbesiegbare König.

> »ICH WAR EHER EINE **WELKENDE BLUME** ALS DER UNBESIEGBARE KÖNIG.«

Du hast mal erzählt, wie einsam du dich manchmal auf der Bühne gefühlt hast. Einsam als Star hinter dem Pult, vor Tausenden entzückter Fans.

Ich habe das eine Zeit lang sehr stark so empfunden. Auch weil das ja kaum jemand versteht. Du bist ein Star, hast Megaerfolg und leidest darunter? Heute ist das zum Glück nicht mehr so, weil ich irgendwann verstanden habe, dass das nur meine Wahrnehmung ist. Und dass ich lernen kann, diese Ängste zu kontrollieren.

Und, hast du es gelernt?

Ja, mittlerweile fühle ich mich auf der Bühne nie allein. Ich habe vor zwei Jahren damit begonnen, meinen spirituellen Weg zu gehen, mich selbst zu finden. Seitdem mache ich Meditation und Achtsamkeitsübungen, außerdem trinke ich seit diesem Jahr überhaupt keinen Alkohol mehr, seit ich in einem Mindful Retreat *(Erfahrungskurs zur Meditation und mentalen Fokussierung, Anm. d. Autoren)* in einem buddhistischen Kloster war. Nur Wasser, Tee, drei vegane Mahlzeiten am Tag und die ganze Zeit meditieren. Nach einer Woche habe ich mich so gut gefühlt wie noch nie in meinem Leben. Ich weiß jetzt, dass unser Körper in der Lage ist, sich ohne alles gut zu fühlen. Dass es diesen State of Mind, dieses unglaubliche Glücks- und das Highgefühl, auch nüchtern gibt. Ohne Handy. Und ohne Bier. Ich habe neulich noch mal probiert, eines zu trinken, aber schnell gemerkt: Das tut mir nicht gut. Da wird mein Geist schnell trüb.

Wie viele Gigs spielst du im Jahr, hast du überhaupt einen Überblick?

Ehrlich gesagt weiß ich das nicht, weil mich das nie interessiert hat. Über die Jahre habe ich die Zahl aber deutlich reduziert, weil es mir einfach zu viel wurde. Teilweise habe ich davor fünf Shows an einem Wochenende gespielt, völliger Wahnsinn. Freitagmittag ein Festival in Holland, dann mit dem Jet in die Schweiz, abends das nächste Festival, am nächsten Morgen ins nächste Land, mittags eine Show, abends wieder Festival, in die nächste Stadt, da am nächsten Tag eine Clubshow. Und irgendwann saß ich in irgendeinem Hotelzimmer und dachte: Was mache ich hier eigentlich? Und warum? Nur weil's geht? Ist doch völlig absurd! So möchte ich mein Leben nicht verbringen.

In deinem Song »Sicko« beschreibst du, wie ein Leben aussieht, das zu viel will und deshalb krank wird. Ist das autobiografisch, bist das du?

Das bin ich, und das ist auch das Spannende an meinem letzten Album, das sich ganz konkret mit Einsamkeit beschäftigt. Auf dem Album habe ich meine ganz persönliche Reise verarbeitet, Song für Song erzähle ich verschiedene Kapitel meines Lebens.

»Sicko« handelt von einer Dysbalance; ich bin emotional aus dem Gleichgewicht geraten, und meine negativen Charakterzüge treten sehr deutlich zutage. Wilde Partys, hemmungsloser Konsum; eine ganze Weile habe ich mein Glück in Dingen gesucht, um meiner Traurigkeit zu entkommen. Ich war gierig, habe immer nur nach mehr gestrebt. Bis ich erkannt habe, dass ich in mich hineinschauen muss, um mich wieder gut zu fühlen. Und dass noch mehr Klamotten oder ein neuer Sportwagen nicht der richtige Weg sind.

> »EINE GANZE WEILE HABE ICH MEIN GLÜCK IN DINGEN GESUCHT, UM MEINER TRAURIGKEIT ZU ENTKOMMEN.«

Warst du wirklich so materialistisch drauf?
Klar habe ich viel mitgenommen, ich war jung und dachte, warum nicht? Aber dann habe ich gemerkt, dass die Freude an Dingen ziemlich kurzlebig ist und die Last nur noch größer wird, je mehr ich mir anschaffe. Der Sportwagen stand bei mir ein halbes Jahr lang in der Garage, bis ich kapiert hatte, dass ich trotzdem nur ein trauriger Junge in einem sehr teuren Auto bin. Dann habe ich ihn sofort wieder verkauft. Es gibt sehr viele Leute in meinem Umfeld, die von einem Sportwagen träumen und irre hart in Jobs arbeiten, die sie gar nicht mögen, nur um sich irgendwann einen kaufen zu können. Denen rate ich dann: Hey, Leute, ich weiß, ihr versteht das jetzt vielleicht nicht, aber ich habe so ein Ding schon mal gehabt, und es wird nichts an den Problemen in eurem Leben ändern.

Wie hast du dein Leben umorganisiert, um nicht wieder in die alte Traurigkeit zurückzufallen?
Ich versuche, meinem Alltag Struktur zu geben, auch wenn ich oft abends spät auftrete und jeder Tag anders ist. Spätestens eine Stunde, bevor ich ins Bett gehe, schalte ich mein Handy in den Flugmodus, damit ich gar nicht erst in Versuchung komme, noch schnell eine Mail zu schreiben oder bei Social Media zu gucken, wie der neue Kommentar zum Auftritt ist. Ich versuche, abends mehr runterzukommen, zu meditieren, den Tag hinter mir zu lassen. Morgens lasse ich das Handy nach Möglichkeit noch zwei oder drei Stunden aus, um erst mal in den Tag zu starten, zu frühstücken, zu meditieren, Sport zu machen. Erst wenn ich wirklich wach und fit bin, fängt das Business an. Das war früher anders, da war ich immer on alert.

Dein Song »Love on myself« handelt von der Fähigkeit – oder eher der Schwierigkeit –, sich selbst zu lieben, sich selbst zu akzeptieren. Hast du das erst lernen müssen?
Ich musste lernen, meine verschiedenen Seiten zu akzeptieren und offen mit ihnen umzugehen. Gerade mit meiner Sexualität habe ich lange gehadert. Ich habe mich erst vor zwei Jahren als bisexuell geoutet, zu einer Zeit, als ich schon sehr erfolgreich war. Mir war das schon eine ganze Weile klar, meine Freunde und auch meine Familie wussten es schon länger. Trotzdem war ich für mich noch nicht so gefestigt, um damit schon an die Öffentlichkeit zu gehen. Die ersten paar Jahre habe ich das in Interviews und auf Tour immer verheimlicht.

> »MIT MEINER SEXUALITÄT HABE ICH LANGE GEHADERT.«

Wieso das? Ist es im 21. Jahrhundert nicht völlig irrelevant, welche sexuelle Orientierung man hat? Macht man es dadurch nicht schlimmer, dass man es überhaupt thematisiert?
Eigentlich schon, aber meine Sexualität war in Interviews eben immer wieder ein Thema. Wenn du bekannt bist, wirst du von Journalisten bei jeder Gelegenheit gefragt, was macht dein Liebesleben? Hast du eine Freundin? Da muss man unweigerlich reagieren, und für die völlige Offenheit war ich lange noch nicht bereit. Außerdem sind wir leider auch im Jahr 2020 noch nicht so weit, dass das für alle eine Selbstverständlichkeit ist. Vor allem nicht global. Ich lege seit 2015 immer wieder in Dubai auf, da ist Homosexualität noch illegal!

Hast du mal darüber nachgedacht, dich bei Auftritten öffentlich zu äußern? Für die LGBT-Community, als Zeichen? Jemand wie du würde doch wahrscheinlich auf der Bühne nicht gleich von der Polizei festgenommen.
Da bin ich mir nicht so sicher! Wir haben in meinem Team lange darüber diskutiert, bei einem Auftritt wollten wir Regenbogen-Visuals an die Wand werfen, um ein Statement abzugeben. Da hätte ich im Handumdrehen aber keine Crew mehr gehabt, die das mit mir umsetzt. Viele hatten große Angst, ins Gefängnis zu kommen oder nicht mehr einreisen zu dürfen. Auch ich würde dann ganz sicher nie wieder in Dubai gebucht werden. Vielleicht bin ich einfach nicht Rebell genug.

Du machst sehr viele internationale Kollaborationen. Gibt es in der Szene, in der du dich bewegst, überhaupt noch so etwas wie Ländergrenzen?
Überhaupt nicht, ich arbeite die meiste Zeit mit internationalen und nicht mit deutschen Künstlern zusammen. Vieles, gerade

in der Endproduktion, geschieht mittlerweile ja ohnehin elektronisch übers Internet. Für das Songwriting ist es aber trotzdem schön, physisch mit jemand anderem in einem Raum zu sein. Deshalb mache ich immer wieder Songwriting-Camps zu Hause an der Ostsee, aber auch in London, Stockholm oder Los Angeles, um mit den Writern gemeinsam zu arbeiten. Das sind aber nicht zwangsläufig immer auch die Leute, die nachher im Song zu hören sind. Bei »Close your eyes« war Miss Li *(schwedische Sängerin, Anm. d. Autoren)* mit mir im Studio, und wir haben gemeinsam an dem Track gearbeitet. Bei »Love on myself« haben wir Calum Scott *(britischer Sänger, Anm. d. Autoren)* den Song erst später geschickt, weil ich dachte, er könnte auf dem Track sicher gut klingen. Er hat seinen Part nachträglich eingesungen, da gab es keine physische Zusammenarbeit.

Wo findest du deine Ideen?

Am Anfang habe ich oft Songs geschickt bekommen, die ich dann bearbeitet habe, das war noch eine klassischere Rolle als DJ und Produzent. In den letzten zwei Jahren habe ich mich aber verstärkt auch als Songwriter geschult. Jetzt bin ich an dem Punkt, an dem ich alle Songs, die ich veröffentliche, selbst mitschreibe, die Musik und auch die Texte. Ich will meine eigenen kreativen Ideen verwirklichen und nicht mehr nur fremde Sachen remixen.

Steckt hinter dem Wunsch ein Minderwertigkeitskomplex? Nicht mehr »nur« zu reproduzieren, sondern endlich selbst voll kreativ sein zu können?

> »ICH MÖCHTE IN MEINER MUSIK JETZT IMMER AUCH MEINE GESCHICHTE ERZÄHLEN.«

Nein, ein Minderwertigkeitskomplex nicht. Dieser neue Weg ist eher eine Konsequenz aus meinem Erwachsenwerden, nach meinem Debütalbum 2018 und meinem Coming-out ist die lyrisch-inhaltliche Ebene für mich immer bedeutsamer geworden. Davor bin ich unbedarfter an die Sachen herangegangen, auch in der Öffentlichkeit. Jetzt ist es mir wichtiger, was ich in meinen Texten sage und was in meinen Interviews. Dahinter steckt letztlich die Sinnfrage, die sich durch meine tiefe Krise ergeben hat: Wofür nutze ich meine Reichweite? Was ist meine Rolle als Künstler in dieser Gesellschaft? Ich möchte in meiner Musik jetzt immer auch meine Geschichte erzählen. Langfristig macht mich das glücklicher.

Nehmen deine Fans das auch wahr? Oder denken manche immer noch immer in dem Klischee, der DJ muss gute Stimmung machen, aber ansonsten eher funktionieren und nicht überbordend kreativ sein?

Das ist sicher ein Prozess, viele Menschen kennen mich noch von früher, und für die bin ich vielleicht immer noch ausschließlich der DJ mit der Gute-Laune-Musik. Man wird einmal einsortiert und muss dann doppelt so hart strampeln, um sich wieder umzusortieren. Ich merke aber mittlerweile am Feedback, auch von anderen Künstlern, dass dieser neue Felix Jaehn gehört und verstanden wird. Ich bekomme viele Zuschriften von Fans, die sich durch mich zu mehr Selbstliebe motiviert fühlen.

Wie macht man aus einem bestehenden Lied einen neuen Dancehit?

Wenn ich an Remixen arbeite oder an Covern, lasse ich mir am Anfang meistens die Gesangsspuren schicken. Dann mache ich in der Regel alles neu, ich ändere das Tempo, weil die Tracks oft nicht im Dancetempo sind. Manchmal suche ich auch nach neuen Akkorden, meistens bleiben sie aber wie im Original. Dann baue ich den Track weiter auf, erst mit den Drums, um den Drive reinzukriegen, dann mit einer Bassline, der Lead-Melodie. Am Ende layere ich die Sounds, füge Effekte hinzu, glätte die Übergänge. Das ist alles Handwerk. Viel wichtiger ist, den Song richtig zu verstehen: Was ist das ideale Tempo für ihn? Und was das richtige Arrangement, um aus ihm einen neuen Dancetrack zu machen?

Was ist der typische Jaehn-Sound?

Irgendwie mache ich einfach, und es wird fast immer gut *(lacht)*. Was sich bei mir aber durchzieht, ist die Kombination von elektronischen Sounds und echten Instrumenten. In fast jedem Track verwende ich Streicher, Gitarren, Trompeten oder Klavier, kombiniert mit elektronischen Drums und Synths. Das ist ein zentrales Erkennungsmerkmal meiner Songs.

Woher beziehst du deine Inspirationen? Wer sind deine Vorbilder? Leute wie Sven Väth oder Paul van Dyk?

Nein, eher nicht, ich bin eine Generation jünger und auch viel poplastiger als Sven Väth oder Paul van Dyk. Als ich mit sechzehn angefangen habe aufzulegen, waren meine größten Einflüsse Avicii, Calvin Harris und David Guetta. Oder auch ein Track wie »Sky and Sand« von Fritz und Paul Kalkbrenner, das war einer meiner Lieblingssongs und ist einer der Gründe dafür, warum ich Dancemusik mache. Ich komme immer eher vom Song und vom Text, damit bin ich sehr weit im Popbereich angesiedelt. Ich habe immer eher DJs bewundert, die im Radio- und Popsegment erfolgreich waren.

Gibt es etwas typisch Deutsches an deiner Arbeit? Wird deine Musik international so wahrgenommen?
Nicht als typisch deutsch, international hat sich der Sound ohnehin immer mehr angeglichen. Alle arbeiten mit den gleichen Tools, alle haben dieselbe Software, dieselben Plugins und Samples. Aber in Amerika höre ich manchmal, dass es ein europäischer Sound ist. In Amerika ist Hip-Hop viel größer; diese Form von Dancemusik mit Vocals, die ich mache, ist da nicht so verbreitet. Deshalb sind europäische Acts in Amerika oft so erfolgreich, die kennen das nicht so. Es gibt aber auch Unterschiede bei der Trackauswahl. Als ich im August vor einem Jahr in Amerika auf Clubtour war, kam ein deeperer Sound wie Chris Lake dort total gut an. Bei meinen Shows in Deutschland lief das nicht so gut.

Sondern? Was stattdessen?
Die Deutschen wollen es eher in your face, ein bisschen schneller, mehr Future House, mehr Vocals. Vielleicht ist das aber auch nur ein Eindruck, weil meine Fanbase in Deutschland eine andere ist. Hier habe ich im Vergleich viel mehr Airplay- und Charterfolge. Das lockt vielleicht auch ein anderes Publikum in die Clubs als in Amerika.

Reagiert das Publikum in Amerika oder in Asien anders auf deine Musik als hier in Deutschland?
In Mittel- und Südamerika gehen die Crowds am meisten ab, die sind total euphorisch, noch lauter und lebensfroher. Vielleicht sind das die südländischen Vibes. Aber auch Frankreich ist toll, eines meiner Lieblingsländer für Auftritte, das Publikum da ist unglaublich. In Asien, in Schanghai, Tokio oder Südkorea, ist der Hype um deine Person dafür viel krasser. Ich habe auch in Deutschland viele Hardcorefans, die am Flughafen schon mit Plakaten stehen und stundenlang auf mich warten. Aber in Asien hab ich mich gefühlt, als würden mich alle anhimmeln, die rasten völlig aus. Das war teilweise wie bei einem Popkonzert.

DJs wie Robin Schulz oder du feiern weltweit große Charterfolge. Warum ist Dance aus Deutschland plötzlich wieder so cool?
Ich glaube, weil das, was Robin oder ich machen, ein völlig neues Genre ist, das erst in den letzten zehn, fünfzehn Jahren entstanden ist. Das geht vor allem auf David Guetta zurück. »I got a feeling« war einer der ersten Songs von ihm, die weltweit ein Radiohit waren. Oder Avicii in Amerika mit »Wake me up« oder mein »Cheerleader«-Remix von 2015, das waren Dancehits, die auf einmal in der Heavy Rotation im Top-40-Radio liefen. Damit hat sich dieses neue, mainstreamtaugliche Genre eröffnet, nicht nur in Deutschland, sondern auch in Frankreich, Belgien oder mit Kygo in Norwegen. Zwischen 2014 und 2016 ist eine neue Welle von Künstlern entstanden, die es uns leicht gemacht hat. Außerdem ist Deutschland nach Amerika und England der drittgrößte Musikmarkt weltweit. Was hier erfolgreich ist, ist für Künstler auf der ganzen Welt interessant.

Elektronische Musik aus Deutschland ist seit den Siebzigern international erfolgreich. Bands wie Tangerine Dream oder Kraftwerk sind bis heute stilbildend für viele Künstler. Siehst auch du dich in dieser Tradition?
Ein Stück weit sicher, alle diese Acts haben jemandem wie mir den Weg bereitet, weil sie die Dancekultur in Deutschland groß gemacht haben. Aber ich würde mich selbst gar nicht in der Clubkultur ansiedeln. Natürlich bin ich DJ und mache elektronische Musik, aber eigentlich spiele ich in einem Segment, das mit den DJs und der elektronischen Musik von früher nicht mehr viel zu tun hat. Diese viel deepere Underground-Clubkultur gibt es ja weiter, in der Deutschland eine sehr relevante Rolle spielt und Berlin ein Hotspot ist. Aber unter all diesen Clubs in Berlin gibt es keinen, in dem ich auflegen könnte.

Inwieweit bist du auch von der Technowelle in den Neunzigern beeinflusst, von der Loveparade, Mayday, Leuten wie Westbam, Alex Christensen oder Marusha? Spielen die eine Rolle für dich?
Ganz ehrlich? Ich habe mit denen nicht mehr viel zu tun. Ich bin 1994 geboren, habe mit vierzehn angefangen, mich mit Dance auseinanderzusetzen. Die Loveparade war für mich eine große Sache aus der Vergangenheit, für die ich sehr dankbar bin und die ich sehr respektiere. Aber es ist keine Szene, mit der ich im direkten Kontakt bin.

Manche sagen, DJs wie Felix Jaehn oder Robin Schulz machen Mainstream, und meinen das durchaus abfällig. Kränkt dich so eine Kritik?
Überhaupt nicht, wieso denn? Das ist doch keine Beleidigung! Ich schreibe Popsongs, mir ist bewusst, dass ich voll im Mainstream bin, sonst ist man nicht Nummer eins in den Singlecharts. Für die Dancekultur ist das doch sogar sehr positiv, weil es viele Menschen auf den Geschmack bringt, die über die Popkünstler im Dancebereich vielleicht weiter in die deepere Kultur abtauchen. Außerdem kommt es immer auf die Perspektive an. Manche haben meine Musik am Anfang Tropical House genannt, dabei ist es einfach Dance oder Pop. Underground-DJs würden wahrscheinlich sagen, was der Jaehn macht, hat nichts mit Dance zu tun, das ist Pop. Und

> »MIR IST BEWUSST, DASS ICH VOLL IM MAINSTREAM BIN.«

FELIX JAEHN

der Mainstream-Hörer wird sagen, ne, Pop klingt anders, das ist doch Dance-Scheiß!

Trotzdem ist der Begriff Mainstream für viele seltsam negativ belegt, wie ein Schimpfwort.
Völlig dämlich. Das machen nur Menschen, die zu cool sind für alles. Vor allem dafür, sich einzugestehen, dass Mainstream Spaß machen kann. Sehr viel Spaß sogar.

Mit siebzehn, direkt nach dem Abitur, bist du nach London gegangen, um an der Point Black Music School Musikproduktion zu lernen. Kann man Kreativität pauken?
Nein, natürlich nicht, aber man kann die Techniken lernen, die Kreativität besser ermöglichen. In London habe ich gelernt, die Produktionssoftware wie Logic besser zu verstehen, aber auch Musiktheorie gemacht, Akkordstrukturen, den Aufbau von Songs. Und ich hatte Kurse in Musikbusiness, mit Dozenten, die als Manager in der Musikindustrie gearbeitet haben. Daraus habe ich sehr viel gezogen: Ich habe einen Track fertig, aber was mache ich jetzt damit? Ich habe angefangen, mir bei Soundcloud eine Fanbase aufzubauen, pro Tag dreihundert E-Mails mit Soundlinks an Blogger geschickt, um meine Musik zu verbreiten. Ich habe Fotoshootings gemacht, versucht, meine Marke aufzubauen. In dem Jahr in London habe ich erst richtig begriffen, wie das Business funktioniert.

Wie viel Anteil am Erfolg haben der Aufbau und die Pflege einer eigenen Marke?
Einen großen, ohne geht es kaum noch. Und das erfordert viel Engagement. Als ich achtzehn war, hatte ich in London irgendwann so viele Mix-CDs verteilt, Leute angequatscht und Mails geschrieben, dass ich erste Auftritte bekam und eine erste kleine Residency *(längeres Engagement in einem Club, Anm. d. Autoren)* gespielt, in einem Pub im Dockstar in Brixton. Und kurze Zeit später durfte ich im Ministry of Sound und im PACHA die Openings spielen, in den legendären Clubs in London. Ohne die Vorarbeit hätte das wahrscheinlich nicht geklappt.

Haben junge Künstler wie du es durch die sozialen Medien und das Internet heute leichter als die DJs früher, die sich viel mühsamer ihre Fanbase aufbauen mussten?
Die Geschwindigkeit bei uns ist größer, im positiven wie im negativen Sinne. Die Einstiegskriterien in die Szene sind viel niedriger als früher, jeder kann sich einen Soundcloud-Account anlegen und mit einem Laptop anfangen, Musik zu produzieren, weil man heute keine teuren Studios und Werbekampagnen mehr braucht, damit die Musik gehört wird. Ein großer Luxus. Aber umgekehrt entsteht dadurch eine so große Flut an Content, dass die Aufmerksamkeitsspanne der Menschen viel geringer geworden ist. Dadurch wird man als Künstler gezwungen, noch mehr Gas zu geben.

Weil man sonst schnell wieder aus dem Bewusstsein der Leute verschwindet?
Du musst immer präsent bleiben, um in der Masse überhaupt noch gehört zu werden. Bei Instagram sind die Storys mittlerweile schon nach vierundzwanzig Stunden wieder offline. Von einem Künstler, der bei einem Major Label unter Vertrag steht, wird deshalb erwartet, dass jeden Tag mindestens vier Storys online sind, an diesem Schnitt orientieren sich die meisten. Das heißt, wenn du jeden Tag vier Storys hochladen musst, hast du allein dadurch schon sehr viel zu tun. Das steigert den Stresslevel noch weiter.

Beeinflusst diese enorme Geschwindigkeit auch die Art und Weise, wie du Musik schreibst und produzierst? Weil du weißt, dass der Algorithmus bei Spotify nach dreißig Sekunden die erste Gesangsspur erwartet?
Unbewusst spielt das sicher eine Rolle, schon weil ich mit Spotify aufgewachsen bin und mein erster Hit, »Cheerleader«, ja auch dort groß geworden ist. Ich höre meine Musik nur dort, deshalb beeinflusst mich diese Ästhetik sicher auch bei meiner Arbeit. Ich habe neulich aber auch einen Track released, »LIITA«, den wir bewusst mit dreißig oder vierzig Sekunden Drum-Intro gestartet haben, auch wenn das für den Algorithmus eine Katastrophe ist. Der Song muss sich aber erst in Ruhe aufbauen. Man muss dem Algorithmus künstlerisch auch immer mal widersprechen. Trotzdem war klar, dass der Track dadurch keine Single werden kann. Den Tod muss man mittlerweile sterben ... oder wie früher noch einen Radioedit machen.

> »DU MUSST IMMER PRÄSENT BLEIBEN, UM IN DER MASSE ÜBERHAUPT NOCH GEHÖRT ZU WERDEN.«

Haben sich auch die Anforderungen der Fans in den letzten Jahren geändert?
Die Fans sind viel ungeduldiger als früher. Vor einiger Zeit habe ich ein Instagram Live gemacht und dort mit Fans gesprochen. Eine Frau sagte: »Ich find dein neues Lied total super.« Ich fragte: »Welches meinst du?« »Na, das neue, die Collab mit Aoki, welches denn sonst?« Ich: »Hätte doch auch sein können, dass du ›Sicko‹ meinst.« Sie: »Ne, das ist doch schon voll alt!« Dabei war der Track erst drei Wochen vorher rausgekommen! Drei Wochen vorher! Da dachte ich: Wow, krass! Jetzt geht es schon so los, dass drei Wochen nach Songrelease die ersten Fans fragen, wann endlich die neuen Sachen kommen.

ZWISCHEN SCHUBLADENDENKEN UND **KITSCHVERDACHT**

Warum man in Deutschland ein Image nur schwer loswird und wieso es oft mit Argwohn betrachtet wird, wenn etwas zu unterhaltsam ist.

Da kann man noch so erfolgreich sein, dieses Land bringt selbst tiefenentspannte Rocker an ihre Grenzen. »Dieses ewige Gemäkel in Deutschland«, klagt Klaus Meine, Sänger der Scorpions. Mehr als 100 Millionen verkaufte Alben, gefeiert in Japan und verehrt in Amerika, Vorbild und Inspiration für große amerikanische Acts wie Bon Jovi, die »Rock you like a hurricane« bis heute voller Respekt spielen. Sogar Billy Corgan von den Smashing Pumpkins ist Fanboy. Und in Deutschland? Gelten die Scorpions vielen als zwar irgendwie wichtige, aber auch leicht peinliche Altrocker-Band aus der niedersächsischen Provinz. »Wind of Change« kann jeder mitpfeifen, sicher, aber davor und vor allem danach haben die Deutschen die Häme mitunter kübelweise über Meine und seine Jungs ausgeschüttet. Dieser deutsche Akzent im Englischen! Diese Klamotten! Und überhaupt ... Eine Band aus Hannover kann doch kein Welterfolg und deutsches Aushängeschild sein! Aus Berlin vielleicht oder aus München, okay. Aber aus HANNOVER?

So wie Meine geht es auch anderen deutschen Künstlern, die im Ausland geliebt, im eigenen Land aber mit ähnlich großer Leidenschaft notorisch unterschätzt werden. Auch die Metaller von Blind Guardian klagen darüber, dass sie im Ausland mitunter ernster genommen werden als in ihrer Heimat. Aber bei vielleicht keiner anderen Band ist die Diskrepanz zwischen Top und Hop so eklatant wie bei den Scorpions. Stellt sich die Frage: Woran liegt das? Erste, naheliegende Erklärung: Wir Deutschen mäkeln einfach für unser Leben gern. Und gerade einen deutschen Akzent im Englischen finden wir so bemitleidenswert, dass wir uns nicht nur bei Politikern von Guido Westerwelle bis Günther Oettinger, sondern auch bei Musikern formidabel darüber lustig machen können. Wenn englischsprachige Musiker auf Deutsch radebrechen, finden wir das hingegen oft total süß wie damals bei David Bowies »Helden«, seiner deutschen Version von »Heroes«, in der »Schusse« an der Berliner Mauer »die Luft reißen«. Oder wie bei den Beatles, deren unfreiwillig komische Eindeutschung von »She loves you«, »Sie liebt dick, yeah, yeah, yeah« selbst bei dünnen Menschen auf Begeisterung stieß. Auch das unterscheidet die Deutschen fundamental vom anglophonen Musikmarkt: In Amerika wäre es undenkbar, dass jemand sich über den leicht lateinamerikanischen Akzent von, sagen wir, Shakira, lustig macht. In Deutschland hingegen kommt auch bei der Häme über Akzente vielleicht ein alter Minderwertigkeitskomplex durch: Wer uns auf der ganzen Welt vertritt, der hat das bitte schön so perfekt zu machen, dass man seine Herkunft kaum noch bemerkt. Vielleicht, weil wir international so gern auf Augenhöhe sein wollen und eine irrationale Angst davor haben, diesem Anspruch nicht zu genügen.

Zweiter Erklärungsansatz für die Hassliebe der Deutschen zu den Scorpions: Die Band war ihnen nie patriotisch genug. Die Deutschen wollen Stars, die ihnen nahe sind, damit sie sich mit ihnen identifizieren können. Die Scorpions hingegen haben sich von Anfang so sehr am amerikanischen Markt orientiert und versucht, auch im Habitus und Gestus amerikanischer als die Amerikaner zu sein, dass die Deutschen sich von ihnen nicht genügend geliebt fühlten. In Rio, Paris und Moskau füllten die Scorpions die Stadien. Das nötigte den Deutschen Respekt ab, nur ihr Herz wärmte es nicht. »Wenn Udo Lindenberg einen Furz in Ostberlin lässt, horcht hier gleich jeder auf«, sagte Klaus Meine vor Jahren der Süddeutschen Zeitung. »Wenn wir aber zehn Konzerte vor insgesamt 150.000 Zuschauern geben, ist das den hiesigen Medien nicht mal eine Meldung wert.«

DIE SCHUBLADEN SIND TIEF

Der dritte, wichtigste Erklärungsansatz aber, der nicht nur für die Scorpions gilt, sondern auch für viele andere deutsche Musikerinnen und Musiker, lautet: Wir ordnen Künstler schneller – und tiefer – als andere Länder in Schubladen ein, aus denen sie nur schwer wieder herauskommen. Übersetzt auf die Scorpions heißt das: Vielleicht hatten sie zu großen Erfolg mit dem falschen Lied. Als »Wind of Change« 1991, nach immerhin schon dreißig Jahren Hardrock, über Nacht zum Sound des Mauerfalls wurde, obwohl Meine den Song schon lange davor geschrieben hatte, hakten viele Deutsche, die die progressiven, viel härteren Anfangsjahre gar nicht kannten, die Gruppe fortan unter der Kategorie »Softrock« ab. Die Scorpions, das war jetzt die Band, die im Radio rauf und runter lief und mit Auftritten bei Gottschalks »Wetten, dass..?« endgültig im Mainstream angekommen war. Ironie des Schicksals: »Wind of Change« war der größte Erfolg der Band in Deutschland und ist bis heute die erfolgreichste Single aus deutscher Produktion. Aber ausgerechnet durch diesen Song nahmen die Vorbehalte noch zu, die manche ohnehin schon gegen die Band hegten. Die Schublade ging endgültig zu.

Schubladen ... Dieses Phänomen ist in der deutschen Musikrezeption elementar, nicht nur in Bezug auf die Scorpions. Davon können gerade jene Künstler ein Lied singen, die die vermeintlichen Genregrenzen zu überwinden wagen. Der Geiger David Garrett zum Beispiel irritiert die Klassikwelt seit Jahren mit großer Lust an der Provokation, weil er nach Beethovens Violinkonzert »November Rain« von Guns N'Roses geigt und danach ungerührt mit Brahms weitermacht. Ein eigenwilliger Selbstvermarkter mit großem Sendungsbewusstsein, dem selbst seine schärfsten Kritiker ein riesiges Talent attestieren. Ein Talent, bei dem die einschlägigen Journalisten in den Feuilletons aber auch schnell skeptisch die Köpfe wiegen und ihn als »Fernsehzaubergeiger vom Dienst« oder »Jörg Pilawa der klassischen Musik« titulieren. So als sei jemand, der als nachgewiesener Könner freiwillig »Thunderstruck« von AC/DC geigt, per se nicht ernst zu nehmen. Jemand wie Garrett irritiert: In welche Schublade soll man ihn stecken? In die der herkömmlichen Klassik-Interpreten? In die André-Rieu-Gedächtnis-Schublade der Fernsehgeiger, die alles weggeigen, solange man auf der Eins und Drei dazu klatschen kann? Oder in die Nigel-Kennedy-Schublade der einstigen Wunderkinder, die brillant die alten Werke spielen, die Rezeptionsgewohnheiten der Klassikwelt aber durch ihr flippiges Auftreten genüsslich torpedieren? In viele Schubladen hineinzupassen, aber in keine so richtig, ist für manche intellektuelle Großkritiker in Deutschland fast noch schlimmer, als auf ein Genre festgenagelt zu sein. Oder, anders gesagt: Lieber eindeutig Andrea Berg als ein Zwitter aus ZDF-Fernsehgarten und der Met in New York.

Erstaunlicherweise gilt dieser Hang zu langfristig geschlossenen Schubladen und Weltbildern nicht nur für die berufsmäßigen Nörgler in den Redaktionen, sondern auch für die Peergroups vieler Bands, die gerade in vermeintlich progressiven linken Milieus äußerst unbarmherzig gegenüber musikalischen Grenzüberschreitungen sein können. Als die Punkband Extrabreit Anfang der Achtzigerjahre in der Neuen Deutschen Welle durchstartete, nahmen ihr das viele ihrer Fans aus dem Hagener Punkmilieu ebenso übel wie die Crossover-Experimente, die die Band mit Hildegard Knef und Hans-Albers-Liedern veranstaltete. So als hätte die Band alle Punk-Ideale verraten, nur weil sie mit der Knef rote

Rosen regnen ließ. Auch der zur Schau gestellte Intellektualismus mancher Bands im Indiebereich ist mindestens so legendär wie der wohltuende Bruch dieser Attitüde durch einen Sänger wie Jochen Distelmeyer von Blumfeld. Der berief sich immer mal wieder auf Kommerzgrößen wie George Michael oder gar die Münchner Freiheit und traumatisierte die Diskurs-Popper der Hamburger Schule damit nachhaltig. Immerhin: So sprengt man die Ketten der Distinktion.

Überhaupt Distinktion: Wenn es einen Begriff gibt, der das angespannte Verhältnis vieler intellektueller deutscher Musikfans zur »leichten« Muse erklärt, dann vielleicht dieser – Kitschverdacht. Kitsch, darunter versteht man gemeinhin Produkte von zweifelhaftem künstlerischem Wert, also Musik, die nicht vielschichtig ist, sondern Gefühle und Botschaften sehr einfach ausdrückt. Gerade wir Deutschen haben oft Angst vor dem Kitsch, auch wenn wir bei den Italienern vielleicht insgeheim bewundern, wie selbstverständlich und ironiefrei sie große Gefühle in sehr kitschige Lieder gießen. Eros Ramazotti darf das, wir hingegen denken schnell: zu süß, zu seicht, zu viel Gefahr sozialer Rufschädigung. Richtig, wir müssen an dieser Stelle auch vom deutschen Schlager sprechen, der einen tiefen Graben mitten durch die Musiknation zieht. Die einen sind glühende Anhänger von Andrea Berg, Semino Rossi oder Helene Fischer, und dies umso trotziger, je härter der Schlager in den Feuilletons angefeindet wird. Die anderen haben schon Statusängste, wenn ein Lied nur drei Kadenzen hat oder der Rhythmus eines Songs in die Nähe des schlagertypischen deutschen Disco-Stampfs kommt.

Diese Entwicklung hat in Deutschland sicher auch historische Gründe, weil die Nationalsozialisten den deutschen Swing und den klugen deutschen Chanson der 1920er-Jahre, der Unterhaltsamkeit oftmals kongenial mit textlichem Anspruch und Witz verband wie bei Kurt Weill oder Friedrich Hollaender, so nachhaltig aus dem Land vertrieben haben, dass nach dem Krieg lange nur die plump formulierte Sehnsucht nach der verlorenen heilen Welt übrig blieb, der frühe deutsche Nachkriegsschlager von Freddy Quinn bis René Carol. Vielleicht ist der besondere deutsche Kitschverdacht immer noch eine Spätfolge dieser Zäsur – eine Art Schutzreflex gegen alles, was allzu unterhaltsam und heile Welt ist, weil (leichte) Unterhaltung und Anspruch sich nach 1945 lange tatsächlich ausschlossen. Womöglich liegt es auch daran, dass »Schlager«, »schlagerhaft« oder »schlageresk« in Deutschland für viele ein regelrechter Kampfbegriff ist, der fast denunziatorisch verwendet wird. Wem vermeintliche Spurenelemente des Schlagers in seinem Werk nachgewiesen werden, dessen Ernsthaftigkeit als Künstler ist schon halb infrage gestellt. Den Toten Hosen ist 2012 genau das mit ihrem Superhit »Tage wie diese« passiert. In Frankreich hingegen, dessen hochwertige Chansonkultur keinen Strömungsabriss durch zwölf Jahre entarteten nationalsozialistischen Wahnsinns erlebt hat, wäre der deutsche Generalverdacht undenkbar, unterhaltsame Lieder könnten per se kaum etwas mit Anspruch zu tun haben.

KITSCHIG, ABER GROSSARTIG

Höchste Zeit also für eine nachhaltige Entkrampfung – und für mehr Differenzierung: Man muss nicht bei jeder zuckrigen Harmonie und eingängigen Melodie gleich den Glauben an eine Band und ihre Hardrock-Fähigkeiten verlieren wie bei »Wind of Change« und den Scorpions. Und man darf dazu stehen, dass es selbstverständlich überaus kitschige, aber dennoch großartige Schlager gibt wie etwa von Udo Jürgens, bei denen man sich nicht dafür schämen muss, wenn der Fuß unwillkürlich mitwippt. Aber gleichzeitig kann man die immer gleiche Retorten-Ware voller Überzeugung ablehnen, mit der man in Frühlings- und Herbstfesten der Volksmusik beschallt wird und die über den Harmonie-Kitsch der Fünfzigerjahre bis heute nicht nennenswert hinausgekommen ist.

Er sei fest davon überzeugt, sagt der Geiger David Garrett, dass wir alle Momente hätten, in denen wir Kitsch bräuchten. Nur muss es guter Kitsch sein; Kitsch, der uns wärmt, weil er glaubhaft und authentisch ist. Und nicht perfekt choreografiert und mit Artistikeinlagen, aber ohne Seele.

DAVID GARRETT

▲ Für einen, den Traditionalisten einen Paradiesvogel zeihen, wirkt David Garrett auf diesem Bild aus Berlin ziemlich zurückgenommen. So etwas würden manche Journalisten nie über ihn schreiben. Garrett würde es aber ohnehin nicht lesen.

▸ INTERVIEW

WIE VIEL U VERTRÄGT E, DAVID GARRETT?

Wenn wir über Künstler sprechen, die durch und durch Crossover sind und damit polarisieren, kommen wir an David Garrett nicht vorbei. Der Geiger tritt schon als Kind neben den Klassikgrößen dieser Welt wie Itzhak Perlman und Yehudi Menuhin ins Rampenlicht, bis er den eigentlich vorgezeichneten Weg zum Entsetzen der Klassikfreunde abbricht, um in vermeintlich seichtere Gewässer abzutauchen: in den Pop-Rock. Vermeintlich! Denn für Garrett bemisst sich der Wert von Musik nicht am Anteil der Hüftsteifheit im gesetzteren Publikum, und so kredenzt er seinen Klassik-Hörern weiterhin Paganini und Mozart, derweil die Pop-Hörer den kaum minder virtuosen Prince oder auch etwas seichtere Rockmelodien von Guns N'Roses auf die Ohren bekommen. Jedes Mal ist es wieder ein schmaler Grat, auf dem Garrett wandelt, das weiß er. Ob dann wirklich auch noch die Interpretation von »Super Mario« sein muss, erklärt er uns im April 2020 im Interview, das wir coronabedingt per Videochat führen müssen. Garrett zeigt sich dabei als Künstler, den die Häme mancher Feuilletonisten nicht mehr anficht. Oder doch? Egal, wie man zu seiner Kunst steht, er weiß jedenfalls sehr genau, was er tut und wie er es anstellt, gelegentlich mit voller Absicht die Erwartungshaltung zu durchbrechen, um dann wieder mit einer Bachschen Fuge auf gewohnten Klassikpfaden zu wandeln. David Garrett über Beethoven und Jimmy Page, Selbstinszenierung zu Mozarts Zeiten, Applaus im Konzert – und auch eine Frage nach André Rieu muss er leider ertragen, die wollen wir ihm nicht ersparen. Aber auch die meistert er professionell und mit Pokerface.

David Garrett, 1980 als Sohn einer Amerikanerin und eines Deutschen in Aachen **geboren**, erhielt schon als Kind seinen ersten Plattenvertrag. Stars wie Yehudi Menuhin lobten ihn als **Wunderkind**, später **studierte er unter Itzhak Perlman in New York**. Der Wandel zum Klassik- und Popgeiger brachte ihm Kritik und Häme, andererseits aber auch große kommerzielle Erfolge ein. Sein **Album »Rock Symphonies« schaffte es 2010 auf Platz eins der deutschen Charts**. 2013 spielte er die Hauptrolle als Niccolò Paganini in »Der Teufelsgeiger«.

David, du bist in beiden Welten erfolgreich, in der klassischen wie in der populären Musik ...
Da muss ich gleich einhaken: Für mich sind Mozart und Beethoven genauso populär wie die Beatles und die Rolling Stones. In der Zeit, als Mozart komponiert hat und aufgetreten ist, war seine Musik Pop, sie hat die damalige Musikwelt durchgeschüttelt. Der Begriff populäre Musik schließt also überhaupt nicht aus, dass etwas qualitativ hochwertig ist.

>> FÜR MICH SIND **MOZART** UND **BEETHOVEN** GENAUSO POPULÄR WIE DIE **BEATLES** UND DIE **ROLLING STONES**. <<

Können es Prince, Elton John oder Queen – zweifellos drei grandiose Künstler und Komponisten – kompositorisch mit Haydn, Mozart oder Händel aufnehmen?
Ich finde ja, unbedingt! Für mich ist eine große Melodie das wichtigste Merkmal der Musik. Selbst eine große Gustav-Mahler-Sinfonie basiert im ersten Satz auf zwei Hauptthemen. Das sind, im modernen Jargon gesprochen, zwei Songs, ein schneller und ein langsamer. Natürlich ist in der Klassik und der Spätromantik viel mehr als heute ausgetestet worden, was man mit dem Material anfangen kann. Mit wie vielen Harmonien man arbeitet, wie man die Melodie variiert, wie in einem Spinnennetz. Aber im Endeffekt, wenn man auf die Basis zurückkommt, sind es zwei Motive und Melodien, die im ersten Satz durchgespielt werden. Eigentlich nicht viel anders als bei Prince oder Queen.

Ist es aber nicht dennoch so, dass die Werke der Klassik, Romantik oder des Barock tendenziell deutlich komplexer sind als Pop-, Jazz- oder Rocksongs?
Das ist so, aber wenn ein Stück gut ist, ist es gut. Gerade wenn man auf die Rockmusik schaut, die mir besonders naheliegt, findet man eine Vielzahl von Musikern, die es mit Brahms oder Paganini aufnehmen können und die unglaubliche Virtuosen sind wie Jimmy Page *(Gitarrist von Led Zeppelin, Anm. d. Autoren)* oder Jimi Hendrix. Sie haben ihr Instrument, die Gitarre, neu definiert, genau wie ein Paganini oder ein Fritz Kreisler die Geige. Prince zähle ich auch dazu. Er war ein unglaublicher Allrounder, konnte mehrere Instrumente sehr gut spielen und war ein fantastischer Komponist. Insofern ist der Mozart-Vergleich bei ihm angebracht. Ich weiß nicht, wie gut Mozart improvisieren konnte, aber Prince war phänomenal darin.

Was würdest du Klassikliebhabern empfehlen, die dennoch über Michael Jackson oder Prince die Nase rümpfen, weil sie es nicht besser wissen? Sollten sie sich einmal ernsthaft mit Rockvirtuosen wie Guthrie Govan, Steve Vai oder Jeff Beck beschäftigen?
Ich würde anders argumentieren: Hört euch mal eine Telemann-Sonate oder eine Mozart-Sonatine an. Die sind ganz einfach und trotzdem fantastisch. Entscheidend ist doch: Jeder dieser Künstler, ob Mozart, Beethoven, Tschaikowski, Brahms oder Rachmaninow, hat in seiner Zeit mit den damaligen Mitteln gearbeitet, aber war der Zeit musikalisch zugleich immer ein Stück voraus. Mozart wäre in der heutigen Zeit sicher auch ein Avantgardist.

Vielleicht würde Mozart heutzutage auf YouTube Klavier-Tutorials und auf Instagram Storys posten.
Mit großer Wahrscheinlichkeit. Mozart und andere hätten die modernen Möglichkeiten sicher voll ausgeschöpft.

Beethoven verkaufte Subskriptionen seiner Werke und Tickets für seine Auftritte. Auch die frühen Klassikstars waren teils schon gute Marketingexperten, auch wenn das heute in Vergessenheit geraten ist.
Beethoven war ein Meister der Selbstvermarktung! Wir denken heute immer, Twitter und Instagram oder das Verkaufen von Fanartikeln seien ein modernes Phänomen. Aber das stimmt nicht. Mein Vater hatte ein Geschäft für Geigen, auch ein Auktionshaus, und hat Kuriosa gesammelt, auch von dem großen italienischen Geiger und Komponisten Niccolò Paganini. Was damals alles mit dem Namen Paganini verkauft worden ist – von Kaffee über Teesorten, Kolophonium bis hin zu Taschentüchern! Es wurde alles vermarktet, von so einem Merchandising träumen Rock'n'Roller heutzutage! Diejenigen, die musikalisch etwas zu sagen hatten, waren zum Teil auch damals schon sehr gute Geschäftsleute.

Besonders Mozarts Eltern vermarkteten früh ihr Wunderkind und gingen mit dem kleinen Wolfgang Amadeus auf Konzertreisen; er wurde schnell zu einer Art Popstar. Damals durfte man allerdings auch bei Sonaten und Opernaufführungen applaudieren und jubeln wie bei einem Popkonzert.
Absolut! Und wenn es schlecht war, flog auch mal Obst! Da gab es richtig Randale.

Woher kommt heutzutage dieser elitäre Blick auf die Klassik? Man hat bei Konzerten ja gelegentlich den Eindruck, dass man gerade einer Andacht beiwohnt und keiner musikalischen Darbietung.
Erst Anfang des zwanzigsten Jahrhunderts ist etabliert worden, dass man zwischen den Sätzen möglichst nicht klatscht.

Bis dahin haben die Leute teilweise sogar nach der Kadenz applaudiert. Es gibt die wunderbare Geschichte von Brahms' Violinkonzert. Der Geiger Joseph Joachim hat das Konzert von Brahms, der eigentlich Pianist war, 1879 uraufgeführt und eine eigene Kadenz dazu geschrieben, nach der die Leute begeistert applaudiert haben. Damals war es völlig normal, seine Begeisterung direkt zu zeigen, wenn etwas gut war.

Und heute?
Heutzutage freust du dich ja schon, wenn du nach dem ersten Satz Tschaikowski, nach dem du völlig durchgeschwitzt bist, Applaus bekommst. Ich persönlich empfinde Applaus als eine völlig normale Reaktion. Ich sage das nicht nur aus der Sicht des Performers – obwohl das natürlich eine tolle Motivation ist –, sondern auch aus Publikumssicht. Wenn mich etwas bewegt, ist es eine völlig angemessene Reaktion, das auch zu zeigen, den Leuten auf der Bühne und seinen Mitmenschen.

Man fühlt sich von der andächtigen Atmosphäre manchmal regelrecht eingeschüchtert.
Und man will nicht angezischt werden *(lacht)*.

Vielleicht kommt einem auch der Gedanke: Wie viele hier im Saal denken gerade eigentlich dasselbe, würden gerne klatschen, trauen sich aber nicht?
Das Publikum sollte man in dieser Hinsicht niemals einschränken! Für mich war das von Anfang an klar: Wer bei meinen Konzerten klatschen will, der soll das auf jeden Fall tun! So viel Zutrauen sollte man seinem Publikum schon entgegenbringen, dass es nicht schon nach drei Noten anfängt zu applaudieren. Das ist auch noch nie passiert!

Du hast länger in New York gelebt und studiert. Gehen die Amerikaner mit den Etiketten freier um als die Deutschen?
Das ist ganz unterschiedlich. Es gibt auch dort eine eingefahrene Klassikgemeinde, die der Fehlinformation aufsitzt, dass man zwischen den Sätzen nicht zu klatschen hat, weil sie davon ausgeht, dass das auch zu Brahms' und Beethovens Zeiten so gewesen ist. Wenn man sie aber aufklärt, sehen diese Menschen es differenzierter. Das Schlimmste sind falsche Informationen, von denen man fest glaubt, dass sie stimmen. Ich glaube, als Künstler sollte man nicht nur dafür Sorge tragen, ein gutes Produkt zu präsentieren oder ein tolles Konzert zu spielen, sondern sein Publikum auch an die Hand nehmen und ihm eine andere Sichtweise mit auf den Weg geben. Selbst wenn jemand von hinten »Schschsch« macht und einen zum Stillsitzen bringen will, sollte man mit gutem Gewissen weiterklatschen, wenn man möchte.

Du stehst wie wenige andere klassische Interpreten dafür, nicht mehr akribisch zwischen E, wie Ernst, und U, wie Unterhaltung, zu unterscheiden. Würdest du sagen, dass die Hüftsteifheit in den letzten Jahren nachgelassen hat, dass die Menschen sich lockerer machen?
Die Grenze wird durchlässiger. Als ich fünfzehn oder sechzehn war, stand ich immer vor einem sehr etablierten, etwas älteren Publikum. Da war ich unter Garantie immer der Jüngste im ganzen Saal. Das fand ich okay, aber ich wollte etwas dafür tun, dass auch meine Generation bei meiner Musik denselben Spaß wie ich empfindet. Mittlerweile sind bei meinen Klassikkonzerten auch sehr viele junge Leute dabei, mit einer enormen Altersspanne. Da sitzt von den Vierjährigen, die gerade angefangen haben zu geigen, bis zur Großmutter alles vor der Bühne. Das hört sich immer so plakativ an: Musik verbindet. Aber bei meinen Konzerten ist es einfach so.

Trotzdem wirst du von den Feuilletons mitunter hart angefasst: zu poppig, zu sehr Mainstream, zu wenig ernsthaft seist du, schreiben sie. Ein F.A.Z.-Kollege hat dich mal als »Fernsehzaubergeiger vom Dienst« bezeichnet. Liest du solche Kritiken überhaupt noch?
Meine Mutter schickt sie mir manchmal, und dann lese ich sie ab und an. Aber ich habe seit vielen Jahren aufgehört, nachzuforschen und mich darüber aufzuregen. Wenn du ein guter Musiker bist, weißt du selbst, ob es eine gute Performance war und ob du das Publikum mitreißen konntest. Und wenn es ein schlechtes Konzert war, weiß ich das auch und versuche, es am nächsten Tag besser zu machen. Mehr ist es nicht.

Im Spiegel ist vor Jahren eine Geschichte über dich erschienen, in der sich der Kollege über dein Können auf der Geige erstaunt zeigte und bemängelte, dass dein Talent hinter all der überzuckerten Crossover-Popmusik kaum noch zu hören sei. Läufst du nicht tatsächlich Gefahr, dass die Leute das ehemalige Geigenwunderkind gar nicht mehr richtig wahrnehmen?
Nein, überhaupt nicht! Ich habe in den vergangenen zwölf Jahren zwölf Alben herausgebracht, von denen fünf rein klassische waren, Beethoven, Brahms-Konzerte mit dem Israel Philharmonic Orchestra, Mendelssohn-Konzerte mit Andrew Litton, sogar eine Rezitalplatte war dabei. Ich glaube, mein Geigenspiel ist auf diesen Alben sehr gut zu erkennen, gerade für das Brahms-Violinkonzert musst du technisch auf sehr hohem Niveau sein. Abgesehen davon würde ich noch einen Schritt weitergehen: Meine Crossover-Stücke sind oft sehr nah – wenn nicht sogar schwieriger – an den Klassikstücken, die ich spiele. Auch bei ihnen bringe ich immer alle meine Fähigkeiten ein.

Nehmen wir doch mal ein konkretes Beispiel: »November Rain« von Guns N'Roses, ein Stück, das du live im Rahmen deiner Crossover-Konzerte spielst. Wie ist es da mit dem Anspruch und dem Feeling?
Gut, wenn man »November Rain« in einem Paganini-Arrangement spielen würde, ginge das vielleicht an der Idee des Stückes vorbei *(lacht)*. Aber zum Beispiel »Pirates of the Caribbean«, das ich auch spiele: Bittet mal den Ersten oder Zweiten Konzertmeister eines guten Orchesters, das vernünftig zu spielen. Das ist nicht leicht!

Woher rührt dann dieser Hochmut, der ja nicht nur in den Feuilletons vorherrscht, sondern auch bei vielen Klassikhörern, zumindest unserem Eindruck nach? Auch bei Nigel Kennedy, einem ebenfalls brillanten Virtuosen an der Geige, waren die Reaktionen mitunter schon deshalb ablehnend, weil er kein Sakko trug und bunte Haare hatte.
Verrückt, oder? Und das bei einem Virtuosen wie ihm! Es gibt Dinge, die ich nie verstehen werde.

Ein Erklärungsversuch wäre: Das Bildungsbürgertum grenzt sich durch Distinktionsverhalten ab, zieht also eine Grenze zum »gemeinen Volk«, mit dem es nicht in einen Topf geworfen werden will. Ist klassische Musik in Deutschland immer noch ein Klassenmerkmal?
Nein, und ich glaube, das war sie auch nie. Nehmen wir mal Johann Sebastian Bach, den größten Komponisten des Barock. Bach hat erst für die Kirche geschrieben, er war Kantor in Leipzig. In der Kirche hat niemand Eintritt bezahlt, das war also nicht elitär. Oder später Mozart: Er wurde vom Hof beauftragt, Sonaten oder Klavierkonzerte zu schreiben, und hat sie vor Publikum aufgeführt. Das Publikum war zu dieser Zeit sehr gemischt, auch wenn es bei Konzerten die »guten« Sitze gab, die etwas teurer waren. Aber die meisten Zuhörer waren Normalbürger und stammten nicht aus einem elitären Publikum.

Das meinen wir ja: Zu Zeiten von Bach oder Mozart war die Musik weniger elitär als heute. Aber was ist dann passiert? Wann kam der Bruch?
Ich meine, dass dieser Bruch entstanden ist, als in den Dreißiger- und Vierzigerjahren die moderne populäre Musik aufkam, als plötzlich ganz neue Musikrichtungen entstanden sind. Die klassische Musik hat in dieser neuen Konkurrenzsituation aus Angst vor abnehmender Beliebtheit den Fehler gemacht, diese neue Musik nicht zu umarmen, sondern sich von ihr abzuschotten. Diesen Wunsch kann man nachvollziehen, aber langfristig gesehen war diese Abgrenzung für die klassische Musik nicht von Nutzen.

Kann die Kritik an dir auch darin begründet sein, dass du dir die Freiheit herausgenommen hast, Crossover zu machen, während andere – wie Anne-Sophie Mutter – viel mehr bei ihren Leisten geblieben sind? Mutter wird seit Jahrzehnten von der Kritik gefeiert, auch dafür, wieder neue Kreise für die Klassik begeistert zu haben.
Das hat sie auch! Ich bin ein Riesenfan von Anne-Sophie Mutter und habe als Kind ihre CDs rauf- und runtergehört, weil sie eine fantastische Geigerin ist, genau wie Jascha Heifetz, Fritz Kreisler oder Itzhak Perlman, meine großen Idole, die ich unglaublich liebe und bewundere. Mit Sicherheit hat Anne-Sophie Mutter ein riesiges Publikum wieder an die Klassik herangeführt und für sie begeistert. Das heißt aber nicht, dass jemand anderes das nicht auch schaffen kann, auf seine eigene Art.

Auch jemand wie André Rieu?
Auch ein André Rieu hat es geschafft, ein Publikum für wunderschöne Musik zu begeistern. Ist ein André Rieu geigerisch vergleichbar mit einem Maxim Vengerov?

Oder einem David Garrett?
Ich halte mich jetzt raus *(lacht)*. Da würde dir André Rieu aber selbst sagen: Nein. Ich kenne ihn, er ist bescheiden genug, das auch zu wissen. Aber was er macht, macht er sehr gut. Ich will nicht sagen, dass Erfolg Menschen recht gibt. Aber ich finde schon, dass man durchaus etwas Demut haben kann vor Menschen, die etwas Großes hinbekommen haben. Das hat André Rieu durchaus geschafft.

Obwohl manche seine musicalartigen Shows, die Kostüme und all den Kitsch kaum mit ansehen können. Du auch nicht?
Ich möchte die Shows anderer Künstler nicht kommentieren. Es gibt sicherlich manche, die sagen, muss da jetzt die Lasershow kommen, müssen da jetzt die Tänzerinnen sein? Ich habe bei meiner Arbeit eine Prämisse, die lautet: Das Entertainment muss sich immer der Musik unterordnen. Bei mir gibt es keine Lichtershow, die nicht zum Stück passt und zeitlich nicht genau auf die Musik abgestimmt ist.

Was gibt dir selbst auf der Bühne mehr Befriedigung? »Smooth Criminal« von Michael Jackson, »November Rain« von Guns N'Roses oder das Beethoven-Violinkonzert?
Das kommt immer darauf an, wie gut ich ein Stück gespielt habe. Trotzdem ist das Beethoven-Violinkonzert unerreicht,

> »DAS ENTERTAINMENT MUSS SICH IMMER DER MUSIK UNTERORDNEN.«

was die Befriedigung angeht. Jeder Geiger weiß das. Wenn ich morgens aufwache, dann übe ich Tonleitern, Arpeggios, Terzenläufe, Oktaven, und jeden Morgen spiele ich Bach-Solosonaten, Beethoven, einen Satz aus einer Brahms-Sonate, Stücke, die ich vielleicht lange nicht mehr gespielt habe. Es gab in meinem Leben nicht einen Tag, an dem ich die Geige in die Hand genommen und nicht Klassik gespielt habe. Mein Crossover-Programm hat eine große Präsenz über die Medien, und das ist auch gut so. Aber mein Herz schlägt für die Klassik!

Was ist das Einzigartige und Faszinierende an Bach, Beethoven oder Mozart? Was hat ihre Musik, dass sie einen so im Innersten zu berühren vermag?
Bei Bach: die Polyphonie! Bei ihm merkt man, dass Musik und Mathematik offenbar wirklich sehr nah beieinanderliegen, was die Gehirnströme angeht. Bach ist eine perfekte Symbiose aus der richtigen Emotion mit der richtigen Anzahl von Noten im richtigen Moment. Das ist unübertroffen.

Kann man auch der Ansicht sein: Bach ist zu perfekt, um wirklich zu berühren?
Das kommt sehr darauf an, wer ihn spielt. Mozart hat immer etwas Fröhliches, Euphorisches, sehr Eingängiges. Bach ist wesentlich komplexer und braucht mehr Geduld und Ruhe, um ihn für sich zu erschließen. Das hat auch mit dem Entstehungskontext zu tun. Bei der Kirchenmusik schwingt immer auch Demut mit, sie ist natürlich grandios, aber auch ein bisschen düster. Allerdings kann ich jedem nur nahelegen, sich Bachs Cellosonaten von Casals anzuhören. In dieser Musik steckt so viel Emotion – deswegen sage ich: Auch bei Bach ist Interpretation alles!

Du interpretierst nicht nur, sondern komponierst mittlerweile auch. Hoffst du noch auf das große Werk, das für immer mit deinem Namen verbunden sein könnte?
Schon seit ich nach meinem Studium aus New York weggegangen bin, habe ich die Arrangements bei meinen Alben immer selbst geschrieben. Das liegt mir und ist wichtig, um einen eigenen Sound zu kreieren. In letzter Zeit habe ich auch eigene Stücke geschrieben, für Andrea Bocelli und Nicole Scherzinger zum Beispiel. Selbst zu schreiben, auf der Bühne die eigenen Stücke zu spielen, ist das Größte. Und natürlich hofft man als Künstler darauf, etwas zu schaffen, das vielleicht bleiben wird. Ich bin aber weit davon entfernt, mich auch nur annähernd als Komponist zu begreifen wie Beethoven oder andere. Gerade Beethoven war so ein wahnsinniges Genie, fast überirdisch!

Komposition und Interpretation lagen früher oft in einer Hand. Ob Mozart, Paganini, Liszt oder später Kreisler, sie alle spielten virtuos ihre eigenen Werke. Woran liegt es,
dass beides heutzutage stärker getrennt ist? Weil es früher an den Fürstenhöfen ein ausgeprägtes Mäzenatentum gab?
Möglich, ein Mäzenatentum, das den Künstlern auch viel Zeit für den Schaffensprozess ermöglicht hat, existiert so nicht mehr. Noch im neunzehnten Jahrhundert waren Komponisten und Interpreten gleichzusetzen. Jeder große Virtuose hat seine eigenen Violinkonzerte und Solosonaten geschrieben. Das ist im zwanzigsten Jahrhundert etwas dünner geworden, was ich sehr schade finde. Denn gerade mit persönlichen Kompositionen, selbst wenn sie nicht das Niveau Beethovens erreichen, kannst du ein Publikum gewinnen. Und wenn du es erst einmal für dich gewonnen hast, dann eventuell auch für ein Beethoven-Konzert.

Haben die Menschen heute noch die gleiche Geduld für Klassik wie früher? Wir haben mit vielen Künstlern aus dem Rock- und Popbereich gesprochen, die gesagt haben: Die Aufmerksamkeitsspanne der Menschen ist extrem geschrumpft, viele erwarten mittlerweile nach dreißig Sekunden den ersten Refrain.
Das wollten die Menschen früher auch! Was ist das populärste Werk des neunzehnten Jahrhunderts? Die Oper! Und woraus besteht die Oper? Rezitativ und Arie! Wie lange ist eine Arie? Drei Minuten, maximal vier, bei »Turandot« vielleicht ein bisschen mehr. So lange wie ein Popsong! Das Bedürfnis nach einer tollen Melodie und etwas, das man pfeifen kann, wenn man rausgeht, war vor zweihundert Jahren dasselbe wie heute. Die Aufmerksamkeitsspanne hat sich nicht verringert, finde ich, ich sehe da keinen großen Unterschied. Auch im neunzehnten Jahrhundert war es für das Publikum eine große Herausforderung, sich eine Synfonie anzuhören und bei der Stange zu bleiben.

Trotzdem kommt auch bei uns mitunter der Kulturpessimist durch. Früher war alles besser, die Leute interessieren sich nicht mehr für die Oper oder für klassische Konzerte, die jungen Leute wollen nur noch Gangsta-Rap und wenig anderes mehr hören. Stimmt nicht?
Nein, stimmt nicht! Jeder soll das hören, was er möchte, und wenn das dann erfolgreich ist, umso besser. Ich sehe das sehr demokratisch.

Wir haben mit Klaus Meine von den Scorpions über die Unterschiede zwischen Amerika und Deutschland gesprochen. Ein Punkt war, dass klassische Musik in Deutschland sehr staatstragend ist. Bei jedem Großereignis, bei Gedenkfeiern oder im Bundestag, wird Klassik gespielt. In Amerika singt Barack Obama »Amazing Grace« und holt Mick Jagger auf die Bühne. Ändert sich das auch in Deutschland irgendwann?
Gute Frage. Auch Amerika hat großartige Komponisten, aber dort fing die Entwicklung der klassischen Musik viel später an als

hier in Europa. Gerade in Deutschland verfügen wir über ein unglaubliches, großartiges Repertoire an Musikern, Poeten, Dichtern, Komponisten. Unsere Nation ist weltweit ein Kulturbotschafter mit einer langen, großartigen kulturellen Geschichte, genauso wie Frankreich oder Italien. Insofern ist es schon verständlich, dass Klassik in Deutschland noch einen anderen Stellenwert hat als in Amerika. Wir können stolz sein auf unser kulturelles Erbe!

Deshalb kommen zum Beispiel asiatische Studenten seit Jahrzehnten sehr gern nach Deutschland, um hier auf die Musikhochschulen zu gehen und klassische Musik zu studieren. Können wir Klassik besser lehren als andere?
Nicht unbedingt, aber unsere Musikschulen haben eine sehr lange Tradition. Ob es in Berlin, in Köln oder in München ist, das sind Institutionen, die teilweise mehrere Hundert Jahre alt sind und eigene Geigenschulen haben. Solche Schulen kommen der Tradition von Beethoven oder Mozart sehr nahe. Für jemanden, der in China oder Korea aufwächst, sind die Länder der Klassik Deutschland, Frankreich, Italien, Spanien. Wer etwas auf sich hält, der lernt und studiert oft in Europa.

Man hört über asiatische Klassik-Interpreten mitunter das Vorurteil, sie seien technisch wahnsinnig gut, aber interpretierten seelenlos und fühlten die Musik nicht. Ist da etwas dran?
Das Vorurteil kenne ich. Ich empfinde das überhaupt nicht so! Es gibt fantastische asiatische oder amerikanische Musiker genauso wie schlechte, das unterscheidet sich nicht von den Interpreten aus Europa. Ich mag dieses Schubladendenken überhaupt nicht. Das beste Beispiel ist Yo-Yo Ma, der mit Abstand beste Cellist der Welt. Man kann nicht plakativ sagen, nur weil jemand Asiate ist, fühlt er die Musik nicht, was für ein Quatsch!

Einer unserer Schwiegerväter leitet seit Jahrzehnten Kinderchöre und klagt seit Langem über die immer schlechtere musikalische Kompetenz der Kinder. Er sagt, man könne kaum noch mehrstimmige Sachen singen, weil das nicht mehr beherrscht wird. Empfindest du das auch so?
Ja, was die Ausbildung betrifft, kann ich das bestätigen. Beim Musikunterricht wird seit Jahren gespart, in den Grundschulen, aber selbst auf den Gymnasien. Ich finde das sehr beklagenswert, weil eine musikalische Grundausbildung wesentlich für die Entwicklung von Kindern ist und man ihr Interesse gerade im Grundschulalter noch sehr leicht wecken kann.

Ist das nur ein Problem der Schulen? Oder haben musikalische Bildung und Erziehung auch in den Elternhäusern nicht mehr den Stand wie früher?
Das ist sicher ein Teil des Problems, Musik hat in vielen Elternhäusern leider nicht mehr die Bedeutung wie noch vor ein paar Jahren. Viele sind sehr auf die Noten in den Hauptfächern fixiert, Musik spielt oft nur eine Nebenrolle. Das ist aus vielerlei Gründen schade, schon weil Musik gerade in der Schulzeit zwischen acht und sechzehn Jahren einen idealen Ausgleich bildet.

Wir versuchen in diesem Buch immer auch Begriffe und ihre Bedeutung zu beschreiben. Einer dieser Begriffe ist das Wort Kitsch, das dir in deiner Karriere immer wieder vom Feuilleton um die Ohren gehauen worden ist. Warum haben wir Deutschen so viel Angst davor?
Auch das ist mir, wie manches in Deutschland, ein Rätsel. Es gibt ja auch schönen Kitsch! Ich gehe gerne in Kunst- und Krempelläden und bin fest davon überzeugt, dass wir alle Momente haben, in denen wir Kitsch brauchen. Er hat nicht immer etwas mit Kultur zu tun, aber transportiert eine ganz eigene Emotion und ist gut fürs Herz. Dafür muss sich niemand schämen.

Trotzdem wird Kitsch von vielen verachtet, weil er als so wenig anspruchsvoll gilt. So als müsse man sich in jeder Minute seines Lebens in der Hochkultur versenken und dürfe sich keine Sekunde von ihr abwenden.
Genau das ist es, Kitsch ist das Gegenteil von Tiefgang, aber das kann doch auch sehr entspannend und unterhaltsam sein! Und wenn ich wieder an meine Idole der Klassik denke: Ich finde, dass viele große Komponisten sich über die Jahrhunderte kräftig beim Kitsch bedient haben.

Wer zum Beispiel?
Zum Beispiel Paganini, »Karneval in Venedig«. Jeder kennt die Melodie von »Mein Hut, der hat drei Ecken«, zwei Harmonien, sehr einfach. Paganini hat dieses damals sehr beliebte Volkslied für die Geige vertont und virtuos gestaltet. Sehr schwer zu spielen, eine tolle Nummer. Ist das musikalisch hochwertig? Nein! Hat das Tiefgang? Nein! Ist es Kitsch und geil? Und wie!

Warum gibt es in Deutschland trotzdem so viel Abneigung gegen alles, bei dem der Fuß unwillkürlich mitwippt?
Vielleicht haben wir manchmal Angst vor zu viel Gefühl. Es gibt kitschige Filme, bei denen dir das Wasser aus den Augen läuft, aber genau das brauchen wir auch! Es gibt nicht nur Hochkultur, wir brauchen auch das Bodenständige. Ich glaube, im Leben geht es immer um eine Balance, auch in der Hinsicht. Wenn alles nur schwarz oder weiß ist, siehst du nichts mehr, du brauchst Kontrast im Leben. Ohne Kitsch gäbe es keine Hochkultur und umgekehrt, deshalb muss man vor Kitsch keine Angst haben.

Gibt es bei deinen Crossover-Projekten trotzdem welche, von denen du im Nachhinein sagen würdest: Das war zu viel, das hätte ich mal besser nicht gemacht? Die MTV-Game-Awards zum Beispiel, bei denen du die Melodie des Computerspiels Super Mario gegeigt hast?
(Lacht) Nein, das war doch cool! Ich bin für Crossover-Projekte immer offen. Aber klar gibt es eine Grenze. Die Musik kann kompositorisch noch so spannend und anspruchsvoll sein, wenn ich mit einem Text nicht einverstanden bin und nicht hinter ihm stehen kann, dann mache ich es nicht.

Du hast in deiner Jugend sehr hart für deine Karriere gearbeitet, hast viele Entbehrungen auf dich genommen und warst an einem Punkt, an dem du die Musik schon aufgeben wolltest. Was hat dich am Ende doch dazu bewogen weiterzumachen?
(Überlegt länger) Ich habe mich wieder in die Musik verlieben müssen. Das hat eine Weile gedauert. Schon als ich 1999 nach New York ging, um dort zu studieren, war ich mir nicht sicher, ob ich das mein Leben lang machen möchte. Es hat ein oder zwei Jahre gedauert, mich der Musik wieder so nah zu fühlen wie zu dem Zeitpunkt, als ich sechs oder sieben Jahre alt war. Wenn man so hart gedrillt wurde wie ich, geht diese Liebe leicht verloren.

Hättest du auch weitergemacht, wenn es nicht zum internationalen Star gereicht hätte, sondern »nur« für den Orchestergraben in einer x-beliebigen Stadt?
Natürlich hätte ich im Orchestergraben gespielt! Wenn ich nach diesen ein bis zwei Jahren des Suchens einen Job in einem Orchester oder als Barmusiker bekommen hätte, hätte ich das auf jeden Fall auch gemacht! Wenn man Musiker ist, dann ist man Musiker, Punkt. Solange es nur irgendwie zum Leben reicht.

Ist deine unkonventionellere Art, Klassik zu machen und Crossover zu wagen, auch eine Reaktion auf deine harte Kindheit? Dein Weg, gegen das Klassik-Establishment, das du in deiner Jugend vielleicht auch manchmal gehasst hast, zu rebellieren?
Das ist mit Sicherheit so, ich finde diese Theorie fantastisch. Wenn du mit dreizehn in einem Anzug auf der Bühne stehst und weißt, dass alle anderen Dreizehnjährigen aus deinem Bekanntenkreis gerade in kurzen Hosen auf dem Bolzplatz stehen, dann willst du irgendwann in Jeans auf die Bühne gehen, um gegen diese steife Welt zu protestieren. Und dann merkst du: Ey, das macht doch überhaupt keinen Unterschied! Keine Note wird schlechter, nur weil ich eine Jeans, ein pinkfarbenes Kostüm oder eine Rockerkluft anhabe. Das darf der Musik keinen Abbruch tun.

Hat sich das mittlerweile verändert? Oder muss man als Dreizehnjähriger heute immer noch im Anzug auf die Bühne, wenn man ein virtuoses Wunderkind ist?
Nein, das ist ein bisschen lockerer geworden. Wir leben in einer sehr bunten Zeit, was mir sehr entgegenkommt. Schon damals, als ich in New York studiert habe, haben die allermeisten meiner Musikerkollegen, ob Geiger, Oboisten, Schlagzeuger oder Klarinettisten, nicht mehr nur klassische Musik gehört. Das hat sich verändert, früher waren klassische Interpreten sicher strikter, was ihren privaten Musikgeschmack anging. Heute ist es normaler, wenn ein klassischer Musiker privat Metal hört oder auch Pop. Nach meiner Erfahrung haben junge Menschen heute generell viel Spaß an Musik und schauen viel weniger auf die Genregrenzen als früher.

Haben deine großen Mentoren, Künstler wie Zubin Mehta oder Itzhak Perlman, eigentlich mal die Nase gerümpft angesichts deiner Crossover-Projekte?
Kein einziges Mal! Das ist ja das Tolle gerade an Itzhak Perlman: Wenn ich in New York bin und Crossover spiele, ist er immer mit dabei. Der ruft mich vorher an und sagt: »Hey, David, ich habe dein Plakat gesehen, kann ich kommen?« Bei Zubin Mehta ist es genauso, auch er weiß: Dein Instrument zu beherrschen, Geschmack zu haben, als Musiker integer zu sein, das steht über der Frage, was du spielst. Auch von anderen Dirigenten werde ich ja nicht als Solist eingeladen, nur weil ich lange Haare habe oder in den Augen der Mädels ganz gut aussehe. Mit den großen Orchestern wie Filarmonica della Scala oder Israel Philharmonic zu arbeiten – da kannst du aussehen wie ein junger Gott, das hilft dir überhaupt nichts! Es ist egal, ob du Klassik, Jazz, Rock oder Pop spielst. Wichtig ist nur, dass du es gut machst.

Das sehen viele Feuilletonisten bekanntlich anders.
Das ist doch das Absurde! Ich habe in meinem Leben noch nicht einen einzigen Musiker kennengelernt, der gesagt hat: »David, was machst du denn da für Sachen?« Das waren immer nur die Journalisten. Das gibt mir Hoffnung.

> »**KEINE NOTE** WIRD **SCHLECHTER**, NUR WEIL ICH EINE **JEANS**, EIN PINKFARBENES KOSTÜM ODER EINE **ROCKERKLUFT** ANHABE.«

▶ INTERVIEW

HOCHDEUTSCH ODER DIALEKT, WOLFGANG NIEDECKEN?

Wir zwei stammen aus dem Rheinland, aus der Nähe von Bonn und Koblenz, einer von uns ging zur selben Schule wie Wolfgang Niedecken, aufs Gymnasium in Rheinbach. Wie sollte man da an ihm und BAP vorbeikommen, jener legendären Band, die Kölsch als Sprache überregional bekannt gemacht hat, obwohl lokale Dialekte seit Jahren auf dem Rückzug sind? Seit ihrer Gründung Mitte der Siebzigerjahre gehört BAP zu den erfolgreichsten Bands in Deutschland. Einziges Kontinuum ist Sänger und Texter Wolfgang Niedecken, dessen sonore Stimme Markenzeichen der Band ist und der darüber hinaus auch als politischer Kopf und Texter über die Domstadt hinaus wahrgenommen wird. Wir treffen ihn im Dezember 2019 im BAP-Büro in der Kölner Innenstadt. Die Räume sind vollgestopft mit Kisten und Merchandising-Artikeln, im Flur hängen Plakate aus mehr als 40 Jahren BAP. Der ergraute Lockenkopf erscheint mit standesgemäßer Sonnenbrille, die man als Rockstar natürlich auch im Dezember nicht gern absetzt. Er hält seiner Heimat die Treue, auch wenn selbst ihm die Selbstreferenzialität der Kölner manchmal ziemlich auf den Senkel geht, wie er gesteht. Aber Niedecken und einigen wenigen anderen kölschen Musikern fällt ohnehin das Verdienst zu, die Kölner immer wieder daran zu erinnern, dass jenseits der Stadtgrenzen sehr wohl eine Welt existiert. Oder wie haben die Bläck Fööss einst getextet? »Et moi – oh la la la la la. Frankreich! Frankreich!« Wolfgang Niedecken über den Reiz des Rheinischen, das Aufbegehren seiner Generation gegen die in die NS-Zeit verstrickten Eltern und die Dracula-Methode bei MTV Unplugged.

Wolfgang Niedecken, 1951 in Köln **geboren,** ist eigentlich **studierter Maler.** Er **gründete BAP 1976,** seitdem gab es zwölf Nummer-eins-Alben, rund **sechs Millionen Alben wurden verkauft.** BAP war auch in China auf Tour. **Bekanntester Song,** der auf keiner Abifeier fehlen darf: **»Verdamp lang her«,** weitere Songs: »Kristallnaach«, »Do kanns zaubere«. Seit 2014 firmiert die Gruppe unter dem Namen »Niedeckens BAP«.

Wo sonst könnte man den kölschesten aller Kölner fotografieren als auf der Südbrücke, mit dem Blick auf die richtige, die Dom-Seite, gerichtet? Wolfgang Niedecken singt nicht nur bei BAP, er ist BAP – und schaut auf eine erstaunliche Karriere zurück.

Als wir einer jungen Kollegin erzählt haben, dass wir zu Wolfgang Niedecken gehen, dem Chef von BAP, konnte sie weder mit der Band noch mit Niedecken etwas anfangen. Kränkt dich das?
Na ja, kann man ja auch nicht erwarten, dass jeder die letzten vierzig Jahre der deutschen Rockgeschichte kennt. Rockmusik verschwindet auf Dauer sowieso. Das hat auch bei mir lange gedauert zu kapieren, dass das höchstens noch in Nischen stattfindet.

Ehrlich? Wir hatten gedacht, wenigstens du hältst daran fest. Rockmusik wurde schon mehr als einmal totgesagt.
Wir sollten uns nichts vormachen: Die gibt's nicht mehr ewig. So wie Skiffle oder Dixieland, so was ist auch irgendwann verschwunden. Obwohl, wenn ich mir überlege, dass 40.000 Leute ins Stadion gehen, um Metallica zu sehen, bin ich mir dann doch nicht mehr so sicher. Aber wenn ich Radio höre – und das tue ich nur im Auto –, dann läuft da lauter Musik, als hätte es die Beatles, die Stones oder Bob Dylan nie gegeben. Oder die Musik, die so gestreamt wird. Meine jüngere Tochter hat an der Popakademie in Mannheim Musikbusiness studiert und arbeitet in einem Management in Berlin. Was die an Musik anschleppt, damit kann ich zum größten Teil nichts anfangen. Ich könnte jetzt zwar versuchen, einen auf hip zu tun …

Mach doch mal …
Ne, lass mal.

In den Achtzigern, als die Neue Deutsche Welle durchs Land schwappte, hat man auch schon mal gedacht, das war's jetzt mit Rockmusik. War aber nicht so. BAP wurde gerade zu der Zeit erfolgreich.
Die Neue Deutsche Welle war eher nützlich für uns, weil dadurch wieder deutschsprachige Musik im Radio lief. Aber BAP hat sich nie an irgendwelchen Wellen orientiert. Wir haben angefangen als Garagenband, und ich habe die Musik auf Kölsch betextet. Wir hatten keinen Karriereplan, wir hatten überhaupt nichts Großartiges damit vor. Das ist alles mehr oder weniger durch glückliche Zufälle so gelaufen. Wenn ich heute Musik mache, beziehe ich mich noch immer auf meine alten Wurzeln, und das werde ich auch weiterhin tun. Und wenn das irgendwann keiner mehr hören will, dann will es eben keiner mehr hören. So what?

> »WENN ICH **HEUTE MUSIK** MACHE, BEZIEHE ICH MICH NOCH IMMER AUF MEINE **ALTEN WURZELN**.«

Ist es nicht trotzdem schade, wenn die Musik, die du liebst, bei den Jungen nur ein gelangweiltes Schulterzucken auslöst?
Es gibt ja zum Glück auch noch ein paar junge Bands, die noch ordentlich rocken. Nehmt mal einen jüngeren Kollegen, mit dem ich befreundet bin: Thees Ullmann. Der rockt!

Der ist aber auch schon nicht mehr ganz taufrisch.
Im Verhältnis zu mir schon. Aber die im Alter meiner Töchter, so Mitte zwanzig, die haben größtenteils nichts mehr mit Gitarrenrock am Hut. Ich habe meinen Töchtern neulich ein paar Demos von unserem neuen Album vorgespielt. Die Balladen kamen gut an, aber sobald es lauter wurde: »Ja, weißte, Papa, laute Gitarren?« *(lacht)*. Und auch dieses ganze Ding mit den Alben stirbt aus; ich glaube, derzeit sind wir dabei, die letzte reguläre BAP-Platte aufzunehmen. Die Stimmung ist super, das macht einen Riesenspaß, aber du kriegst das Budget schon gar nicht mehr, um so was zu machen. Du verkaufst kaum noch was, der physische Umsatz ist eine Lachnummer. Wir haben das Livealbum (*»Live & Deutlich«* von 2018, Anm. d. Autoren) rausgebracht, obwohl die Plattenfirma das eigentlich gar nicht haben wollte. Und siehe da: Es ist auf die Eins der deutschen Charts gegangen.

Wie viel habt ihr davon verkauft, um auf die Eins zu gehen?
Keine Ahnung. Aber es hat sich gegenüber den anderen in der Erscheinungswoche durchgesetzt.

Wir dachten, BAP-Alben seien noch immer eine Bank, weil euer mit euch gealtertes Publikum CDs kauft.
Nein, so einfach ist das nicht. Die Schlagerkollegen setzen sich da offenbar leichter durch. Das Schlagerpublikum weiß nicht so unbedingt, wie man das mit Spotify macht *(lacht)*. Ich will mich da aber nicht drüber lustig machen. Wenn meine Frau mir nicht dabei helfen würde, ihr glaubt nicht, wie oft ich am Tag mit meinem iPad rumrenne und sie frage: »Kannst du mir nicht das mal machen oder mir hierbei helfen?« Ich stamme einfach aus einer anderen Generation.

Wenn das Album als Kunstform stirbt – was kommt dann?
Clueso sagt, ich mache keine Alben mehr, ich bringe nur noch einzelne Songs auf den Markt. Für mich persönlich wäre das zu resignativ. Schuster, bleib bei deinen Leisten, sag ich mir. BAP ist und bleibt eine Albumband, wir werden uns diesbezüglich nicht mehr ändern.

Jeder macht Unplugged, das ist eine regelrechte Schwemme geworden, und manchmal entstehen ja auch tolle Aufnahmen dabei. Wollt ihr das nicht mehr?
Ne, wollen wir nicht. Aber das Kalkül ist ja klar: Die Generation, die Acts wie Udo Lindenberg, Westernhagen oder BAP hört, ist

nicht unbedingt auf ein neues Album scharf. Diese Fans wollen hören, was irgendwas lostriggert, was sie in ihrer Jugend gehört haben, und am besten noch mit tausend blonden Streicherinnen zugekleistert. Selbstverständlich nur die alten Hits.

Und junge Künstler auf der Bühne, die für neue Zielgruppen stehen.
Genau, die Dracula-Methode: junges Blut. Schrecklich, sollen sie machen, aber ich gucke morgens beim Zähneputzen gerne in den Spiegel. Abgesehen davon haben wir ja schon 2014 ein wunderschönes Unplugged-Album ohne MTV aufgenommen, mit dem ironischen Titel »Das Märchen vom gezogenen Stecker«. Das haben wir bewusst nicht mit dem üblichen Schmalz ausgeschmückt. Jetzt noch mal mit MTV Unplugged? For what?

Um Geld zu verdienen, für ein weiteres Album?
Nein danke, aber die Entscheidung muss jeder für sich treffen. Natürlich freue ich mich total, dass der Udo *(Lindenberg, Anm. d. Autoren)* wieder die Anerkennung bekommt, die er verdient. Udo ist ein einzigartiger Künstler! Für mich kommt es einfach nicht infrage, etwas zu machen, bei dem ich ein schlechtes Gefühl habe. Ich habe den großen Vorteil, dass ich mir nichts mehr beweisen muss.

Ist das der Kern, der Rock von Pop unterscheidet? Dass man nicht per se an die kommerzielle Verwertbarkeit denkt?
Man kann das in verschiedenen Formen definieren. Für mich hat Rock und Rock'n'Roll auch immer was mit der Lebensform oder der Lebensphilosophie zu tun. Es gibt Sachen, die rocken, und es gibt welche, die rocken überhaupt nicht. Auch im Sprachgebrauch in meiner Familie kommt das vor: »Der Typ, der rockt einfach nicht!« Das hat dann mit Musik erst mal überhaupt nichts zu tun, aber der rockt einfach nicht. Keith Richards wurde mal irgendwas zum Thema Taliban gefragt, und da hat er gesagt, die hätten einfach den Beat nicht. Ich wusste sofort, was er meint: den Flow! Unangepasst sein gehört dazu – für mich ist Rock'n'Roll etwas Unangepasstes. Poser-Bands kann ich überhaupt nicht ab. Bon Jovi oder so ein Zeug, so was war für mich immer das Grauen.

>> FÜR MICH IST ROCK'N'ROLL ETWAS UNANGEPASSTES. POSER-BANDS KANN ICH ÜBERHAUPT NICHT AB. <<

Heißt Unangepasstheit nicht zugleich auch Provokation?
Nein, provozieren muss Musik nicht unbedingt. Nicht angepasst sein schon. Das, was man im Radio hört, diese ganzen neuen Schlagersänger, die tun ja so, als wären sie die neuen großen Songwriter. Ich will ja keine Namen nennen …

Mark Forster zum Beispiel?
Das sind alles nette Typen. Aber bei denen weiß man immer: Spätestens nach einer halben Minute kommt ein »Oh oh oh oh oh« *(Niedecken singt)*, immer dasselbe Ding, funktioniert ja auch. Das ist mittlerweile sogar bei Fußballübertragungen in den Werbeblöcken so, dieses »Oh oh oh oh« als Background, und irgendjemand labert dann drüber. Es macht mich wahnsinnig, mir eine solche Konfektionsware anhören zu müssen.

>> ES MACHT MICH WAHNSINNIG, KONFEKTIONSWARE ANHÖREN ZU MÜSSEN. <<

Das scheint für Leute, die für sich in Anspruch nehmen, Rocker zu sein, der Impuls schlechthin zu sein – bloß nicht anpassen. Woher kommt das?
Für uns als junge Menschen – long before your mother was born – *(lacht)* hatten die Kinks ein Stück: »I'm not like everybody else.« Das war unsere Hymne, der Song hat uns definiert. Ich habe die Single vorgestern auf einem Flohmarkt in Berlin gefunden und mich gefreut wie ein Schneekönig. Die Philosophie dahinter war immer bei mir im Hinterkopf: Ich will nicht austauschbar, nicht wie jeder andere sein. Ich habe Malerei studiert, meinem Vater habe ich gesagt, ich studiere Kunst, und er hat gehofft, ich würde wenigstens Grafiker, etwas, womit er halbwegs etwas anfangen kann. Was habe ich schließlich belegt? Freie Malerei. Alles, was ich gemacht habe, war unangepasst, ohne dass ich jetzt der große Revoluzzer gewesen wäre. Ich bin auch kein Aktivist, obwohl manche denken, ich wäre einer, weil ich einige politische Songs geschrieben habe. Aber das habe ich getan, weil es mich umgetrieben hat. Weil es Themen waren, über die ich so lange nachgedacht habe, bis ich merkte, da soll wohl ein Song draus werden. So herum geht das bei mir.

Jüngere Rapper passen sich auch nicht an und werden dafür viel kritisiert. Kannst du was mit Hip Hop, der erfolgreichsten Musikrichtung derzeit, anfangen?
Da zitiere ich schon wieder Keith Richards, der schon vor vielen Jahren gesagt hat: »It's okay, but where is the fucking song?« *(lacht)* Nä, ich kann damit nicht viel anfangen.

Auch mit den Texten nicht?
Ach, in dem Metier kenne ich mich nicht genügend aus. Meine Aufmerksamkeitsspanne ist da relativ begrenzt, vor allem, wenn ich an den Skandal beim Echo denke, Kollegah ... und wie heißt der andere noch mal?

Farid Bang.
Genau, das war ja alles offensichtlich kalkuliert. Die wollten ja diesen Eklat. Da will ich doch nicht mithelfen, mich provozieren lassen und deren Spiel mitspielen! Außerdem: Was die sich so zusammenreimen, das finde ich überhaupt nicht rebellisch, sondern ungeheuer angepasst. Denn was machen die schon? Die kalkulieren mit den kleinen pubertierenden Jungs auf dem Schulhof. Das ist für mich bloß aufgepumpter Scheiß.

Tust du diesem »aufgepumpten Scheiß« damit nicht unrecht? Ist er nicht dadurch erklärbar, dass Hip-Hop die Musik der Zukurzgekommenen und Unterprivilegierten ist? Wie einst der Blues, den du so verehrst?
Mit der Erkenntnis kommst du locker drei Jahrzehnte zu spät. Aber ist ja alles okay, solange es nicht zur Pose verkommt. Schon die Typen, die in meiner Kindheit auf der Kirmes standen und mit weißer Farbe »Elvis« *(für Elvis Presley, Anm.)* auf ihre Motorradjacken gepinselt haben: Ich fand die einfach scheiße. Außerdem gab's da immer was aufs Maul. Und die Frauen, die die klasse fanden, fand ich auch scheiße. Warum finden die solche Idioten gut? Da war ich relativ schnell mit durch. Natürlich hat jede Generation ihre Role Models, aber in meinem Fall waren das nie Angeber oder Poseure. Sondern immer Leute, die ich interessant fand und bei denen ich dahinterkommen wollte, was sie ausmachte.

So einer war für dich Bob Dylan, dein größtes Vorbild. Manche bezeichnen dich als den deutschen oder kölschen Dylan.
Der Vergleich ehrt natürlich, hätte schlimmer kommen können. Der rührt daher, dass ich früher hier in Köln in den Szenekneipen aufgetreten bin, mit Gitarre, Mundharmonikareck und meiner ewig gleichen Frisur. Ja, was sollen die Leute da sonst sagen, wenn sie das sehen? Ich habe nicht bewusst einen auf Dylan gemacht, aber dieses Image hat sich trotzdem entwickelt. Ich habe immer dazu gestanden. Auch wenn es immer wieder Leute gegeben hat, die mir geraten haben, komm, reite doch nicht andauernd auf deinen alten Helden rum, erwähne doch mal was Hipperes ... *(lacht)*. Aber meine Roots sind einfach da, und da bekenne ich mich zu. Die Beatles haben mich für Musik interessiert, Dylan für Lyrik, die Stones haben mir gezeigt, wie man mit vermeintlichen Autoritäten umgeht. Und die Kinks haben mir gezeigt, dass es cool ist, zu seiner Herkunft zu stehen.

Was ist das Einzigartige an Bob Dylan?
Elvis hat dem Rock'n'Roll den Arsch gegeben oder die Hüfte, aber Dylan hat ihm das Hirn geschenkt. Dafür bin ich ihm unendlich dankbar.

Vor allem gilt er als unangepasst – und das ist dir auch wichtig. Du warst als Schüler im Rheinland in einem katholischen Internat. Inwieweit haben dir Autoritäten wie die Patres die Bedeutung von Unangepasstheit vor Augen geführt?
Diese Lebensumstände haben sicher Einfluss auf mich gehabt, klar. In der Schule ging es ziemlich streng zu, alles war klar geregelt. Umso glücklicher bin ich, dass ich zu dieser Generation gehöre, in der plötzlich all diese spannenden Bands auftauchten. Anfang der Sechziger ist eine unfassbare Welle reingekommen. Vorher kannte man allenfalls Elvis Presley und Bill Haley.

Und deine Eltern? Wie haben die auf deine neuen Helden reagiert?
Meine Mutter fand die super. Sie hat mich immer bei allen Hirngespinsten unterstützt. Sie war die Tochter eines arbeitslosen Kirchenmalers, der seine kinderreiche Familie als Maler und Anstreicher durchbringen musste. Sie hatte Verständnis für Künstlernaturen, weil sie das kreative Talent ebenfalls im Blut hatte und selbst gerne Modezeichnerin gelernt hätte. Sie kam mit den ausgeflippten Typen, die ich mit nach Hause gebracht habe, immer zurecht.

Und der Vater?
Mein Vater nicht. Er war in Ordnung, aber schon eher der Ben Cartwright der Familie, der letztlich immer allen gesagt hat, wo es langgeht. Auch wirtschaftlich hat er für alle gesorgt. Er besaß einen kleinen Lebensmittelecklade hier in Köln, in dem meine Eltern gearbeitet haben, mein Halbbruder und später auch dessen Frau. Als ich in den Siebzigern Kunst studierte, war mir mein Privileg sehr bewusst. Ich wusste ja, die arbeiten alle dafür, dass ich meinen

> »ELVIS HAT DEM ROCK'N'ROLL DEN **ARSCH GEGEBEN** ODER DIE HÜFTE, ABER **DYLAN** HAT IHM DAS **HIRN GESCHENKT**.«

> »ALS ICH IN DEN SIEBZIGERN **KUNST STUDIERTE,** WAR MIR MEIN **PRIVILEG** SEHR BEWUSST.«

Hirngespinsten nachgehen darf. Dafür bin ich ihnen sehr dankbar, immer noch.

Dein Vater war Mitglied der NSDAP. War das Thema?
Ja, und wie! Mit sechzehn oder siebzehn hatte ich natürlich spitzgekriegt, dass ich ihn damit kriegen konnte. In den Diskussionen habe ich ihn oft unbarmherzig in die Ecke gedrängt. Mein Vater war da hilflos. Er war kein böser Mensch, kein überzeugter Nazi, nur ein Mitläufer. Er hat sich arrangiert, wie viele andere auch, um über die Runden zu kommen. Er war angepasst.

Tut er dir heute leid?
Als mir das später bewusst wurde, wie sehr ich ihm damals zugesetzt habe, habe ich mich geschämt. Aber so sind halt pubertierende Jungen – die dürfen ungerecht sein. Und diese Konflikte müssen ausgetragen werden. Ich habe ihn vor den Augen meiner Mutter unfassbar runtergemacht. Ich nehme an – jetzt wird's spülsteinpsychologisch –, das war so ein Ödipus-Ding, um mal zu zeigen, wer hier der wahre Hecht im Teich ist. Meine Mutter hat das gehasst. Am schlimmsten waren die Sonntagsfrühstücke, wenn wir zu dritt am Tisch saßen und ich ihn vorgeführt habe.

Hat dein Vater deine Erfolge noch miterlebt?
Nein, leider nicht. Er ist 1980 gestorben.

Hätte dich das mit ihm auf eine Art versöhnt, wenn er noch gesehen hätte, dass du Erfolg hast?
Versöhnt ist das falsche Wort, ich wollte überhaupt nicht auftrumpfen und sagen: »Siehste, du hast nicht an mich geglaubt!« Ich hätte nur sehr gern gehabt, dass mein Vater beruhigt gegangen wäre. Er ist kurz vor der Veröffentlichung unseres zweiten Albums gestorben. Vorher hatten wir nur regionalen Erfolg hier in Köln, und das erste Album nannte er eine Frechheit. Er als Adenauer-Fan, als konservativer CDU-Wähler, das waren in seinen Augen ja lauter Unverschämtheiten, die ich da gesungen habe ...

Welche Unverschämtheit hat ihn denn am meisten aufgeregt?
Auf unserem ersten Album gab's z.B. das Lied »Alptraum eines Opportunisten« oder »Sinnflut«. Das war für ihn nur schwer zu ertragen.

Konnten sich deine Kinder an dir ebenso reiben?
Nein, nicht in dem Maße. Ein Vater, der in der NSDAP war, und dann ich als Jugendlicher in den Sechzigerjahren – da war der Konflikt schon gesetzt. Was will man mehr? Nicht umsonst habe ich »Verdamp lang her« geschrieben.

(»Verdamp lang her«, das bekannteste Lied von BAP. Der Song ist ein fiktives Gespräch mit seinem Vater und thematisiert die Sprachlosigkeit zwischen Vater und Sohn: »Verdamp lang her, dat ich bei dir ahm Jraav woor/Verdamp lang her, dat mir jesprochen hann/Verdammt lang her, dass ich bei dir am Grab war/Verdammt lang her, dass wir gesprochen haben).

Ist das nur positiv, wenn Kinder sich mit ihren Eltern besser verstehen, wie es heute in vielen Familien ist?
Klar ist das gut. Aber es zeigt schon auch, dass die heutige Generation unter einem viel größeren Druck steht als wir damals. Uns standen eigentlich alle Wege offen. Wie lange ich sorgenfrei das machen konnte, was ich wollte! So was kann man sich heute kaum noch vorstellen, heute sind ja schon die Gymnasiasten gestresst, weil es eigentlich keinen Weg mehr gibt, der einem bis zum Lebensende den einen sicheren Job bietet. In Amerika gibt es Familienväter, die haben drei Berufe, um ihre Familie durchzubringen. Die Kids verspüren einen ganz anderen Leistungsdruck. Deshalb ist die Notwendigkeit, sich anzupassen, auch viel größer als bei uns damals. Ich habe an unglaublich vielen Stellen Schwein im Leben gehabt.

Wenn wir von Glück sprechen: Du hast mit BAP in den Achtzigern offenbar überregional einen Nerv getroffen, obwohl ihr auf Kölsch gesungen habt. Wie war das möglich?
Wenn man das genau analysieren könnte, hätten es ja andere nachmachen können. Einige haben's ja auch versucht *(lacht)*. Irgendwie haben wir zu der Zeit einfach instinktiv das Richtige gemacht. Rockmusik war out, Disco war in, und wir haben auf Kölsch gerockt. Eigentlich konnte das nur in die Hose gehen *(lacht)*! Beim WDR gab es einen Radiomoderator, Wolfgang Neumann, und der hat aus irgendeinem Grund nicht die Single gespielt, die wir damals ausgekoppelt hatten, »Jupp«, sondern sich aus dem Album »Verdamp lang her« ausgesucht und laufen lassen. Er war der Erste, dann haben andere das auch gemacht, und plötzlich lief der Song überall. Über Nacht wurden wir zugeschüttet mit Einladungen, auch ins Vorprogramm der Stones, weil die im Vorverkauf nicht genügend Tickets für ihre zweite Kölner Show verkauft hatten. Denen haben wir den zweiten Tag tatsächlich noch vollgemacht.

... und dabei weniger Buhrufe geerntet als Peter Maffay? Der hat ja auch mal im Vorprogramm der Stones gespielt und wurde gnadenlos ausgebuht ...
Was heißt hier weniger Buhrufe? Die Kölner waren unfassbar stolz auf uns, die haben uns abgefeiert wie nur was.

Und die Stones? Wie haben die auf diese komische Sprache reagiert, die selbst die meisten Deutschen nicht verstanden?
Ich glaube nicht, dass die zwischen Deutsch und Kölsch unterscheiden konnten. Ich weiß nur, dass Mick Jagger den Fritz Rau *(legendärer Konzertveranstalter, Anm. d. Autoren)*, als wir »Verdamp lang her« spielten, fragte: »What the hell is this, Fritz?«, weil es so abging wie bei der letzten Nummer des Top Acts.

Wie war die Reaktion der Deutschen auf diese ungewohnte Kölsche Sprache?
Das Gute war, dass wir uns damals in Köln und Umgebung schon eine große Fanbasis erspielt hatten. Das ging per Mundpropaganda rund, und man wusste, man muss ganz schnell Tickets kaufen, sonst kriegte man keine mehr. Wir sind mit Bands aufgetreten, die musikalisch deutlich besser waren als wir. Wolf Maahns Foodband zum Beispiel. Die waren fantastisch besetzt. Aber wenn wir mit BAP auf die Bühne kamen, war alles andere plötzlich uninteressant. Das ging einfach ab wie Zäpfchen, das sah aus wie ein wogendes Kornfeld. Das hat sich wirklich – heute nennt man das viral – analog weiterverbreitet *(lacht)*.

Welche Bedeutung hat der Dialekt für dich persönlich? Könntest du dich auch auf Hochdeutsch so ausdrücken wie auf Kölsch?
Nein, vermutlich nicht. Ich glaube, ich denke und träume auf Kölsch, kann aber auch Hochdeutsch formulieren. Wenn ich mir Mühe gebe und die Leute mich verstehen sollen, geht das schon *(lacht)*. Auf dem Album »Lebenslänglich«, beim Song »Absurdistan«, da haben sich mir beim Singen im Studio irgendwie die Nackenhaare gesträubt. Also habe ich gedacht: Probier's mal ein bisschen hochdeutscher. Das hat dann funktioniert, die Nackenhaare sind unten geblieben. Ich will ja kein Mundartpfleger sein, der bei jedem Begriff den kölschesten nutzt. Ich singe in meiner Umgangssprache, weniger Mundart oder Dialekt. Ich rede zu Hause ziemlich viel Kölsch, und meine Frau erträgt das, obwohl sie ja aus Bayern kommt. Aber sie weiß: Wenn ich so rede, fühle ich mich wohl.

> »ICH WILL JA **KEIN MUNDARTPFLEGER** SEIN, DER BEI JEDEM BEGRIFF DEN **KÖLSCHESTEN** NUTZT.«

Weil durch das Kölsche eine besondere Unmittelbarkeit entsteht? Ein Draht zum Publikum?
Ja, die Leute akzeptieren das, weil sie es als authentisch empfinden – auch so ein Wort, das man eigentlich nicht mehr benutzen sollte *(lacht)*. Wenn ich mich mit Tommy Engel *(Kölner Sänger, früherer Frontmann der Mundartband Bläck Fööss, Anm. d. Autoren)* unterhalte, dann gibt es Stellen, an denen wir ins Hochdeutsche fallen, wenn es ernster wird. Danach kippen wir aber genauso schnell wieder ins Kölsche. Das mag ich sehr gerne.

Der Dialekt ist im Grunde aber seit Jahrzehnten auf dem Rückzug. Man spricht Hochdeutsch. Vielleicht steht man in Bayern noch am ehesten zur Mundart. Aber Dialekt gilt vielerorts als bäuerlich und ungebildet.
Ich bin sehr stolz darauf, dass ich das Vorwort für die neue Wrede-Auflage *(Wörterbuch für die Kölsche Sprache, Anm. d. Autoren)* schreiben durfte. Eine große Ehre, ich habe mir richtig Mühe gegeben, was Ordentliches zu schreiben. Da wird – im Bernsteintropfen eingeschlossen – die Kölsche Sprache, die man zu Lebzeiten des Adam Wrede gesprochen hat, konserviert. Für mich war das Kölsche in erster Linie eine proletarische Sprache. Ich kann mich erinnern, wenn ich mit meiner Mutter irgendwohin gegangen bin, wo man nur Hochdeutsch spricht – zumindest meinte sie das –, dann hat sie mir in der Straßenbahn gesagt: »Du sprichst aber heute bitte anständig!« Ich habe das gar nicht verstanden: Was ist denn an Kölsch unanständig? Viel später habe ich erst begriffen, dass es die Proletensprache war. Aber die eignet sich als Rockersprache natürlich hervorragend. Im Kölschen lassen sich außerdem Wörter gut ineinanderschleifen, wie im Englischen. Trotzdem gibt es natürlich viele Klischees über Dialekte. Ich glaube, der unsympathischste Dialekt, das ist das Sächsische. Aber die können ja nichts dafür *(lacht)*!

Wo kommen diese Vorbehalte her?
Beim Sächsischen? Vielleicht kommt das durch Mielke, Ulbricht oder Erich Honecker. Der hat als Saarländer zwar nie Sächsisch gesprochen, aber irgendwie steht dieser Dialekt für die unsympathische DDR-SED-VoPo-Stasi-Epoche.

Im Dialekt bist du der kommerziell Erfolgreichste, den deutschsprachige Regionen hervorgebracht haben. Hubert von Goisern aus Österreich ist zwar auch überregional bekannt, aber im viel kleineren Maßstab.
Hubert ist toll, den mag ich wahnsinnig gern. Ich habe ihn immer um seinen eigenen Musikstil beneidet, diese ganzen Alpeninstrumente, die Volksmusik, die er integrieren konnte. Um was Ähnliches zu schaffen, hätte ich als Kölner ja was mit Karnevalsmusik und Schunkeln machen müssen *(lacht)*.

Um Gottes willen!
Ja *(lacht)*, lieber nicht.

Aber das ist spannend: Von Goisern liebt seine Herkunft und hadert mit ihr, mit dieser schrecklichen alpenländischen Volkstümelei. Und du hast dich gelegentlich auch an Köln gerieben. Wir können das durchaus nachvollziehen. Diese Kölner Selbstgenügsamkeit, Karneval, FC, und dann kommt lange nichts. Das kann einem schon gehörig auf den Senkel gehen.

Klar, manchmal nervt das tierisch. Aber ich bin trotzdem sehr froh über meinen Heimathafen, von dem aus ich aufbrechen kann, im Wissen, dass ich auch gern wieder zurückkomme. Wenn mir etwas in Köln auf den Wecker geht, dann ist es die Fähigkeit, nicht über den Tellerrand hinauszuschauen. Das Schöne ist aber, dass beim Abfeiern der Stadt jeder mitmachen darf. Niemand, auch Fremde nicht, wird ausgeschlossen. Das ist nicht überall so!

> »ICH BIN SEHR FROH ÜBER MEINEN HEIMATHAFEN, VON DEM AUS ICH AUFBRECHEN KANN, IM WISSEN, DASS ICH AUCH GERN WIEDER ZURÜCKKOMME.«

Sorry, dass wir intervenieren. Aber wir haben das gelegentlich etwas anders wahrgenommen. Es stimmt schon, jeder kann mitmachen, aber zu den Regeln der Mehrheits-Kölner.

Ja, mag sein. Aber in Köln schaffst du es nicht, an der Theke zu versauern, egal, woher du kommst. Es kommt immer einer und versucht, ein Verzällche anzufangen.

Kannst du was mit dem Vereinskarneval anfangen? Dieser bierernsten Truppe karnevalistischer Ordensträger?

Nicht wirklich, das kam für mich nie infrage. Die haben mir angeboten, im Karneval zu spielen, aber das wollte ich nicht. Die Vorstellung, eine ganze Saison über jeden Abend fünf, sechs Auftritte zu haben – immer so Zwanzig-Minuten- Gigs, immer die gleichen fünf, sechs Songs –, Horror. Bevor der Tommy Engel damals bei den Bläck Fööss ausgestiegen ist, hat er mir gesagt: »Wolfgang, fahr mal eine Nacht mit uns, dann weißt du, warum ich das nicht mehr will.« Nein, ich hatte das Glück, abseits des Karnevals Geld mit der Musik verdienen zu können. Wenn nicht, dann hätte ich einfach weitergemalt.

Metal, dafür ist Hans »Hansi« Kürsch von Blind Guardian der lebende Beweis, muss nicht, aber kann enorm anspruchsvoll sein – und ist fast immer bodenständig. So wie Kürsch selbst, der seiner Heimat Krefeld bis heute die Treue hält. Das Foto ist jedoch im Studio in Grefrath entstanden.

▶ INTERVIEW

WIE HEAVY IST DEUTSCHLAND, **BLIND GUARDIAN?**

Bei Metal denkt man an Black Sabbath, Iron Maiden, Judas Priest, Motörhead, Metallica und in Deutschland auch an Blind Guardian. Seit vielen Jahrzehnten ist die Band aus Krefeld fester Bestandteil der Szene, international enorm erfolgreich, und trotzdem wissen manche Radiohörer hierzulande bis heute nicht, dass Blind Guardian aus Deutschland kommen. In ihrer melodiösen, vielschichtigen Musik, mit der sie »mittlerweile in ihrer völlig eigenen Speed/Trash/Bombast-Metal-Liga« spielen, wie der Musikjournalist Michael Rensen vom Fachmagazin *Rock Hard* es mal beschrieben hat, zitiert die Band um Frontmann Hans Hansi Kürsch und Gitarrist André Olbrich immer wieder Fantasy-Motive, vor allem aus J.R.R. Tolkiens *Herr der Ringe*, dessen größter Fan unter der Sonne wahrscheinlich Hansi Kürsch ist. Nicht erst seit dem 1998 erschienenen Album »Nightfall in Middle Earth«, auf dem die Band Tolkiens *Silmarillion* nacherzählt, gilt Blind Guardian vielen Fantasy- und rollenspielaffinen Metalfans als Pflichtprogramm. Wir treffen Sänger Hansi Kürsch im Dezember 2019 in Düsseldorf und erleben einen reflektierten Sänger, dem Allüren so fremd sind wie überholte Metalklischees vom »Bier trinkenden, lauten, asozialen Individuum« *(Zitat Kürsch)*. Kürsch trägt kurze Haare, plaudert über harte Kerle und ihre weichen Kerne und über ein Genre, das entgegen allen Klischees längst im Mainstream angekommen – und manchmal erstaunlich konservativ ist.

Hansi Kürsch, geboren 1966 in Meerbusch, 1984 Gründung der Band Lucifer's Heritage, die sich 1987 in Blind Guardian umbenannte. **Mehr als drei Millionen verkaufte Tonträger**, das Album »At the Edge of Time« erreichte 2010 Platz zwei in den deutschen Charts.

Hansi, welches Klischee über Metaller stimmt nicht?

Dass wir alle so harte Kerle sind.

Seid ihr nicht?

Geht so *(lacht)*. Nein, überhaupt nicht. Vor allem dachte ich, diese Rolle hätten wir mittlerweile an die Rapper abgegeben. Wenn man bei Konzerten mit Ordnern spricht, mit denen von der Security, dann sagen die einem, sie machen am liebsten Konzerte mit Metallern. Mit denen gibt's keine Probleme, die Leute kommen, trinken ihr Bier und gehen wieder. Deshalb bin ich immer so überrascht, dass so viele noch glauben, dass der Metaller so ein Bier trinkendes, lautes, asoziales Individuum ist. So ein dumpfer Typ, der wenig Ahnung und sich in den letzten dreißig Jahren auch nicht verändert hat.

Wie sieht der klassische Blind-Guardian-Fan denn aus?

Es gibt verschiedene Typen: den intellektuellen Fan, der studiert, vielleicht Geschichte, Mythologie oder Sprachen.

Oder Informatik.

Oder das, mit denen spreche ich aber nicht so viel. Viele haben aber in der Tat mit Geschichte und Sprachen zu tun, das sehe ich immer, wenn wir eine Anfrage bekommen, weil wieder einer seine Doktorarbeit über uns schreibt. Über den Trojanischen Krieg zum Beispiel, weil wir den einen oder anderen Song darüber gemacht haben. Aber es gibt auch die anderen Fans.

Jetzt sind wir gespannt.

Es gab dazu mal einen schönen Cartoon über die Metalszene, in irgendeinem Magazin. Da gab es die Langhaarigen im Baumfällerhemd, die gerne progressiven Metal hören und diese intellektuellen John-Lennon-Gedächtnisbrillen tragen. Bei Blind Guardian war ein genügsamer Mann mit einem etwas dickeren Bauch gezeichnet, der mit seiner Frau zufrieden vor seinem VW Passat stand. Der wurde der »Metalveteran« genannt. Das trifft auf viele unserer Fans zu, und ungefähr so würde ich mich selbst auch zeichnen.

Du hast dir vor mehr als zehn Jahren deine lange Metalmatte abgeschritten und trägst seitdem kurze Haare. Kann man mit kurzen Haaren überhaupt noch Metaller sein?

(Lacht) Ja, man kann mit kurzen Haaren Metal machen, auch wenn ich das früher selbst nicht geglaubt hätte. Achtzig Prozent unserer Fans sind extrem tolerant, was das angeht, denen ist das völlig egal. Die anderen haben das nicht so entspannt aufgenommen, für die war das schon ein Traditionsbruch. Es kommt aber auch sehr darauf an, in welchem Land wir gerade unterwegs sind. Der traditionelle südeuropäische Metalfan braucht lange Haare, ohne die kann der einen nicht richtig ernst nehmen. Ich finde aber, ich sehe mit kurzen Haaren besser aus. Und das ist doch die Hauptsache, dass mir gefällt, was ich morgens im Spiegel sehe. Ich müsste schon sehr viel tricksen, damit ich mit langen Haaren noch halbwegs manierlich aussehe.

Aber ist das nicht erstaunlich? Dass ausgerechnet die Metalszene vielleicht eine der konservativsten Musikszenen überhaupt ist?

Da ist was dran, viele Metaller machen keinerlei Zugeständnisse, weder bei den Haaren noch bei der Kleidung. Eigentlich habe ich die Szene für toleranter gehalten, aber mich wundert bis heute, wie viele Metaller sich mit Veränderungen extrem schwertun. Wenn ich überlege, wie viele Diskussionen ich schon mit engstirnigen Fans geführt habe, bei denen ich gedacht habe: Das kann doch jetzt nicht wahr sein!

Welche denn?

Klassisches Beispiel für Blind Guardian: Es gibt Leute, die beschweren sich noch immer über unseren »neuen« Schlagzeuger …

Frederik Ehmke, seit 2005 Nachfolger von Thomas »The Omen« Stauch.

Genau. Dieser »neue« Schlagzeuger ist mittlerweile seit fünfzehn Jahren in der Band und muss sich noch mit denselben Vorurteilen wie am Anfang auseinandersetzen. In den sozialen Medien fordern Hardcorefans bis heute, dass unser alter Schlagzeuger Thomas Stauch zurückkommen soll und wir Frederik den Laufpass geben, obwohl der technisch auf einem extrem hohen Niveau ist. Vielleicht liegt das daran, dass viele jüngere Fans über unsere alten Alben zu uns kommen und dann das Original-Line-up glorifizieren als echte Puristen. Oder, noch ein Beispiel: Wir haben im November 2019 endlich unser klassisches Album veröffentlicht, »Legacy of the Dark Lands«, von dem wir seit zweiundzwanzig Jahren sprechen. So lange arbeiten wir schon daran. Und es war immer klar: Das sind neue Songs, und die werden ohne Gitarren sein. Was war die erste Kritik von manchen Fans? Da sind ja keine Gitarren dabei!

Ihr habt in den 1990er-Jahren, eigentlich mit dem Album »Imaginations from the Other Side« von 1995, eine neue Phase der Band eingeleitet. Die Musik wurde noch komplexer, die Produktion druckvoller. War das im Rückblick eine bewusste Entscheidung, vielschichtiger zu werden, sich vom ursprünglichen Metal der vorangegangenen Jahre zu entfernen?

Im Rückblick ja, auch wenn uns das damals vielleicht nicht so bewusst war. Aber vielleicht hat es wirklich mit diesem Album angefangen, dass wir noch progressiver und technisch noch ambitionierter geworden sind. Auf den Platten danach haben wir immer mehr Orchesterpassagen eingesetzt, die von Gitarrenlinien unterstützt wurden. Das war eine neue Richtung für uns, mit der manche Fans vielleicht gehadert haben, aber für uns hat sich diese Entwicklung von Anfang an organisch und richtig angefühlt. Wir haben immer schon das gemacht, was uns gerade in den Sinn kam. Eigentlich schon, seit ich 1984 André *(André Olbrich, Anm. d. Autoren)* getroffen habe und wir beschlossen haben, gemeinsam professionell Musik zu machen. Wir waren fest davon überzeugt, dass wir das können. Zum Glück waren wir so größenwahnsinnig *(lacht)*.

> »WIR HABEN IMMER SCHON DAS GEMACHT, WAS UNS GERADE IN DEN SINN KAM.«

Bei allem Größenwahn habt ihr aber mal eine Zeit lang Bedenken gehabt, dass ihr diesen hohen technischen Anspruch an eure Musik nicht mehr umsetzen könnt. Als sei euch eure eigene Musik über den Kopf gewachsen.
Vielleicht war das auch so. Was bei uns seit den Neunzigern extrem anspruchsvoll geworden ist, ist die Orchestrierung der Gitarren und des Gesangs. Wir haben in unseren Songs viele Vocal Layers, die in Richtung Queen gehen, aber noch extremer sind. Das bedeutet: Wenn wir die live spielen wollen, muss man sie ganz anders anlegen, das kriegt man auf der Bühne nicht so einfach hin. Irgendwann waren wir aber in der Lage, diesen Spagat zu schaffen, seit wir vor etwa zehn Jahren gesagt haben, wir wollen unseren Alben in der Konzeption wieder einen stärkeren roten Faden geben. Das haben wir in der ersten Dekade des Jahrtausends etwas stiefmütterlich behandelt, da gab es teilweise nur noch Layer. Seitdem sind wir geradliniger geworden, das hilft uns auf der Bühne sehr.

Inwiefern geradliniger?
Wir definieren beim Gesang schon in der Produktion jene Vocal Layers, die nachher auch beim Konzert live zu singen sind. Um die kümmern wir uns dann mehr als um alle anderen Chöre und Vocals Layers, damit die Leute beim Hören eine bessere Orientierung haben. Wenn wir drei Jahre lang an einem Song rumschrauben, sind alle Dinge für uns natürlich total nachvollziehbar, und wir wissen gar nicht, warum da gerade so viel von Komplexität gesprochen wird. Wenn man den Song als Zuhörer aber zum ersten Mal hört und in einem Zehnminutending zweiunddreißig bis vierzig neue Parts vorgesetzt bekommt, die sich in der Regel auch nicht wiederholen, dann kann einen das schon ziemlich verwirren. Wir wollten den Leuten den Zugang zu unserer Musik wieder erleichtern. Deshalb diese neue Geradlinigkeit.

Ist diese Akribie, drei Jahre an einem Song rumzuschrauben, das typisch Deutsche an Blind Guardian?
Ich glaube schon, dass das ziemlich deutsch ist. In der Metalszene sind wir für unsere »deutsche Gründlichkeit« bekannt. Wir wollen, dass der Sound perfekt ist und nicht nur fast perfekt. Das ist Teil unserer Kultur, aus der wir nicht rauskommen. Ein Amerikaner wird immer besser swingen als ein Deutscher, auch im Metal. Wir werden dafür immer diesen Marsch spielen. Ob wir wollen oder nicht, an irgendeiner Stelle kommt der immer durch *(lacht)*. Genau wie diese Akribie, das werden euch auch Produzenten bestätigen können. Es gibt zum Beispiel brasilianische Bands, die einen sehr deutschen Stil haben. Aber deutsch werden die nie klingen.

Weil immer der Samba durchkommt?
Irgendwie schon. Dafür kommt bei uns immer der Stechzirkel durch. Diese spielerische, intuitive Leichtigkeit, mit der ein Südamerikaner einen Groove komplett verliert und dabei völlig entspannt bleibt, die werden wir nie hinbekommen. Leider. Oder zum Glück, wie man's sieht.

Ihr kommt aus Krefeld, die meisten von euch leben bis heute dort. Warum ist die Metalszene in Nordrhein-Westfalen so stark? Wegen der Nähe zu Holland, wo es traditionell eine große Szene gibt?
Holland war Anfang der Achtzigerjahre die erste Metalhochburg. Als wir Teenager waren, mussten wir unsere ersten Metalplatten noch dort kaufen, die gab's in Deutschland damals noch nicht. Das ist dann aber relativ schnell herübergeschwappt, irgendwann haben auch hier die ersten Plattenläden ein kleines Sortiment an Metalplatten eingeführt. Holland ist aber sicher einer der Hauptgründe, warum sich in Nordrhein-Westfalen so eine große Metalszene entwickelt hat. Dreißig bis vierzig Prozent der deutschen Metalbands kamen zu unserer Zeit aus dieser Ecke.

Bis heute ist die Szene im Ruhrgebiet fast unüberschaubar.
Gerade im Kohlenpott haben sich zig Unterkategorien des Metal ausgebildet. Blind Guardian ist ja fast schon traditioneller Metal, aber im Pott waren etliche viel extremere Bands unterwegs. Vielleicht ist das ein Überbleibsel dieser Kumpelkultur aus dem Bergbau. Dieses Zusammengehörigkeitsgefühl.

Vielleicht auch ein Gefühl, sich wehren zu müssen gegen den Alltag? Anders gesagt: Ist Metal, der aus Arbeiterschichten kommt, rauer, härter als der von Beamtensöhnen?
Vielleicht, schon möglich. In England war der Metal lange eher eine Musik der Arbeiterklasse, viele der ersten Bands stammten aus dieser Schicht. Aber dieses Zusammengehörigkeitsdenken, das ich meine, ist nicht nur ein Phänomen der Arbeiter, das

geht weit darüber hinaus. Es gibt gerade bei vielen Menschen ein unterschwelliges Gefühl der kollektiven Isolation und Richtungslosigkeit. Dem will man sich durch dieses Wirgefühl ein wenig entziehen. In der Metalwelt ist das nicht ganz so ausgeprägt, weil es bei uns immer schon so war. Wir waren in dieser Hinsicht Trendsetter.

> »VON EINER WIRKLICHEN GLEICHBERECHTIGUNG SIND WIR AUCH IM MUSIKBUSINESS NOCH LICHTJAHRE ENTFERNT.«

Im Metal sind nicht nur vor der Bühne vergleichsweise wenige Frauen, sondern auch auf der Bühne. Ausnahmen wie Doro Pesch oder Alissa White-Gluz von Arch Enemy bestätigen die Regel. Ist die Metalszene vor allem eins: Patriarchat?

Das trifft leider auf den größten Teil der Menschheitsgeschichte zu, auch auf unser Genre, selbst wenn ich noch viele andere weibliche Acts im Metal nennen könnte. Aber das wären nur Alibibekenntnisse. Von einer wirklichen Gleichberechtigung sind wir auch im Musikbusiness noch Lichtjahre entfernt.

Woran liegt das?

Was den Metal betrifft, liegt der Ursprung dafür sicher in der Rock'n'Roll-Geschichte. Gerade am Anfang war der Rock'n'Roll sehr männerbezogen, weil die Rollenbilder in der Zeit so strikt waren. Es ging um Männerposen, um Virilität und Coolness, um starke balzende Männer und schwache, schmachtende Frauen. Das hat sich in der Beatmusik und im Hard Rock fortgesetzt, dem direkten Vorläufer des Heavy Metal. Und je härter der Metal wurde und je geringer der kommerzielle Erfolg, desto mehr verschwanden auch die weiblichen Fans. Deshalb ist das Ungleichgewicht zwischen Männern und Frauen im Metal heute so augenscheinlich. Frauenbands und Musikerinnen sind in der Szene zwar voll integriert und bringen volle Leistung. Trotzdem sind sie deutlich unterrepräsentiert.

Du bist gelernter Groß- und Außenhandelskaufmann, stammst selbst aus einer Arbeiterfamilie. Was hat für dich die Anziehungskraft von Metal ausgemacht? Das Anarchische vieler Texte?

Mein Englisch war nicht berauschend, worüber die Bands gesungen haben, war mir als Jugendlichem relativ egal. Aber wenn ich in die Plattenläden gegangen bin, fand ich die Cover der Metalalben immer am coolsten.

War es kein Reiz für einen behüteten Jugendlichen wie dich, Musik zu hören, die deine Eltern wahrscheinlich abgelehnt haben?

Als Black Metal aufkam, hat das viele in meinem Freundeskreis total geflasht, Musik gegen das Establishment, die antireligiösen Themen, das war deren Möglichkeit zu protestieren. Bei mir und meinen Bandkollegen war das eher nicht das Thema, wir waren schon damals vor allem an der Musik interessiert. Metal war so ehrlich.

Inwiefern ehrlich?

Der Bezug zum Rock, die Geradlinigkeit, die Nähe zu den Fans. Wenn ich Metallica gesehen habe, dachte ich, die sind auf Augenhöhe mit uns, die verstehen mich. Dass die schon damals mehrfache Millionäre waren und wahrscheinlich ganz andere Probleme hatten, war mir in dem Alter noch nicht klar. Ich konnte mich mit denen und der Metalszene zu hundert Prozent identifizieren. Und vielleicht war ich ohnehin immer auf der Suche nach Extremerem. Auch musikalisch.

Wie meinst du das?

Ich wollte mit meiner Musik nie Protest ausdrücken wie andere, aber immer wieder Neues ausprobieren. Mein musikalischer Werdegang geht vom Electric Light Orchestra zu Deep Purple und den ersten härteren Bands wie Rainbow oder Judas Priest, dann ein kleiner Abstecher zum Punk, Dead Kennedys, The Flash, Sex Pistols, und dann in den richtigen Metal. Da wusste ich endlich: Bei dem will ich bleiben.

Das zentrale Merkmal von Blind Guardian sind, neben der musikalischen Komplexität der Songs, eure Texte. Es geht um Fantasy, die oft auch literarische Vorlagen zitiert, die Artussage, Romane von Stephen King, den *Herrn der Ringe* und das *Silmarillion* von Tolkien. Woher kommt diese Affinität zu anderen Welten?

Bands mit sozialkritischen Statements gab es in den Achtzigern, als wir anfingen, mehr als genug, davon wollten wir uns bewusst absetzen. Wir wollten den Fans einfach eine gute Zeit verschaffen, ohne politische Statements. Außerdem habe ich mich immer schon sehr für Fantasy interessiert, da lag es nah, das in unseren Texten aufzugreifen. Am Anfang dachte ich ja, alle Metalbands würden über solche Sachen singen, weil viele Fantasy-Figuren auf ihren Plattencover hatten. Dass es bei vielen eigentlich um ganz andere Themen ging, war mir nicht bewusst. Und lange auch nicht, dass unsere Texte in der Metalszene so etwas Besonderes waren.

Liest du privat so viel, dass du immer wieder auf literarische Motive verfällst?

Unheimlich viel, das hat mich schon immer begeistert. Ich liebe fantastische Autoren und dystopische Geschichten, Stephen King, aber auch H.P. Lovecraft oder E.T.A. Hoffmann.

… übrigens ja ein Frühmeister des Exzesses, der sich mit Absinth berauschte und viele seiner Texte im Delirium schrieb.
Hoffmann hat schon in der Romantik bewiesen, dass Narkotika und Exzess zum Künstlerdasein dazugehören *(lacht)*. Ich lese aber auch Jane Austen oder moderne Autoren wie Daniel Kehlmann oder Margaret Atwood mit ihren *Handmaid Tales*. Ich stolpere über Bücher, und vieles aus meiner Lektüre findet sich später bei Blind Guardian wieder.

Spätestens mit dem Album »Tales from the Twilight World« von 1990, auf dem ihr den *Herrn der Ringe* thematisiert, sind Tolkien-Texte zu eurem Markenzeichen. Was ist das Besondere an seinen Büchern?
Ich liebe Tolkiens Geschichten seit Langem, und ich fand immer schon, dass dieses Epische, Große seiner Erzählungen sehr gut zu unserer melodiösen Musik passt. Die Fans haben »Tales from the Twilight World« geliebt, also haben wir mit diesem Thema weitergemacht. 1998 haben wir mit »Nightfall in Middle Earth« ja sogar ein von Tolkien inspiriertes Konzeptalbum gemacht, das die Vorgeschichte des *Herrn der Ringe* thematisiert, das *Silmarillion*.

Wann fing das an, diese Begeisterung für seine Geschichten?
In frühester Kindheit. Ich bin im Schatten einer Burg aufgewachsen und habe mich für Rittergeschichten interessiert, seit ich denken kann. König Artus und Prinz Eisenherz waren meine ersten großen Helden, neben Winnetou, Old Shatterhand und John Wayne. Irgendwann kamen die Gespensterromane von John Sinclair dazu, bis ich mit vierzehn zum ersten Mal *Der kleine Hobbit* gelesen habe. Da war es um mich geschehen. Mit sechzehn hat mir meine Schwester die *Herr der Ringe*-Trilogie zu Weihnachten geschenkt. Da wusste ich: Eine bessere Geschichte gibt es nicht.

Du bist so tolkienverrückt, dass du *Herr der Ringe*-Bücher sammelst und in Antiquariaten nach alten Ausgaben stöberst. Wie viele hast du mittlerweile?
Immer noch mindestens zwanzig, ich bin so bescheuert. Die meisten sind englische und deutsche Ausgaben. Ich hatte schon mal mehr, aber meine Frau hat mich davon überzeugt, dass ich Portugiesisch, Japanisch oder Schwedisch nicht mehr lernen werde. Ich habe auch ein paar edle Ausgaben, aber irgendwie ist es wie mit deinem Lieblings-Fußballverein oder deiner ersten Lieblingsband: Meine liebste Version ist immer noch die grüne Paperback-Trilogie, die meine Schwester mir damals geschenkt hat.

Was entgegnest du Leuten, die dir vorwerfen, mit deinen Fantasy-Texten Eskapismus zu betreiben, Realitätsflucht?
Dass es mir darum nicht geht, zumindest nicht in erster Linie. Ich habe mich von Fantasy-Geschichten immer schon gut unterhalten gefühlt und auch gestärkt für mein Leben, für meine Kreativität. Sie inspirieren mich. Und ja, ich verschaffe mir durch sie Freiräume, in denen ich eine Auszeit von der Realität nehmen kann. Ist das Eskapismus? Wenn überhaupt, dann vielleicht Eskapismus auf Zeit. Wichtig ist doch, dass man immer wieder in die Realität zurückfindet.

Mancher Metalfan würde aber vielleicht am liebsten dauerhaft der Realität entfliehen. Unser Eindruck ist, dass gerade viele junge Leute, die melancholisch sind, Zuflucht im Metal und in der Fantasy suchen. Vielleicht auch gerade die, die unzufrieden mit sich und ihrem Äußeren sind und deshalb im Pop keinen Platz für sich finden. Stimmt der Eindruck?
Natürlich kann Musik selbst in ihren dunkelsten Facetten eine Art Therapieversuch sein, das gilt für den Künstler wie für seinen Zuhörer. Manchmal ist eine Zigarre aber tatsächlich nur eine Zigarre, ohne Metaebene. Musik soll unterhalten; sie macht Emotionen hör- und fühlbar, auch Melancholie. Aber ich glaube, wer melancholisch ist, hat noch Hoffnung und keinen Grund, dauerhaft abzutauchen. Ich weiß auch nicht, was sinnvolle Alternativen zur Kompensation durch Metalmusik wären. Drogen? E-Musik mit gehaltvolleren Themen? Eingängige Popmusik? Mir hilft die jedenfalls nicht. Und ich erlebe eher Nichtmetalfans, die unzufrieden mit sich und ihrer Realität sind. Das ist leider das prägendste Merkmal des 21. Jahrhunderts: Es gibt viel zu viel Unzufriedenheit.

Viele suchen ihr Heil deshalb in der Religion. Bist du gläubig?
Ich bin christlich erzogen worden und glaube zumindest, dass es irgendetwas zwischen Himmel und Erde gibt. An die Bibel und an eine Gottheit, wie sie in ihr dargestellt wird, glaube ich aber nicht. Wieso?

Weil Blasphemie, Satan, Himmel und Hölle bei manchen Metalbands eine große Rolle spielen. Kann man von solchen Dingen singen und trotzdem gläubig sein? Oder muss man gläubig sein, um solche Texte zu machen?
Weder noch, weil es nichts miteinander zu tun hat. Für mich ist das eine Rolle wie für einen Schauspieler, der Mephisto spielen muss. Dem würde man doch auch nie nachsagen, dass er Satanist ist, und mit großer Wahrscheinlichkeit hat seine Rolle nichts mit seiner wirklichen Einstellung zu tun. Es ist lediglich ein Mittel, um eine Geschichte zu erzählen. So halten wir bei Blind Guardian es in der Regel auch. Wir haben zum Beispiel mal einen Song über Friedrich Nietzsche und seine Einstellung zum Christentum gemacht …

Den Song »Punishment Divine«.
Genau, in dem stellen wir irgendwann die Frage: Gibt es Gott? Auch wenn ich darauf keine Antwort habe, heißt das ja nicht, dass ich ihn als Hansi Kürsch negiere wie Nietzsche. Ich finde Nietzsche faszinierend, weil er ein Beispiel dafür ist, wie komplex menschliches Denken sein kann. Manchmal ergreifen wir in unseren Songs aber auch Partei für Luzifer wie in »Control the Divine« ...

... das auf John Miltons *Paradise Lost* zurückgeht.
Ja, aber was ist so verwerflich daran, Dinge anzuzweifeln, die Frage nach dem Warum zu stellen? Nach der Existenz Gottes?

Trotzdem übt das Morbide, Düstere auf viele Metaller, gerade aus dem Death-Metal- oder dem Gothic-Bereich, eine große Anziehungskraft aus. Woran liegt das?
Ich finde das selbst sehr spannend, vielleicht auch weil ich das Gegenteil bin. Ich bin sehr lebensbejahend, aber oft sehr erschrocken darüber, wie tief menschliche Abgründe sein können. In Texten kann ich das besser verarbeiten und aushalten als in der Realität, also vermische ich beides gern. Auf unserem letzten Album, »Beyond the Red Mirror«, erzählen wir eine moderne Version der Artuslegende, verbinden sie aber mit Themen, die mir im Moment zu schaffen machen. Dem Informationsüberfluss, den man nicht mehr filtern kann. Der Tatsache, dass man zwischen Gut und Böse nicht mehr unterscheiden kann. Es gibt kein Richtig und Falsch mehr. Da schließt sich der Kreis zum Satanismus.

Inwiefern?
Weil ich glaube, dass das die Anziehungskraft ausmacht, die Luzifer für manche hat. Auch zwischen ihm und Gott ist es nicht so eindeutig, wie oft getan wird. Wenn man den Fall Luzifers als Beispiel nimmt ... Wer bestimmt denn, was richtig und was falsch ist? Kann ich die Autoritäten zu hundert Prozent akzeptieren? Oder empfinde ich insgeheim auch Sympathien für die andere Seite, weil ich die Autoritäten nicht anerkenne? Das zu hinterfragen, ist doch nicht per se schlecht. Diese Zwischentöne sind das, was mich auch in der Fantasy so interessiert.

Weil man, sozusagen im Spiel, gefahrlos die Rollen vertauschen und die Parteinahme für die dunkle Seite durchspielen kann?
Genau, und dadurch kommt man ins Nachdenken. Indem man Dinge infrage stellt. Das spielt in vielen unserer Songs eine Rolle, zum Beispiel auf dem Album »Imaginations from the other Side« von 1995. Es stellt die Frage: Wie weit kann man Fantasien in sein Leben einbinden und wie tragisch wäre es, wenn man auf jegliche Imagination verzichten und in einer rein rationalen Welt leben würde? Das ist für mich ein regelrechtes Schreckgespenst, keine Fantasie mehr zu haben. Manchmal erschrecke ich, wenn ich mich mit Leuten unterhalte und sie mich fragen, ob ich das in meinen Texten eigentlich ernst meine. Nein, es sind Geschichten! Sie sind wie Scharaden. Aber in diesen Scharaden stecken immer Aspekte, die ich ernst nehme.

Ausschließliche Rationalität ist dir zuwider, weil man dann aufhört nachzudenken?
Ohne Fantasie gibt es keine Entwicklung, und viele Erfindungen werden erst durch Hirngespinste möglich. Star Trek zum Beispiel hat viele Dinge von heute vorweggenommen, obwohl man früher dachte, das sei reine Spinnerei. Ohne Spinner würde sich die Welt nicht mehr verändern.

Ist man Gott umso näher, je öfter man von der Hölle spricht?
Vielleicht, ja. Mir geht es in meinen Texten oft um Religion, auch wenn ich mich von der Kirche losgesagt habe und praktisch konfessionslos bin, weil ich nie konfirmiert wurde und keine Kirchensteuer zahle. Trotzdem frage ich mich, inwieweit ich mich zu einer Religion bekennen will und wann irgendwelche Dogmen aufgestellt werden, mit denen ich mich nicht mehr identifizieren kann. Glaube ich an eine Göttlichkeit, an eine universelle Macht? Schon. Brauche ich die Kirche, um an Gott zu glauben? Jeder Mensch glaubt an irgendetwas, selbst ein Atheist. Überhaupt finde ich es schräg, wenn Menschen ein Problem mit Religion haben. Ernsthaft zu glauben, dass es dieser Welt ohne Religion besser gehen würde, kann ich nicht nachvollziehen.

Trotzdem ist Religionskritik bei vielen Metalbands ein zentrales Thema, ob bei Blind Guardian, Slayer, Motörhead oder Black Sabbath. Trauen sich Metalbands einfach mehr als andere Genres, ihre Zweifel an Gott offen zu formulieren?
Vielleicht haben Metaller eine stärkere Affinität zu spirituellen Dingen als andere und stellen übergeordnete Autoritäten öfter infrage. Und wer Dinge infrage stellt, muss sich trauen, vermeintliche Tabus zu brechen, auch in der Darstellungsform. Es gibt bei Blind Guardian aber durchaus auch Songs, die sich positiv mit der Religion auseinandersetzen. In »The Edge« thematisieren wir die Entwicklung des Christentums und die Entstehung des Mythos um Paulus. Oder »Precious Jerusalem«, der Song versucht den Moment zu beschreiben, in dem Jesus vom Menschen aus Fleisch und Blut zum transzendenten Sohn Gottes wird. Der Glaube ist ein wunderschöner Baum. Selbst wenn er die widerwärtigsten Früchte tragen kann.

Für dieses Buch haben wir auch mit Klaus Meine gesprochen, der beklagt, dass die Scorpions in Deutschland nie die Anerkennung empfangen hätten, die sie international

als die erfolgreichste deutsche Band noch immer hat. Empfindet ihr von Blind Guardian das ähnlich?

Das wirkt vielleicht so und hat sicher etwas mit dem Propheten im eigenen Land zu tun. Die Scorpions sind, genau wie wir, nicht so extrovertiert, dass sie sich ständig in den Vordergrund drängen würden. Das führt vielleicht dazu, dass sie in der Wahrnehmung nicht so präsent sind, wie sie es verdienten. Es hat aber auch mit den öffentlich-rechtlichen Anstalten zu tun, die Metal und Hardrock immer schon sehr stiefmütterlich behandelt haben. Wenn man sich das anschaut, weiß man schon, warum manche Szenen wachsen und andere am langen Arm verhungern. Dadurch entsteht oft ein falscher Eindruck. Wir werden nach wie vor an unserem Erfolg in Japan oder Südamerika festgemacht. Aber genau wie die Scorpions sind wir ein internationales Phänomen. Und einer unserer Schlüsselmärkte ist nichtsdestotrotz hier in Deutschland.

Das nehmen viele Deutschen aber nicht so wahr.

Verrückt, oder? Bei der Virgin, unserer Plattenfirma, die immerhin mal ein Major Label war, waren wir immer die zweitgrößte deutschsprachige Band. Erst nach den Toten Hosen und dann, Ironie des Schicksals, nach den Böhsen Onkelz. Was die Medien daraus gemacht haben, war aber etwas anderes. Das bleibt bei den Leuten hängen.

Warum ist das so? Mögen die Medien euch nicht?

Vielleicht sind wir nicht massenkompatibel genug. Nehmt mal das Beispiel Wacken-Festival. Wir treten da auf, vor Zehntausenden begeisterten Fans, und über wen wird danach berichtet? Über Lena Meyer-Landrut oder über Scooter. So funktionieren die Medien hier leider.

Könnt ihr Wacken überhaupt noch ernst nehmen? So Mainstream, wie das mittlerweile geworden ist?

Wir müssen es ernst nehmen, weil wir Wacken extrem viel verdanken. Aber ja: Wenn das Festival weiter diese Entwicklung nimmt, wird seine Anziehung für viele immer kleiner werden. Es ist ja jetzt schon so, dass der Metalfan als im Dreck wühlender Typ dargestellt wird, der immer besoffen ist. Er wird belächelt. Dabei hat Wacken mit der Metalrealität nichts zu tun. Aber man kann an dem Festival schon bemessen, welchen Status man als Band in der Metalszene hat. Wenn wir in Wacken spielen, sind wir immer noch Headliner. Auch wenn selbst wir nicht jeden Tag vor siebzig-, achtzigtausend Leuten spielen.

Wenn man mal in Wacken war und das mit anderen Festivals vergleicht, Southside oder Roskilde, kommt einem das fast vor wie ein gutbürgerliches Vorstadtidyll: alles sauber, Mülltrennung, mittelständische Familien, Leute, die viel trinken, aber kaum einer, der kotzt. Und wenn man beim Pogen hinfällt, hilft dir sofort jemand wieder hoch.

Sag ich ja: Wir Metaller sind zuvorkommend und nett *(lacht)*.

Ist Metal Mainstream geworden?

Metal ist Mainstream, klar. Die Begeisterung für Metal verbindet, das geht durch alle Gesellschaftsschichten und alle Professionen, vom Teenager bis zum Opa. Es gibt zwar mit den Scorpions und Iron Maiden ein paar wenige Aushängeschilder, die richtig groß, aber auch schon verdammt lange dabei sind. Aber allein auf der Ebene darunter, also bei den Bands aus unserer Generation, gibt es in Deutschland Dutzende Bands, die sehr erfolgreich Metal machen. Und wenn man noch eine Generation darunter schaut, sind es sogar Hunderte Bands, die vielleicht noch nicht so groß sind wie wir, aber sehr viel Erfolg haben. In der Breite ist Metal in Deutschland nach wie vor ein extrem erfolgreiches Genre. Vielleicht sogar erfolgreicher als der Schlager.

Trotzdem wird Metal im Radio kaum gespielt. Fühlst du dich deswegen diskriminiert?

Irgendwie schon. Die Öffentlich-Rechtlichen spielen so gut wie keinen Metal, angeblich, weil die Nichtmetalfans dann abschalten. Das ist ein rein kommerzielles Argument, auch weil man völlig falsche Vorstellungen von den Metalfans hat: Die sind dumpf und doof, für die kann man gar keine Werbung schalten, weil sich das nicht lohnt und die anderen abgeschreckt werden. Was für ein Blödsinn!

Liegt das womöglich daran, dass viele noch das alte, überholte Bild vom Metal haben? Maximale Abgrenzung vom Establishment, die sich mit einem bürgerlichen Leben nicht verträgt?

Vielleicht, dabei ist Metal doch schon seit vielen Jahrzehnten ein normaler Teil der Popkultur. Genau wie Beavis and Butt-Head oder Wayne's World schon in den Neunzigern nicht mehr wirklich Anarchie waren. Wenn überhaupt, dann war höchstens der Übergang von Punk zu Metal davor etwas ruppig. In diesen ersten Jahren gab es noch die Rockergruppen, die richtig harten Jungs, die dann vielleicht auch Ordner bei Metalkonzerten waren. Viel von dem aggressiven Image, das der Metal bei manchen bis heute hat, rührt daher, glaube ich. Trotzdem gab es im Metalbereich auch eine Menge Asis, keine Frage. Bei den ersten Festivals, die ich besucht habe, 1983/84, waren die aber schon deutlich in der Minderzahl. Da waren schon sehr viele Normalos. Wir wollten laut sein und uns dadurch von den Spießern abgrenzen, das schon. Aber ein Metalfan hat schon damals in der Disco eher einen auf die Nase bekommen, als dass er selbst ausgeteilt hätte.

▶ INTERVIEW

WIE EMPFINDSAM SIND DIE DEUTSCHEN, **REINHARD MEY?**

Es gibt Musiker, die haben den Deutschen den Punk gebracht. Und es gibt solche, die ihnen den Chanson zurückgebracht haben, den sie schon fast vergessen hatten: Reinhard Mey, Liedermacher, Chronist des Alltags und Seismograf für all das, was uns bewegt und wofür wir so oft keine Worte finden. Er aber schon. Wie kaum ein anderer vermag der Berliner Texte zu schreiben, die berühren, weil wir uns in ihnen wiedererkennen. Meys bekanntestes Lied, »Über den Wolken«, ist nur eines davon, und auch »Sommermorgen«, »Gute Nacht, Freunde«, »Mein achtel Lorbeerblatt« oder »Ich wollte wie Orpheus singen« sind neue deutsche Klassiker geworden. Wenn Mey allein mit seiner Gitarre auf der Bühne steht und singt, dann fühlt sich das an wie eine Begegnung mit einem alten Freund. Wir treffen ihn im Februar 2020 in Berlin-Frohnau, wo er seit seiner Kindheit wohnt. Es wird ein langes, intensives Gespräch. Reinhard Mey über seine Angst vor der Bühne, seine Liebe zum französischen Chanson und die Frage, was Liedermacher von den neuen deutschen Singer/Songwritern unterscheidet. Und über seine Grundstimmung, die sich auch in seinen Liedern immer wieder findet: Man kann nur heiter sein, wenn man auch traurig war.

Reinhard Mey, geboren 1942 in Berlin, seit 1967 insgesamt **28 Studioalben**. 1972 erreichte das **Album »Mein achtel Lorbeerblatt«**, auf dem der Klassiker »Gute Nacht, Freunde« ist, **Platz eins der deutschen Charts**, ebenso wie die Alben »Bunter Hund« (2007) und »Dann mach's gut« (2013).

REINHARD MEY

Nur wenige sind so lange im Geschäft wie er, und kaum einer ist dabei so sanftmütig geblieben: Reinhard Mey sagt von sich, seine einzige unbeherrschte Seite sei gelegentliches Fluchen beim Autofahren. Nach unserem Gespräch in Berlin-Frohnau glauben wir ihm das sofort.

Herr Mey, Ihre Frau schreibt Ihnen oft Zettel mit kleinen Vierzeilern, die sie für Sie reimt. Was stand auf dem letzten?
Das war ein Vierzeiler, den sie mir in ein Buch geschrieben hat. Das hat sie mir vor zwei Jahren zu unserem vierzigsten Hochzeitstag geschenkt, es hieß *Lange Liebe – vom Glück des Zusammenbleibens*: »Wir nahmen uns vor, uns lange zu lieben / drum sind wir bis heute zusammengeblieben / Die Liebe war groß, hat bis heute gereicht / war gar nicht so schwer, eigentlich war es leicht.« Den Spruch fand ich so schön, dass ich ihn im Booklet für mein letztes Album unter ein Foto gesetzt habe. Meine Frau schreibt mir oft solche Sachen. Leider kann ich die meisten nicht auswendig.

Schreiben Sie ihr auch zurück?
Nein, leider nicht. Meine Frau schüttelt das so aus dem Ärmel, sie ist fantastisch und macht auch Zeichnungen dazu. Die wirft sie einfach so hin. Ich male auch gerne, aber bei mir dauert eine Zeichnung anderthalb Stunden. Und für so einen Vierzeiler brauche ich einen ganzen Tag. So witzige Sachen aus dem Stand zu schreiben, das ist Hellas Spezialität. Für mich ist das harte Arbeit am Schreibtisch.

Sind Sie so ein akribischer Arbeiter?
Bei mir muss das Drumherum stimmen. Ich muss das Licht ein bisschen dämpfen, mich abkapseln und alleine sein. Dann kann ich schreiben. Aber quälen muss ich mich immer ein bisschen.

Sie sind jetzt 77 – hat sich Ihre Art zu schreiben mit dem Alter verändert? Ist es schwieriger geworden?
Nein, schwieriger nicht. Aber ich bin sicher pingeliger geworden als früher, selbstkritischer. Ich lasse mir nicht mehr so leicht einen falschen Reim durchgehen. Aber durch die lange Erfahrung ist die Angst endlich weg.

> »DURCH DIE LANGE **ERFAHRUNG** IST DIE **ANGST** ENDLICH WEG.«

Welche Angst meinen Sie?
Dass mir nichts mehr einfällt oder ich mit einem Lied nicht rechtzeitig fertig werde. Heute gibt mir die Erfahrung, dass es doch immer irgendwie gut gegangen ist, Selbstvertrauen: Das wird schon. Früher war die Zeit, wenn ich mit dem Schreiben für ein neues Album anfing, furchtbar. Um den ersten September herum hatte ich manchmal richtig Panik. Ich dachte, wenn du heute Mittag wieder aus dem Büro runterkommst und dir ist noch nichts eingefallen, wie furchtbar! Ich fürchtete mich schon Tage und Wochen vorher.

Warum gerade am ersten September?
Ich fange seit Jahren immer um dieses Datum herum mit dem Schreiben an, und dann ein halbes Jahr lang. Es hilft mir, am Stück zu arbeiten und mich nicht jedes Mal wieder aufs Neue zusammenreißen zu müssen, endlich an den Schreibtisch zu gehen. Außerdem habe ich gemerkt, dass ich die dunkle Jahreszeit zum Schreiben am meisten liebe. Wenn man bereits den Frühling ahnt, würde es mir schwerfallen, mich einzuschließen und auf Tauchstation zu gehen. September, wenn der Winterschlaf sich ankündigt, ist meine Zeit.

Und wenn Sie vor dem ersten September eine zündende Idee haben?
Dann schreibe ich mir sie auf, vor dem ersten September fange ich nicht an. Das ist eine Selbstüberlistung, um mich zu disziplinieren. Früher habe ich chaotisch gelebt. Den einen Tag auf Tournee, den nächsten ein Gespräch, danach Schreiben zu Hause. Ich habe mich furchtbar verzettelt in meiner Sturm-und-Drang-Zeit. Jetzt, im Alter, bin ich organisierter. Ich singe nicht mehr an einem Tag in Hamburg und am nächsten in Genf wie früher, sondern mache das nächste Konzert vielleicht in Hannover. Diesen Stress brauche ich nicht mehr.

Das klingt alles sehr rational für einen Sänger, der als so gefühlsbetont gilt.
Nicht rational, eher strukturiert. Ich habe mir für mein Schreiben einen sehr ruhigen Rhythmus auferlegt, schon seit Jahren – alle drei Jahre ein neues Album, mittlerweile alle vier. Diese Pause ist wichtig, damit ich wieder Lust aufs Schreiben entwickle. Wenn es so weit ist, dann muss ich nicht hoch in mein Arbeitszimmer gehen und schreiben, dann will ich es unbedingt. Mein Arbeitszimmer, meine Dichterkammer, ist auch mit Absicht winzig klein, damit mich nichts ablenkt. Der Blick aus dem Fenster geht in die Bäume, ich kann den Wechsel der Jahreszeiten von meinem Schreibtisch aus beobachten. Ich liebe das, im Einklang mit der Natur zu arbeiten.

Sie sind vor Auftritten noch immer unglaublich nervös. Warum das? Eigentlich müssen Sie doch längst niemandem mehr etwas beweisen.
Doch, mir selbst, dass ich es immer noch kann, und das möglichst gut. Das ist auch eine Form des Respekts vor dem Publikum, das in meine Konzerte kommt, um mich in Bestform zu hören. Das darf ich nicht enttäuschen, dem muss ich eine möglichst vollkommene Leistung darbieten. Mit diesem Anspruch kann man sich schon ganz schön in Stress versetzen. Vor allem, wenn man weiß, was alles schiefgehen kann. Vor einem Auftritt stehe ich dann hinter der Bühne, werde immer nervöser und denke an all die Menschen, die nur meinetwegen hier sind, sich ein teures Ticket gekauft und so lange nach einem

Parkplatz gesucht haben. Vielleicht haben sie sogar einen Babysitter bestellt, damit sie einen Abend frei haben. Ich kann mich in jeden einzelnen Zuhörer hineinversetzen. Aber dieses Lampenfieber ist gleichzeitig der Katalysator, meine Sache richtig gut zu machen. Auf der Bühne alles zu geben.

Trotzdem wirkt es, als mache Ihnen diese Aufregung sehr zu schaffen. Als Sie vor einer Weile in einer Talkshow auftraten, zitterten Ihre Hände so sehr, dass Sie zweimal abbrechen mussten. Waren Sie immer schon so unsicher?
Eine gewisse Aufregung war immer da. Aber es ist mit den Jahren schlimmer geworden. Eigentlich sollte man mit dem Alter doch gelassener werden. Bei mir ist es umgekehrt. Früher haben wir auf der Bühne Bier getrunken und auch vorher schon, da war ich wirklich Bruder Liederlich, wenn ich unterwegs auf Tournee war. Da hat es mich auch nicht so gestört, wenn ich mal hängen geblieben bin. Heute habe ich regelrecht Panik davor.

Was machen Sie dagegen? Welche Strategien haben Sie gegen die Angst entwickelt?
Ich bin vor einem Konzert mindestens vier Stunden vorher in der Halle und spiele das ganze Konzert einmal durch.

Das ganze Konzert?
Jedes einzelne Lied, nur ohne Ansagen. Das gibt mir eine gewisse Sicherheit, weil ich mir am Abend dann sage: Heute Nachmittag hat es doch prima geklappt, dann wird es jetzt auch klappen! Und ich achte viel mehr auf Disziplin als früher. Ich trinke schon am Abend vorher nichts mehr und gehe früh ins Bett. Wenn ich wie im letzten Herbst und Frühjahr eine Tournee mit vierzig Konzerten mache, muss ich jeden Morgen ausgeschlafen sein. Um zwanzig Uhr hat ein hellwacher Typ auf der Bühne zu stehen und nicht jemand, der einen Hangover hat oder nicht zu hundert Prozent motiviert ist. Deshalb mache ich auch nur alle paar Jahre eine Tournee, obwohl ich eigentlich viel öfter Lust habe. Die Motivation muss stimmen. Ich muss das dringende Bedürfnis haben, den Menschen meine neuen Lieder vorzusingen. Dann wird es gut.

Ein Kollege von der Welt schrieb einmal über Sie, auch Ihnen sei die Melancholie nicht fremd, aber bei Ihnen werde sie im Alter nicht sepia wie bei »senilen Studienräten«, sondern pastell. Sind Sie mit Ihrem Älterwerden versöhnt?
Ich sehe mich älter werden, aber habe Gott sei Dank keine physischen und psychischen Probleme. Ich sehe getrost und heiter in meinen Lebensabend. Ich laufe gern, früher waren es zehn Kilometer, heute nur noch fünf. Früher habe ich sechzig Konzerte hintereinander gemacht, jetzt nur noch dreißig. Na und? Hauptsache, ich mache noch was! Die Kunst des Älterwerdens besteht darin, die Dinge der Jugend mit Grazie loszulassen. Das gelingt mir ganz gut.

Es ist spannend, dass Sie offenkundig ein so lebensbejahender, optimistischer, der Welt zugewandter Mensch sind und Ihre Texte oft so verletzlich, zart und melancholisch. Existiert das eine nicht ohne das andere?
Davon bin ich überzeugt. Um heiter zu sein, braucht es den Konterpart, die Traurigkeit, sonst weiß man gar nicht, wie schön das Glücklichsein ist. Umgekehrt gehört zur Trauer untrennbar auch das Glück dazu. Wahrscheinlich ist mein Naturell so angelegt, so optimistisch. Ich versuche immer das Licht zu sehen.

> »ICH VERSUCHE IMMER DAS LICHT ZU SEHEN.«

Vor knapp sechs Jahren starb Ihr Sohn Max nach mehreren Jahren im Koma. Haben Sie nach seinem Tod noch das Licht gesehen?
(Mey überlegt lange, bis er antwortet, dann kommen ihm die Worte nur stockend über die Lippen. Über jene Zeit zu sprechen, kostet ihn sichtlich Kraft. Sein Sohn Max kollabierte 2009 wegen einer verschleppten Lungenentzündung und Herzrhythmusstörungen und lag fünf Jahre lang im Wachkoma. 2014 starb er mit zweiunddreißig Jahren, seither hat Mey öffentlich nur wenig darüber gesprochen. Vor dem Gespräch haben wir vereinbart, dass wir das Thema abbrechen, wenn es ihm zu privat wird. »Das sehen wir dann, fragen Sie ruhig«, sagte er.)

Es war sehr dunkel nach seinem Tod, und das ist es manchmal immer noch. Aber man lernt irgendwann, mit der Trauer zu leben, sie in seinen Alltag einzubeziehen. Der Schmerz bleibt aber, er ist immer da, jeden Tag, und es gibt Momente, in denen er präsenter ist als in anderen. Meine Familie hat diesen Schmerz und diesen Verlust zusammen ertragen. Das war ein großer Trost, den wir uns gegenseitig gespendet haben. Auch in der schweren Zeit davor.

Als Max im Wachkoma lag.
Auch in dieser Zeit waren immer Freunde mit uns zusammen, waren mit uns gemeinsam bei Max. Und es war ein großer Trost zu sehen, dass da gerade dein liebster Freund oder deine liebste Freundin bei deinem Sohn am Bett sitzt und ihn tröstet wie seine eigenen Eltern oder seine Geschwister ...

(Mey stockt, horcht, er hat ein Lied erkannt, das in dem Café gerade im Radio läuft: »Ankomme Freitag, den 13.« von Reinhard Mey.)

… ich weiß nicht, ob das Absicht ist oder Zufall, ich habe das jedenfalls nicht bestellt. Freitag, den 13., um Gottes willen! Aber die Stimme erkenne ich sofort.

Als meine Mutter vor ein paar Monaten starb, konnte ich danach lange keine Musik mehr hören, obwohl ich selbst leidenschaftlich gern Musik mache. Eigentlich kann ich das bis heute nicht. Ging das bei Ihnen, nach Max' Tod? *(Frage stellte Oliver Georgi)*
Nein, in dieser Zeit hatte ich keine Musik. Als Max starb, war ich gerade in der Phase zwischen zwei Alben, das heißt, wir hatten zum Glück Ruhe *(überlegt lange)*. Ich konnte mich zurückziehen in die Wagenburg meiner Familie, ohne dass irgendetwas die Trauer gestört hätte.

Als Max im Koma lag, haben Sie ein Lied für ihn geschrieben, »Drachenblut«: »Begierig zu sehn, in welches Meer der Strom mündet / Hast du dein Licht an beiden Seiten angezündet / Nun ringt es flackernd um seinen Schein / Mein fernes, mein geliebtes Kind, schlaf ein.« Jedem, der selbst Kinder hat, schnürt es bei dem Lied die Kehle und das Herz zu. Kostet es Sie Überwindung, diese Zeilen zu singen?
Es kostet Überwindung, ja, auch weil dann die Bilder sofort wieder da sind. Aber gleichzeitig hilft es mir immer auch, mich hinzusetzen und zu spielen. Das lenkt mich ab.

In welcher Musik finden Sie Trost?
In der Musik von Händel oder Bach, die gibt mir Halt. Und sie öffnet bei mir auch die Schleusen, dass ich weinen kann. In meiner eigenen Musik kann ich keinen Trost finden, vielleicht weil man sich selbst nicht überraschen kann. Ich weiß aber, dass es viele Leute gibt, denen meine Musik Kraft gibt. Das ist ein wunderbares Geschenk, über das ich sehr glücklich bin. Wenn ich das höre, sage ich mir immer: Wenigstens dafür war es doch gut!

> »IN MEINER EIGENEN MUSIK KANN ICH KEINEN TROST FINDEN.«

Tatsächlich ist es immer wieder faszinierend, wie sehr Musik einen im Innersten zu packen vermag. Wahrscheinlich halten viele sie deshalb für die höchste, vollkommenste Kunstform.
Musik berührt einen tief drinnen und löst Verspannungen auf eine ganz eigentümliche, rätselhafte Weise. Wie ein Punkt, den ein Boxer bei seinem Gegner kennt und auf den er nur drücken muss, und schon fällt der Gegner um. Es gibt Musik, bei der fließen bei mir schon nach wenigen Takten die Tränen, nicht nur Tränen des Kummers, sondern auch solche des Glücks. Bei der Ouvertüre von »Figaros Hochzeit« zum Beispiel. Da brechen bei mir alle Dämme, das kann ich dann auch nicht unterdrücken. Und dafür schäme ich mich auch nicht.

Wir haben lange darüber nachgedacht, was Ihre Texte für viele so besonders macht. Vielleicht ist es die Tatsache, dass sie an das Wesentliche, Essenzielle unserer Existenz rühren, die Liebe zu unseren Nächsten, unsere Verletzlichkeit, unsere Endlichkeit. Sie schauen uns Menschen in die Seele, wenn Sie wie in »Abends an deinem Bett« den Moment beschreiben, in dem Eltern verzückt ihre schlafenden Kinder betrachten. Was ist für Sie typisch Mey an Ihren Texten?
Sie sind selbst erlebt, authentisch. Und ich gebe mir immer sehr viel Mühe, ich schludere nichts hin. Vielleicht ist es das, was viele an meinen Texten schätzen: Dass sie wissen, dass ich sie nicht verarsche.

Sie sehen sich selbst in Ihren Texten, zumindest geht uns das so.
Viele erkennen sich in meinen Texten wieder wie in einem alten Freund, sie sehen ihr eigenes Leben. Vielleicht, weil ich Geschichten

> »VIELE ERKENNEN SICH IN MEINEN TEXTEN WIEDER.«

aus dem Alltag erzähle. Im Französischen gibt es das Sprichwort von der »spanischen Herberge«, in der nichts ist als das, was man mitbringt. Vielleicht liefere ich mit manchen Liedern diese Herberge, und die Leute bringen ihre eigene Geschichte mit und erleben sie in meinen vier Wänden. Manche Lieder entzünden in einem ja eine Geschichte, die eine ganz andere Farbe hat als die, die jemand vorgegeben hat. Ich merke das an mir selber, wenn ich in einem Lied eines Kollegen ein paar Worte höre, die er vielleicht ganz anders gemeint hat. Aber sie berühren mich, weil ich damit meine eigenen Gefühle und Erinnerungen verbinde.

Sie wirken so sanftmütig, so mit sich im Reinen, dass man sich unweigerlich fragt: Gibt es nicht doch noch eine dunkle Seite an Reinhard Mey? Eine unbeherrschte, ungerechte, arrogante? Man kann es sich kaum vorstellen …
Nein, erstaunlicherweise gibt es die wirklich nicht. Ich habe schon manchmal darüber nachgedacht, eine zu erfinden, damit es nicht so unglaubwürdig wirkt *(lacht)*. Aber warten Sie, ich fluche beim Autofahren!

Immerhin.
Aber nur in berechtigten Situationen. Ich halte mich nämlich an die Straßenverkehrsordnung. Ich glaube, es liegt einfach daran,

dass meine Eltern mich sehr früh zu der einfachen Maxime erzogen haben: Was du nicht willst, das man dir tu', das füg auch keinem anderen zu.

> »ICH KONNTE MICH SCHON IMMER GUT IN **MENSCHEN** HINEIN-VERSETZEN.«

Der Leitspruch der Empathie.
Ich konnte mich schon immer gut in Menschen hineinversetzen, die gedemütigt, beschimpft oder verletzt werden. Bewusst jemandem wehtun zu wollen, liegt nicht in meinem Naturell. Dazu müsste ich mich zwingen.

Sind Sie selbst oft verletzt worden?
Natürlich, in der Schule, in meiner Karriere, unzählige Male. Aber das perlt an mir ab. Wenn mir jemand etwas Böses will, hilft es mir schon mir zu sagen: Der sagt dir jetzt bewusst eine Schweinerei, um dich zu verletzen.

Welche Verletzungen waren das?
(Mey denkt länger nach) Das weiß ich gar nicht mehr konkret. Sehen Sie, allein die Tatsache, dass ich mir nichts gemerkt habe, zeigt: Das hat mich nie lange beschäftigt.

So ein grundoptimistischer, sanftmütiger Mensch wie Sie hat für andere ja vielleicht auch etwas Herausforderndes. Wie ein Boxsack, auf den man eindrischt, weil er sich nicht wehrt. Der verstorbene Kabarettist Dieter Hildebrandt hat Sie mal als »Heino der dritten Programme« bezeichnet. Kränkt Sie so etwas wirklich nicht?
Nein. Den Satz hatte ihm übrigens Werner Schneyder geschrieben. Ich bin ihm vor vielen Jahren bei einer Talkshow begegnet, da haben wir das aus der Welt geschafft.

Wie denn?
Er hat es auf seine unnachahmliche Weise in ein nettes Kompliment verwandelt. Die dritten Programme waren damals Sender für die Elite, also meinte er: Der Mey ist so etwas wie ein massenkompatibler Sänger für die Elite. Damit war es gut.

Können Sie überhaupt auf andere Menschen böse sein?
Wahrscheinlich nicht, zumindest nicht dauerhaft. Ich bin durch den bedingungslosen Rückhalt meiner Eltern und meiner Freunde so gegen Verletzungen geimpft worden, dass ich nicht wirklich nachtragend sein kann.

Ist das der Grund für Ihre Resilienz – dass Sie als Kind so viel Liebe erfahren haben?
Mit Sicherheit ist das ein Grund. Obwohl ich bis gestern gar nicht wusste, was das Wort Resilienz bedeutet. Ich habe es irgendwo gelesen und dachte: Das muss ich sofort mal googeln!

Es gab aber auch mal eine Zeit, als die ersten großen Erfolge kamen und Sie plötzlich scheinbar nicht mehr so nahbar waren, nicht mehr der nette Reinhard von nebenan. Sie kauften sich einen Porsche, machten einen Flugschein, genossen Ihren Ruhm. Liefen Sie da Gefahr, abzuheben?
Keineswegs, das waren reine Kinderträume, die ich mir damals verwirklicht habe. Seit ich acht oder neun Jahre alt war, hat mich meine Mutter, die eine wunderbare Verrückte und eine sehr technikbegeisterte Frau war, mit zum Avus-Rennen hier in Berlin genommen. Da fuhr ein Mensch namens Hans Herrmann in einem Porsche, immer einem Sieg entgegen. Wir hatten nur einen billigen Platz im Innenraum, aber ich musste dort den ganzen Tag mit ihr stehen. Der Geruch von Rennöl, das Geknatter der Motoren, das alles hat mich unheimlich fasziniert. Seitdem hatte sich der Name Porsche in mein Jungengedächtnis eingegraben. Für mich war klar: Wenn ich mir irgendwann einen kaufen kann, dann werde ich das tun. Als ich meine ersten Erfolge hatte, konnte ich es und habe es sehr genossen.

Aber es gab Ärger.
Und wie, das passte überhaupt nicht zu dem Bild, das man von mir hatte. Ausgerechnet dieser junge Reinhard Mey, der so schöne Chansons singt und so nett aussieht, protzt mit einem Porsche rum! Aber mich hat es glücklich gemacht, und das war mir wichtig. Irgendwann hatte sich das Thema dann aber von selbst erledigt, als wir unseren ersten Sohn bekamen und ich merkte, dass der Kinderwagen hinten nur sehr schwer auf die kleine Ablage passt. Ich habe es zwar geschafft, aber dabei die Innenverkleidung ruiniert. Da wusste ich, das Thema ist jetzt abgehakt. Außerdem ist die Zeit des schnellen Heizens ja längst vorbei. Früher habe ich das gern mal gemacht.

Sie erzählen das so selbstverständlich. Andere Künstler in Ihrer Liga würden im Leben nicht in Interviews von Kinderwagen auf Porscherückbänken sprechen, geschweige denn, dass sie derlei Gerätschaften schon mal selbst eingeladen hätten. Promiglamour, rauschende Empfänge in Berlin und abgehobenes Gehabe sind Ihnen offenbar völlig fremd.
Ja, weil rote Teppiche und Selbstdarstellung Zwang und Unfreiheit bedeuten. Ich sitze lieber mit Freund*innen um einen schönen großen Tisch, esse, trinke, höre zu und erzähle. Außerdem war es das Größte für mich, mit dreiunddreißig Vater zu werden. Kinderwagen schieben, zusammenklappen und verstauen gehören dazu.

Haben Sie die Häme der Öffentlichkeit damals trotzdem auch ein wenig verstanden?
Nein, sie hat mich geärgert, ich habe der Öffentlichkeit nichts weggenommen, keine Schulden gemacht, niemandem geschadet. Ich habe immer meine Steuern pünktlich bezahlt, und von dem, was übrig geblieben ist, musste eben der Porsche her.

Sie sind, wenn man das so sagen darf, einer der letzten Dinosaurier der Gattung Liedermacher, gemeinsam mit Ihrem guten Freund Hannes Wader, Konstantin Wecker und dem schon 2011 verstorbenen Franz Josef Degenhardt. Stirbt die Gattung Liedermacher aus?
So, wie wir Dinosaurier das Liedermachen begreifen, ja.

Wie begreifen Sie es denn?
Sich Gedanken machen und beobachten, den Blick auf das Weltgeschehen richten, auf das eigene Erleben und dann eine Geschichte erzählen. Diese Art des Erzählens hat einen ganz eigenen Ablauf, eine eigene Sprache, und der Gesang einen unverwechselbaren Duktus, an dem man sofort hört: Aha, Liedermacher!

Dieses Gefühl hat man heute nur noch selten, wenn man Radio hört.
Aber dafür ist etwas anderes gekommen! Es gibt mittlerweile wieder so viele Leute, die wunderbare Sachen in deutscher Sprache singen und dabei neue Musikrichtungen erschließen.

Ist das wirklich vergleichbar, Songs von Kettcar oder Johannes Oerding und Lieder von Reinhard Mey?
Warum denn nicht? Vielleicht sind wir durch den Begriff Liedermacher schon so eingeengt auf diese vier Dinosaurier Mey, Wecker, Degenhardt und Wader, dass wir daneben nichts anderes mehr gelten lassen. Dabei gibt es so viele Künstler, die die Grenzen längst überschreiten, Bodo Wartke, Sebastian Krämer, viele andere junge Kollegen, deren Namen ich und viele andere gar nicht kennen, weil sie von den Medien leider so stiefmütterlich behandelt werden. Aber es gibt sie. Und weil alles im Leben in Sinuskurven verläuft, werden auch sie irgendwann mehr Gehör finden. Davon bin ich überzeugt.

Stimmt trotzdem die Klage, dass die jungen deutschen Singer/Songwriter sich irgendwie alle gleich anhören?
Das stimmt, die klingen irgendwie alle gleich. Aber das war bei uns damals auch nicht anders. Als Hannes und ich angefangen haben, gab es neben uns auch viele, die man kaum unterscheiden konnte. Viele haben gesungen wie Hannes, viele wollten so klingen wie ich. Auch von denen, die sich heute alle ähnlich anhören, werden sich ein paar herauskristallisieren, die länger bleiben und zu Originalen werden. Wichtig ist, dass wieder so viel auf Deutsch gesungen wird, viel mehr als vor fünfzehn Jahren. Das freut mich wirklich.

Der Unterschied der Singer/Songwriter zu Ihnen ist aber doch, dass Sie alles selbst geschrieben haben und authentische Lieder machten, während viele heute fremde Texte aus Songwriting-Camps nachsingen.
Das ist so, das ist ein großer Unterschied. Aber auch da wird sich die Spreu vom Weizen trennen. Am Ende setzen sich die Qualität, die Freude an der Musik und die am Wort immer durch. Das macht ja auch die Rapper so interessant.

Was, deren Freude an der Sprache?
Ja, klar! Ich höre zwar keine Rapmusik, höchstens über meinen Enkel. Aber ich weiß, dass es unter denen einige gibt, die unheimlich sauber und präzise texten. Leider verstehe ich nicht immer alles, das geht ja in einem derartigen Tempo! Und ich gebe zu, dass ich mir nicht die Mühe mache mitzulesen, was da gerade alles gesungen wird. In die schnellen Rapsachen komme ich nicht rein, aber das ist auch in Ordnung. Das ist was für die jungen Leute.

Woher kommt, ganz generell, diese Renaissance deutscher Texte? Haben die Deutschen weniger Angst vor ihrer Sprache als noch vor ein paar Jahren?
Mit Angst hat das weniger zu tun, glaube ich, solche Sinuskurven gibt es ja immer wieder. Nachdem die Neue Deutsche Welle längst verebbt ist und im Radio lange nur englische Sachen gespielt wurden, hat der deutsche Schlager wieder Konjunktur, auch wenn mir das unerklärlich ist. Es wird ständig und überall gefeiert, und von dieser Welle der Begeisterung für den Schlager schwappt auch etwas Sympathie rüber auf die anderen Genres. Mich erinnert das an das Orchester, das auf der Titanic spielt, bevor das Narrenschiff aufs Riff knallt. Oder ins nächste Tal.

Sie werden kein Freund des deutschen Schlagers mehr, scheint uns. Heino hat uns im Interview für dieses Buch gesagt, er habe das deutsche Volkslied quasi im Alleingang gerettet. Gilt dasselbe für Sie und den deutschen Chanson?
Nein, weil das Volkslied, so wie ich es meine oder wie mein Freund Hannes es gesungen hat, von niemandem gerettet zu werden braucht. Das wird es immer geben.

> »WICHTIG IST, DASS WIEDER SO VIEL **AUF DEUTSCH GESUNGEN** WIRD.«

Was unterscheidet einen Chanson vom Schlager?
Die Sprache und die Sorgfalt machen den ganzen Unterschied. Und der Inhalt. In einem Chanson wird eine Geschichte erzählt, die etwas mit der Lebenswirklichkeit des Sängers zu tun hat, und da gibt es noch andere Themen als »Die Liebe brennt«. Das Chanson schielt nicht zuallererst auf Verkaufszahlen. Es kann ein Meisterwerk sein, auch wenn es kein Hit wird. Ein Schlager ist gar nichts ohne den kommerziellen Erfolg.

Und was macht das Besondere gerade am französischen Chanson aus, das Sie so verehren?
Die Franzosen haben sich ein Gespür dafür bewahrt, dass es eine Identität zwischen dem Sänger und seinem Lied gibt. Dass man weiß, das singt der jetzt und meint es auch so. Das hat mich immer so an George Brassens fasziniert, der meine erste große Chansonliebe war und bis heute geblieben ist: Dass ich gespürt habe, dieser Mann ist das, was er sagt. Es gibt eine hundertprozentige Identität zwischen ihm und seinem Lied.

Was Ihre Fans auch Ihnen zugutschreiben.
Das macht mich sehr glücklich, wenn meine Fans das so sehen. Brassens war mein wichtigster Lehrmeister. Aber auch Jacques Brel, Jean Ferrat, Charles Trénet und andere.

Woher rührt Ihre große Liebe zu Frankreich?
Mich hat Französisch immer schon fasziniert, diese Schönheit der Sprache! Ich war auf einem französischen Gymnasium in Berlin und habe schon in der Schulzeit angefangen, mit der Schülerband und mit Freunden französische Chansons nachzusingen. Die hatte ich als Austauschschüler entdeckt, in den Sommerferien waren wir immer mindestens zwei Monate in einer französischen Familie. Nach dem Abitur habe ich mit Schobert (*Wolfgang »Schobert« Schulz*, Anm. d. Autoren) von Schobert und Black und mit meinem Klassenkameraden Christian Pechner das Trio »Les Trois Affamés« (»*Die drei Verhungerten*«) gegründet. Wir haben die Balladen aus der *Halunkenpostille* von Fritz Graßhoff vertont, unsere ersten Gehübungen in deutscher Sprache. Wir haben so ziemlich alles zu Musik gemacht, was wir in die Finger bekamen, Gedichte aus dem *Ewigen Brunnen* (*deutscher Gedichtband*, Anm. d. Autoren), aber auch Texte von François Villon (*wichtigster Dichter des französischen Spätmittelalters*, Anm. d. Autoren). Irgendwann hat mir das aber nicht mehr gereicht. Ich wollte eigene Sachen machen.

>> ICH WOLLTE EIGENE SACHEN MACHEN. <<

Warum gibt es eine Chansonkultur wie in Frankreich hierzulande nicht? Weil die Nazis diese Traditionslinie zerstört haben?
Ganz sicher liegt es daran! Es gab vor dem Krieg ja auch in Deutschland reiche Chansonansätze mit Kurt Tucholsky oder Otto Reutter. Die haben Sachen geschrieben, die heute noch laufen. Diese Tradition ist mit den Nazis zerstört worden, und nach dem Krieg war es schwierig, da anzuknüpfen. Die Texte von Erich Kästner und vielen anderen, das wären wunderbare Chansons. Aber nach 1945 war die Erde für Deutschsprachiges erst mal verbrannt. Bis eine neue Generation kam, die Generation der Meys und Waders und Weckers, die damit gar nichts zu tun hatte und unbefleckt war.

Heino hat uns erzählt, wie schwierig es damals war, auf Deutsch zu singen, weil das die Sprache der Täter war, der Nazis. Deutsch war bei sehr vielen regelrecht verpönt.
Das kam darauf an, was und wie man es sang, uns hat das nicht betroffen. Die Lieder von Hannes (*Wader*, Anm. d. Autoren) und mir waren vom französischen Chanson inspiriert und so weit weg von jeder Deutschtümelei, dass wir uns nicht verdächtig machten. Aber es war schwierig, damit Hörer zu finden, die Schallplattenfirmen haben sich für solche Sachen damals überhaupt nicht interessiert. Zum Glück waren wir genügsam, wir hatten gar nicht die Absicht, uns mit unserer Musik sofort eine goldene Nase zu verdienen und große Säle zu füllen. Wir wollten schreiben, und ein kleines Auditorium fanden wir immer. Schon 1965, 1966, gerade im süddeutschen Raum. Der Jazzclub in Esslingen, der Jazzclub in Karlsruhe, die Manufaktur in Schorndorf, die Bastion in Kirchheim unter Teck. Ich hab die noch alle drauf! Diese kleinen Theater!

>> DIE SCHALLPLATTENFIRMEN HABEN SICH FÜR SOLCHE SACHEN DAMALS ÜBERHAUPT NICHT INTERESSIERT. <<

Das war musikalische Kärrnerarbeit, die Sie lange betrieben haben, bis der Erfolg kam.
Man ging rum mit seinem Flyer, versuchte, den beim Bäcker und bei der Apotheke an die Scheibe zu kleben, und wenn man Glück hatte, waren abends fünfzig oder sechzig Leute da. Das reichte, um zu überleben und um Freude zu haben. Wenn es Applaus gibt, ist es am Ende egal, ob er von fünfzig Menschen kommt oder von zweihundert. Wenn fünfzig in einen Saal passen, und die klatschen alle, dann ist das ein Triumph. Das hat genügt, um weiterzumachen.

Sie haben Ihre ersten Lieder auf Deutsch geschrieben, 1964 schon eines Ihrer bekanntesten, »Ich wollte wie Orpheus singen«. Ihren Durchbruch schafften Sie aber erst 1967 in Frankreich, mit aus dem Deutschen übersetzten französischen Liedern unter dem Namen »Frédérik Mey« – und das wegen eines Festivals im flämischen Teil Belgiens. Ein grenzüberschreitender Erfolg. Wie kam das?
Ich hatte mich 1967 mit einem Tonband beim SDR in Stuttgart beworben, wo Wolfram Röhrig damals Chef der Musikredaktion war, ein leidenschaftlicher Musiker und wahrer Menschenfreund. Röhrig mochte meine Lieder und bot mir an, für den SDR beim Musikfestival im belgischen Seebad Knokke aufzutreten. Was für eine Chance! Ich dachte, da muss ich auf Französisch singen, Belgien, das war für mich Frankreich. Also habe ich »Das alles war ich ohne dich«, eines meiner ersten Lieder, übersetzt, »Il me suffit de ton amour«, und mir von Hannes Wader außerdem die Erlaubnis eingeholt, sein Lied »Begegnung« zu übersetzen. Mit den beiden Liedern bin ich in Knokke aufgetreten, im Smoking und mit großem Orchester. Und vor eine Wand gelaufen, weil alle dort Deutsch oder Flämisch hören wollten, aber nicht Französisch!

Trotzdem war Knokke Ihr Durchbruch, Sie erhielten Ihren ersten Plattenvertrag in Frankreich, das Album »Frédérik Mey, Vol. 1« bekam später einen der wichtigsten französischen Musikpreise, den »Prix International de l'Académie de la Chanson«.
Knokke war ein großer Glücksfall, weil mich Nicolas Pérides dort sah, ein kleiner, dicker, lustiger, griechischstämmiger Musikproduzent aus Paris. Der hatte meine Lieder verstanden und nahm mich unter seine Fittiche. »Ich bring dich ganz groß raus«, sagte er zu mir. Wir haben zusammen sieben Alben gemacht und waren bis zu seinem Tod vor ein paar Jahren eng befreundet. Nach Knokke habe ich gleichzeitig auf Französisch und auf Deutsch geschrieben, ich war meine eigene kleine deutsch-französische Import/Export-Chansonfirma.

Haben Sie in diesen Anfangsjahren mal erwogen, nur auf Französisch weiterzumachen?
Der Gedanke war da, vielleicht. Aber es war anstrengender und dadurch noch reizvoller, auf Deutsch zu schreiben.

Wieso das?
Im Französischen wird einem das Vage, Ungefähre leichter abgenommen als im Deutschen. Im Deutschen muss man konkreter sein, wenn man da rumschwafelt, merkt man das sofort. Im Französischen nicht, da reimt sich auch alles. Als ich die letzten französischen Platten machte, waren das schon fast nur noch Titel, die ich zuerst auf Deutsch geschrieben hatte. Die auf Französisch zu übersetzen, war ein Klacks. Auf Deutsch zu schreiben, ist viel schwieriger.

Schon 1964 hatten Sie zum ersten Mal beim Chansonfestival auf der Burgruine Waldeck im Hunsrück gespielt. Wie war die Atmosphäre dort?
1964 war die Stimmung auf der Waldeck noch toll, die reine Freude am Musizieren! Ich bin mit meinem grauen Käfer von Berlin in den Hunsrück gefahren und war ziemlich aufgeregt, es war ja mein erster Soloauftritt. Ich weiß noch, wie euphorisch ich war, weil ich dachte: Es gibt ja doch auch in Deutschland, wonach ich suche und was ich aus Frankreich so gut kenne. Da singen Leute in unserer Sprache, die eine Geschichte zu erzählen haben. Ich bin mit einem eigenen und drei geborgten Liedern zwischen unseren Idolen aufgetreten, Franz Josef Degenhardt, Dieter Süverkrüp und Hanns Dieter Hüsch. Es waren tolle Tage!

1965 sind Sie wieder auf die Waldeck gefahren und lernten Hannes Wader kennen, der Beginn einer lebenslangen Freundschaft. Was hat Sie so an Wader fasziniert?
Seine Stimme, vor allem aber seine unvergleichlichen Lieder! Das weiß ich noch genau, vor den drei Großen kam 1965 ein großer, schlaksiger Junge mit Baskenmütze auf die Bühne und sang »Die Blumen des Armen«, filigran und leicht. Ich war wie verzaubert, der sang genau das, was ich schon immer in unserer Sprache hören wollte; einfache, klare, sanfte und zugleich harte Worte! Wir haben uns stundenlang unterhalten, zusammen gesungen und getrunken, und danach sind wir in meinem Käfer gemeinsam zurück nach Berlin gefahren, wohin Hannes sich von Bielefeld aus gewagt hatte. Zusammen haben wir uns danach in windigen Berliner Musikkneipen durchgeschlagen, eine verdammt harte, aber gute Schule. Wir sind an einem Abend in zwei, drei Clubs hintereinander aufgetreten.

Als Sie im Juni 1968 gemeinsam mit Wader zum dritten Mal auf der Waldeck auftraten, hatten kurz vorher in Paris die Barrikaden gebrannt, 1967 war Benno Ohnesorg erschossen worden. Plötzlich wurden Wader und Sie auf der Bühne beschimpft. Was hatte sich verändert?
1968 war schlimm, plötzlich standen das Lied und auch das Musizieren nicht mehr im Vordergrund, sondern nur noch die politische Aussage und die Diskussion. Leute wie ich, denen die Musik mindestens so wichtig war wie der Text, waren nicht mehr gefragt.

Sie spielten auf der Bühne »Und für mein Mädchen«, ein zartes, innerliches Liebeslied, und von hinten brüllten die

> »AUF DEUTSCH ZU SCHREIBEN, IST VIEL SCHWIERIGER.«

Zuhörer: »Repression!« Dabei haben wir Sie immer auch als politischen Sänger wahrgenommen, zumindest in den späteren Jahren.

Das war ich ja auch, genau wie Hanns Dieter Hüsch oder Hannes. Trotzdem bekamen wir auf der Waldeck auf die Mütze, weil wir nicht politisch in der engen, eingeschränkten Sichtweise der aufgeheizten Menge waren. Wir waren nicht gekommen, um die Revolution auszurufen, das allein war für manche aber schon ein Grund, uns anzugehen. Das war eine schlimme Situation, man steht da als einzelner Sänger vorne, ein weiches Ziel, und von hinten schreit es aus der dunklen Menge. Es wurde gebrüllt, statt zuzuhören, und wenn »Diskussion!« gerufen wurde, waren nur Meinungen erlaubt, die genau ins Schema passten. Waldeck 1968 war die Zeit der Krakeeler. Eigentlich war es faschistisch, was dort gemacht wurde.

Haben Sie den Vorwurf, Sie seien zu unpolitisch, nicht auch verstanden? Die Waldeck, ganz Deutschland, vibriert zu dieser Zeit vor Politisierung, und Sie gehen auf die Bühne und singen »Und für mein Mädchen«?

Natürlich habe ich das verstanden! Wenn man als Maßstab für politische Statements Leute nimmt, die auf der Bühne die Faust ballen und erst mal die Internationale singen, dann habe ich damals unpolitische Liebeslieder geträllert. Aber mich haben diese Vorwürfe nie getroffen, weil sie nie wahr waren. Nicht auf der Waldeck und nicht heute. Und im Grunde war »Und für mein Mädchen« durchaus ein politisches Lied. In einer Zeit, in der es keiner wagte, sich vor aller Welt zu seiner Liebe zu bekennen, zu sagen: Ich stehe zu dir, gegen alle Widrigkeiten, ich werde in jedem Sturm an deiner Seite sein – das war nicht alltäglich! Aber das konnten die auf der Waldeck natürlich nicht zugeben, die zum »Ich-liebe-dich«-Sagen oder zum Weinen über eine zerbrochene Liebe in den Keller gehen mussten.

> »ICH STEHE ZU DIR, GEGEN ALLE WIDRIGKEITEN.«

Trotzdem haben Sie sich mit politischen Bekenntnissen immer mehr zurückgehalten als Hannes Wader. Der singt auf der Bühne bis heute die Internationale und macht kein Geheimnis aus seinem Faible für den Kommunismus. Hat auch er Ihnen mal eine zu unpolitische Haltung vorgeworfen?

Nein, das war noch nie ein Thema zwischen uns. Auf der Waldeck ist Hannes übrigens wie ich mit Liedern aufgetreten, die weit entfernt waren von denen aus seiner späteren, sehr engagierten Phase und auch von heute. Jeder von uns, Hüsch, Wader und ich, hat auf der Waldeck sehr poetische Lieder gesungen, die jedes für sich aber einen politischen Kern haben. Selbst wenn nicht, wie es die Waldeck achtundsechzig forderte, schon in der ersten Zeile das Wort »Revolution« vorkam. Damit war es für die Leute aber schon diskreditiert. Politisch zu sein, bedeutete damals eben, nur eine einzige Richtung einzuschlagen, nur eine einzige Aussage zu machen.

Die Revolution, die Abschaffung des kapitalistischen Systems.

Nur das zählte, alles andere galt als unpolitisch. Es gab diese Zeile von Franz Josef Degenhardt, »Zwischentöne sind nur Krampf im Klassenkampf«. Damit waren alle gemeint, auch Hannes, ein Meister der Zwischentöne. Mir war diese Denkweise immer schon zuwider. Ich habe mein Leben lang zweihundert Meter von der Grenze zum Kommunismus entfernt gelebt, ich habe bei Tag die Mauer in ihrer Scheußlichkeit und nachts die Leuchtkugeln der Grenzer gesehen und die Schüsse auf Flüchtlinge gehört. Ich bin gegen diese Ideologie geimpft.

Hat Sie diese Erfahrung auf der Waldeck entpolitisiert?

Das nicht, aber die Ernüchterung war sicher groß. Hanns Dieter Hüsch und ich wurden durch die Waldeck quasi ins Exil getrieben.

Inwiefern ins Exil?

Ein, zwei Leute, die das von der Waldeck mitbekommen hatten, saßen danach immer in irgendeinem der Clubs, in dem ich auftrat, und kaum hatte ich die ersten Takte gespielt, fing hinten das Gebrüll wieder an: »Diskussion!« Also war erst mal Schluss mit den Jazzclubs in Esslingen oder Schwäbisch Hall, und es ging nach Thun oder Basel. Wir sind dann eine ganze Weile nur noch in der Schweiz aufgetreten. Dort waren die Leute etwas aufgeklärter und distanzierter und fingen nicht direkt an zu brüllen.

Wegen ihres zurückhaltenden Naturells vielleicht.

Nein, ich glaube, durch ihre Mehrsprachigkeit und die Nähe zu Frankreich. Da gab es schon damals eine Nähe zu Chansons und eine Freude an ihnen, die man in Deutschland nicht kannte. Wenn wir in der Schweiz in einem Theater aufgetreten sind, saßen die Leute vorne auf ihrem Hocker und haben an unseren Lippen gehangen. Die haben sich nicht in die Sessel gefläzt wie in Deutschland, nach dem Motto, jetzt lassen wir den erst mal kommen, sondern waren bereit, es so gut wie möglich zu finden.

Wann sind Sie aus der »Verbannung« wieder in die deutschen Clubs zurückgekehrt?

Nach einem Jahr, da hatte sich die Lage wieder normalisiert. Vorher hätte ich nichts ausrichten können. Selbst wenn ich auf der Bühne die Internationale gesungen hätte, hätte man mich ausgebuht und gefragt, warum singst du jetzt die Internationale, du Gesinnungsschwein?

Trotzdem haben andere Künstler auf diesen »Faschismus« der Achtundsechziger, wie Sie es nennen, reagiert und sich aktiv in der Politik engagiert. Günter Grass hat Wahlkampf für Willy Brandt gemacht. Kam so etwas für Sie nie infrage, als Künstler, der gehört wird?
Dazu müsste ich überzeugt davon sein, dass ich die allein selig machende Wahrheit besitze. Das bin ich aber nicht. Ich sage meine Überzeugungen, aber den Schluss daraus muss jeder für sich selbst ziehen. Ich liebe es nicht, missioniert zu werden, und habe selbst nichts von einem Missionar. Wahrscheinlich fehlt mir der Hang zum Prophetischen.

Sie haben auch damals selbst härteste Anwürfe stoisch hingenommen, und so wirken Sie ja bis heute – dass Sie nicht wütend genug sind für laute Revolutionen. Warum wollten Sie als junger Mensch nie rebellieren?
Gegen meine Eltern musste ich nicht rebellieren, und gegen deren Generation ging ja damals zuallererst die Abgrenzung. Aber meine Eltern waren vor dem Krieg schon viel gereist und weltoffen. Sie haben mir meine Freiheiten gelassen, waren Pazifisten und keine Nazis. Ich habe damals nur mein Ding gemacht, das allein war schon Rebellion genug.

Ist auch das ein Grund für Ihren langen Erfolg? Dass Sie sich nie eindeutig auf eine Seite geschlagen haben?
Ich habe mich immer auf eine Seite geschlagen, auf die der Gewaltlosigkeit und des Pazifismus. Dafür bin ich gerne Sprachrohr. Aber die Menschen in eine bestimmte politische Richtung zu manövrieren, steht mir einfach nicht zu.

Wir erleben aber gerade Zeiten, in denen die Rechten neuen Aufschwung haben und mit der AfD eine in Teilen rechtsextreme Partei Oppositionsführerin im Bundestag ist. Manche klagen, auch Künstler sollten sich wieder mehr politisch engagieren oder zumindest offen Stellung beziehen. Ist die Kunst, die deutsche Musik, zu unpolitisch?
Die Leute sollten lieber selber genauer hingucken und sich engagieren! Warum muss es immer der Kleinkünstler richten, immer der Musiker alles geradebiegen? Wer so etwas fordert, soll Zeitung lesen und dann genau überlegen, wo er sein Kreuzchen macht. Die Guten haben es längst begriffen, aber die Doofen sind so schwer zu überzeugen …

(An dieser Stelle sprudelt es nur so aus Mey heraus; die Frage hat offenkundig einen Nerv bei ihm getroffen. Bislang hat er das Interview in einer sehr sanften, gleichmütigen Stimmung geführt; jetzt aber wird sein Ton engagierter, auch erregter.)

Es ist gut, dass die Öffentlichkeit heute wieder viel wachsamer ist, als sie es früher war. Aber es gibt so viele Leute, die besser für politische Statements geeignet sind als wir Künstler, die in erster Linie die eigene Meinung vertreten. Die große Spaltung in unserer Bevölkerung ist eine ernsthafte Bedrohung. Aber ich sehe nicht, wie man das mit Liedern beheben soll, anders als mit immer wieder geduldigem Werben und Eintreten für Toleranz.

Aber es geht doch nicht nur um harte politische Statements, sondern um Haltung! Nicht nur Texte über Liebe und Teenagerfrust aus irgendwelchen Texterfabriken zu singen, sondern Stellung zu beziehen. Sie und Leute wie Wader und Wecker haben das immer wieder gemacht. »Nein, meine Söhne geb' ich nicht«, das war Ihr Protest gegen Militarisierung und Bundeswehr.
Ja, aber da muss ich die jungen Kollegen in Schutz nehmen, die Dinge sind heute komplizierter als früher. Wir hatten damals ganz klar den Vietnamkrieg vor Augen, da fiel die Positionierung leicht. Heute ist der Nationalismus das Problem, und natürlich müssen wir den in Worten und Liedern bekämpfen. Aber es gibt nicht mehr so leichte Lösungen wie früher. Die Dinge sind zu kompliziert und verfahren, als dass man darüber Lieder machen könnte.

Kritiker könnten Ihnen jetzt eine gewisse Mutlosigkeit vorwerfen und sagen, Sie verweigerten sich der Realität, aus Angst, falsch zu liegen.
Nein, doch keine Mutlosigkeit! Ich verbiege mich nicht, ich schreibe, was und wie ich es will. Hätte ich auf Kritiker gehört, wäre ich nicht ich, sondern ein Fabelwesen. Ich habe das immer schon so gehalten und in meinem Lied »Mein achtel Lorbeerblatt« thematisiert. Eigentlich bin ich noch auf keinem Album auf aktuelle Bezüge eingestiegen. An dem Tag, als 1968 die Panzer in Prag einfuhren, habe ich mit heißem Herzen und mit heißer Feder ein Lied dazu gemacht …

Welches Lied meinen Sie?
Das weiß ich nicht mehr, ich habe es nur einmal gesungen, an jenem Abend vom Blatt. Dieses Lied war auch sicher gut und aufrichtig gemeint, aber zu schnell geschrieben. Es war eine Aussage für den Tag, aber nicht darüber hinaus. Da habe ich gemerkt, dass ich einen gewissen Abstand benötige, um Dinge zu beschreiben. Für die Tagesaktualität gibt es die Zeitung, das Internet und Diskussionsrunden im Fernsehen, aber um so etwas in Musik unterzubringen, braucht es Zeit.

Wäre eine Karriere wie die Ihre heute eigentlich noch vorstellbar?
Nein, ich glaube nicht. Dass mich auch Leute respektieren, die meine Karriere schon lange nicht mehr verfolgen, mir auf der Straße aber trotzdem noch mit einem freundlichen Lächeln auf

den Lippen begegnen, weil sie wissen: Ach, das ist doch der von »Über den Wolken.« Das war nur möglich, weil ich früher durch das Fernsehen eine ungeheure Präsenz hatte.

Gehen Sie heute gar nicht mehr ins Fernsehen?
In Talkshows vielleicht, in Unterhaltungssendungen nicht, weil es keine mehr gibt, die ich mag. Früher gab es noch Götz Alsmann, »Die große Nachtmusik«, aber das ist mittlerweile auch eingestellt. Überall nur noch Schlager.

Manche würden vielleicht fälschlicherweise auch »Über den Wolken« zu diesem Genre zählen, so oft, wie es mittlerweile auf Karnevalsfeiern und in Bierzelten läuft. Können Sie das Lied überhaupt noch hören?
Ich lege mir jetzt nicht die Platte auf, aber ich mag es immer noch gern. Dieses Lied war ein großes Glück für mich, auch weil ich es heute immer noch genauso schreiben würde. Neulich hat mir meine Tochter vom Oktoberfest geschrieben: Papa, sie spielen gerade wieder »Über den Wolken«.

Tut weh, oder?
Nein, ich finde das witzig. Ich muss es ja nicht hören und dazu auf dem Tisch tanzen.

> »ICH MACHE WEITER, BIS ICH UMFALLE.«

Gibt es einen Punkt, an dem Sie sagen würden: Ich höre auf, jetzt reicht's?
Nein. Ich mache weiter, bis ich umfalle.

Eigentlich können sie die Fragen nach der »ostdeutschen Band« schon lange nicht mehr hören. Gemessen daran, waren Stefanie Kloß und Andreas Nowak von Silbermond bei unserem Interview in Berlin-Adlershof sehr geduldig. Dort, in ihrem Tonstudio, ist auch dieses Porträt entstanden.

▶ INTERVIEW

SPIELT OST ODER WEST NOCH EINE ROLLE FÜR EUCH, **SILBERMOND?**

Rund zwanzig Jahre nach Ideal oder DAF betritt in der ersten Hälfte der Nullerjahre eine Reihe junger Bands die Bühne, die musikalisch nicht unbedingt verwechselbar sind, von den Medien aber zu einer Art »Neue Neue Deutsche Welle« stilisiert werden: jung, deutsche Texte, eingängiger Radio-Poprock, und vorn steht die Frontfrau. Juli reitet auf der perfekten Welle, Mia lässt Moleküle tanzen, die Österreicherin Christina Stürmer ist durstig, wenn du ihr Wasser bist, und Stefanie Kloß von Silbermond, der erfolgreichsten Formation dieser Ära, singt vom Besten, das ihr je passiert ist. Die Bautzener starten als Schülerband und erspielen sich in einer Ochsentour durch Deutschland eine bis heute treue Fangemeinde, auch mit Unterstützung des Vorreiters bei deutschen Texten, Udo Lindenberg. Silbermond trägt dazu bei, dass später kaum noch über eine Quote für deutschsprachige Musik im Radio debattiert wird, weil sich Popmusik Made in Germany längst von allein durchsetzt. Und auch dazu, dass eine ostdeutsche Band längst nicht mehr als Ostband wahrgenommen wird, oder etwa doch? Als wir Stefanie Kloß und Schlagzeuger Andreas Nowak kurz vor dem Corona-Lockdown im Februar 2020 in ihrem Berliner Studio besuchen, ist noch nicht absehbar, dass sie – wie viele andere Künstler – vor einem schwierigen Jahr mit Konzertverschiebungen und -ausfällen stehen. Ein Gespräch über eine vermeintlich ostdeutsche Mentalität, ihre Anfänge als Schülerband und die Sorge, in Interviews oder auf Twitter und Instagram etwas Falsches zu sagen.

Stefanie Kloß und Andreas Nowak wurden **1984** beziehungsweise **1982** in Bautzen **geboren.** Gemeinsam mit den Brüdern Thomas und Johannes Stolle (Gitarre und Bass) gründeten sie 1998 die Band JAST, die sich einige Jahre später in Silbermond umbenannte. Silbermond hat rund **sechs Millionen Alben verkauft,** drei ihrer sechs Alben erreichten **Platz eins der Charts.** Bekannteste Songs: »Das Beste«, »Symphonie«.

Stefanie, Andreas, was viele nicht wissen: Ihr seid waschechte Ossis aus Bautzen.
Stefanie Kloß: Oha.

Sorry für den Einstieg. Aber ihr thematisiert euch ja selbst als Ossi: »Ich kenn' dich, kenn' dich gut / Mein Osten, mein Osten / Versteh zum Teil auch deine Wut / Mein Osten, mein Osten«, heißt es in eurem gleichnamigen Song.
Kloß: Weil wir aus Bautzen kommen, werden wir oft gefragt, wie wir das Thema sehen. Und wir sprechen mit unseren Eltern sehr viel über die Zeit damals, über die Wende, darüber, wie sie die DDR wahrgenommen haben und wie sie die Zeit jetzt sehen.

Und, wie sehen sie sie?
Kloß: Ich habe den Eindruck, es fühlt sich für sie heute manchmal ähnlich an wie damals. Aufgrund ihrer Erfahrungen sind sie vielleicht sensibler, was Veränderungen angeht, und vielleicht auch ängstlicher und kritischer. Es wurden ihnen zu Wendezeiten Dinge versprochen, die dann nicht passiert sind. Es war für sie vielleicht auch teilweise so, als habe man ihnen diese neue Situation übergestülpt, ohne sie wirklich mitzunehmen. Sich »mitgenommen fühlen«, ich glaube, dieses Gefühl vermissen sie.

In »Mein Osten« singst du von der Wut vieler Ostdeutschen. Rührt die auch daher?
Kloß: Ja, vielleicht. Es sind aber ja nicht alle Ostdeutschen wütend. »Mein Osten« beschreibt auch viel mehr ein Gefühl und auch eine Frage: Was heißt es heute, ostdeutsch zu sein? Wo stehen wir mit der Wiedervereinigung? Unsere Vermutung ist, dass die Ängste, die viele Menschen im Osten empfinden, daher rühren, dass sie schon mal Zeiten mitgemacht haben, die emotional einschneidend für sie waren, wesentlich einschneidender als für die meisten Menschen im Westen. Es haben sich in der Wendezeit zum Teil komplette Biografien und Familiengeschichten gewandelt. Für manche zum Guten, für viele war die Wende aber auch ein nicht eingelöstes Versprechen. In einer Zeit wie jetzt, wenn sich wieder vieles verändert, macht das den Menschen viel mehr Angst. Und wenn sie dabei das Gefühl haben, nicht gehört zu werden, schlägt die Angst in Missmut um.
Andreas Nowak: Es ist vielleicht wieder eine Art Angst vor Veränderung.

Das Lied hat euch eine gewisse Aufmerksamkeit beschert, vielleicht auch eine neue Zielgruppe. Wolltet ihr bewusst politischer werden und nicht mehr nur über Liebe und Beziehung singen?
Nowak: Der Anlass, den Song zu schreiben, war ein Konflikt in unserer Heimatstadt Bautzen zwischen neu hinzugekommenen Jugendlichen und Alteingesessenen. Plötzlich war unser kleines Kuckucksnest im Lauftext der Nachrichten und wir hatten das Gefühl, wir sollten uns äußern – und wollten das auch. Es hat aber sehr lange gedauert, bis das Lied fertig war, weil das Thema so komplex ist. Wir sind auch keine politische Band. Wir haben nur versucht, ein Gefühl einzufangen, unser ganz persönliches Gefühl.

>> WIR SIND AUCH **KEINE POLITISCHE BAND**. <<

(Nowak spielt auf die Auseinandersetzungen zwischen Rechtsextremen und Flüchtlingen in Bautzen an. Als im Sommer 2015 die Zahl der Flüchtlinge zunahm, gab es ein Feuer in einer Flüchtlingsunterkunft und Schlägereien. Anm. d. Autoren)

Kloß: Und dabei sind wir zwischen die Fronten geraten. Für die einen waren wir durch »Mein Osten« voll links, andere hielten uns für volkstümelnd.

Warum volkstümelnd? Weil ihr über eure Heimat singt?
Kloß: Ja, wahrscheinlich. Für mich ist das nur sehr schwer nachvollziehbar.
Nowak: Als wir jetzt Anfang des Jahres 2020 auf Tour waren, dürften die wenigsten Menschen »Mein Osten« gekannt haben. Trotzdem war das oft einer der stärksten Momente während der Konzerte.

>> ANDERE HIELTEN FÜR UNS FÜR **VOLKSTÜMELND**. <<

Hat sich durch diese Erfahrung bei euch das Gefühl verstärkt, dass ihr eine ostdeutsche Band seid?
Kloß: Für uns spielt das nicht so eine große Rolle wie für diejenigen, die bewusst in der DDR aufgewachsen sind. Ich bin 1984 geboren, meine Eltern haben das ganz anders erlebt. Aber natürlich haben wir noch die ostdeutsche Erziehung mitbekommen, die Mentalität …

… die ostdeutsche Mentalität? Gibt es die wirklich? Worin äußert sie sich?
Kloß: Ich bin in einem Neubaublock in einem kleinen Ort in der Nähe von Bautzen groß geworden, nachdem sich meine Eltern kurz nach der Wende haben scheiden lassen. Meine Mutter besaß nicht viel, wir alle nicht. Wir trugen alle dieselben Trainingsanzüge, die man eben so trug in der DDR, und das war okay. Aber an die gegenseitige Hilfe, das Improvisieren, daran erinnere ich mich gerne zurück.
Nowak: Vor allem konnte man nichts oder fast nichts mit Geld lösen. Man musste freundlich sein zu anderen.

Kloß: Freundlich sein und Beziehungen pflegen. Bloß nicht mit Ellbogen! Es war ja nicht so, dass die DDR nach der Wende sofort vorbei war. Ich glaube schon, dass wir weiterhin eine Prägung spüren, die eingebrannt und nicht leicht abzuschütteln ist. Es gibt einfach noch Unterschiede! Aber deshalb würden wir uns nicht als Ostband bezeichnen. Und wenn, dann meinen wir damit eine rein geografische Beschreibung, weil wir eben aus Sachsen kommen. Ich freue mich immer, wenn ich einen Sachsen treffe; der Dialekt kommt mir bekannt vor, das verbindet. Das meine ich, wenn ich »Ossi« sage. Ich benutze das Wort mit einem ganz anderen Gefühl, als es meine Mutter vielleicht tun würde.

Spielt die Kategorie West oder Ost für unsere Generation denn überhaupt noch eine Rolle?
Nowak: Wir haben einen Freundeskreis, der zur Hälfte aus Leuten aus dem Westen und dem Osten besteht, viele sind noch Freunde aus unserer Heimat. Es ist schwer zu sagen, woran es liegt, aber wir haben irgendeinen unsichtbaren Draht zu den Freunden, die eine ähnliche Biografie haben.
Kloß: Trotzdem wird die Kategorie West oder Ost vor allem von außen an uns herangetragen. Ich kann mich gut daran erinnern, dass uns in unseren ersten Jahren bei Interviews in München häufig gesagt wurde, wir seien eine Ostband.

Bei Ostband denken wir allerdings eher an die Puhdys, Karat oder Silly mit Tamara Danz.
Kloß: Ja, genau! Wir selbst haben uns nie als Ostband verortet. Aber vielleicht sind wir es doch? Diese Identitätsfrage ist für mich wieder intensiver geworden, seit ich Mutter geworden bin. Da guckt man sich wieder alte Fotos an, überlegt, was einen selbst geprägt hat, wo man herkommt.

>> WIR SELBST HABEN UNS NIE ALS OSTBAND VERORTET. <<

(Stefanie Kloß ist 2018 Mutter eines Sohnes geworden. Vater ist der Gitarrist der Band, Thomas Stolle. Anm. d. Autoren)

Nowak: »Ich bin Ossi« – ich glaube, dieser Satz hat in den letzten Jahren eine neue Emanzipation durchlaufen.

Inwiefern? Sagen Ostdeutsche das jetzt mit mehr Stolz und weniger verzagt als früher?
Nowak: Stolz ist nicht das richtige Wort, eine Art neues Selbstbewusstsein trifft es vielleicht besser. Ich habe mal in einem Artikel zu diesem Thema gelesen: » ... man versteckt sich nicht mehr für seine Herkunft, sondern begegnet sich auf Augenhöhe.« Das fand ich schön gesagt. Ich empfinde es so, dass man endlich akzeptiert hat, dass es nun einmal verschiedene örtlich-kulturelle Prägungen gab, noch gibt und immer geben wird. Aber das ist nicht gut oder schlecht, sondern normal und vor allen Dingen kein Zeichen einer missglückten Wiedervereinigung.

In »Mein Osten« ist auch von »Rissen« die Rede, die sich durch Familien ziehen. Welche Risse meint ihr?
Kloß: Damit ist das Auseinanderdriften in unserer Gesellschaft gemeint, das sogar in den Familien zu spüren ist. Eine Freundin hat mir erzählt, dass sie zu Hause in Bautzen die eiserne Regel haben, dass am Tisch nicht über Politik gesprochen wird. Sonst gibt's Ärger.

Welches Thema entzweit denn dermaßen? Die Flüchtlingspolitik?
Kloß: Ich erinnere mich an eine Situation vor einiger Zeit: Da spannte jemand einen Sonnenschirm auf und hielt ihn fest, weil es nichts zum Festmachen gab. Da sagte der: »Komm, wir holen ein paar Flüchtlinge, die können das doch die ganze Zeit festhalten!« Das fanden manche irgendwie zum Brüllen komisch. Und ich guckte ihn an und sagte: »Du weißt schon, dass das jetzt gar nicht lustig ist, oder?« Er war erschrocken, weil er das so von mir gar nicht erwartet hatte. Er hat sich dann entschuldigt, aber nicht sehr überzeugend. Ich habe zu ihm gesagt: »Du hast es vielleicht nicht so gemeint. Aber du hast es gesagt.« Genau so fängt es doch an!

Jan Böhmermann hat mal gesagt, der deutsche Pop sei unpolitisch und abwaschbar – und in dem Zusammenhang auch euch erwähnt. Hat euch das geärgert?
Nowak: Nein, weil dieser Vorwurf von Böhmermann falsch war. Es ging um Musikvideos, in denen die Künstler Werbung machen. Das haben wir noch nie getan!

Aber stimmt nicht trotzdem der Vorwurf, dass sich viele deutsche Bands zu wenig politisch äußern und stattdessen sehr innerlich und gefühlig texten?
Nowak: Ich finde diese Kritik manchmal ziemlich nervig und auch ungerecht. Böhmermann hat auch gegen Bob Geldofs Wiederauflage des Band-Aid-Benefiz-Songs »Do they know it's Christmas?« gewettert ...

... und das Ganze »Do they know it's Scheiße?« genannt.
Nowak: Ich habe damals ein Interview mit Peter Fox gehört, der sagte, dann kannst du ja gar nichts mehr machen, wenn du immer verarscht wirst! Stimmt ja, das ist immer ein schmaler Grat, weil die Leute sagen: »Na klar, ihr habt's ja, da fällt es leicht, für alles Mögliche zu sein.« Ich finde, ein Künstler muss das für sich entscheiden. Im Übrigen kann man vieles im Hintergrund tun, ohne es immer an die große Glocke zu hängen.

Kloß: Wir wollen die Freiheit für Künstler, selbst zu entscheiden, was sie tun und ob sie sich engagieren. Wir haben uns immer gegen rechts engagiert und das auf der Bühne auch klar gesagt, unsere Fans wissen, woran sie bei uns sind. Aber ich akzeptiere auch Roland Kaiser, wenn er sagt: »Die Menschen haben ein Ticket für mein Konzert gekauft und wollen unterhalten werden, deswegen findet Politik bei meinen Konzerten nicht statt. Aber wenn ich von der Bühne runtergehe, bin ich politisch aktiv, engagiere und äußere mich.«

Wobei sich Kaiser ja durchaus auch auf der Bühne engagiert, in Dresden zum Beispiel sehr dezidiert gegen die islamfeindliche Pegidabewegung.
Kloß: Ja, aber nicht bei seinem Konzert, sondern als politisch ambitionierter Mensch im Rahmen einer politischen Veranstaltung. Ich finde seinen Ansatz okay.
Nowak: Übrigens sind gerade viele junge Bands sehr wohl engagiert, zumindest nehme ich das auf Instagram so wahr.

Offenkundig aber nicht mehr so plakativ wie zu Campinos Zeiten und wie bei Bob Geldofs Live Aid.
Kloß: Aber das ist doch auch gut so! Es reicht eben heute nicht mehr zu sagen: »Nazis raus!« Die Zeiten sind komplizierter geworden. Man muss die Dinge komplexer betrachten und auch differenzierter besprechen.
Nowak: Nicht mehr so schwarz und weiß denken!
Kloß: Mittlerweile wissen Gott sei Dank viele, dass die AfD keine Option sein kann. Aber es fängt ja schon bei dem Punkt an, den anderen ausreden zu lassen. Mir fällt es schon schwer, das innerhalb der Band zu beherzigen. Die Meinung des anderen bis zu einem gewissen Grad auszuhalten, ist anstrengend und nervt manchmal. Aber vielleicht ist das ein wesentlicher Schlüssel in diesen Zeiten.

Wir haben bei unseren Recherchen oft gespürt, dass jüngere Musiker Angst davor haben, etwas Falsches zu sagen oder zu twittern, aus Sorge, die Fans zu verprellen oder einen Shitstorm zu kassieren. Ist das bei euch auch so?
Nowak: Der Druck ist definitiv da. Man merkt das bei einem Song wie »Mein Osten«. Dadurch wird man medial sehr schnell zum Ostexperten und sollte besser Politikwissenschaften studiert haben.

Und jetzt haben wir euch auch danach gefragt ...
Nowak: Deshalb muss man sich schon ein bisschen mit dem Thema beschäftigen, wenn man mit so einem Song rausgeht. Trotzdem können wir nicht alles wissen, und wir sind auch keine Politiker. Wir haben ein Gefühl, und das transportieren wir. Das muss man den Leuten immer klarmachen. Und man muss lernen, Stopp zu sagen.

Inwiefern?
Nowak: Darauf zu bestehen, nicht überinterpretiert zu werden. Und authentisch zu bleiben. Das ist das Allerwichtigste.
Kloß: Und auch das Einfachste. Sei, wie du bist, dann hast du weniger Arbeit damit, dich zu verstellen oder zu verstecken. Auch wenn dann einige Leute sagen, wir seien langweilig ... oder ich weiß gar nicht, was unser Image ist. Es klingt total platt, aber wir sind halt so, wie wir sind. Und trotzdem sind wir uns sehr bewusst, wofür wir stehen und wie wir sein wollen.

Die Gefahr, dass man als junge und unerfahrene Band von der Industrie überfahren wird, ist ziemlich groß, wie man sieht. Gibt es Dinge, die ihr aus heutiger Sicht gern ungeschehen machen würdet?
Kloß: Ich finde, dass wir uns unter den gegebenen Voraussetzungen immer ziemlich gut geschlagen haben. Ich denke da ganz wenig drüber nach. Aber wenn ich mich über etwas ärgere, dann vielleicht darüber, dass wir uns nicht eher geöffnet haben. Dass wir nicht schon viel früher den Mut und das Selbstbewusstsein hatten, auch mal mit anderen Künstlern zusammenzuarbeiten.

Warum kam das am Anfang eurer Karriere nie infrage?
Kloß: Wir haben unsere Songs von Anfang an selbst geschrieben und waren von Beginn an eine eingeschworene Clique. Wir waren ja auch erfolgreich damit. Aber tatsächlich dachten wir auch, wir sind vielleicht nicht gut genug, um mit anderen mitzuhalten.

Hattet ihr solche Komplexe im Umgang mit anderen? Das Gefühl, es nicht zu können?
Kloß: Ja, irgendwie schon. Wir haben eine ganze Weile in unserem eigenen Saft geschmort, bevor wir uns getraut haben, mit Xavier Naidoo, Curse oder Jan Delay zusammenzuarbeiten. Vorher haben wir auch immer im selben Studio produziert. Das finde ich schade, weil ich glaube, dass wir uns mit einem offenen Blick viel früher hätten entwickeln können, auch in andere Richtungen.

Was hat euch denn – außer der Angst vor Zurückweisung – davon abgehalten?
Nowak: Gewohnheit.
Kloß: Angst, dass andere uns nicht gut genug finden könnten. Wir haben uns immer extrem viele Gedanken gemacht, was die anderen wohl von uns halten. Es war ein innerlicher Drang, den anderen gefallen zu wollen, und gerade bei mir war dieser Drang ultrastark ausgeprägt.
Nowak: Diese Angst hat uns manchmal gar nicht erst so weit denken lassen.
Kloß: Wir waren sehr in uns gefangen. Wenn du dir die jun-

»WIR WAREN SEHR IN UNS GEFANGEN.«

gen Musiker heute anschaut, läuft das anders. Der macht mit dem was, der schreibt für den, die sind untereinander ganz anders connected. Das war bei uns früher nicht der Fall. Wir waren auch ab und an zu verbissen. Heute denken wir eher: Wir machen Musik. Für uns ist es die Welt, aber für die Welt sind wir nur eine Band. Diese Erkenntnis hilft dabei, sich selbst besser einzuordnen.

Seit ihr euch gegenüber anderen Künstlern geöffnet habt, arbeitet ihr immer wieder mit anderen Musikern zusammen. 2008 habt ihr mit dem Rapper Curse einen Song gemacht, »Bis zum Schluss«. Und ihr habt im selben Jahr auf Udo Lindenbergs Comeback-Album »Stark wie zwei« beim Song »Der Deal« ausgeholfen. Wie lief die Zusammenarbeit mit ihm?
Kloß: Ich fand es total stark von Udo, dass er nach all der Zeit die Größe hatte, jemanden wie Jan Delay und auch uns anzurufen und zu fragen: »Hey, wollen wir was gemeinsam machen?« Und wie er dann da rangeht! Er schreibt dir nachts ellenlange SMS mit endlosen Textzeilen und sagt dann: »Ist da irgendwas dabei, was du machen willst?« Wow, habe ich gedacht, der geht so offen mit seinen Ideen um, das müsste er gar nicht mit dem Background, den er hat. Das zeigt Stärke und keine Schwäche. Und er ist dabei echt easy, kreativ und uneitel!

Als ihr bekannt wurdet, seid ihr als Teil der »Neuen Neuen Deutschen Welle« mit Bands wie Wir sind Helden, Juli oder Mia in einen Topf geworfen worden. Hat euch das geholfen oder eher geschadet?
Nowak: Wir wurden so gelabelt, wir haben ja auch oft mit denen zusammengespielt. Wir sind eben eine Generation.
Kloß: Und eine erstaunlich weibliche! Wir waren mit Sicherheit zur richtigen Zeit am richtigen Ort. Es war ja die Zeit, als diese ganzen Castingshows anfingen …

Wo bei »Deutschland sucht den Superstar« übrigens auch euer früherer Plattenboss Thomas Stein in der Jury saß …
Kloß: … und wo wir gefühlt der Gegenentwurf waren, weil wir wieder handgemachte Musik machten. Damals wurde ja viel darüber diskutiert, ob nicht mehr deutschsprachige Musik im Radio laufen sollte, ob es eine Quote geben sollte.

Woran lag es, dass deutschsprachige Texte plötzlich wieder angesagt waren? Daran, dass mit Viva erstmals ein deutschsprachiger Musiksender auf der Bildfläche erschienen war?
Kloß: Viva und überhaupt Musikfernsehen war sehr wichtig für uns und vielleicht auch ein prägender Baustein für die deutschsprachige Musik. Wir haben 1998 als Coverband angefangen: Red Hot Chili Peppers, Beatles, Alanis Morissette. Wir hatten zwar auch ein paar deutsche Songs im Programm, von Holger Biege, dem DDR-Künstler, dazu vielleicht noch einen Nena-Song. Die meisten Sachen waren intuitiv aber immer englischsprachig. Auch die ersten Songs, die wir selber geschrieben haben, waren auf Englisch, vielleicht weil das aus der Sicht von Vierzehn- bis Fünfzehnjährigen cooler erschien. Deutsch hatte immer noch so einen Schlagertouch, war verstaubt. Dann haben wir aber gemerkt, dass wir beim Schreiben an unsere Grenzen stoßen, weil unser Englisch nicht ausreichte. Also sind wir sogar zu unserer Englischlehrerin gegangen und haben die Texte von ihr checken lassen. Langsam wurde es peinlich. Bis der »Nowi« dann mit einem ersten Text auf Deutsch kam.
Nowak: Der war aber noch sehr verbesserungswürdig *(lacht).*
Kloß: Stimmt, auch unsere Bautzener Fangemeinde fand das am Anfang gewöhnungsbedürftig, die englischen Coversongs in unserem Set funktionierten besser. Für uns hat sich das aber gut angefühlt. Im Deutschen konnte sich jeder von uns einbringen, und man musste nicht ständig mit dem Wörterbuch herumrennen.
Nowak: Es war aber schon ein schmaler Grat zwischen okay und peinlich oder schlageresk. Über Liebe zu singen – das war damals noch ein verbotenes Wort! Jetzt ist das völlig okay, diese Emanzipation der deutschen Sprache ist total krass und supergut. Jugendliche können sich in ihr ausdrücken. Ich erinnere mich, als wir damals mal in einem Theater aufgetreten sind und »Symphonie« gespielt haben. Danach kam ein Freund meines Vaters zu mir und sagte: »Ich musste heulen, was ist denn das für ein Lied?« Da wusste ich, es passiert etwas, so eine Reaktion hatten wir vorher nie erlebt. Wir hatten unseren Ton gefunden. Und unsere Identität als Band.

DAS **DEUTSCHE ELEND** HINTER SICH LASSEN

Musik mit deutschen Texten? Warum das für viele in der jungen deutschen Nachkriegsgeneration undenkbar war – und wie Deutsch plötzlich wieder cool wurde.

Es gab Zeiten, da konnte es den Deutschen gar nicht undeutsch genug sein. Wer in den Sechzigerjahren in Westdeutschland Musik machte und in seiner Muttersprache sang, war im meist linken Künstlermilieu schon verdächtig und galt als geschichtsvergessen, konservativ bis reaktionär oder als alles zusammen. Deutsch, das war auch die Sprache der Nationalsozialisten, die Sprache der Täter. »Wir wollten alles, was Deutsch war, hinter uns lassen, auch musikalisch. Die schlimme Geschichte, den Holocaust, das ganze Elend.« Dieser Satz, den Klaus Meine von den Scorpions im Interview für dieses Buch sagt, steht stellvertretend für eine ganze Generation junger Musiker, die sich nach dem Krieg auch sprachlich von der Vätergeneration abgrenzen wollte. »Deutsche Musik, das waren Schlager und Hitparade, die Lustigen Musikanten und so Sachen. Nichts, was einen im Herzen gepackt hätte", erinnert sich Meine. »Deshalb haben wir auf Englisch gesungen, das war wie eine Befreiung von dem Mief.«

Die Befreiung vom tausendjährigen Mief unter den Talaren, von der als erdrückend empfundenen Enge der Bonner Republik: Wer in jenen Zeiten als junger Künstler etwas auf sich und seine liberal-progressive Weltsicht hielt, der schaute nach Memphis zu Elvis Presley, nach London zu den Kinks, The Who und den Rolling Stones oder, wie Reinhard Mey, zu Georges Brassens und der Chansonkultur in Paris, aber bestimmt nicht auf Volkslieder wie »Die Wacht am Rhein«. Vergessen schien die große Zeit des deutschen Chansons in den goldenen 1920er-Jahren, als Berlin ein progressives musikalisches Kraftzentrum des noch jungen Jahrhunderts war. Die zwölf Jahre nationalsozialistischer Diktatur hatten in der deutschen Populärmusik zu einem Strömungsabriss geführt und vielen Deutschen ein tiefes Misstrauen gegenüber deutschen Texten eingeimpft, das noch Jahrzehnte nachhallen sollte. »Wenn man damals mit einem deutschen Lied zu den Rundfunkanstalten gegangen ist, ist man schräg angeguckt worden. Die konnten gar nicht verstehen, dass man als junger Mensch deutsche Lieder singt«, erinnert sich Heino an seine Anfänge als Volksmusiksänger in den Fünfziger- und Sechzigerjahren. Der Bäckermeister zog aus dieser Skepsis allerdings völlig andere Schlüsse als die meisten seiner Generation. Als junger Konservativer, dem die Rebellion der Studenten gegen die Vätergeneration zutiefst suspekt war, begründete Heino auf diesen Vorbehalten eine Mission, die den Grundstein für seine Karriere legen und ihn zu einem der polarisierendsten deutschen Musiker der Nachkriegszeit machen sollte. Spätestens mit Heinos Liedern und seinem Markenzeichen, dem gerollten R, wurde die Frage, ob man auf Deutsch singt oder nicht, auch zum Ausdruck eines Kulturkampfs. Eines Kulturkampfs zwischen Modernität und Restauration.

Nun kann man sagen: Immerhin Kulturkampf! Denn was in Westdeutschland Ausdruck einer Auseinandersetzung war, die letztlich in die Proteste der Achtundsechziger mündete, war in der DDR undenkbar. Dort wurde notgedrungen Deutsch gesungen. Englische Texte in der Sprache des »imperialistischen Klassenfeinds« erlaubte das Regime aus ideologischen Gründen nicht, zumindest nicht offiziell. Legendär ist in diesem Zusammenhang Walter Ulbrichts Ausspruch von 1965 zur Beatbewegung, die das Regime anfangs noch toleriert hatte, um sie später umso schärfer zu bekämpfen: »Ich denke, Genossen, mit der Monotonie des Jeh, Jeh, Jeh oder wie das alles heißt, sollte man doch Schluss machen. […] Ist es denn wirklich so, dass wir jeden Dreck, der vom Westen kommt, kopieren müssen?«

Im demokratischen Westdeutschland hingegen konnten junge Musiker gar nicht genug von diesem »Dreck aus dem Westen« kriegen, und es sollte noch Jahre dauern, bis Deutsch als Sprache in der Musikkultur langsam rehabilitiert wurde. In den ersten Jahrzehnten nach dem Krieg blieben deutsche Texte vor allem dem Schlager und der Volksmusik vorbehalten. Interpreten wie das neue deutsche Fräuleinwunder Cornelia Froboess mit »Pack die Badehose ein« sangen biedere, harmlose Lieder, die symptomatisch waren für den Wunsch nach Frieden und Harmonie, den viele Deutsche nach den Entbehrungen der Kriegszeit verspürten. Modernität und Aufbruch, nach denen viele junge Deutsche so lechzten, fanden dort nicht statt, auch nicht bei Heino, der die Deutschen mit Volksliedern wie dem »Enzian« schnell so polarisierte, dass er aus Angst vor Protesten in den ersten Jahren keine Interviews gab. Als in den Sechzigerjahren die britische Musikkultur auf den Kontinent herüberschwappte, waren deutsche Texte bei den Jungen endgültig nicht mehr gefragt. Und doch waren es gerade diese Sechzigerjahre, in denen die Wurzeln für den (Wieder-)Aufstieg der deutschsprachigen Musik gelegt wurden. Mit dem Aufkommen der Studentenrevolte, die sich von der Vätergeneration und der Nazizeit emanzipierte, wurde auch die Sicht auf die deutsche Sprache wieder differenzierter. Junge (politische) Liedermacher wie Reinhard Mey, Hannes Wader, Franz Josef Degenhardt und später auch Konstantin Wecker traten auf den Plan, die die deutsche Chansonkultur mit deutschen, oft politisierten Texten wiederbelebten. »Die Lieder von Hannes und mir waren vom französischen Chanson inspiriert und so weit weg von jeder Deutschtümelei, dass wir uns nicht verdächtig machten«, erinnert sich Reinhard Mey. Die Bedeutung, die ein Künstler wie er für die Normalisierung des Verhältnisses der Deutschen zu ihrer Sprache hatte, muss hoch geschätzt werden. Mey, polyglott und als »Frédérik« in den ersten Jahren in Frankreich erfolgreicher als in Deutschland, machte das Gegenteil von reaktionärem Heimat-Gejodel. Und er bewies, dass deutsche Texte nicht nur von Capri, Enzian und aus der Zeit gefallenen Rollenklischees handeln mussten, sondern sehr wohl berührend, modern und poetisch sein konnten. Von einem Liedermacher wie Mey führt so eine direkte Linie zu den Singer/Songwritern der Gegenwart: Ohne Lieder wie »Ich wollte wie Orpheus singen« oder »Sommermorgen« wäre die neue deutsche Innerlichkeit von heute vielleicht nicht möglich gewesen.

SELBSTBEWUSSTSEIN DURCH KRAUTROCK

Bis dahin war es allerdings ein weiter Weg. Und dieser Weg wäre eben undenkbar ohne 1968, dieses Jahr, das nicht nur politisch einen Epochenumbruch darstellte, sondern auch musikalisch. Wenn das Chansonfestival auf der Burg Waldeck seit 1964 den Gründungsmythos für die politischen Liedermacher markierte, dann waren die Essener Songtage Ende September 1968 die Geburtsstunde der deutschen Rockmusik. Wegweisende deutsche Bands wie Tangerine Dream, Guru Guru und andere traten in Essen teils zum ersten Mal auf und begründeten eine neue, selbstbewusste Gegenbewegung zur englischsprachigen Rockmusik: den Krautrock. Auf Deutsch zu singen, war bei vielen Bands zwar weiterhin verpönt, und eher verzichtete man gleich ganz auf Texte. Trotzdem war es der Krautrock, der ab Anfang der Siebzigerjahre erst das Entstehen nicht nur einer deutschen, sondern auch einer deutschsprachigen Rockmusik in Westdeutschland ermöglichte. Im Krautrock haben so unterschiedliche Bands wie Ton Steine Scherben von Rio Reiser, die Hardrocker von den Scorpions, die Elektropioniere von Kraftwerk und auch ein Künstler wie Udo Lindenberg ihre künstlerischen Wurzeln. Denn erst die Emanzipation – politisch von der Zeit des Nationalsozialismus und der biederen frühen Bonner Republik, musikalisch von der englisch dominierten Rockmusik der Fünfziger- und Sechzigerjahre – weckte in vielen jungen deutschen Künstler das Selbstbewusstsein, sich auch sprachlich von Klischees zu lösen und in den Jahren danach auf Deutsch zu singen. Mit dem Krautrock war Musik aus Deutschland plötzlich cool geworden und wurde von großen internationalen Stars wie David Bowie gefeiert. Ohne diesen Ritterschlag hätte es womöglich noch länger keine deutschsprachige Rockmusik gegeben.

UDO LINDENBERG WURDE ZUM SOLITÄR

Es fällt immer schwer, aus der Vielzahl bedeutender Künstler einige wenige herauszuheben, denen bei der Entwicklung der deutschsprachigen Musik ein besonderes Verdienst gilt. Trotzdem gibt es vielleicht zwei, die man an dieser Stelle vor allem nennen muss: Udo Lindenberg und Rio Reiser. Es war Udo Lindenberg, der nach seiner ersten englischsprachigen Platte »Lindenberg« *(die 1971 kolossal floppte)* als Erster konsequent deutsche Texte sang und sich auch vom Misserfolg seines ersten deutschsprachigen Albums »Daumen im Wind« von 1972 nicht davon abbringen ließ. Lindenberg erzählte Alltagsgeschichten in einer schnoddrigen, aber dennoch poetischen und unverwechselbaren Sprache, die ihn schon bald zu einem Solitär in der deutschen Musik machte. Spätestens mit seinem Lied »Sonderzug nach Pankow", in dem er 1983 das DDR-Regime scharf kritisierte, und seinem darauffolgenden Auftritt im Ostberliner Palast der Republik wurde er zudem zum Inbegriff des politisch engagierten deutschen Künstlers, der die desaströsen Zustände im ostdeutschen Bruderstaat offen ansprach. Auch das hat viel zu dem Nimbus beigetragen, von dem er bis heute zehrt. »Udo Lindenberg ist für mich der Pate der deutschsprachigen Popmusik. Er hat sie nicht erfunden, aber er hat es geschafft, dass sie Mainstream wird«, sagt etwa Sebastian Krumbiegel, der Sänger der Prinzen.

Auch Rio Reiser und seine Scherben nennen bis heute viele deutsche Musikerinnen und Musiker, wenn man sie nach ihren wichtigsten Vorbildern befragt. Vermutlich würden viele Deutsche aus der 40+-Generation auf die Frage ähnlich antworten. Warum ist das so? Was hat die Scherben so besonders gemacht? Auch darauf liefert Sebastian Krumbiegel einen Hinweis, wenn er sagt, dass es in der DDR keine Achtundsechzigerbewegung und auch keine Generation gegeben habe, »die gefragt hat, was unter den ›Talaren von tausend Jahren‹ ist«. Umgekehrt heißt das: Rio Reiser und seine Scherben sind auch deshalb so prägend für die westdeutsche Musik, weil sie durch ihre politischen Texte zur Stimme einer ganzen, links-alternativ geprägten Generation wurden. Wer in den Siebziger- und Achtzigerjahren jung und Student war, war mit einiger Wahrscheinlichkeit links und kam unweigerlich mit einem Song wie »Macht kaputt, was Euch kaputt macht«in Berührung, der zum Slogan der Sponti-Bewegung wurde. »Popmusik ist zu einem riesengroßen Prozentsatz immer Inhalt oder Haltung, wenn sie gut ist«, glaubt Krumbiegel. Tatsächlich haben die meisten Künstler, die über Jahrzehnte mit deutschsprachiger Musik erfolgreich waren, in ihren Texten nie nur Stimmungen oder Klischees transportiert wie die prüden deutschen Schlager der Fünfzigerjahre, sondern immer auch eine Haltung. Wenn Marius Müller-Westernhagen auf seinem legendären »Pfefferminz«-Album von 1978 über »Willi Wucher« oder »Johnny W.« sang, dann war das nicht nur ein Text, sondern vor allem Zeit- und Sozialkritik. Wenn Wolfgang Niedecken von BAP 1982 in »Kristallnaach« über das Wiedererstarken der Rechten klagte, dann war das nicht nur ein Text, sondern ein Statement. Auch Bands wie die Hosen und die Ärzte haben sich ihre Relevanz bis heute bewahrt, weil ihre Texte eine (linke) Generation geprägt haben, die mit ihren Helden gealtert ist und ihnen bis heute die Treue hält.

Trotzdem kamen viele deutsche Hits, die sich noch in den Siebzigerjahren in den Hitparaden fanden, aus dem Schlager, oft sogar aus dem Klamauk. Selbst 1980 war das noch so, als Mike Krüger mit seinem Lied »Man muss nur den Nippel durch die Lasche ziehen« einen großen Erfolg feierte. Das sollte sich mit der Neuen Deutschen Welle allerdings schlagartig ändern, jener Bewegung, die aus dem Untergrund des britischen New Wave und Punk stammte und ab 1981 wie aus dem Nichts über das Land hereinbrach. Fragt man heute deutsche Musiker, dann sagen fast alle, die NDW sei ein Meilenstein für die deutschsprachige Musik gewesen, ein »Icebreaker«. Und sie haben recht damit. Denn wenn Rio Reiser den Deutschen beigebracht hatte, dass deutsche Texte relevant und sozialkritisch waren, dann lehrte die NDW sie, dass sie auch cool sein und Spaß machen konnten. Ein Song wie »Da da da« von Trio um Stephan Remmler war minimalistischer Dadaismus, der an die elektronische Kühle von Kraftwerk erinnerte und sich jeder Interpretation verweigerte. »Major Tom« von Peter Schilling traute sich, die gleichnamige Kunstfigur des großen David Bowie zu zitieren und machte Schilling auch im Ausland zu einem Star. Endgültig legendär wurde die NDW aber mit Künstlern wie Falco oder der jungen Sängerin Nena und ihren »Neunundneunzig Luftballons«, einem der bis heute bekanntesten deutschen Songs.

Man würde der NDW und ihren Texten jedoch unrecht tun, sie ausschließlich auf die »bonbonsüße Spaßabteilung« zu verlegen, wie Kai Havaii, Sänger der Punk- und NDW-Band Extrabreit, im Interview sagt. Für ihn ist es nicht nur die »Einfachheit im Rhythmus, eine gewisse Eckigkeit und Monotonie«, die viele NDW-Songs ausgezeichnet habe, sondern vor allem »Ironie und Skurrilität«. »Auch das war neu in der Musikszene, die sich ansonsten immer sehr ernst nimmt«, erinnert sich sein Bandkollege Stefan Kleinkrieg. Das große Verdienst der NDW besteht für ihn darin, dass sich »die Masse der deutschen Musikhörer zum ersten Mal mehr für deutschsprachige Musik interessiert« habe als für internationale Acts. Havaii empfand die NDW als »kulturelle Emanzipationsbewegung«. Das gilt vor allem auch für die deutschen Texte. Erst mit der NDW wurden sie in der Breite und jenseits der damals schon etablierten Künstler von Lindenberg bis Grönemeyer kommerziell salonfähig.

Umso tiefer war der Absturz, den die deutschsprachige Popmusik nach dem jähen Ende der NDW erlebte. 1983 war der Hype nach nur zwei, drei Jahren schon wieder vorbei. Die Plattenfirmen hatten ihn im Rausch des Geldes überdreht und dem ursprünglichen Undergroundtrend durch erbarmungslose Kommerzialisierung jede Authentizität geraubt. Enttäuscht wandten sich viele Bands wieder von deutschen Texten ab. Bis auf die großen Acts von Maffay bis Grönemeyer, die weiter erfolgreich auf Deutsch sangen, herrschte Katerstimmung, auch weil die aufkommende Technobewegung *(die erste Loveparade fand 1989 statt)* Deutsch als Sprache in der Musik wieder in den Hintergrund schob. Es dauerte bis Anfang der Neunzigerjahre, bis mit den Fantastischen Vier eine weitere wegweisende Formation die Bühne betrat. Die Fantas waren jung, frech und brachten amerikanischen Hip-Hop nach Deutschland, mit klugen deutschen Texten, deren Tiefe schon bald das vergleichsweise klamaukige Debüt mit »Die da« *(1992)* in den Hintergrund rückte. Die Fantas hätten den Deutschen gezeigt, »dass die deutsche Sprache auch ihr Gutes hat«, sagt Smudo im Interview. Vielleicht sollte man eher sagen: Sie erinnerten die Deutschen wieder daran, nachdem sie deutsche Musik nach dem Ende der NDW nicht mehr hören wollten, weil sie »immer ekliger, schlagerhafter und stumpfsinniger« *(Michi Beck)* geworden war. Auch Die Fantastischen Vier waren stilprägend für viele, die nach ihnen kamen, mit direkter Verbindung zum aktuellen Hip-Hop und Gangsta-Rap, der heute vieles von dem fortführt, was die Fantas vor dreißig Jahren zum ersten Mal ins Mikrofon rappten.

DEUTSCHSPRACHIGE MUSIK BRAUCHT HEUTE KEINE QUOTE MEHR

Trotz des großen Erfolgs der Fantastischen Vier oder auch von Bands wie Pur machte die Situation der deutschsprachigen Musik in den Neunzigern vielen aber wieder so große Sorgen, dass sie sie ab 1996 per Quote im Radio verankern wollten. Denn dort wurden bis auf den Schlager- und Volksmusikbereich, der alle Moden unbeirrt zu überdauern scheint, wieder vor allem englische Acts gespielt. Eine Benachteiligung junger deutschsprachiger Künstler, fanden namhafte deutsche Musiker wie Heinz Rudolf Kunze und Herbert Grönemeyer. Andere wie die Diskursrocker Blumfeld oder die Hamburger Band Tocotronic lehnten eine Quotenregelung vehement ab und bezeichneten sie als »Deutschtümelei und Heimatduseligkeit« *(Tocotronic)*. Die Quote kam nicht zustande, doch schon bald bewiesen neue junge deutsche Bands, dass sie derlei Schützenhilfe gar nicht nötig hatten. Mit Bands wie Wir sind Helden, Silbermond oder Juli wurde die deutsche Musik ab den 2000er-Jahren nicht nur wieder deutlich deutscher, sondern auch weiblicher. Gerade Wir sind Helden bedienten mit Songs wie »Guten Tag« oder »Denkmal« in klugen, oft konsumkritischen Texten ein bildungsbürgerlich-studentisches Publikum irgendwo zwischen Hamburger Schule und massentauglicher Radiospielbarkeit. Zugleich waren sie Wegbereiter für eine neue Generation junger deutscher Singer/Songwriter, die ab den 2010er-Jahren die Bühnen stürmte. Philipp Poisel, Tim Bendzko, Revolverheld oder Clueso singen seither so inbrünstig und mitunter auch ichbezogen von alten Lieben, neuen Enttäuschungen und den Tücken des Alltags, dass mancher Kritiker für sie abfällig wieder die Abkürzung NDW benutzt: Neue Deutsche Weinerlichkeit. Vor allem stört viele, dass die Flut an Singer/Songwritern längst so unüberschaubar geworden ist, dass man mitunter kaum noch unterscheiden kann, wer da gerade von welchem Schmerz singt. Ja, an dem Vorwurf sei schon etwas dran, gibt Johannes Oerding im Interview mit uns zu. Am Ende, hofft er, würden sich aus der Masse aber wieder die entscheidenden paar Künstler herauskristallisieren, die dann die neuen »Big Five« bilden. Schließlich, sagt Oerding, sei die deutsche Sprache in der Musik in den letzten Jahren auch deshalb wieder relevanter geworden, weil die Texte besser geworden seien.

Letzteres spricht zumindest in Teilen gegen den bahnbrechenden Erfolg, der (Gangsta-)Rap und Hip-Hop in den letzten Jahren zur dominierenden Musik- und Jugendkultur des Landes gemacht hat. In vielen Tracks gerade des Gangsta-Rap finden sich aggressive Texte mit einer gewaltverherrlichenden, vulgären Sprache; in einigen gar frauenverachtende, auch rassistische Zeilen. Hip-Hop und Rap sind heute was Rock'n'Roll und Punk früher waren: Ausdruck des Widerstands und der Provokation. Doch Hip-Hop und Rap nur darauf zu verengen, wäre ungerecht – die Genres sind auch deshalb so erfolgreich, weil sie so vielseitig sind. Neben den harten Milieu-Rappern betreiben Conscious-Rapper wie Marteria oder Musa in ihren Texten durchaus das Gegenteil von Gangsta-Rap und prangern soziale Schieflagen und gesellschaftliche Diskriminierung an. Oder auch den ganz normalen Alltagswahnsinn zwischen Beachclub und Bausparvertrag wie Marteria in seinem Song »Kids (2 Finger an den Kopf)«: »Alle sind jetzt troy, niemand geht mehr raus/Keiner kämpft mehr bis zum Endboss, alle geben auf/Jeder geht jetzt joggen, redet über sein'n Bauch/Bevor die Lila Wolken komm'n/sind alle längst zuhaus'.«

Deutsch ist längst nicht mehr nur die einstige Sprache der Nazis oder des Heimatschlagers, für die man sich als junger Mensch schämen müsste wie in den Trümmern des Zweiten Weltkriegs. Im Gegenteil: Deutschsprachige Musik ist längst wieder cool. Auch ohne Quote.

▶ INTERVIEW

HABEN SIE DAS VOLKSLIED GERETTET, HEINO?

Kurhaus Bad Münstereifel, August 2019. Als wir Heino und wenig später auch seine Frau Hannelore treffen, könnte das Setting nicht besser passen. Der Kaffee duftet auf dem Tisch, dazu ein Stückchen Heino-Torte, die der gelernte Bäcker selbst kreiert hat. Immer wieder lugen seine Fans, die eigens ins Eifelstädtchen zum *Heino Café* pilgern, durch die Tür. Der blonde Volkssänger mit der schwarzen Sonnenbrille ist längst allen Prominentenkategorien enteilt. Er ist eine ziemlich selbstbewusste Marke, die trotz seines Alters jenseits der Achtzig noch immer populär ist. Seit seinen Ausflügen in die Pop- und Rockwelt sogar bei manchen Jüngeren, wobei die mittlere linksbewegte Generation nach wie vor ein ambivalentes Verhältnis zu ihm und seiner schwarzbraunen Haselnuss pflegt. Die früheren Auseinandersetzungen sind nicht vergessen – der Vorwurf, Heino sei reaktionär und mit seiner Vorliebe für das deutsche Volkslied ein Wiedergänger dunkler Tage, als man noch marschierte und im Gleichklang Fahrtenlieder schmetterte. Natürlich spielt er auch mit diesem Image. Aber ist es wirklich ein Spiel, oder denkt sich Heino einfach nichts dabei, wenn er mal wieder etwas Kontroverses sagt oder singt, vielleicht die falsche Strophe des Deutschlandlieds oder etwas anderes »Missverständliches«? Fragen wir ihn! Aber wollen wir auch mal nicht zu bierernst sein! Das Gespräch, das knappe drei Stunden dauert, ist eine launige Kaffeefahrt durch fünfzig Jahre Nachkriegsdeutschland. Zur Halbzeit kommt seine Frau Hannelore dazu und öffnet gleich ihre Handtasche … aber davon mehr im Interview. Heino und Hannelore über die Liebe zum alten deutschen Volkslied, Patriotismus, Versäumnisse in der Erziehung und die nicht ganz ernst gemeinte Frage, wer jetzt eigentlich rechter ist: Heino oder Rammstein?

Heino, 1938 als Heinz Georg Kramm in Düsseldorf **geboren,** blickt auf mehr als **sechzig Jahre Bühnenerfahrung** zurück. Seine bekanntesten Lieder: »Blau blüht der Enzian«, »Die schwarze Barbara«, »Schwarzbraun ist die Haselnuss«. Nach eigenen Angaben hat er **mehr als fünfzig Millionen Alben** verkauft, mit seinen Coverversionen bekannter Pop- und Rocksongs, »Mit freundlichen Grüßen«, gelang ihm 2013 ein großer Erfolg und eine **Nummer eins in den Charts. Hannelore Kramm,** geborene Auer, wurde **1942** im österreichischen Linz **geboren.** Sie war **Schlagersängerin und Schauspielerin** (»Das Spukschloss im Salzkammergut«).

Die Schwarze Barbara: Zu Heino ist Journalisten schon jede nur denkbare Bildunterschrift eingefallen. Auch wir hatten einige im Kopf, bevor wir in Bad Münstereifel mit ihm und seiner Frau Haselnusstorte aßen. Dann wurde es eines der bemerkenswertesten Gespräche.

Heino, jetzt treffen wir uns ja doch noch.
Ja, ja, obwohl mein Manager das Gespräch am Anfang abgesagt hatte. Er dachte, da geht es ja nur um Politik, da ist Heino nicht der richtige Ansprechpartner. Er sagte: »Lass mal lieber sein, Heino!« Politiker kriegen dafür Geld, dass sie antworten, Musiker sollen Musik machen.

Aber dann haben Sie ja doch noch zugesagt.
Ja, ich gebe immer gern Interviews. Hauptsache, wir reden nicht nur die ganze Zeit über Politik.

Einverstanden, vielleicht fangen wir mit der Musik an. Welche Musik hören Sie eigentlich privat? Volksmusik? Jazz? Metal?
Wenn ich ehrlich bin, höre ich gar keine Musik. Ich habe jeden Tag mit Musik zu tun, das reicht mir. Das ist auch nicht mein Ding, über andere Sachen nachzudenken. Außerdem habe ich dafür überhaupt keine Zeit. Ich bin jetzt achtzig geworden … *(Die Kellnerin kommt herein, sie bringt Kaffee für Heino. Auch drinnen nur Kännchen.)* … und übe noch jeden Tag. Ohne Übung, ohne das ganze Drumherum funktioniert es nicht mehr. Aber ich bin Gott sei Dank noch gut drauf. Ich könnte jetzt auch den ganzen Tag in Florida wohnen oder in Kitzbühel, aber solange ich kann, mache ich weiter.

> »WENN ICH EHRLICH BIN, **HÖRE** ICH GAR KEINE MUSIK.«

Wirklich gar keine Musik privat? Es gibt ja Volksmusikstars, die eigentlich viel lieber Jazz spielen würden und zu Hause die Anlage laut aufdrehen …
Das sind doch nur intelligente Behauptungen, um sich interessant zu machen. Ich höre keinen Jazz, warum sollte ich? Wenn ich doch mal privat Musik höre, dann höre ich mir alte Schlager an, da hat man sich wenigstens noch Gedanken über Melodien gemacht und über die Texte. Wenn man heute in Diskotheken geht und solche Lieder werden da gespielt, dann ist die Begeisterung der Leute riesig. Viel größer als bei ausländischen Liedern.

Sie gehen noch in Diskotheken?
Nee, da war ich vor Jahrzehnten das letzte Mal. Aber man hört ja so einiges.

Roy Black hat immer behauptet, er wäre viel lieber ein Rock'n'Roller gewesen. Und auch andere Volksmusik- und Schlagerstars sagen gern solche Sätze. Warum? Weil die Volksmusik in Deutschland manchen als einfach und ein bisschen blöd gilt und man viel lieber intellektuell wäre?
Klar will man intellektuell erscheinen. Aber ich kannte den Roy Black gut, und ich kann mir nicht vorstellen, dass er das, was er gemacht hat, wirklich so schlimm fand. Er war einer der Erfolgreichsten von allen. So verkehrt kann das alles also nicht gewesen sein.

Volksmusik und Heino, das ist für die meisten Deutschen untrennbar verbunden. Würden Sie sagen, dass Sie die deutsche Volksmusik im Alleingang gerettet haben?
Im Grunde genommen ja. Wenn es Heino nicht gegeben hätte, wären Lieder wie »Am Brunnen vor dem Tore« oder »Ännchen von Tharau« vielleicht nicht mehr da. Wenn ich als Jugendlicher das Radio angemacht habe, welchen Sender auch immer, dann gab es immer nur ausländische Musik. Nichts gegen ausländische Musik, Elvis Presley, Bill Haley, ich kannte die natürlich, aber irgendwie hat mich das alles nicht berührt. Vor allem hat es mich traurig gemacht, dass nichts Deutsches mehr über die Sender lief. Und das wird nicht nur mir so gegangen sein, sondern Millionen Deutschen. Die haben viel Rundfunk- und Fernsehgebühren gezahlt und nichts Deutsches bekommen. Also habe ich angefangen, mit meiner Gitarre auf die Bühne zu gehen und deutsche Lieder zu singen. Und siehe da! Ich hatte damit größeren Erfolg als ausländische Stars, die viel mehr Geld bekamen als ich. Dann bin ich zur Schallplattenfirma gegangen und habe mein Konzept vorgestellt. Die waren begeistert.

Das war gleich Ihr Durchbruch.
Ja, gleich von meiner ersten Aufnahme, »Jenseits des Tales standen ihre Zelte«, habe ich 400.000 oder 450.000 Singles verkauft. Die war auf der ersten Schallplatte mit Liedern aus der Bündischen Jugend. Danach hat mir die englische Plattenfirma Electrola gleich einen Zehnjahresvertrag angeboten. Das war damals schon außergewöhnlich. Ich habe mein Repertoire dann kontinuierlich erweitert, alle Volkslieder aus den Liederheften, »Zupfgeigenhansl«, »Ännchen von Tharau«, »Wenn die bunten Fahnen wehen«, »Am Brunnen vor dem Tore«. Das waren alles Hits, die keiner mehr kannte und die ich wieder aus der Versenkung geholt habe.

Waren manche der alten Volkslieder nicht vielleicht zu Recht in der Versenkung? Einige aus Ihrem Repertoire haben auch die Nazis gesungen. Warum hat Sie das nicht gestört?
Dafür können doch die Lieder nichts, dass die Nazis sie missbraucht haben! Aber natürlich wusste ich schon von Anfang an, dass es da große Vorbehalte gibt. Deshalb habe ich in den ersten fünfzehn Jahren kein einziges Interview gegeben. Mir war klar, dass ich nicht über Lieder diskutieren darf, nicht dar-

über, wo sie herkommen oder wer sie gesungen hat. Für mein Team und mich stand immer fest: Wir singen kein Lied, das aus der Nazizeit stammt. Wir hatten sogar einen Juristen dabei, der vorher geklärt hat: Dürfen wir das singen, und wenn ja, wollen wir das auch?

Offenbar wollten Sie fast immer. Vor einiger Zeit haben Sie der Heimatministerin in Nordrhein-Westfalen eine Ihrer Schallplatten geschickt …
Ja, ja, jetzt kommt wieder das mit dem Lied »Wenn dir alle untreu werden« …

… das von Heinrich Himmlers SS als »Treuelied« glorifiziert wurde.
Das mag ja sein.

Aber das können Sie doch nicht einfach wegschieben.
Aber sehen Sie, das ist genau der Punkt. Das Lied stammt aus dem Jahr 1814, außerdem haben wir einen neuen Text geschrieben. »Wie ein Edelstein / so klar und rein / so soll unsere Freundschaft sein.« Das hat mit dem, was die SS gesungen hat, nur noch die Melodie gemein.

> »DIE NAZIS HABEN DEM DEUTSCHEN LIED EXTREM GESCHADET.«

Verstehen Sie trotzdem, dass manche diese Haltung problematisch finden? Oder, im besten Fall, naiv?
Die Nazis haben dem deutschen Lied extrem geschadet, klar. Und ich kann auch verstehen, dass die jungen Leute nach dem Krieg erst mal die Nase voll hatten von diesen Liedern. Wir waren doch alle froh, dass das endlich vorbei war. Ich weiß noch, als 1955 die Bundeswehr wieder gegründet wurde. Da hatte ich Tränen in den Augen, weil ich Angst hatte, dass der Krieg wiederkommt. Aber noch mal: Die Lieder, die es schon vorher gab, die kann man doch da nicht mit reinziehen!

Trotzdem waren deutsche Volkslieder nach dem Krieg bei vielen verpönt.
Sicher, es gab große Vorbehalte. Wenn man damals mit einem deutschen Lied zu den Rundfunkanstalten gegangen ist, ist man schräg angeguckt worden. Die konnten gar nicht verstehen, dass ein junger Mensch wie ich deutsche Lieder singt. Viele Sender haben mich dann ja auch nicht gespielt, der WDR nicht, Radio Hamburg nicht, viele andere auch nicht, weil sie eine Antipathie gegen die deutschen Lieder hatten. Ich weiß noch, wie ich zu Hans Hoff ging, dem damaligen Unterhaltungsmusikchef des WDR, und der zu mir und zu meinem Produzenten Ralf Bendix sagte: »Ach, wissen Sie, Herr Heino, wir wissen, dass Sie beim Publikum sehr gut ankommen, aber meine Frau und ich mögen Charles Aznavour. Deswegen spielen wir ihn und nicht Sie.«

Haben Sie das hingenommen?
Nein, so was muss man sich doch nicht gefallen lassen, dass ein Unterhaltungschef so was mir und meinem Produzenten sagt, der doppelter Doktor und ein intelligenter Mensch war. Ich bin dann zu meinem damaligen nordrhein-westfälischen Ministerpräsidenten Heinz Kühn gegangen und habe ihm die Situation geschildert. Danach musste der WDR mich senden. Eine Anstalt wie der hat immerhin einen Auftrag. Und der besteht nicht darin, nur englische Musik zu spielen.

Wäre so etwas heute noch möglich? Dass ein Ministerpräsident dem Unterhaltungschef den Marsch bläst und sagt: »Spiel den mal!«?
Weiß ich nicht, das hat sich ja alles so verändert. Aber wenn wir damals nicht hartnäckig gewesen wären und für die deutschen Lieder gekämpft hätten, wäre vielleicht vieles anders gelaufen. Dann wäre das ganze volkstümliche Repertoire, mit dem sich jetzt auch viele andere schmücken, wahrscheinlich untergegangen.

Was hat Sie an den alten Liedern so fasziniert?
Ich fand sie einfach schön. Ich habe mich in den Fünfzigern erst an den damaligen Schlagern orientiert, an Freddy Quinn, Gerhard Wendland, Rudi Schuricke, »Wenn bei Capri die rote Sonne« und solchen Sachen. Das waren alles Jungs, die auch schön gesungen haben. Mit der heutigen Musik kann man das gar nicht vergleichen, da weiß man ja gar nicht mehr, wer wer ist. Eigentlich kenne ich überhaupt keinen von den modernen Musikern mehr, weil mich das auch nicht interessiert. Ich habe keine Lust mehr, mich mit anderen Kollegen zu beschäftigen.

> »ICH HABE KEINE LUST MEHR, MICH MIT ANDEREN KOLLEGEN ZU BESCHÄFTIGEN.«

Sie gelten, nicht nur im Ausland, als deutsche Ikone. Was ist das typisch Deutsche an Ihnen?
Mein Liedgut und dass ich nur auf Deutsch singe.

Was bedeutet Ihnen der Begriff Heimat, den Sie in Ihren Liedern immer wieder beschwören? Wie wichtig ist das für Sie?
Heimat ist für mich, wo ich geboren bin, wo ich mich wohlfühle, mit Freunden und Familie – und vor allem, wo Hannelore ist.

Sie haben früh zu bekannten, erfolgreichen Männern aufgeschaut, auch zu Ihrem Produzenten Ralf Bendix, der mit dem »Babysitter Boogie« 1961 selbst einen großen Hit gelandet hatte und so etwas wie ein Ziehvater für Sie war. Lag das daran, dass Ihr eigener Vater früh gestorben ist?
Da habe ich noch nicht drüber nachgedacht, aber ja, das wäre schon möglich. Mein Vater ist ja 1943 mit neunundzwanzig Jahren im Krieg gefallen. Da war ich drei, ich habe keine Erinnerung an ihn. Ich bin mit meiner Mutter und meiner Schwester in Düsseldorf aufgewachsen. Ein Großteil meiner Familie lebte damals in Köln, zu denen hatte ich gar keinen Bezug. Das waren arme Verhältnisse. Ich wollte eigentlich studieren, aber das konnte meine Mutter sich nicht leisten. Also habe ich eine Bäckerlehre gemacht, danach zwei Jahre Konditor gelernt. Dann war ich zwanzig und wollte nicht mehr. Ich wollte nur noch Musik machen, den ganzen Tag.

War der frühe Tod des Vaters ein Grund dafür, dass Sie nicht wie viele Ihrer Generation gegen die Elterngeneration rebelliert haben? Weil Sie sich nicht an einer Vaterfigur reiben konnten?
Wir hatten doch überhaupt keine Zeit für Rebellion! Wir sind im Krieg nach Großenhain in Sachsen evakuiert worden, weil in Düsseldorf die Bomben fielen. Als wir nach 1945 wieder zurückkamen, ging es nur darum zu überleben, um nichts anderes. Wir waren froh, dass wir was zu essen hatten!

Aber in den Sechzigern begehrte die Jugend mit Macht auf, mit Beatmusik und auch optisch, mit langen Haaren und Schlaghosen. Vielen galten Sie mit Ihren kurzen blonden Haaren und dem konservativen Kleidungsstil als reaktionär, vielen Linken waren Sie regelrecht verhasst. Wollten Sie nie provozieren?
Ich hatte Verständnis für die langhaarigen Leute, aber ich wäre nie auf den Gedanken gekommen, so rumzulaufen oder so zu sein. Ich wollte auch nie diese großen Veränderungen, für die die Achtundsechziger auf die Straße gegangen sind. Ich war froh, dass der Krieg vorbei war, und wollte meine Musik machen. Es gab für mich keinen Grund für Rebellion.

> »ES GAB FÜR MICH **KEINEN GRUND** FÜR REBELLION.«

Nicht gegen autoritäre Eltern, nicht gegen den Schah und auch nicht für mehr Freiheitsrechte?
Nein, ich habe mich schon damals an die alten Zeiten gehalten. Romantik, Liebe, Sehnsucht. Was Freddy Quinn damals sang, der lag voll auf meiner Schiene. 1961 war eine »Löwen«-Verleihung in Essen, viele Stars, Dave Dee, Dozy, Beaky, Mick & Tich, das war so 'ne Rockergruppe. Grugahalle, in den ersten dreißig Reihen nur Rocker in Lederjacken und Ketten. Ich dachte: Du lieber Gott! Dann wurde Freddy angesagt, ich hab die Luft angehalten. Er ging mit seiner Gitarre auf die Bühne, holte einen Brief raus, faltete ihn auf und sagte: »Meine Mutter hat mir geschrieben.« Und dann sang er: »Junge, komm bald wieder.« Die Rocker in den ersten Reihen haben alle geheult. Der Freddy hatte schon Mumm. Das hätte ich mich nicht getraut. Aber ich hab so bei mir gedacht: Da siehst du mal. Du bist auf dem richtigen Weg.

(Heinos Handy klingelt, ein Glockenton in Megafonlautstärke. Heino geht ran: »Ja, klar, Hannelore, wir sitzen hier noch. Ja, bis gleich. Bussi. Tschö, tschö!« Hannelore lässt sich entschuldigen, sie will später dazukommen.)

Ihr Markenzeichen sind Ihre blonden Haare und die Sonnenbrille. Eigentlich müssten Sie die seit einer Augen-OP Ende der Siebziger nicht mehr tragen. Wann haben Sie gemerkt, dass Sie sie trotzdem nicht mehr ablegen sollten?
Spätestens, als ich parodiert wurde, von Komikern, aber auch von Kollegen. Da war mir klar: Du bist jetzt eine Marke, die Brille gehört einfach zu Heino dazu. Wenn ich sie abnehme, kann ich alles sehen, aber warum sollte ich das tun? Es kann einem doch nichts Besseres passieren als parodiert zu werden.

> »ES KANN EINEM DOCH **NICHTS BESSERES** PASSIEREN ALS **PARODIERT** ZU WERDEN.«

(Heino nimmt die Brille ab und schaut uns an. Man kann die Basedowsche Krankheit, derentwegen er die Brille ursprünglich viele Jahrzehnte lang trug, noch erahnen. Heute trägt er die Brille noch einfach so. Vor allem aber ist es, als schaute man als Eingeweihter hinter die Kulissen der Marke Heino.)

Sie wurden von Beginn an von vielen belächelt. Haben Ihnen die Ablehnung und der Spott nie etwas ausgemacht?
Nein, das hat mich überhaupt nicht berührt. Es ist bei mir wie bei einem Fußballspieler. Der hat vielleicht mal ein schlechtes Spiel, aber einen guten Deal mit der Firma. Wenn ich auf mein Konto und meine Plattenumsätze geguckt habe, warum sollte mich der Spott da gestört haben?

Trotzdem klingt bei Ihnen immer wieder so etwas wie ein Minderwertigkeitskomplex durch. Oder täuscht der Eindruck?
Nein, so etwas habe ich nicht, noch nie gehabt. Ich habe nichts Unrechtes getan, sonst hätte mir die Plattenfirma ja gar nicht diesen Vertrag gegeben. Aber ich wusste schon um die Probleme, um die Vorbehalte mir gegenüber. Deshalb habe ich auch nie Tourneen gemacht. Bis auf zwei Ausnahmen, einmal mit Lolita und einmal mit Maria und Margot Hellwig. Da konnten die Leute dann sagen, dass sie zu Maria und Margot Hellwig gehen und nicht zu Heino.

Bei Ihnen kommen auffallend oft die Wörter »Markt« und »die Firma« vor. Ihre Fans haben Sie mal als »Kunden« bezeichnet. Das klingt eher nach Kosten/Nutzen-Analyse statt nach tiefer Leidenschaft für die Musik. Ist Ihnen Geld so wichtig?

> »DAS WICHTIGSTE IST, DASS ICH MIR ETWAS GESCHAFFEN HABE, DAS BLEIBEN WIRD.«

Wir alle arbeiten doch dafür, dass man Geld verdient! Wenn ich was anderes sagen würde, wäre das unehrlich. Mit meinem ersten Zehnjahresvertrag habe ich eine Garantie bekommen wie heute die Kicker. Die müssen nur gut spielen, und ich muss nur gut singen. Ich habe immer viel gearbeitet, das mache ich heute noch, und das lasse ich mir bezahlen. Deshalb ist Geld wichtig für mich. Aber es ist nicht das Wichtigste. Das Wichtigste ist, dass ich mir etwas geschaffen habe, das bleiben wird.

Trotzdem scheint Ihnen Profit sehr viel zu bedeuten. Singen Sie alles weg, solange am Ende die Kasse stimmt?
Das ist doch alles dummes Zeug!

Sie haben in Namibia das »Südwesterlied« gesungen, die Hymne der Deutsch-Namibier, deren Melodie im Zweiten Weltkrieg als »Panzerlied« bekannt war. Auch in Südafrika haben Sie während des Apartheidregimes einen sehr umstrittenen Auftritt gehabt.
Ach, Südafrika! Ich war 1982 oder 1983 dort und habe ein Angebot für einen Auftritt bekommen. Da habe ich mit meinem Team überlegt, ob wir das machen sollen. Ich war der Meinung, ja, weil auch schon andere da waren, Freddy Quinn, Udo Jürgens, der Günter-Kallmann-Chor, James Last, die waren alle vor mir in Südafrika. Warum also ich nicht? Natürlich sollte man bei der Apartheid überlegen, aber wenn die anderen das auch gemacht haben? Ich habe mir darüber einfach keine Gedanken gemacht.

Viele andere Künstler haben sich aber Gedanken gemacht und einen Auftritt bewusst abgelehnt. Warum hat man Ihnen Ihr Gastspiel in Südafrika 1983 danach mehr angekreidet als Freddy Quinn oder Udo Jürgens?
Ich weiß es nicht. Wahrscheinlich wieder, weil Volkslieder so einen schlechten Ruf haben. Und vielleicht, weil ich blond bin und blaue Augen habe. Da fängt bei manchen Journalisten direkt die Schnappatmung an. Aber mich hat das alles politisch überhaupt nicht interessiert. Ich war wegen der Musik in Südafrika und für den Erfolg. Sonst für nichts. Außerdem bin ich da unten behandelt worden wie ein König. Das hat mir gefallen.

Trotzdem: Bereuen Sie es mittlerweile, mit Ihrem heutigen Wissen?
Wenn ich heute darüber nachdenke, dann muss ich sagen: Okay, hätte ich vielleicht lieber nicht machen sollen. Aber dann muss man die anderen genauso dafür angreifen.

Gehen die Deutschen zu schlecht mit ihren Stars um, zu undankbar?
Nein, den Eindruck habe ich nicht. Gerade, seit ich 2013 meine Rockplatte gemacht habe, »Mit freundlichen Grüßen«, werde ich auch von den jungen Leuten unheimlich nett behandelt. Die sind sehr tolerant und respektvoll, das habe ich früher nie so erlebt. Ich war in Wacken gemeinsam mit Rammstein auf der Bühne. Da hätten mich die jungen Leute ja auch niederpfeifen können. Haben sie aber nicht gemacht. Im Gegenteil, die haben mich hochleben lassen. Vielleicht hätte ich schon viel früher so eine Platte machen sollen.

Als Sie anfingen, waren viele Ihrer Fans schon 40+. Viele von denen gibt es mittlerweile nicht mehr. Wer sind heute Ihre Fans?
Ein paar gibt es schon noch, die fast so alt sind wie ich. Im Grunde sind es aber längst die jungen Leute, die bis fünfunddreißig, vierzig.

Kommen die wirklich mit einem ehrlichen Interesse am Volkslied zu Ihren Konzerten? Oder eher, weil Heino längst eine Kultmarke ist?
Ich glaube, eher wegen der Kultmarke. Die wollen mal wissen, was der Heino so macht. Noch mal einen achtzigjährigen Opa auf der Bühne sehen. Die sind alle seit dem Album »Mit freundlichen Grüßen« dabei.

»Mit freundlichen Grüßen« war also eine bewusste Marketingentscheidung, weil Sie Angst hatten, dass Ihnen Ihre Fans wegsterben?
Sicher, das war geplant. Vorher sind immer viele jüngere Leute zu mir gekommen und haben gesagt: »Mensch, Heino, du

hast so eine gute Stimme, sing doch mal was für uns!« Aber ich wusste überhaupt nicht, was ... und schon gar nicht, was die hören wollen, das war ja überhaupt nicht meine Welt. Dann hab ich zu meinem Manager gesagt: »Hör dich doch mal um, was gerade so in ist!« Irgendwelche Töne zu singen, fällt mir ja nicht schwer.

Kannten Sie die Songs, die Ihr Manager Ihnen dann vorgeschlagen hat?
Die meisten nicht. Nur »Junge« von den Ärzten und Rammsteins »Sonne«. Aber dann war auch schon Schluss.

Gerade die Ärzte waren überhaupt nicht amused, dass Sie einen Song von ihnen ohne Absprache covern. Das Ganze wirkte für manche zu sehr wie ein abgekartetes Spiel, wie ein offensichtlicher PR-Coup. Waren Ihnen solche Vorwürfe egal?
Völlig, das ist mir gleich. Und selbst wenn es eine gute PR-Aktion war: Ich hatte eben immer gute Leute um mich herum und habe viel von ihnen angenommen. Da lernt man eine Menge, seit mehr als vierzig Jahren.

Gab es alte Fans, die danach sagten, das ist nicht mehr mein Heino?
Ja, kann schon sein. Aber ich bin jetzt achtzig, da stört es doch keinen mehr, was ich singe. Das war früher anders.

Warum geht eine Band wie Rammstein mit Ihnen überhaupt gemeinsam auf die Bühne? Oder machen Sie und die am Ende etwas Ähnliches, mit Texten über deutsche Sehnsüchte und gerolltem R?
Sie wollen darauf raus, ob die rechter sind als ich. Ich bin doch überhaupt gar nicht rechts.

Nein, wir halten Rammstein nicht für rechts und Sie allenfalls für ziemlich konservativ. Die Frage war eher, ob Rammstein im Grunde nicht die Fortsetzung von Heino mit anderen Mitteln sind, nur mit mehr Pyrotechnik und Provokation?
Ach was, das ist doch überhaupt nicht vergleichbar. Diese Videos, in denen sie aufmarschieren und provozieren, das ist wirklich nicht meine Welt.

Nachdem Sie »Sonne« von Rammstein für das Album »Mit freundlichen Grüßen« gecovert hatten, ohne dies der Band vorher zu sagen, hat Till Lindemann Ihnen in einer Talkshow einen Gedichtband von sich zukommen lassen, in dem ein Messer versteckt war.
Ja, das wusste ich aber vorher, das hatte mir ein Journalist vor der Sendung gesteckt. Das ist halt Tills Humor, das hab ich nicht ernst genommen. Im Gegenteil, die Rammsteinjungs waren wirklich nett zu mir. Die haben sich auf der Bühne sehr viel Mühe gegeben und ausgiebig mit mir geprobt. Und da habe ich auch gemerkt, dass auch Rammstein nur mit Wasser kochen. Auch die können einen anderen Interpreten nicht sofort begleiten. Da sind meine Musiker besser. Trotzdem war das für mich wie ein Ritterschlag. Das hätte auch anders ausgehen können.

> »DIE RAMMSTEIN-JUNGS WAREN WIRKLICH NETT ZU MIR.«

Inwiefern? Dass die Fans Ihre neue Selbstironie nicht verstehen?
Wieso neue? Ich bin Rheinländer und habe schon immer viel Humor gehabt. Das ist nur immer falsch dargestellt worden. Der Heino ist so ernst und so muffig, hieß es immer. Völliger Blödsinn.

Am Anfang Ihrer Karriere waren Sie aber offenbar noch nicht so humorbegabt. Immerhin sind Sie gerichtlich gegen etliche Heino-Doppelgänger mit blonder Perücke und Sonnenbrille vorgegangen.
Nein, das war nicht ich, sondern meine Schallplattenfirma, die Electrola. Die haben ja eine Sorgfaltspflicht gegenüber ihren Künstlern, und wenn da jemand Schallplatten von mir auflegt und nicht singt und so tut, als sei er Heino, dann müssen die sich dagegen wehren.

Sie hätten das nicht gemacht?
Ach, woher denn, das war für mich doch nur eine kostenlose Werbung!

Und die Sache mit Otto Waalkes? Der Sie in »Otto – Der Film« als Zombie-Armee parodiert hat, die wie bei Michael Jacksons »Thriller«-Video aus den Gräbern steigt? Da heißt es, Sie hätten einem Treffen mit ihm nicht zugestimmt.
Das ist auch Blödsinn. Ich verstehe mich mit Otto bestens und habe das auch damals getan. Das ist alles von den Medien aufgebauscht worden. Ich wäre eher sauer gewesen, wenn er mich nicht parodiert hätte und das stattdessen mit Tony Marschall gemacht hätte.

A propos Tony Marschall: Wie finden Sie das, was heute unter dem Label Volksmusik produziert wird? Ist das noch Volksmusik? Oder stimmt es, dass wir längst ein »Schlagerland« sind?
Ein »Schlagerland«? Weiß ich jetzt nicht. Jedenfalls stammt die Volksmusik, die ich singe, von namhaften Komponisten

und Autoren. Viele Schlager von heute sind ja überhaupt keine Volksmusik. »Am Brunnen vor dem Tore«, »Sah ein Knab ein Röslein stehn«, das sind für mich Volkslieder, also Lieder, die schon viele Jahre auf dem Buckel haben. Und nicht dieser Kram, der heute mit einem volkstümlichen Touch produziert wird. Obwohl, wir haben das natürlich auch gemacht. Bis die Hitparade von Dieter Thomas Heck kam, habe ich ja nur reine Volkslieder gesungen. Aber mit Liedern wie »Am Brunnen vor dem Tore« konnte man bei Heck nicht auftreten. Wir wollten aber einen größeren Markt haben, weil wir wussten, dass mein Publikum bei vierzig aufwärts anfängt. Da war ich erst sechsundzwanzig. Also haben wir auch Schlager komponiert, »Die schwarze Barbara«, »Blau blüht der Enzian«, »Karamba, karacho, ein Whiskey«, um in diesen Markt reinzukommen. Das ist uns auch gelungen. Aber Volksmusik ist das nicht. Die Songs der Beatles werden eines Tages Volkslieder sein. Aber das braucht Zeit.

Und die Lieder von Helene Fischer? Die auch?

Keine Ahnung. Die Helene kenn ich ganz gut, die singt doch schön. Aber auch bei ihr haben sich die Geister nach ihrem großen Erfolg, wie heißt der jetzt noch gleich ...

Sie meinen »Atemlos«?

»Atemlos«, genau. Eine gute Künstlerin, sieht toll aus, da bin ich auch gar nicht neidisch drauf. Aber sie macht eben Schlager. Keine Volksmusik.

Wer kümmert sich eigentlich um die Volksmusik, wenn Sie einmal nicht mehr da sind?

Gute Frage. Wenn ich abtrete, wird die wahrscheinlich erst einmal nicht mehr gespielt werden. Aber wer weiß, vielleicht kommt eines Tages jemand, der sie wiederbelebt. Wäre ja blöd, wenn all diese wunderbaren Lieder – so altmodisch sie sich auch anhören – ganz verschwinden würden. Wenn man die neben »Junge« von den Ärzten oder »Sonne« von Rammstein hört, das ist was ganz anderes. Das waren noch gestandene Melodien.

(Heinos Frau Hannelore kommt in den Raum, sie gehört zu ihm wie ein Zwilling. Hannelore Kramm aus Österreich, geborene Auer, geschiedene Auersperg, Tochter eines Postbeamten, Sängerin und Prinzessin a.D. Pinker Hut, österreichischer Akzent, ein Auftritt mit Grandezza, wie eine k.u.k.-Enklave in der rheinischen Vulkaneifel. Hannelore nimmt den Raum ein, erfüllt ihn mit einer charmanten Wärme. Auch Heino fühlt sich jetzt sichtlich wohler.)

Hannelore: Hallo, ich habe meinen Transport-Rollator mitgebracht. Wo soll ich denn hin?
Heino: Komm hier zu mir, Hannelore. Willst du ein Stück Kuchen?

Hannelore: Nein, danke. Ich hab ein paar Sachen dabei ...

(Hannelore greift in ihre Tasche und zaubert einen ganzen Heino-Merchandising-Shop hervor. Gummibärchen in Heino-Form aus dem Hause Haribo, Autogrammkarten, CDs. Überall: Heino.)

Hannelore: Eine Biografie, ein Heino-Backbuch, vielleicht hat jemand von Ihnen eine Frau, die gerne backt. Aber ich hab leider nur eine CD, die aktuelle. Aber dafür ein paar Gummibärchen zum Naschen.

Haribo, von Hans Riegel. Den kannten Sie persönlich?

Hannelore: Ja, er war ein ganz großer Heino-Fan.
Heino: Ich will aber doch noch mal weitererzählen, wenn Hannelore irgendwann mit ihren Geschenken fertig ist.
Hannelore: Ja, ja, bin ich ja schon.
Heino: Als ich die Hannelore kennengelernt habe, hat man uns beide zur Firma gerufen ...

Zu Ihrer Plattenfirma, meinen Sie?

Heino: Ja, ich sage immer »die Firma«, weil es ja ums Geldverdienen geht. Also, da saß der ganze Vorstand ...
Hannelore: Da waren wir aber schon ein ganzes Jahr verbandelt!
Heino: Ja, ja. So. Also, da saßen die ganzen hohen Herren, Europadirektor Jung, Ralf Bendix, der mich entdeckt hat, der Herr Neukirchner, der Vorsitzende Richter, und da sagt der Chef ... Ach, Hannelore, komm, du kannst die Geschichte besser erzählen!
Hannelore: Welche Geschichte? Ich weiß doch gar nicht, wo ihr seid!
Heino: Ach, die Geschichte mit der Firma und der Trennung *(kneift Hannelore liebevoll in die Wange).*
Hannelore: Ach so, die, ja gut. Also, die Zeitungen waren voll, als wir zusammenkamen, wir waren ja beide noch verheiratet. Speziell die Bildzeitung, die haben uns später zur Hochzeit sogar ein ganzes Buch mit siebenunddreißig Titelseiten geschenkt, die sie in der Zeit über uns gemacht haben. »Prinzessin liebt Heino, Heino liebt Prinzessin, beide verheiratet, im Wohnwagen ertappt.« Es war ein Riesenskandal. Die haben uns regelrecht zusammengeschrieben. Wir haben uns in der Jury bei der Miss-Austria-Wahl kennengelernt, in der wir beide waren, ich hatte vorher einen

>> ALS WIR ZUSAMMEN-KAMEN, WIR WAREN JA BEIDE NOCH VER-HEIRATET. <<

wirklich schweren Autounfall gehabt und fast ein ganzes Jahr im Krankenhaus gelegen. Ich hab mich also mit zwei Krücken zur Miss-Austria-Wahl geschleppt, Heino hatte gerade den Film »Blau, blau, blau blüht der Enzian« gedreht. Wir haben uns gleich sehr gut verstanden, und dann gab das eine das andere. Seine Ehe war nicht die intakteste, meine Ehe auch nicht, obwohl ich einen wunderbaren blonden Prinzen hatte.

Und das missfiel Heinos Plattenfirma, so viel Promiskuität bei einem Volksmusikstar?
Hannelore: Das mochten die überhaupt nicht! Und dann wurden wir eben in die Geschäftsleitung gerufen, und es hieß: Prinzessin, wir müssen dringend mit Ihnen sprechen. Ich dachte: Was wollen die nur?
Heino: Vielleicht Lohnerhöhung oder was.
Hannelore (lacht): Ich kannte ja das Geschäft, ich habe ja früher auch lange geschauspielert und gesungen. «Kauf dir einen Tirolerhut«, «Liebesgrüße …
Heino: … aus der Lederhose« …
Hannelore: Ach, Heino (lacht)! Auf jeden Fall saßen wir kreuzbrav bei der Geschäftsleitung, und da haben die uns eine Standpauke gehalten. So geht das nicht, das können Sie nicht machen, wir haben so viel Arbeit in Heino gesteckt, und jetzt kommt er mit einer österreichischen Prinzessin daher. Sie müssen sich trennen! Da hab ich den Heino bei der Hand genommen und gesagt: »Wir gehen jetzt lieber.« Wir haben die einfach sitzen gelassen. Ich hab denen zum Abschied nur noch gesagt: »Sie kümmern sich um die Karriere, ich kümmere mich um das Privatleben.« (Heino lächelt Hannelore an.)

Hannelore, Sie haben früher selber gesungen, dann aber aufgehört.
Hannelore: Ja, weil meine Familie, die von Auersperg, und mein Schwiegervater, der Fürst, das nicht angemessen fanden. Dafür habe ich dann Mode gemacht, lange Abenddirndl … (dreht sich zu unserem Fotografen um) Jetzt fotografieren's halt nicht dauernd!

> »ZUERST EINMAL HABE ICH IHN **VERNÜNFTIG ANGEZOGEN**.«

Welchen Einfluss haben Sie, Hannelore, auf die weitere Karriere Ihres Mannes gehabt?
Hannelore: Allen Einfluss, den gesamten …
Heino: Nein, also das …
Hannelore: Zuerst einmal habe ich ihn vernünftig angezogen. Das war erst mal das Wichtigste. Er kam damals ja immer nur mit einem Rollkragenpullover oder einem schwarzen Lederjäckchen oder was du gerade besessen hast. Nichts Ordentliches. Da sind wir erst mal nach Florenz einkaufen gegangen.
Heino: So was muss ich mir hier dauernd gefallen lassen (lacht).
Hannelore: Das hast du dir doch gern gefallen lassen!
Heino: Aber zurück zu dem Treffen in der Firma. Wir sind also einfach aufgestanden und gegangen, und fünf Minuten später kamen die hinter uns her und entschuldigten sich. Ja, ja, das war schon eine Sache damals. Die Zeitungen waren voll davon.

Aber Sie haben die Medien von Beginn an auch als Marketinginstrument begriffen. Das wirkte oft sehr kooperativ.
Hannelore: Natürlich ist es besser, mit den Medien zusammenzuarbeiten als gegen sie. Wir hatten schon früh gute Kontakte zur Bildzeitung, zu Mark Pittelkau, der war damals noch ein kleiner Reporter und hat sich längst hochgearbeitet. Der ruft uns oft an und fragt: »Ist das wahr, was ich da gehört habe? Kann ich da was draus machen?« Ich sag ihm immer: »Ich kann dich eh nicht stoppen, also mach's halt.«
Heino: Ich habe ja zu allen Redakteuren und Reportern ein gutes Verhältnis. Mich können sie alle befragen, von links und rechts, von oben und unten.

Es gab in Ihrer beider Leben große Schicksalsschläge: den Tod von Heinos Tochter und seiner früheren Lebensgefährtin, Hannelores Herzinfarkt. Sind die Medien da immer fair mit Ihnen umgegangen?
Heino: Nicht immer. Gerade beim Tod meiner Tochter nicht, die sich das Leben genommen hat, genau wie ihre Mutter, mit der ich nicht verheiratet war. Natürlich kommt dann die Presse und fragt, und natürlich muss man dann antworten. Das gehört dazu, wenn man so berühmt ist.

War das damals ein Thema, dass es eine uneheliche Tochter war?
Heino: Sicher. Es stand aber ja lange nicht fest, ob es überhaupt meine Tochter ist, das war ja erst nach sieben Jahren klar. Als die Tochter geboren wurde, war ich noch der Heinz Georg Kramm, noch nicht der Heino.
Hannelore: Du warst noch Bäcker, und erst als du Heino geworden bist, hat sie sich mit ihrem Ehemann gestritten und kam plötzlich mit einer Tochter daher. Aber das war vor meiner Zeit.
Heino: Ist ja logisch, dass das damals ein Riesending wurde. Die eine Hälfte der Presse mochte mich, die andere hasste mich.

> »DIE EINE **HÄLFTE DER PRESSE** MOCHTE MICH, DIE ANDERE **HASSTE MICH**.«

Das war mir aber doch wurscht. Man hat mich schon so lange beschimpft und geschnitten, und jetzt bin ich achtzig und hab immer noch Erfolg. Was soll's?

Heino, Sie machen generell einen sehr tiefenentspannten Eindruck.
Heino: Ja, mich erschüttert nix.

Und Sie, Hannelore? Hat Sie das alles auch so kalt gelassen wie ihn?
Hannelore: I wo, überhaupt nicht. Was mich zum Beispiel sehr geärgert hat: Er hat 1977 vom damaligen Ministerpräsidenten von Baden-Württemberg, Hans Filbinger, den Auftrag bekommen, eine CD mit allen drei Strophen der deutschen Nationalhymne zu machen. Die sollten in den Schulen verteilt werden. Dann ging das Donnerwetter los.
Heino: Wir waren uns ja der Problematik bewusst und hatten uns vorher mit Bundespräsident Walter Scheel in Verbindung gesetzt, der mir bestätigt hat, dass ich alle drei Strophen singen darf. Als wir die CD rausgebracht haben, ging ein Theater los, und was für ein Theater! Ich war ja eigentlich der Lieblingssänger von Willy Brandt, das war danach vorbei. Die SPD hat losgeschimpft wie ein Rohrspatz.

Ein Eklat mit Ansage, könnte man sagen.
Heino: Wieso denn? Deshalb hatten wir uns doch bei Bundespräsident Walter Scheel rückversichert. Die offizielle Antwort war, dass alle drei Strophen des Liedes der Deutschen die Nationalhymne sind, zu staatlichen Anlässen aber nur die dritte gesungen wird.

Würden Sie auch da heute sagen, das hätte ich besser nicht gemacht?
Hannelore: Warum denn? Er hat doch nix falsch gemacht!
Heino: Genau, Hannelore.

Heino, 2013 haben Sie in einem Zeitungsinterview gesagt: »Noch bin ich ja hart wie Kruppstahl, zäh wie Leder und flink wie ein Windhund.« Das ist ein leicht abgeändertes Hitler-Zitat. Haben Sie da auch nix falsch gemacht?
Heino: Ich weiß nicht, ob ich das gesagt habe …

Doch, doch. Das war in der Frankfurter Allgemeinen Sonntagszeitung.
Heino: Wenn ich es gesagt habe, dann habe ich das nicht mit Hitler in Verbindung gebracht. Den Spruch kannte ich schon als kleines Kind. Wo der herkam, darüber habe ich doch nicht nachgedacht. Außerdem: Wenn ich das nicht alles genauso gemacht hätte – inklusive aller Anfeindungen –, würde ich jetzt gar nicht hier sitzen. Also kann das alles doch nicht so verkehrt gewesen sein.

Ein wenig Skandal ist hilfreich für eine lange Karriere?
Heino: Ja, vielleicht. Aber dieser angebliche Skandal wegen des Windhundes, der war jedenfalls unbegründet.

Man kann ja als Prominenter auch bewusst mit dem Skandal und dem Grenzwertigen spielen.
Heino: Dann ist es aber auch ein Skandal, wenn die Politiker nach Bayreuth spazieren, obwohl sie wissen, dass Richard Wagner ein Antisemit war! Es wird immer so viel geschrieben und erzählt. Ich sollte schon mehrmals das Bundesverdienstkreuz bekommen. Einmal habe ich es nicht bekommen, weil ich in Südafrika während der Apartheid gespielt habe, ein anderes Mal wegen der Filbinger-Sache. Und Peer Steinbrück wollte das nicht, als er Ministerpräsident von Nordrhein-Westfalen war. Das ist alles so verlogen …

Tut Ihnen das weh, dass Ihnen diese letzte Anerkennung bislang verwehrt geblieben ist?
Heino: Nein, weh tut das nicht. Aber die Leute müssten sich endlich mal ehrlich mit dem beschäftigen, was ich mache und gemacht habe. Wenn jemand eine sechzigjährige Karriere hinter sich hat, muss doch irgendwas dahinter sein.
Hannelore: Heino ist in Afrika aufgetreten, in den Vereinigten Staaten, in Kanada. Immer und immer wieder. Für die Deutschstämmigen dort, für deren Kinder und Enkel, war Heino die Stimme der Heimat. Eine Art Botschafter mit Volksliedern und dann später auch mit Rockmusik.

Gibt es noch viele Anfragen für solche Auftritte als »deutscher Botschafter« im Ausland, als »Stimme der Heimat«? Mal abgesehen vielleicht von Namibia oder Südafrika?
Heino: Ja, immer noch, aber ich war ja schon in vielen Ländern. Ich bin jetzt achtzig und will noch ein bisschen auftreten hier und da, aber viel mehr interessiert mich nicht mehr.
Hannelore: Solange man dich noch mag und solange dir der liebe Gott die Stimme lässt, kannst du singen, bis du umfällst. Ich stehe dann da und fange dich auf.
Heino: Genau. Noch ein bisschen Rotwein, und dann bin ich ganz zufrieden, wenn man mich zufriedenlässt. Und Frikadellen essen, wenn du mir noch ein paar übrig gelassen hast, Hannelore *(lacht)*. Die liegen noch oben im Kühlschrank.

Heino, 2004 hatte Ihre Frau einen schweren Herzinfarkt, im Jahr darauf haben Sie Ihren Bühnenabschied gefeiert. Wie war das?
Hannelore: Entsetzlich. Er hat sich von einer Arschbacke auf die andere bewegt und wusste nichts mit sich anzufangen, außer Schachspielen. Ich war froh, als er doch wieder weitergemacht hat.
Heino: Ja, Hannelore, ich weiß.

(Eine Kellnerin kommt herein. Hannelore bestellt für jeden Heino-Kuchen, eine Haselnusstorte, deren Rezept der Überlieferung nach von Konditor Heino stammt. Dann nestelt sie an ihrer Tasche: »Schau, da ist noch ein Haribo.« Das Telefon klingelt, der Manager von Helmut Berger. Es geht um ein Konzert in Hannelores Heimatstadt Linz.)

Befreundet mit Helmut Berger, das würden viele bei Heino wohl nicht vermuten. Zu Ihrem Image passt eher die Familie von Helmut Kohl. Kannten Sie ihn?
Heino: Ja.

Aber es ist doch schon bezeichnend, dass man mit Ihnen eher die Welt von Kohl als die von Berger oder Willy Brandt verbindet, zu dem Sie lange guten Kontakt hatten. Ist es in der Volksmusik wie bei Kohls Familie? Nach außen bürgerliche Idylle und heile Welt, aber hinter all dem Lächeln existiert die gar nicht?
Heino: Was heißt denn schon Idylle? Hannelore ist meine dritte Frau. Wenn man so will, sind das schon drei Skandale *(lacht)*. Dann habe ich die Hymne gesungen – vier Skandale. Und was noch? Auftritt in Südafrika während der Apartheid. Fünf Skandale. Wenn das bürgerliche Vorzeigewelt ist, dann weiß ich auch nicht *(lacht)*.

Sie sind immer sehr offen mit den Problemen in Ihrer Familie umgegangen. Über Ihren Sohn Uwe haben Sie einmal gesagt, wenn er auf mich gehört hätte, dann wäre mehr aus ihm geworden …
Heino: So ist es, und dazu stehe ich auch.

Waren Sie ein guter Vater? Oder ein harter?
Heino: Weder hart noch gut. Wenn ich ein harter Vater gewesen wäre, hätte ich anders reagiert. Ich war sechsundzwanzig Jahre alt und mein Sohn Uwe sechs, als ich entdeckt wurde und mir die Schallplattenfirma einen Zehnjahresvertrag anbot.

»DAMALS WAR ICH EIN **ARMER SCHLUCKER**.«

So viel Geld, das war mir klar, kann ich als Bäcker im ganzen Leben nicht mehr verdienen. Damals war ich ein armer Schlucker. Was hätten Sie denn gemacht? Ich kann mir nicht vorstellen, dass Sie etwas anderes gemacht hätten. So hatte ich für zehn Jahre erst einmal ausgesorgt. Da war mein Sohn noch zu Hause. Aber dann habe ich ihn in ein Internat in die Schweiz geschickt …
Hannelore: Das war dein größter Fehler.
Heino: In das Internat ging er mit den Söhnen von Gunter Sachs. Da rief er mich nach vier Wochen an: »Vater, ich halte das hier nicht aus«, Und dann heulte er. Was habe ich gemacht? Ich habe ihn in einer Nacht- und Nebelaktion hergeholt und hier in ein Internat gesteckt. Da hatte er zwar gute Noten, aber sonst wenig Ehrgeiz. Ich habe ihm gesagt, dass er Gitarre lernen soll. Kann ich, sagte er. »Lern doch wenigstens Klavier«, sagte ich. »Kann ich«, sagte er. Lern doch dies, lern doch das – alles konnte der. Nichts konnte der! Noch heute unterstütze ich ihn ja. Vor ein paar Wochen habe ich ihm noch ein Auto gekauft. Das bekam er, und kurz darauf war der Führerschein weg. Ich bin achtzig. Normalerweise gehe ich davon aus, dass der Sohn dann den Vater unterstützt und nicht umgekehrt.

Was ist denn schiefgelaufen?
Heino: Ich weiß es nicht, er war ja immer mit, auf der Bühne, überall.
Hannelore: Er hat ja alles bekommen. Ihm ging es zu gut, ohne dass er selbst etwas dafür tun musste. Er wurde verwöhnt von Anfang bis Ende. Er ist jahrelang bei seiner Großmutter aufgewachsen, dann hat Heino seine zweite Frau geheiratet. Uwe wusste lange Zeit gar nicht, dass das nicht seine leibliche Mutter ist.

Haben Sie später eine Mutterrolle eingenommen, Hannelore?
Hannelore: Ja, später schon, Uwe war achtzehn, als ich ihn kennengelernt habe. Heino und ich wollten ja auch eigene gemeinsame Kinder und hatten schon ein Kinderzimmer eingerichtet. Aber es hat nicht sollen sein. Deshalb ist und bleibt Heino mein Kind, auf das ich aufpassen muss *(lacht, tätschelt Heino)*. Es ist schwer, wenn man einen Vater hat, der so bekannt und so berühmt ist. Und Uwe wollte noch besser sein, aber nur sehr wenig dafür tun.

Heino, 2003 hat sich Ihre Tochter Petra umgebracht …
Hannelore: Wir waren gerade auf einem Kreuzfahrtschiff, der MS Europa, und Petra wollte eigentlich mitkommen. Aber sie war an einer Depression erkrankt, und der Arzt meinte, für eine Reise sei sie zu labil. Gerade auf hoher See, wir konnten nicht zurück und bis zum nächsten Hafen nicht aussteigen, hat sie sich das Leben genommen. Tragisch.
Heino: Aber jetzt habe ich ja meine Enkel. Der ältere, Sebastian, hat ein Lied für mich geschrieben: »Der Junge mit der Gitarre«.

Gab es nie einen Punkt, an dem Sie Ihre Popularität auch nervig fanden, wie eine große Last?
Heino: Nein. Meine Gedankengänge sind da auch ganz anders. Wenn ich diesen Job habe und rausgehe und jemand möchte ein Autogramm oder ein Foto haben, dann mache ich das doch. Früher sind die jungen Leute gekommen, um ein Autogramm für die Oma oder die Opa zu bekommen. Jetzt kommen sie

und fragen, ob sie mit mir ein Selfie bekommen können. Dass sich die Jugend mit mir identifiziert, obwohl ich achtzig bin, das ist doch toll! Außerdem will ich ja, dass die meine CDs kaufen. Das ist doch der Sinn der Sache.

> »DASS SICH DIE **JUGEND** MIT MIR **IDENTIFIZIERT**, OBWOHL ICH ACHTZIG BIN ... DAS IST DOCH TOLL!«

Auf einem Foto hier im Kurhaus Bad Münstereifel sind Sie zusammen mit Mick Jagger zu sehen. Hat der eigentlich jemals verstanden, was Sie da machen?
Heino: Auf jeden Fall kannte er mich, und das ist doch herrlich. Er hatte mich zu einem Konzert der Rolling Stones im Müngersdorfer Stadion eingeladen, Siegfried und Roy waren auch dabei.
Hannelore: Und da haben wir uns zum Mischpult geschlichen, da, wo immer der beste Klang ist, einmal quer durchs Stadion. Auf einmal erkannte uns jemand, und es ging los: »Heino! Heino!« aus siebzigtausend Kehlen. Da kam der Mick hinter die Bühne und schrie: »Why they cry Heino and not Mick?«

Haben Sie in der Branche viel Neid oder Anfeindungen erlebt?
Heino: Nein. Aber es ist natürlich hart, weil man etwas tun muss. Das verstehen die meisten Interpreten nicht, dass man hart arbeiten muss, um Erfolg zu haben. Als John Lennon gestorben ist, hieß es von der Electrola in England, der solle mehr promotet werden als der Heino. Wir hatten den gleichen Vertrieb. Die Plattenfirma hat dann aber gesagt, wir machen beides – mit dem Ergebnis, dass Lennon 200.000 und Heino 1,2 Millionen Alben verkauft hat.

Wird das auf Ihrem Grabstein stehen: Er war erfolgreicher als John Lennon?
Heino: Nein, aber ich erzähle das, um die Arbeit zu zeigen, die hinter dem Erfolg steckt. Hannelore und ich sind jeden Morgen um sechs, halb sieben aufgestanden, weil um zehn Uhr die erste Autogrammstunde war. Und die haben wir zehnmal am Tag gemacht.

Hannelore, Sie sind Österreicherin. In Österreich scheint die volkstümliche Musik wie von Andreas Gabalier, vielleicht aber auch die Volksmusik noch verwurzelter zu sein als in Deutschland. Warum?
Heino: Die Österreicher sind ein musikalischeres Volk als wir Deutsche, das haben sie uns voraus.
Hannelore: Außerdem macht der Gabalier das doch ganz gut. Aber er hat auch Glück gehabt mit seinem Song »I sing a Liad für di« ... Und dann wackelt er noch ein bisschen mit dem Hintern, und schon hat er eine Marktlücke besetzt.

In der DDR haben Sie auch eine Marktlücke besetzt und viele Fans gehabt, durften dort aber nicht auftreten ...
Heino: Wir wussten schon, dass ich da drüben viele Fans hatte. Deshalb hat meine Plattenfirma einen Trick angewandt. Wenn Leute von mir Langspielplatten wollten, dann haben wir eine Karajan-Hülle genommen und eine Heino-Platte hineingesteckt. Heino-Platten mussten an der Grenze abgegeben werden und sollten dort aufbewahrt werden, bis man wieder zurückkommt. Aber die waren danach alle weg.
Hannelore: 1990 hat Sat. 1 ein Konzert in Dresden vor der Semperoper aufgezeichnet. Da habe ich vorher zu Heino gesagt: »Mensch, das wird heute eine Pleite!« Weil kaum Leute da waren. Und dann, kurz vor dem Konzert, strömten plötzlich Zehntausende vor die Bühne, die kamen überallher, fast lautlos. Die Mütter haben ihre Kinder hochgehalten, manche haben geheult. Da war ein Fernsehkabel als Absperrung gespannt, und die Leute sind dahinter geblieben, die waren total diszipliniert. Heute stürmen sie bis ganz nach vorne oder klettern sogar auf die Bühne. Nach dem Konzert waren die Massen ganz schnell wieder weg – und kein Schmutz am Boden. So was gibt es heute nicht mehr.

Heino, Sie haben sich trotz aller Anfeindungen immer unpolitisch gegeben. Vor einer Weile haben Sie plötzlich damit gebrochen und in einer Talkshow öffentlich die AfD kritisiert. So eine Partei müsse man verbieten, haben Sie gesagt. Warum auf einmal?
Heino: Weil es mir ein Anliegen war. Ich habe mir gedacht, hier muss man sich langsam gegen rechts wehren. Denn wenn keiner mehr etwas sagt,

> »HIER MUSS MAN SICH LANGSAM **GEGEN RECHTS WEHREN**.«

dann geht das so weiter. Lange Zeit habe ich absichtlich geschwiegen, weil ich Sänger bin und kein Politiker. Aber langsam stinken mir diese rechten Politiker, deshalb habe ich etwas gesagt.
Hannelore: Ich weiß überhaupt nicht, wann du das gesagt hast.
Heino: Vor ein paar Wochen ...
Hannelore: Ja, aber so nebenbei.

So etwas fällt eben auf, wenn man es nur einmal macht. Gab es negative Reaktionen?
Heino: Nein, nur gute, vor allem bei denen, die mich kennen.

HEINO

Was war denn der Punkt, der Ihnen besonders Sorge gemacht hat?
Heino: Ich weiß es nicht mehr. Aber der Punkt wird wahrscheinlich gewesen sein, dass man darauf achten muss, dass die sich nicht weiterentwickeln.

Sie haben immer noch eine Zweitwohnung in Kitzbühel. Doch ein bisschen Jetsetleben, wenn die Volksmusik zu bieder wird?
Heino: Nein, das interessiert mich nicht. Wir sitzen auf der Terrasse und schauen den Hahnenkamm hoch.

Heino in Berlin, das ist unvorstellbar, oder?
Heino: Das ist mir viel zu groß.

Heute ist mit Helene Fischer eine Schlagersängerin sehr erfolgreich, während eine Generation zuvor Leute wie Grönemeyer oder Westernhagen die Ikonen waren. Hatten Sie mit denen eigentlich viel Kontakt?
Heino: Nein, die wollten mit so einem Volksmusikfuzzi wie mir doch nichts zu tun haben. Den Westernhagen habe ich mal im *Borchardt* in Berlin getroffen. Da saß er, und dann kam er auch zu mir rüber, was ich sehr nett fand. Ich hätte das nicht gemacht, weil ich doch gar nicht wusste, ob er das überhaupt will. Aber sonst? Ich habe zwar keine Berührungsängste, aber die machen ja alle bessere Musik als ich.

Das klingt schon ein bisschen beleidigt.
Heino: Nein, das will ich nicht damit sagen. Aber ich habe ja gelesen, was die alles über mich gesagt haben nach dem Rockalbum »Mit freundlichen Grüßen«. Ein Kollege, der mich als Nazi beschimpft hat, musste zwanzigtausend Euro zahlen.

Sie meinen Jan Delay.
Heino: Ja. Aber der hat sich entschuldigt. Jedenfalls hat er bezahlt, das Geld habe ich an eine wohltätige Organisation weitergeleitet.

Sie saßen auch mal mit Dieter Bohlen in der Jury von »Deutschland sucht den Superstar«. Haben Sie da Talente gesehen?
Heino: Bei den Frauen ja. Aber bei den Männern? Da klang einer wie der andere.
Hannelore: Das ist ja eh ein Problem. Ob Max Giesinger oder Mark Forster, die singen ja ganz schön, klingen aber alle gleich. Es hebt sich keiner ab.
Heino: Früher haben die Plattenfirmen auch viel mehr Geld in die Künstler investiert.

Wollen Sie eigentlich noch mal ein Rockalbum machen?
Heino: Zumindest weiß ich, dass es wieder funktionieren würde, wenn ich noch mal eines machen wollte. Aber die Plattenfirma war da nicht mehr der Meinung.

Aber an Ihrem Punkt der Karriere könnte man doch sagen: Ist mir egal, ich mach's trotzdem.
Heino: So war ich aber nie. Eines habe ich in meiner Karriere gelernt: Wenn ich etwas unternehme, dann nehme ich immer auch andere in die Verantwortung. Dann kann hinterher keiner sagen: »Du wolltest das doch alleine.« Wenn mir jetzt einer sagen würde: »Mach doch eine Rockplatte oder ein Hip-Hop- oder Metal-Album!«, dann würde ich das machen.

Wollten Sie nie eigene Songs schreiben?
Heino: Ich bin der schlechteste Texteschreiber der Welt. Ich kann Melodien machen, da habe ich viele erfolgreiche geschrieben. Aber bei Texten fehlen mir die Ideen.

> »ICH BIN DER SCHLECHTESTE TEXTE-SCHREIBER DER WELT.«

Welches Lied soll auf Ihrer Beerdigung gespielt werden? Die »schwarze Barbara« oder »Sonne« von Rammstein?
Heino: Keines von beiden. Ich wünsche mir «Ich hatt' einen Kameraden«.

Wer am Flughafen Hannover Sonnenbrille trägt, ist entweder Pilot – oder Klaus Meine. Von hier aus sind die Scorpions zu ihren Welterfolgen aufgebrochen – und haben dabei stets die Krittelei an der »Band aus Hannover« im Hangar deutscher Befindlichkeiten zurückgelassen.

▶ INTERVIEW

WAS IST DER PROPHET IM EIGENEN LAND WERT, **KLAUS MEINE?**

Und wenn wir schon bei Legenden sind: Klaus Meine, der Sänger von Deutschlands erfolgreichstem Rockexport in die Welt, den Scorpions, ist natürlich auch eine. Wenn man sich vor Augen führt, dass die Band, die Acts wie Bon Jovi und Metallica im Vorprogramm hatte, aus Hannover stammt, dann könnte man als Deutscher ziemlich stolz auf die Gruppe aus Niedersachsen sein. Zumal viele internationale Indiemusiker wie Billy Corgan von den Smashing Pumpkins oder Metallicas Leadgitarrist Kirk Hammett die Scorpions als ihre Idole feiern. Manche Deutsche sehen das auch so, viele andere unserer Landsleute wiederum nicht. Wer über die Scorpions in Deutschland spricht, erntet mitunter auch Häme und Kopfschütteln über dieses Rockstargepose und ihren Megahit zur deutschen Einheit, »Wind of Change«. Bleibt nur die Frage: Wer ist da eigentlich kleingeistig, und wieso können wir nicht mal stolz sein auf eine Band, die unser nach dem Zweiten Weltkrieg für alle Zeiten ramponiertes Image in London, New York oder Moskau mitaufgepäppelt und eine eigene musikalische Gattung erfunden hat, die Powerballade? Als wir Frontmann Klaus Meine im Sommer 2019 am Hannoveraner Flughafen treffen – wo sonst? –, sitzt uns ein in sich ruhender Rockstar gegenüber, der die Tage davor und danach Konzerte vor Zehntausenden Fans in Rio oder Frankreich spielt. Was interessieren ihn da die Zustimmungswerte in, sagen wir mal, Castrop-Rauxel oder Berlin-Prenzlauer-Berg? Das Gespräch wird eine Tour d'Horizon durch eine Karriere, die es in Deutschland so kein zweites Mal gibt. Klaus Meine über deutschen Neid auf Erfolg, eine Zeit, als Rockmusik noch Revolution war, die Idee, sich »Stalingrad« zu nennen … und natürlich Hannover, diese belächelte Keimzelle deutscher Erfolgsmenschen.

Klaus Meine, 1948 in Hannover **geboren**, singt seit Ende der **Sechzigerjahre bei den Scorpions.** Gegründet wurde die Band von Rudolf Schenker, der auch heute noch Gitarrist und Songwriter der Scorpions ist. Sie haben **mehr als 100 Millionen Alben verkauft**, erfolgreichste Single: **»Wind of Change«**. Weitere bekannte Songs: »Rock you like a hurricane«, »Send me an Angel«, »Still loving you«. Leadgitarrist Matthias Jabs, Bassist Paweł Mąciwoda sowie der ehemalige Motörhead-Schlagzeuger Mikkey Dee komplettieren das Line-up.

Klaus, hast du heute schon Musik gemacht?
Wie spät ist es denn?

Kurz nach dreizehn Uhr.
Oh nein, das ist noch zu früh! Für mich fängt der Tag erst spät an. Meine Warm-ups, für meine Stimme, die mache ich ab dem Nachmittag. Wir sind ja gerade wieder auf Tour, in den letzten Tagen waren wir in Kopenhagen, Lissabon und Madrid. Da waren es nachts auf der Bühne noch fast vierzig Grad. Da braucht man jede Pause, um sich wieder zu regenerieren. Kurzer Break, einmal durchatmen, das kann ich hier zu Hause in Hannover am besten. Übermorgen geht's nach Frankreich, gleich von hier drüben.

Von hier drüben?
Ja, da hinten fliegen wir immer ab. Los Angeles, Tokio, Südamerika, alles beginnt immer hier in Hannover.

(Meine deutet in Richtung des Rollfelds. Der relativ überschaubare Flughafen von Hannover ist für die Scorpions seit jeher ihr Tor zur Welt. Mit dem eigenen Bandflugzeug starten sie von hier aus zu ihren Tourneen).

Hannover, das hat man euch ja immer vorgeworfen: Wie kann man nur englische Musik machen und aus Hannover kommen? Rührt daher die deutsche Geringschätzung der Scorpions? Weil man nicht cool sein kann, wenn man aus der Provinz stammt?
Hannover ist doch gar nicht provinziell *(lacht)*!

Natürlich nicht!
Nein, das hat diese wunderbare Stadt nicht verdient. Aber ja, vielleicht ist es das. »Kiss aus Brooklyn«, »Led Zeppelin aus Birmingham«, das klingt natürlich spannender als »die Scorpions aus Hannover«. Diesen Zusatz sind wir in Deutschland nie losgeworden, die Häme wegen Hannover ist geblieben. Selbst dann, als wir längst die erfolgreichste deutsche Band waren. Wie ein Makel, völlig irre. Zum Glück war uns das schon früh ziemlich egal. Die Millionen Amerikaner, die unsere Musik seit Jahrzehnten lieben und auf unsere Konzerte kommen, haben sich jedenfalls noch nie daran gestört, dass wir aus Hannover kommen, dass unser Englisch einen deutschen Akzent hat oder manche unsere Texte blöd finden. Das zählt für mich. Und nicht dieses ewige Gemäkel aus Deutschland.

Was bedeutet Hannover für dich?
Heimat, durchatmen. Nach Hannover kommen wir immer wieder zurück, um unsere Kräfte zu sammeln. Hier leben unsere Familien und Freunde. Wenn man immer an einem so verrückten Platz wie in Los Angeles oder Hollywood leben würde, wäre das nicht gut, da kann man leicht den Boden unter den Füßen verlieren. Hannover war da für uns immer ganz heilsam. Hier kann man seine Balance wiederfinden.

Würden die Deutschen euch vielleicht trotzdem ernster nehmen, wenn ihr nach Los Angeles gezogen und nicht hier geblieben wärt?
Darüber denke ich nicht nach. Nach all dem, was wir gemacht und was wir erlebt haben, haben wir das gar nicht nötig. Who cares? What the fuck?

»NACH **HANNOVER** KOMMEN WIR IMMER WIEDER **ZURÜCK**, UM UNSERE **KRÄFTE** ZU SAMMELN.«

Aber so amerikanisch, wie ihr euch immer gegeben habt! An Thomas Gottschalk, der in Malibu gelebt hat, haben viele Deutsche seine Weltläufigkeit geschätzt. Er hat Madonna und Michael Jackson in die deutsche Provinz gebracht. Wird da mit zweierlei Maß gemessen?
Mir ist das egal, ehrlich. In den Achtzigern haben wir zwar tatsächlich mal kurz überlegt, nach Amerika zu gehen. Wir hatten Videos in Hollywood gedreht und einen Plattenvertrag in New York, es gab also genügend Gründe. Aber wir sind geblieben. Zu dieser Zeit wurde mein Sohn geboren, auch der unseres Gitarristen Matthias Jabs, und wir hatten trotzdem ein verrücktes Leben. Wenn wir nach Amerika gezogen wären, hätten wir unsere Familien in ein Getto verpflanzen müssen, ohne Freunde und ohne Familie. Dann hätten die in Beverly Hills oder in Florida gesessen, aber wir hätten in Europa gespielt. Wir wollten, dass unsere Kinder in Deutschland aufwachsen, hier zur Schule gehen. Ein ganz normales Leben, ohne den ganzen Rock'n'-Roll-Trubel.

Der Jazzmusiker Till Brönner, der in Amerika und Berlin lebt, hat mal gesagt, wenn man in Deutschland zu viel Erfolg hat, wird man nicht mehr geschätzt. Hat er recht damit?
Also, wir haben immer unsere deutschen Fans gehabt, bis heute, und dafür bin ich sehr dankbar. Aber … schwer zu sagen … Till Brönner hat das gesagt?

Ja.
Unsere Musik war von Amerika inspiriert, deshalb sind wir dahin gegangen. Die Amerikaner haben uns dafür geliebt. Aber die Deutschen? Vielleicht hätten sie uns mehr geschätzt, wenn wir mit deutschen Texten gearbeitet hätten. Ich meine, das sieht man ja heute an Udo *(Lindenberg, Anm. d. Autoren)*, diese Hingabe der Deutschen. Sie lieben ihn, bedingungslos.

Wart ihr den Deutschen nicht patriotisch genug?
Wir sind von unseren weltweiten Tourneen immer wieder nach Hause gekommen und haben gesagt: »Hey, wir haben gerade vor dreihunderttausend Leuten in Kalifornien gespielt.« Wir haben immer auf den Putz gehauen und erzählt, wie toll es da draußen in der Welt ist. Aber das wurde oft nicht verstanden. Im Gegenteil, für unser Image war es manchmal sogar schädlich. Ich kann schon verstehen, dass in Deutschland nicht alle sagen: »Ja, das sind unsere Scorpions ...« Wenn man zu viel Erfolg hat, vor allem international, interessiert das die Deutschen nicht unbedingt so. Sie brauchen schon die direkte Ansprache.

In Ländern wie Amerika, Japan oder Frankreich, wo die Scorpions seit Jahrzehnten gefeiert werden, wäre es undenkbar, sich an deinem deutschen Akzent beim Englischen zu stören. Nur in Deutschland wird das immer noch belächelt.
Stimmt, dabei lieben die Deutschen doch mit Howard Carpendale ausgerechnet einen, der Deutsch mit Akzent singt *(lacht)*.

»METALLICA HAT BEI UNS IM **VORPROGRAMM** GESPIELT.«

Weil sie unzerstörbare Vorbehalte haben? Eine Band, die aus Deutschland kommt und auch immer noch so klingt, die können gar keine Weltstars sein?
Ja, aber das ist so typisch deutsch. Als wir nach Amerika kamen und auf einmal in San Francisco auf der Bühne standen, haben wir es umgekehrt erlebt. Da waren wir die Exoten, aber Metallica hat bei uns im Vorprogramm gespielt. Kirk Hammett von Metallica oder Billy Corgan von den Smashing Pumpkins, die waren von den Scorpions inspiriert, selbst Musik zu machen. Deutscher Akzent? Die haben gedacht: wow, cool!

Billy Corgan von den Smashing Pumpkins, ein anerkannter Alternative-Musiker, den auch das Feuilleton mochte, bezeichnet euch als musikalisches Vorbild. Wann kommen die ersten deutschen Diskurs-Rocker, sagen wir Tocotronic, und beichten, dass ihr ihr Vorbild seid?
Das vielleicht nicht gerade, aber ein Künstler wie Thees Uhlmann, der ehemalige Sänger von Tomte, hat uns jetzt gerade ironisch in einem Song bedacht. Die Hookline heißt: »Was wird aus Hannover, wenn die Scorpions nicht mehr sind?"

Vielen in Deutschland ist offenbar nicht bewusst, wie wichtig die Scorpions für viele große amerikanische Bands waren.
Absolut, wir haben viele von denen stark geprägt, weil wir damals in den Achtzigern, als sie Kids waren, drüben sehr erfolgreich waren. Da hatten wir Doppel-Platin-Platten, die diese Musiker alle kannten. James Hetfield von Metallica hat sein »Blackout«-Album im Schrank stehen, genau wie Till Lindemann von Rammstein übrigens auch. Der deutsche Mainstream hat das aber nicht unbedingt mitbekommen. Aber wenn die Deutschen in den Urlaub fahren, ins fernste Asien auf eine kleine Insel, dann hören sie plötzlich in einer einsamen Strandbar einen Scorpions-Song. »Unsere Jungs«, sagen sie dann.

Also eine Versöhnung mit euren Landsleuten, in der Spätphase eurer Karriere?
Kann schon sein, vielleicht geschieht das erst jetzt, mit vielen Jahren Verzögerung. Wenn die Menschen in die weite Welt reisen, irgendwo von den Scorpions hören und sich dann wundern, dass die Band in Deutschland gar nicht so bekannt ist. »Warum sind die im Ausland so respektiert und berühmt und bei uns nicht?« Viele Leute sehen das so, auch wenn wir selbst das gar nicht so empfinden. Aber das wird sich sicher noch ändern.

Das alles war ja noch nicht absehbar, als ihr in den späten Sechzigern und früheren Siebzigern angefangen habt. Damals ging man zum Tanz, wo Tanzkapellen aufspielten und wo es sehr gesittet, aber auch spießig zuging. Wie hast du das ertragen?
Junge Menschen wie mich hat das erdrückt, wir wollten raus aus dem Spießertum und den miefigen vier Wänden, uns von der Elterngeneration abnabeln, die den Wahnsinn des Krieges überlebt hatte. Die Stimmung war seltsam, eine Mischung aus Aufbruch und Resignation. Musik war für uns die Möglichkeit auszubrechen. Wir alle waren begeistert von diesen großartigen jungen Bands aus England, Deep Purple, The Who, Led Zeppelin, The Kinks, davor von Elvis Presley. Ich hatte kaum Geld, ich war ja noch in der Lehre. Aber die wenige Kohle, die ich hatte, habe ich immer im nächsten Plattenladen für die neuesten LPs ausgegeben. Deshalb haben wir auf Englisch gesungen, das war wie eine Befreiung von dem Mief. Wir wollten alles, was deutsch war, hinter uns lassen, auch musikalisch. Die schlimme Geschichte, den Holocaust, das ganze Elend. Deutsche Musik, das waren Schlager und Hitparade, Die lustigen Musikanten und solche Sachen. Nichts, was einem im Herzen gepackt hätte.

Für die Menschen in den gesitteten Hannoveraner Vorstädten, wo die Scorpions ihren Anfang nahmen, müssen sich eure ersten Gigs wie Meteoriteneinschläge angefühlt haben.
Die haben viele nachhaltig verstört *(lacht)*. In Sarstedt, in der Kneipe an der Ecke, haben wir unsere ersten Erfahrungen als

Band gemacht. Da fiel der Putz von der Decke, weil wir so unfassbar laut gespielt haben. Wir haben unsere ersten Gigs alle selbst gebucht, ein Management gab es ja noch nicht. Also haben Rudolf *(Schenker, der Gitarrist und Gründer der Band, Anm. d. Autoren)* und ich tagelang am Telefon gehangen. So kamen wir an einen Gig in einem Amiclub in Würzburg, und auf dem Rückweg haben wir in Goslar gespielt. Dafür gab's tausend Mark, das war damals viel Geld. Nachmittags sind wir unterwegs irgendwo beim *Wienerwald* rausgeflogen, weil wir so verwegen und für die nicht kompatibel aussahen. Am Abend haben wir im *Hotel Achtermann* in Goslar dann für den örtlichen Tennisclub gespielt, das war das gesellschaftliche Event der Stadt. Die saßen da in Smoking und Abendkleidern, und dann kamen diese wilden Rock'n' Roller und haben fürchterlich laute Musik gemacht. Die haben sich die Ohren zugehalten, weil wir die Verstärker bis zwölf aufgedreht hatten *(lacht)*. Wir hatten die Wahl, einzupacken oder irgendwie durchzuhalten und die tausend Mark Gage mitzunehmen. Also haben wir weitergespielt, und am Ende kam der Veranstalter auf mich zu und hat gefragt, ob wir nächstes Jahr wiederkommen. Die hat es irgendwie doch gepackt.

> » WIR HABEN UNSERE ERSTEN GIGS ALLE **SELBST** GEBUCHT. «

Was haben eure Eltern dazu gesagt?

Die waren zum Glück anders als viele in ihrer Generation, die das alles ganz furchtbar fanden, den ganzen Krach und die langen Haare. Mein Vater war Gärtner in den Herrenhäuser Gärten, meine Mutter Hausfrau. Mein Vater hat selbst auch mit Freunden Musik gemacht und Mandoline gespielt, als junger Mann ist er mit denen durchs Land gezogen wie ich später. Er hat mir die ersten Akkorde auf der Gitarre gezeigt, aber für ihn war Musik immer nur ein Hobby. Er konnte sich nie vorstellen, dass ich damit mal meinen Lebensunterhalt verdienen könnte.

Dein Vater hat verstanden, was du machst – und warum?

Nicht nur er, auch meine Mutter. Als sich viele Jungs in meinem Alter ein Kreidler-Moped mit Fuchsschwanz gekauft haben, damals die coolste Sache überhaupt, brauchte ich ein Mikrofon für die Band, in der ich spielte. Meine Kollegen hatten ihre Gitarren und ihre Verstärker, aber als Sänger brauchtest du ein eigenes gutes Mikrofon, das galt als Statussymbol, dass man es ernst meinte. Das Geld dafür hatten wir als Arbeiterfamilienhaushalt natürlich nicht, also ist meine Mutter mit mir losgezogen und hat bei der Bank einen Kredit für mein Mikrofon von Sennheiser aufgenommen. Ich war so stolz – ich hatte endlich ein geiles Mikrofon wie die berühmten Bands, die im Fernsehen im Beatclub auftraten.

Dann waren deine Eltern aber ungewohnt progressiv für die Zeit, oder?

Absolut, sie haben schon früh an mich geglaubt. Dafür bin ich ihnen bis heute unendlich dankbar. Als ich dann später bei den Scorpions angefangen hatte, 1969 oder 1970, und wir unsere Gigs selber organisierten, hing ich zu Hause den ganzen Tag am Telefon und rief die Veranstalter an. Für meinen Vater hieß das, wenn er abends von der Arbeit nach Hause kam, saß sein Sohn, der nichts als Kosten produzierte, am Hörer und trieb die Telefonrechnungen in schwindelerregende Höhen *(lacht)*. Er hat viel aushalten müssen.

Wann hat dein Vater gemerkt, dass du mit deiner Musik tatsächlich Geld verdienen kannst?

In den Siebzigern, als er gesehen hat, dass wir Platten machten, unsere Musik im Radio lief und immer erfolgreicher wurde. Und endgültig 1984, als wir Headliner im Madison Square Garden in New York waren, drei Tage hintereinander ausverkauft. Trotzdem blieb mein Vater lange Zeit skeptisch, und das zu Recht, weil eine Karriere als Berufsmusiker ja völlig unwahrscheinlich ist. Als nach unserem ersten Album unser damaliger Gitarrist Michael Schenker, damals schon begnadet, als Siebzehnjähriger zur weltbekannten Band Ufo wechselte, das war 1973, hat auch die Plattenfirma das Fracksausen bekommen – Michael war für die ein zentraler Part in der Band gewesen. Als er nach England ging, waren die Scorpions für die im Grunde erledigt, und wir mussten uns danach wieder völlig neu aufstellen. Da hatte mein Vater also durchaus recht mit seiner Skepsis *(lacht)*.

(Michael Schenker ist der Bruder von Bandgründer Rudolf Schenker und ein Gitarristen-Wunderkind, das bis heute Soloalben produziert. Sein Verhältnis zur Band ist angespannt.)

Aber ihr habt mit Uli Jon Roth eine andere Koryphäe gefunden, die für viele Gitarristen bis heute ein Idol ist.

Ja, Uli Jon Roth aus Langenhagen, den Michael uns empfohlen hatte. Der war ein fantastischer Gitarrist und konnte diese riesigen Fußstapfen, die der junge Michael Schenker schon hinterlassen hatte, mühelos ausfüllen. Wir haben schon auch viel Glück gehabt in den ersten Jahren. Auch mit dem großartigen Conny Plank, der unser erstes Album produziert hatte. Der hat auch Kraftwerk produziert und später Ultravox und Eurythmics. Der hat das Potenzial der Scorpions von Anfang an gesehen. Wenn es nach ihm gegangen wäre, hätten wir uns für die erste Platte übrigens Stalingrad genannt.

Stalingrad? Klingt wie eine frühe Version von Rammstein.

Ja, Conny hatte auch so ein Rammstein-Konzept für uns entwickelt: die Bühne mit Stacheldraht und wir als die bösen

> »WIR ALS DIE BÖSEN DEUTSCHEN, DIE **DRECKIGE MUSIK** MACHEN.«

Deutschen, die dreckige Musik machen. Aber wir fanden den Namen Scorpions schon ganz cool *(lacht)*.

Als Stalingrad nach England zu gehen, rund zwanzig Jahre nach Kriegsende, das wäre wahrscheinlich auch zu viel gewesen.
Ja, vor allem viel zu früh. Rammstein hat heute genügend Abstand, deshalb funktioniert das. Bei uns waren die Vorbehalte gegenüber Deutschland noch überall zu spüren, in Holland, in England. Wir sind 1975 nach England gegangen, weil wir ausprobieren wollten, ob das klappt, als deutsche Band mit englischen Texten Hardrock auf der Insel zu machen. Das war eine Challenge, und wir haben dreißig Konzerte gespielt, in jedem Loch, aber auch im *Cavern* in Liverpool, auf den Spuren der Beatles. Das waren teilweise harte Clubs, die Fans standen nachts da und pinkelten gegen die PAs, also gegen die Musikanlagen. Eine wilde Szene, aber irgendwie cool. Am Ende der Tour haben wir im *Marquee* in London gespielt, was eine riesige Herausforderung war, weil da alle gespielt hatten, Jimi Hendrix, die Stones, alle Großen. Als junge Band 1975 da aufzutreten, war eine Nummer. Bei unserem Auftritt standen die Vertreter der großen englischen Musikmagazine an der Bar und haben nur darauf gewartet, diese Krauts in der Luft zu zerreißen.

Haben sie aber nicht.
Nein, im Gegenteil. Danach haben die Magazine zwar Dinge geschrieben wie »Crash, Boom, Krautrock« oder »Blitzkrieg, die Deutschen sind wieder da«, aber unterm Strich waren die Reaktionen sehr positiv. Wir sind mit stolz geschwellter Brust wieder nach Hannover gefahren. Wir hatten uns selbst und den Leuten daheim bewiesen, dass wir es da schaffen – ein gutes Gefühl.

Aber den Deutschen waren eure Erfolge im Ausland schon damals egal?
Wir hatten in Deutschland schon zu der Zeit viele Fans, so ist es nicht. Aber schon damals gab es hier in der Heimat bei Weitem nicht dieses Level an Begeisterung, wie wir es bei der Tour in England oder auch schon nebenan in den Beneluxländern gespürt haben. In Belgien hat man uns – sicher zu Unrecht – schon mal mit Led Zeppelin verglichen, da fanden viele die Scorpions uneingeschränkt cool. In Deutschland wurde schon damals viel gekrittelt, besonders in den Musikmedien. In der deutschen Sounds stand: »Die Scorpions haben ein neues Album veröffentlicht, mein Schreibtisch wackelt, da kann ich das drunterpacken.« Jede amerikanische oder englische Band bekam viel Respekt und Lorbeeren, die deutschen Bands wurden, wenn überhaupt, mit drei Zeilen auf der »Krautrock«-Seite besprochen. Dass wir im Ausland schon damals eine internationale Band waren und ganz anders wahrgenommen wurden, wussten die hier daheim offenbar nicht, oder es war ihnen wurst. In Deutschland waren wir oft nur eine Band aus Hannover, im Ausland Teil einer internationalen Rockfamilie.

Auch wenn du jetzt entspannt wirkst, diese Reaktionen in der Heimat müssen dich doch enorm gekränkt haben, schon damals.
Nein, weil wir eben schon früh diese großen Erfolge im Ausland hatten. Das hat uns unempfindlich gemacht.

1979 seid ihr nach Amerika gegangen. Warum Amerika? Waren die Staaten für euch als Nachkriegsgeneration das natürliche Traumziel?
Wir waren durch Amerika geprägt, außerdem sind wir 1978 zum ersten Mal nach Japan gegangen. Von dort war der Schritt nach Amerika nicht mehr so groß. Wir hatten damals ein Angebot von der amerikanischen Produktionsfirma Leber-Krebs bekommen, die Bands wie Aerosmith entdeckt hatte und AC/DC managte. Peter Mensch kam nach Hamburg und hat uns vom Fleck weg engagiert. So bekamen wir in Amerika in New York auch gleich einen Plattenvertrag mit Mercury Records. 1979 haben wir drüben unser erstes Konzert gespielt, in Cleveland/Ohio, zusammen mit AC/DC, Aerosmith, Journey, Thin Lizzy. Wir durften nur dreißig Minuten spielen, waren nach fünfundvierzig Minuten aber immer noch auf der Bühne. Bis einer gesagt hat: »Kann mal jemand diese verrückten Deutschen von der Bühne holen?« Wir haben bei dieser ersten Show um unser Leben gespielt und alles gegeben.

> »KANN MAL JEMAND DIESE **VERRÜCKTEN DEUTSCHEN** VON DER BÜHNE HOLEN?«

Das hat sich offenbar ausgezahlt.
Ja, mit diesem Konzert waren wir schlagartig drin im amerikanischen Markt, auf Augenhöhe mit den ganz Großen. Wir sind danach mit Ted Nugent, AC/DC als Special Guest und den Scorpions als Opener durch ganz Amerika gezogen, mehrere Monate lang. Eine fantastische Zeit. Die Fans haben nicht gefragt, ob wir eine deutsche oder amerikanische Band sind und wo wir herkommen, sondern das einzige Kriterium war: Ist das eine Band, die uns antörnt? Mit dieser Competition waren wir aus der Formel Drei über Nacht in die Formel Eins aufgerückt.

Wann habt ihr begriffen: Wir können nicht nur in Amerika mitspielen, wir spielen vielleicht sogar ganz vorn mit?
Beim US-Festival 1983 im San Bernardino Valley, das war der vielleicht einschneidendste Moment unserer Karriere. Wir waren Co-Headliner mit Van Halen bei einem der größten Festivals, die in den Achtzigern nach Woodstock überhaupt stattgefunden haben. Vor uns haben Ozzy Osbourne, Mötley Crüe, Judas Priest und all die anderen gespielt, und wir sollten vor Van Halen auftreten und mussten uns überlegen, wie wir eine richtig fette Show abliefern können. Van Halen hatte uns jegliche Special Effects untersagt, die wollten nicht, dass wir ihnen die Show stehlen. Also haben wir uns etwas ganz Besonderes einfallen lassen. Irgendjemand hatte Beziehungen zu einer Fliegerstaffel, also haben wir zu Beginn unseres Gigs fünf Kampfjets über das San Bernardino Valley im Tiefflug über die Bühne und das Publikum fliegen lassen. Das war ein gigantischer Effekt, über den ganz Amerika gesprochen hat. So etwas hat selbst Rammstein bis heute nicht hinbekommen *(lacht)*. Mit dem nächsten Album, «Blackout«, sind wir dann 1984 als Headliner quer durch Amerika gezogen, mit Bon Jovi im Vorprogramm. Da hatten wir es endgültig geschafft.

Spätestens jetzt hätten die Deutschen eigentlich von euren Erfolgen Notiz nehmen müssen ...
Nein, in Deutschland lief da gerade die Neue Deutsche Welle. Und ich erinnere mich noch wie heute an den Satz irgendeines Musikkritikers, der gefragt hat, ob Klaus Meine eigentlich der einzige deutsche Musiker ist, der noch auf Englisch singt. Wie uncool. Udo *(Lindenberg, Anm. d. Autoren)* hatte da schon lange sein erstes deutschsprachiges Album gemacht, nach seinem ersten auf Englisch. Damit hat er bis heute die Weichen für viele deutsche Künstler gestellt, das war wirklich eine große Sache. Aber mir war dieses Gemecker egal, weil wir gerade dreimal hintereinander den Madison Square Garden in New York ausverkauft hatten. Immerhin gibt es keine andere deutsche Band, die den Weg einer internationalen Karriere so konsequent zu Ende gegangen ist wie wir. Die so unbeirrbar in die englischen und amerikanischen Märkte gegangen ist und sich auch durchsetzen konnte.

Zu den Konzerten hatten Matthias Jabs und du extra eure Eltern einfliegen lassen. Warum?
Wir wollten, dass sie bei diesem Triumph dabei sind. Ich glaube, spätestens da war mein Vater endgültig davon überzeugt, dass sein Sohn doch den richtigen Weg eingeschlagen hat *(lacht)*. Ich weiß noch, wie er mit einer Sonnenbrille, die er sonst nie trug, durch Manhattan lief, die Skyscraper bewunderte und murmelte: »Hier könnte ich auch leben.« Das war toll, ihn so zu sehen.

Du hast über einen der schönsten Momente gesprochen, den Auftritt im Madison Square Garden. Was war rückblickend der schlimmste Moment?
Ganz eindeutig, als ich 1982 meine Stimme verloren hatte. Wir waren gerade bei den Aufnahmen für das Album »Blackout«, und plötzlich war meine Reise eigentlich schon vorbei. Wir waren schon relativ erfolgreich und hatten ja auch schon einiges erlebt, sodass ich mich eigentlich hätte damit abfinden können: So, that's it, sucht euch einen neuen Sänger, ich will den Laden nicht aufhalten. Selbst Anfang der Achtzigerjahre konnte ich schon sagen:

> »PLÖTZLICH WAR MEINE REISE EIGENTLICH SCHON VORBEI.«

Hey, was für eine geile Zeit wir hatten! Aber Rudolf Schenker, unser Gitarrist und Gründer der Band, hat mich dann total ermutigt, doch durchzuhalten und alles dafür zu tun, dass ich wieder zurückkomme.

Damit hattest du nicht mehr gerechnet?
Für mich war das ein mehr als kritischer Moment. Wenn man sich »Blackout« heute anhört, dann stellt das Album an den Sänger einige Ansprüche, und ich hatte nach zwei Stimmbandoperationen das Gefühl, das wirst du nie schaffen. Dass es dann doch möglich war, hat mit einer langen Therapie zu tun und mit einem hervorragenden Arzt in Wien, der direkt seine Praxis neben der Wiener Staatsoper hatte. Alle Opernsänger gingen bei ihm ein und aus, er hat mir damals sehr geholfen.

Hast du die Angst jemals wieder abgelegt, dass es irgendwann vorbei sein könnte? Dass der Körper nicht mehr mitmacht?
Angst ist übertrieben, die sollte man nicht haben, wenn man Konzerte spielen will. Und es tröstet mich, dass auch weitaus jüngere Kollegen hin und wieder ausfallen. Aber ja, die Tourneen sind echt hart, und wenn dann ein Infekt kommt, zeigen einem die Stimmbänder schnell die rote Karte. Manchmal lernt man in den Ländern auf einer Tournee nicht nur die Stadien und Hallen kennen, sondern vor allem die HNO-Ärzte *(lacht)*.

Trotzdem hat die Karriere der Scorpions erst nach diesem Cut richtig Fahrt aufgenommen. Vor allem, als Ende der Achtziger Jahre eine völlig neue Phase für euch kam und ihr nach Leningrad gegangen seid. In der Sowjetunion wart ihr plötzlich nicht mehr nur die großen Stars der internationalen Rock-Family, sondern eine der ersten westlichen Bands im Osten. Eine irritierende Erfahrung?
Das war völliges Neuland für uns, ja. Auch in der Zeit, in der wir

weltweit international so erfolgreich waren, haben wir immer versucht, neben unseren Konzerten in Westdeutschland unsere Fühler in Richtung DDR auszustrecken. Das hat sich für uns aber nie realisieren lassen ...

Weil ihr es nicht hartnäckig genug versucht habt? Udo Lindenberg hat es immerhin geschafft.

Udo hat es geschafft, stimmt. Wir haben uns auch sehr bemüht, aber uns wurde kein Auftritt gewährt. Vielleicht waren wir den Funktionären zu hardrockmäßig, zu aufrührerisch und rebellisch für ihre DDR. Nicht so pflegeleicht.

Udo Lindenberg war pflegeleicht?

Nein, aber auch er hatte sich bei seinem Besuch in Ostberlin mehr vorgenommen, glaube ich. Aber was uns in Bezug auf die DDR versagt blieb, hat sich für uns dafür 1988 mit dem Umweg über Ungarn in der Sowjetunion ergeben.

Mit welchem Gefühl seid ihr 1988 nach Leningrad gekommen?

Mit einem sehr demütigen, geerdeten. Als wir in Leningrad ankamen, wurde uns sehr schnell klar, dass wir hier nicht die große, internationale Band mit all den Erfolgen in den USA oder sonst wo waren, sondern eine Band aus Deutschland. Wir haben uns zum ersten Mal wirklich wie eine deutsche Band gefühlt, als deutsche Musiker in Leningrad. Bei der ersten Pressekonferenz, Hunderte Journalisten, Rieseninteresse, habe ich deshalb auch gesagt: »Unsere Eltern sind mit Panzern gekommen, wir kommen mit Gitarren.« Uns war schon vorher bewusst gewesen, dass wir eine der ersten westlichen Rockbands überhaupt waren, die in der Sowjetunion spielen würde. Umso beeindruckender war, mit welchen offenen Armen uns die Menschen dort empfangen haben. Die Belagerung von Leningrad, Millionen Tote, und jetzt kommt diese deutsche Band, singt »Rock you like a hurricane«, und alle flippen aus vor Begeisterung. Irre, sehr berührend.

Gab es keinerlei Skepsis?

Doch, schon. Aber eher bei den Behörden, vor den verrückten Rock'n'Rollern aus dem Westen. Die hatten uns unsere fünf Shows in Moskau, die eigentlich geplant waren, kurzfristig gestrichen, wohl wegen der Feierlichkeiten zum ersten Mai. So eine Rock'n'Roll-Revolution direkt vor der Tür war denen dann wohl doch zu heiß. Aber die Fans, die waren völlig offen. Die kamen mit der Bahn aus Sibirien, hatten sich gegenseitig Tapes mit Scorpions-Songs überspielt und wussten sehr viel von uns. Die kannten alle Texte.

Habt ihr mit denen sprechen können?

Ja, durchaus. Ich erinnere mich an den Hallenbesitzer, der nach dem letzten Konzert in Leningrad in meine Garderobe kam, wo ich im Bademantel und schweißüberströmt saß. Er baute sich vor mir auf, überreichte mir eine Sportmedaille von einem Sportevent in Leningrad und sagte: »Du hast für uns zehn Tage lang gesungen, jetzt singe ich was für dich.« Und dann hat er mir eine russische Weise vorgesungen, während ihm die Tränen herunterliefen, das war so emotional, das hat sich mir auf ewig eingeprägt. Dass mein Onkel mit dem Panzer in Stalingrad war, und jetzt sitz ich als deutscher Rocksänger mit dieser Geschichte da, und dieser Russe singt für dich. Wahnsinn.

Haben euch denn die Behörden überwacht, der Geheimdienst KGB?

Der KGB war überall mit dabei, sicher. Aber oft haben die uns auch geholfen und uns aus den Stadien in die Hotels eskortiert, weil die Fans uns belagert haben. Irgendwann sind Rudolf *(Schenker)* und ich auf einem dieser großen Plätze auf eine der Erste-Mai-Dekorationen geklettert, weil unser Fotograf das ein geiles Motiv fand. Die KGB-Jungs saßen nicht weit entfernt in ihren Autos und haben gewartet, ob unsere Daumen nach oben oder nach unten gehen. Aber sie gingen nach oben *(lacht)*. Trotzdem hatte der KGB am Ende der Tour, als wir über Moskau nach Hause flogen, im Hotel alle Koffer von Rudolf und mir durchwühlt. Ohne es zu kaschieren. Nach all den positiven Erlebnissen in Leningrad war das ein echter Downer.

Habt ihr euch damals wie Politiker gefühlt und es damit vielleicht auch übertrieben mit dieser Selbstwahrnehmung?

Das ist eher von den Medien so geschrieben worden. Aber ja, im Grunde waren wir so etwas wie musikalische Botschafter. Und ich glaube, mit unserer Reise nach Leningrad haben wir die Tür für Rock'n'Roll in der Sowjetunion ganz weit aufgemacht. Ein Jahr später konnten Bon Jovi, Ozzy Osbourne und Mötley Crüe durch diese offene Tür gehen und beim Moscow Music Peace Festival spielen, was für Russland wie Woodstock war. Das war nur möglich, weil wir vorher die Konzerte in Leningrad gemacht haben. Und weil es mit Michail Gorbatschow jemanden im Kreml gab, der all das mit seiner Politik von Glasnost und Perestroika möglich gemacht hat. Das Erste, was bei diesem Festival in Moskau auf der Bühne zu hören war, war das Wort »Motherfucker« *(lacht)*.

> »UNSERE ELTERN SIND MIT PANZERN GEKOMMEN, WIR KOMMEN MIT GITARREN.«

> »DER KGB WAR ÜBERALL MIT DABEI.«

Gab es in dieser Wendezeit Versuche von der deutschen Politik, euch für politische Zwecke einzuspannen, zu vereinnahmen?

Nein, überhaupt nicht. Helmut Kohl habe ich zum Beispiel nie getroffen, obwohl ich das sehr gerne mal getan hätte. Auch sonst hat sich damals aus der deutschen Politik niemand an uns in Sachen musikalische Botschafter gewandt. Aber das ist auch okay so. Wir sind ja nicht als deutsche Band für das Goethe-Institut in die Sowjetunion gefahren, sondern aus Kalifornien gekommen, als internationale Band. Gleichzeitig hat uns die Veränderung, die wir dort live miterlebt hatten, viel mehr bewegt als unsere amerikanischen Kumpel. Wir waren tief berührt, Wahnsinn. Die sind wieder herübergeflogen und haben gesagt: »Yeah, we rocked the Soviet Union.«

Anders als in Amerika scharen deutsche Regierungschefs keine Rockmusiker um sich, in Deutschland wird zu feierlichen staatlichen Anlässen klassische Musik gespielt. Dein Freund, Altkanzler Gerhard Schröder, hat das anders gehalten.

Das hat der frühere Kanzler in der Tat schon so gemacht, als er Ministerpräsident von Niedersachsen war. Da hat er uns zur Expo nach Sevilla eingeladen und gesagt: »Statt dem Geigenensemble aus der Heide bringe ich die Scorpions mit.« Eine sehr sympathische Geste. Später hat Schröder das als Kanzler in Sankt Petersburg wiederholt, als jeder Staatschef »seine« Künstler, also die aus der Heimat, mitbrachte. Pavarotti begleitete damals Berlusconi. Das war mein einziger Auftritt jemals zusammen mit dem Opernstar, wir haben eine Hymne auf Sankt Petersburg gesungen. Für mich ein unvergesslicher Moment, weil ich Pavarotti sehr verehre.

Der Song »Wind of Change«, bis heute euer kommerziell erfolgreichster, kam erst 1991 heraus, schien aber wie zum Mauerfall geschrieben. Dabei ist er schon 1989 entstanden, in einem anderen Kontext. Ein einzigartiger Zufall?

Ja, das war wirklich Glück. Kurioserweise kam der Song ja auch erst als dritte Single des Albums »Crazy World« heraus. Wir sind schließlich eine Rockband. Selbst wenn die Plattenfirma gesagt hätte, dass die erste Single eine Ballade sein soll, hätten wir uns alle so dagegen gesträubt, dass die erste Single immer ein Rock-Track gewesen wäre. Deshalb kam »Wind of Change« erst 1991 als Single raus, als das Album eigentlich schon durch war. Erst dann ging das Album international durch die Decke.

Viele kennen von den Scorpions bis heute nur dieses Lied und nehmen die Sachen davor und danach gar nicht wahr. Ist »Wind of Change« für dich nur ein Segen oder auch ein Fluch?

Der Song konnte schon manchmal wie ein zweischneidiges Schwert sein. Ich habe ihn 1988 geschrieben, kurz nachdem wir aus Moskau zurück kamen, als Reflexion dessen, was wir erlebt hatten. Das war eine wirkliche Inspiration. Ich hatte gar nicht vor, einen Song über den Mauerfall zu schreiben, der noch gar nicht stattgefunden hatte. Sondern ich wollte das Gefühl der Hoffnung ausdrücken, dass alles möglich ist, weil viele auf dem Moscow Music Peace Festival uns gesagt hatten, die Zeit des Kalten Krieges sei bald vorbei. Eigentlich ist das also ein Song über Moskau. Es ist schon kurios, dass der Song durch Zufall erst nach der Wende veröffentlicht wurde und dass so viele Menschen in Ost und West ihn bis heute mit dem Mauerfall verbinden, der damit gar nicht gemeint war. Aber überall auf der Welt löst dieser Scorpions-Song bis heute große Emotionen aus. Auch in Beirut, Tel Aviv, Rio oder Los Angeles.

> »DER SONG KONNTE SCHON MANCHMAL WIE EIN ZWEISCHNEIDIGES SCHWERT SEIN.«

> »ICH WOLLTE DAS GEFÜHL DER HOFFNUNG AUSDRÜCKEN.«

Kann man so einen Erfolg wiederholen? Die Themen liegen ja auf der Straße: Rechtsradikalismus, Hatespeech, Krise in Europa.

Nein, ich weiß, dass »Wind of Change« eine einmalige Sache war, so etwas kannst du nicht mehr wiederholen. Der Song wird mich überleben und noch lange für die künftigen Generationen nachhallen. Das ist ein tolles Gefühl. Aber ich habe in all den Jahren danach immer dem Gefühl widerstanden, ich müsste einen Song schreiben, der einen ähnlichen Effekt erzielt. Das ist unmöglich.

Hat Angela Merkel mal bei dir nachgefragt, ob du »Wind of Change« nicht auch mal für Wladimir Putin singen willst? Als Mahnung, die Geschichte nicht zu vergessen?

Nein, Frau Merkel hat nicht angerufen. Aber vor ein paar Jahren, bei einem Mauerfalljubiläum in Hannover, als der damalige Bundespräsident Joachim Gauck und Frau Merkel hier im Kuppelsaal saßen und ich mit dem Hannoveraner Mädchenchor »Wind of Change« performt habe, sagte sie nach der Veranstaltung zu mir: »Na, Herr Meine, dürfen Sie ›Wind of Change‹ in Russland denn noch singen?«

Und: Darfst du?

Aber sicher doch!

Die Wiedervereinigung und vielleicht auch die Fußballweltmeisterschaft 2006 haben ein neues Nationalgefühl bei jungen Deutschen angestoßen. Kannst du das nachvollziehen? Als du mit den Scorpions angefangen hast, wolltet ihr schließlich amerikanischer sein als die Amerikaner. Hauptsache, Englisch und bloß nicht Deutsch.
Wenn wir heute noch einmal als Band anfangen würden, würden wir ganz sicher mit deutschen Texten arbeiten. Das ist heute viel selbstverständlicher als zu unserer Zeit, und es gibt auch nicht diese Abgrenzung von den älteren Generationen, die für uns noch so wichtig war.

Die Jungen von heute sind mehr mit sich und ihrem Deutschsein im Reinen?
Die junge Generation geht viel selbstverständlicher mit der Geschichte um und arbeitet mit einem anderen Selbstgefühl mit deutschen Texten, weil sie sich sagt: In meiner Muttersprache kann ich das, was ich sagen will, am besten ausdrücken. Sarah Connor zum Beispiel, die mit englischen Texten schon sehr erfolgreich war, hat mit deutschen Texten noch mal eine ganz neue Erfolgsstufe hinzugelegt.

Aber wäre eure Karriere damit nicht auf Deutschland beschränkt geblieben? Die Einzigen, die mit deutschen Texten international Karriere machen, sind Rammstein, aber die arbeiten eben mit dem deutschen Klischee des teutonischen Rockers. International entspricht das offenbar genau dem, was man von Deutschland erwartet.
Stimmt. Aber Rammstein funktioniert vor allem deshalb, weil es einfach eine großartige Band ist. Das ist so eine Art Kunstgebilde, das einfach extrem provoziert, wie wir gerade wieder gesehen haben. *(Meine spielt auf die erste Singleauskopplung des 2019 erschienenen Albums an, »Deutschland«. Das Video spielt unter anderem in einem deutschen Konzentrationslager im Dritten Reich. Anm. d. Autoren)* Neben den Scorpions ist Rammstein die einzige deutsche Band, die international erfolgreich ist, ich wüsste keine andere. Das hat aber über vierzig Jahre gedauert, dass eine Band wie wir international für Furore sorgt. Und mit englischen Texten, davon bin ich überzeugt, wäre Rammstein eine Band wie Metallica.

Ihr hattet auch mal einen Song auf Deutsch im Rammstein-Stil: »Du bist so schmutzig« ... wie wäre es damit?
Nein, das wäre so lächerlich. Die sind einzigartig und genial, das ist nicht jedermanns Sache. Jahrelang konnte ich mich nicht so mit dem rollenden R von Till anfreunden, aber wir sind uns dann irgendwann begegnet und nähergekommen. Rammstein-Fan bin ich nie so richtig geworden, bis Rudolf *(Schenker)* irgendwann sagte: »Klaus, das musst du dir angucken.« Und seit ich die live gesehen habe, weiß ich, warum die so erfolgreich sind.

»Du bist so schmutzig« stammt aus den Neunzigern, als ihr mit kurzen Haaren aufgetreten seid und verstörende Videos mit Sekretärinnen gedreht habt. Wart ihr den Rock'n'Roll da plötzlich leid?
Nein, aber das war eine verrückte Zeit, in der wir wie viele andere Bands mit neuen Formen experimentiert haben, weil die Grunge- und Alternative-Bands die Szene ganz schön durchgeschüttelt haben. Da sind viele klassische Rock-Bands, die in den Achtzigern noch viel Erfolg hatten, auf der Strecke geblieben, besonders in den USA. In den Neunzigern galten die plötzlich als out, selbst in Amerika haben nur noch die Hardcore-Rocksender die gespielt. Ironischerweise ist es vielen Alternative- und Grunge-Bands zehn Jahre später genauso gegangen.

Ihr habt diese Durststrecke überstanden, die Scorpions haben sich gehalten.
Ja, wir sind Anfang der Nullerjahre mit einem Rockalbum wieder zurückgekommen. Da waren wir wieder in der Spur und hatten unsere Lektion gelernt: Man soll das machen, was man am besten kann.

Warum hatten die Menschen plötzlich doch wieder Lust auf euren klassischen Rock?
Ganz einfach: Es kommen immer wieder neue Generationen von Fans. In den Neunzigern wurden die früher so progressiven Achtzigerbands zum Auslaufmodell erklärt, all die schrägen und bunten Outfits waren plötzlich out, und auf den Bühnen standen Bands in Holzfällerhemden und mit Goaties. Plötzlich waren die der coole Shit, bis den Leuten das in den Nullerjahren zu depressiv wurde und man wieder mehr Lebensfreude wollte.

So wie im Rock'n'Roll?
Wie im Rock'n'Roll, genau. Wenn man als Band lange erfolgreich sein will, muss man solche Phasen der Umbrüche aus- und durchhalten. Das gilt übrigens nicht nur für Rock, im Punk haben wir dasselbe erlebt.

Alle diese Rockklischees, Drogen, Alkohol, Sex: Gab es bei dir einen Moment, wo es hätte kippen können?
Der Moment ist mir zum Glück erspart geblieben. Als es für mich um alles oder nichts ging, weil ich meine Stimme verloren hatte, wurde mir klar, dass ich darum einen großen Bogen machen muss. In Amerika lagen die Lines nur so herum, ob im Tourbus oder backstage, Drogen waren immer ein Thema. Für mich war das deshalb kein Thema, weil ich gesehen habe: Wenn deine Stimme da ist, ist alles gut. Und ich wusste, wenn ich damit anfange, ist das definitiv nicht gut für meine Stimme. Dieses Trauma hatte ich gerade überwunden, das Risiko war für mich viel zu hoch.

KLAUS MEINE

Aber die Versuchung war da?
Die Versuchung war immer da, na klar. Das ganze Thema – Drogen, Groupies –, das waren die Achtziger. Da haben auch die Scorpions nichts anbrennen lassen. Bei den Partys ging schon richtig die Post ab.

> »DROGEN, GROUPIES –, DAS WAREN DIE ACHTZIGER.«

Und wie stand es mit der Treue? Du bist seit 1977 mit deiner Frau Gabi verheiratet.
Treue ist ein großes Wort, Gabi und ich sind immer ehrlich zueinander, und ich liebe sie dafür, dass sie diesen Weg so viele Jahre mit mir uneingeschränkt gegangen ist und immer noch geht. Ich musste für mich alleine entscheiden, wann ich Nein sage. Ich habe mir oft geschworen: Ja, morgen ist auch noch eine Show, und wenn du nur wilde Partys feierst, kannst du als Sänger keine hundertfünfzig Shows im Jahr überstehen.

Ohne Disziplin kein Rock'n'Roll?
Disziplin und Rock'n'Roll gehören zusammen, ganz klar. Nur, da redet keiner drüber. Ich weiß aber, dass es heute viele ältere Rock'n'Roller gibt, die froh sind, überlebt zu haben. Wie zum Beispiel Robert Plant (*Sänger von Led Zeppelin, Anm. d. Autoren*), der künstlerisch super drauf ist und auch jenseits von Led Zeppelin sein Leben genießt.

Ist Rock'n'Roll, dieser Begriff, nicht eigentlich längst totgenudelt? Nicht nur die Scorpions, auch viele andere Musiker bemühen ständig das Rock'n'Roll-Klischee, auch im fortgeschrittenen Alter, und selbst Baumärkte, Immobilienfirmen oder Internet-Start-ups rocken in ihren Werbeclips. Glaubwürdig rebellisch ist das doch längst nicht mehr, oder?
Ja, das stimmt schon irgendwie. Das ist so wie damals, als lange Haare noch cool waren, und plötzlich saß der Sprecher der Tagesschau auch mit langen Haaren da.

Die Revoluzzer sind selbst zum Establishment geworden. Das wirft man ja auch langjährigen Berufspunkern wie den Toten Hosen seit Jahren vor.
Schon möglich, aber … (*überlegt*) das ist mir eigentlich egal. Selbst wenn die Rebellion schon lange nicht mehr Bestandteil des Rock'n'Roll ist, ist er immer noch ein Lebensentwurf, eine Familie, der man sich musikalisch und vom Lifestyle her zugehörig fühlt. Und wenn Unternehmen mittlerweile damit werben, was wissen die schon von Rock'n'Roll? Gar nichts!

Wie sieht er denn aus, dieser Rock'n'Roll-Lifestyle, abgesehen von euren Rockerposen? Manchmal wirkt dieses Posen für die Kameras, die Sonnenbrillen und Lederklamotten, doch auch seltsam aus der Zeit gefallen. Ist dir das bewusst?
Die schwarzen Klamotten und die dazugehörigen Accessoires drücken einfach unsere Zugehörigkeit zur Hard'n'-Heavy-Familie aus. Schaut einfach nach Wacken, auch da fällt niemand aus der Zeit.

Nicht nur im Rock'n'Roll ist Provokation gerade nicht mehr angesagt. Das gilt doch für die deutsche Musik generell, wenn man sich die erfolgreichste deutsche Künstlerin ansieht, Helene Fischer.
Ja, offenbar trifft sie mit ihrer Heile-Welt-Musik einen deutschen Nerv. Und das zeigt mal wieder: Musikalisch bleibt das hier Schlagerland.

Also hat sich im Vergleich zu eurer Anfangszeit doch nicht so viel geändert?
Zumindest war das schon damals ein entscheidender Grund, warum wir uns international orientiert haben. Auch wenn uns damals sicher viele ausgelacht und sich gesagt haben: Warum sollen die das aus Hannover schaffen mit ihren beschissenen Texten?

Jetzt klingt da aber doch Genugtuung durch. Bist du doch gekränkt angesichts der deutschen Scorpions-Antipathie?
Ach, Genugtuung ist zu viel gesagt. Man kann viel erzählen. Aber solange die Leute noch zu uns kommen und wir das Level halten können, machen wir weiter.

Hat euch das freier gemacht, dass ihr 2015 euren Ausstieg wieder rückgängig gemacht habt, den ihr vorher verkündet hattet?
Wir hätten den Ausstieg gar nicht verkünden sollen, das war ein Fehler. Wir hätten nur eine Pause machen sollen, waren aber so ausgebrannt, dass wir uns nicht vorstellen konnten, nach dem letzten Album künstlerisch noch mal gleichzuziehen oder sogar besser zu werden. Das Problem ist bei einer internationalen Band, wie wir es sind: Nach der Verkündung einer Abschiedstournee hat man noch mal drei Jahre vor sich – und in diesen drei Jahren passiert eine Menge. Aber ich kann die Leute verstehen, die sagen, man müsse seine Versprechen halten. Das war sicher nicht unser bester Moment.

Du bist seit vielen Jahrzehnten mit Rudolf Schenker ein Team. Wolltest du auch seinetwegen nicht aufhören? Was bedeutet er für dich?
Rudolf ist mein Soulbrother, my brother from another mother. Mit all den Songs, die Rudolf und ich zusammen geschrieben haben in all den Jahren – und nicht wenige wurden echte Klassiker –, haben wir auch gemeinsam ein Stück Rockgeschichte geschrieben.

▸ INTERVIEW

WIE VIEL MYTHOS BRAUCHT EIN STAR, **INA MÜLLER?**

Diese Frau kennt sie alle, und vor allem hat sie mit (fast) allen schon gesungen. Mit ihrer Fernsehsendung »Inas Nacht« aus der Hamburger Hafenkneipe *Schellfischposten* ist Ina Müller, Sängerin, Moderatorin, früher Kabarettistin, im deutschen Musikbusiness längst zu einer eigenen Marke geworden. Wer zu ihr kommt, der muss mit ihr singen, live, unplugged und selbstverständlich ohne Playback. Das Konzept und die Mischung der Sendung aus Tresentalk, hervorragenden Musikeinlagen und hanseatisch heimeliger Seebärenatmosphäre nebst eigenem Shantychor De Trampentrekker sind offenkundig so überzeugend, dass fast alle schon da waren: AnnenMayKantereit, Sarah Connor, Beatsteaks, aber auch internationale Stars wie Jamie Cullum oder Liam Gallagher und selbst der große Sting. Dass Ina Müller selbst eine erfolgreiche Sängerin ist, die auf ihren Tourneen mit einer Mischung aus Musik, Kabarett und locker gefrotzeltem Entertainment die Hallen füllt, gerät bei manchem angesichts ihrer Sendung vielleicht fast in Vergessenheit. Aber nicht bei uns. Wir bitten sie im Mai 2020 zum Interview und erleben eine Frau, deren augenzwinkernde Schlagfertigkeit durchaus eine Herausforderung ist. Ein Gespräch über die Zeit, als Stars noch Stars sein durften, Ina Müllers Bewunderung für Bette Midler, anrüchige Männer, starke Frauen und den Moment, als Roland Kaiser die Gesichtszüge entglitten.

Ina Müller, geboren 1965 in Köhlen bei Cuxhaven, Ausbildung als pharmazeutisch-technische Assistentin. **Kabarett** mit Edda Schnittgard und dem **Duo Queen Bee, ab 2006 auch als Sängerin unterwegs**. Seit 2007 moderiert sie die **Late-Night-Show »Inas Nacht«** im NDR. Ihr Album »Das wär dein Lied gewesen« erreichte 2011 Platz zwei der Charts.

Wegen Corona konnte Daniel Pilar Ina Müller nicht im Hamburger Schellfischposten fotografieren, wo sie »Inas Nacht« aufzeichnet. Aber dann hätte womöglich der Shantychor mit aufs Bild gewollt. Deshalb war Pilar der Innenhof eines nahen Hotels auch ganz recht.

Ina, seit 2007 lädst du das Who Is Who der deutschen und internationalen Musikszene in deine Sendung »Inas Nacht« ein. Wie bereitest du dich auf deine Gäste vor?
Sehr akribisch über mehrere Tage, damit ich loslassen kann, wenn die Sendung losgeht. Wenn ein Gast zu mir auf die Bank kommt, weiß ich eigentlich alles über ihn. Mir geht es selbst so, wenn ich Interviews gebe: Ich hasse nichts mehr als Gesprächspartner, die schlecht vorbereitet sind.

Dann versuchen wir, keinen schlechten Eindruck zu hinterlassen. Nach welchen Kriterien wählst du deine Gäste aus? Nach Sympathie?
Meistens lade ich nur Leute ein, die mich interessieren und die ich spannend finde. Manchmal lasse ich mich von meiner Redaktion auch zu Gästen überreden, bisher ist das aber fast immer gut gegangen. Nein, fragt es jetzt nicht!

Natürlich nicht! Bei wem ist es nicht gut gegangen?
Das sage ich nicht, aber es gab Gäste, die offenbar nicht wussten, wo sie da im *Schellfischposten* hineingeraten waren.

Lass uns doch nicht so zappeln. Wer zum Beispiel?
Stefan Effenberg.

Und Roland Kaiser? Ihn hast du in der Sendung gefragt, ob er beim Sex seine eigene Musik hört.
War doch eine gute Frage!

Eine sehr gute! Kaiser war vor Jahrzehnten auch mal in einer Sendung bei Karl Dall. Dall sagte etwas wie: »Roland, fang mal an zu singen, dann haben wir es hinter uns!« Kaiser war not amused. Auch bei dir sah man, wie ihm die Gesichtszüge entglitten. Beißt du dir in solchen Momenten auf die Zunge?
Nein, überhaupt nicht! Im Gegenteil, ich bin sogar stolz auf das Interview mit Roland Kaiser, weil ich mich erst mit normalen Fragen an ihn herangerobbt habe, bis wir was getrunken hatten. Die schlüpfrigen Fragen dürfen immer erst später kommen, wenn man ein bisschen warm miteinander ist. Das hat bei ihm ganz gut funktioniert. Er war sehr charmant. Unwirscher wurde er nur, als es um ein teures Pferd für seine Exfrau auf Sylt ging, ein Pferd für 250.000 Mark. Aber ich habe bei der Einladung auch nicht damit gerechnet, dass jetzt die Stimmungskanone Roland Kaiser zu mir kommt und Polonaise tanzt. Mein Ziel ist es immer, Fragen zu stellen, die meine Gäste und ich noch nicht so oft gehört haben.

> »DIE SCHLÜPFRIGEN FRAGEN DÜRFEN IMMER ERST SPÄTER KOMMEN.«

Wir haben über die Jahre als Journalisten, aber auch bei der Arbeit an diesem Buch die Erfahrung gemacht: Je älter und erfolgreicher die Künstler, desto entspannter sind sie. Viele Jüngere haben große Sorge, ein falsches Wort zu sagen, und würden sich am liebsten jede Frage vorher schriftlich geben lassen. Hast du ähnliche Erfahrungen gemacht?
Nein, in meiner Sendung sind die Gäste sehr offen. Ich bewundere das, weil ich an mir selber merke, wie sehr ich bei Interviews manchmal die Schere im Kopf habe. Ein blödes Interview reicht heutzutage, und das kann es für dich gewesen sein! Und das, obwohl du manche Sachen gar nicht selbst so meinst, sondern vielleicht nur als Frage stellst. Trotzdem verbreitet sich danach, DER oder DIE hat etwas Falsches gesagt. Es gibt bei vielen Prominenten eine riesige Angst, durch eine dumme Bemerkung oder einen missverständlichen Halbsatz die Karriere zu ruinieren. Die alten Recken wie Westernhagen, Lindenberg oder Grönemeyer interessiert das weniger, die haben immer schon den Mund aufgemacht. Aber die lebten ja auch noch in einer anderen Zeit.

Inwiefern in einer anderen Zeit?
Ich glaube, früher konntest du schon mal die Sau rauslassen. Sex, Drugs and Rock'n'Roll, das gibt es heute so nicht mehr. Was mir aber viel mehr auffällt: Es gibt keine Stars mehr wie früher, das ist nicht mehr gefragt. In meiner Jugend mochte ich das sehr. Ich war Fan von Joe Cocker, und dann fuhr ich zum Festival und stand in der ersten Reihe, aber Joe Cocker war unerreichbar! Er war ein Star, reiste mit dem Privatjet an, kam auf die Bühne, wahrscheinlich noch betrunken, wenn er überhaupt kam, sang so ein tolles Konzert, dass ich geweint habe vor Glück, und flog wieder weg. Heute weiß ich von einem Star – und das erwartet der Fan auch –, ob er morgens schon auf Toilette war, was er gegessen hat und wo er am Abend hingeht.

Darüber haben wir auch mit deinem Lebensgefährten Johannes Oerding gesprochen. Ein Star ist heute kein Mythos mehr, sondern muss quasi täglich seine Customer Relation sicherstellen.
Das ist doch grauenhaft! Das Schlimmste ist, dass es mittlerweile Konzertkarten gibt, bei denen du den Soundcheck mit dazu kaufen kannst. Und ich warte nur darauf, wann man dazu buchen kann, dem Künstler in der Garderobe beim Umziehen zuzusehen. Ich will diesen Starkult von früher gar nicht glorifizieren. Aber damals konnte man in die Stars viel hineininterpretieren und hineinprojizieren, die ganze Leidenschaft, für die

man sonst kein Ziel hatte! Heute kommt man seinem Star als Fan hautnah, wenn man will. Wie soll da noch ein Zauber entstehen?

Wenn wir als Kinder »Wetten, dass..?« mit Thomas Gottschalk gesehen haben, kamen die Gäste aus Hollywood oft später in die Sendung und mussten sofort nach dem Interview wieder los; angeblich, weil »sie ihren Flieger nicht verpassen dürfen«. Wahrscheinlich sind sie gleich in den Pool im Hotel geflüchtet, aber als Zuschauer haben wir die Scharade genossen, weil sie so weltläufig wirkte.
Diese Unnahbarkeit war manchmal ziemlich übertrieben, klar, aber sie hat die Stars auch geheimnisvoll gemacht. Dieses Mythen- und Rätselhafte gibt es heute kaum noch, das bedaure ich sehr.

>> DIESES MYTHEN- UND RÄTSELHAFTE GIBT ES HEUTE KAUM NOCH. <<

Wir fühlen uns bei dir übrigens mitunter an Gottschalk erinnert.
Gottschalk? Warum das?

Weil du in deinen Konzerten regelmäßig durchs Publikum gehst und mit den Gästen scherzt wie er früher bei seinen legendären Warm-ups. Gottschalk hatte ja die Gabe, alles wegmoderieren zu können. In Sindelfingen den falschen Bürgermeister begrüßt? Egal, schnell den nächsten Gag über die Frisur des Herrn in der ersten Reihe gemacht. Das machst du ähnlich schlagfertig. Ist jemand wie er für die Bühne ein Vorbild für dich?
Nein. Aber ich weiß, dass alle Kollegen, die ich kenne, wahnsinnig ehrfürchtig in Thomas Gottschalk verliebt sind. Ich habe ihn aber gar nicht so oft erlebt, weil ich an den Wochenenden, wenn »Wetten, dass..?« lief, immer feiern war. Ich war in Harald Juhnke verliebt, eigentlich bis heute. Ich gehe aber wahrscheinlich aus demselben Grund ins Publikum wie damals Thomas Gottschalk – um die Distanz zu den Menschen zu überwinden, die ja oft auf die Bühne schauen, als würden sie fernsehen. Wenn ich dann die Bühne verlasse und zu ihnen runtergehe, mal die Hand auf die Schulter lege und einen kleinen Gag mache, dann bricht diese Barriere, und plötzlich sind wir alle wirklich zusammen in diesem Raum. Ich mag das auch mit dem Anfassen.

>> ICH WAR IN HARALD JUHNKE VERLIEBT. <<

Und das, obwohl du die Unnahbarkeit der Stars von früher so vermisst?
Ja, aber da meine ich die echten, großen, unnahbaren Stars wie Sting oder David Bowie. Wenn ich heute jemand wie The Weeknd wäre *(kanadisch-äthiopischer R&B- und Hip-Hop-Sänger, Anm. d. Autoren)*, gerade einer der größten Stars am Musikhimmel, dann würde ich versuchen, mir so viele Geheimnisse wie möglich zu bewahren.

In Deutschland ist Udo Lindenberg vielleicht der Letzte, den noch solch ein rätselhafter Starmythos umweht, von dem du sprichst. Er kultiviert diese Rolle auch so konsequent wie kaum ein anderer.
Udo Lindenberg ist noch unnahbar, aber auch jemand wie Herbert Grönemeyer. Der macht es doch genau richtig. Er hat neue Musik, geht dann damit raus, um Promo zu machen, und zieht sich dann für eine Weile wieder völlig zurück. Als ich vor zehn Jahren meinen ersten Major Deal bei Sony bekam und auf Tour ging, hat mein Veranstalter zu mir gesagt: »Geh raus als Künstler, wenn du etwas hast, aber sei auch mal ein Jahr weg von der Bühne!« Wenn man von einem Künstler immer und dauernd Tickets kaufen kann, ist er irgendwann nicht mehr so spannend. Viele Künstler haben heute aber das Gefühl, dass sie nicht wegbleiben dürfen, weil sie dann weg vom Fenster sind. Das hätte es früher vielleicht so nicht gegeben.

Hättest du dieses Gefühl nicht auch, wenn du deine Fernsehsendung nicht hättest?
Vielleicht, ja. Aber meine Fernsehsendung ist für mich wie für die Kollegen der Radiohit. Ich laufe ja im Radio nicht in der dollen Rotation. Meine Leute kaufen mein Album und kommen dann auch zu mir ins Konzert. Ich darf da ruhig mal weg sein. Man sollte darauf vertrauen, dass die Leute nicht gleich zum nächsten Künstler rennen, nur weil man mal ein paar Monate abgetaucht ist.

Manchmal erinnerst du uns übrigens auch an einen anderen, musikalisch ebenfalls sehr begabten Entertainer, an Stefan Raab. Dessen Ehrgeiz, bei »Schlag den Raab« den Gegner zu besiegen, ist legendär. So weit gehst du nicht. Aber du willst jedem Sänger, der zu dir in die Sendung kommt, zeigen, dass du eine gute Sängerin bist. Mit viel Ehrgeiz!
Ich will nicht zeigen, dass ich eine gute Sängerin bin, ich weiß, dass ich eine gute Sängerin bin. Ich will einfach nur mitsingen. Egal, bei wem. Meine Sendung heißt ja auch »Inas Nacht«, das ist mein Abend, und auf den habe ich Bock. Ich möchte quatschen, erzählen, wie es mir geht, und nicht nur abfragen und mit dem Kopf nicken. Und ich möchte eben auch singen, auch wenn manche davon genervt sind, denn wenn diese Sendung von einem lebt, dann vom gemeinsamen Singen. Ich ertappe mich aber dabei, dass ich es schon weniger mache als früher.

Schmerzt dich das, wenn man dir das nach der Sendung mitunter um die Ohren haut?

Ja klar! Als Beth Hart *(amerikanische Sängerin, Anm. d. Autoren)* bei mir in der Sendung war, musste ich danach in den Kommentarspalten lesen, ich hätte ihren Song »kaputt gesungen«. Das tut mir echt weh, ich will das nicht lesen! Weil es auch einfach nicht stimmt. Ich habe mittlerweile ja auch das Gefühl, wenn man nicht direkt alle Songs selber getextet und komponiert hat und dazu nicht auch noch zwei Instrumente gleichzeitig spielt und steppen kann, ist der Künstler in unserer Gesellschaft nichts wert. Wir vergessen dabei aber völlig die Zeit der Interpreten. Jemand wie Marianne Rosenberg hat in den Siebzigern zwar live gesungen, aber keine Instrumente gespielt und die Songs auch nicht selbst geschrieben. Oder Frank Sinatra oder die Piaf! Trotzdem waren das fantastische Künstler, deren Können niemand angezweifelt hätte. Es gibt viele verschiedene Arten, ein Publikum zu begeistern, auch wenn ihr und andere Journalisten etwas gegen meine Art auf der Bühne habt ...

> »ES GIBT VIELE VERSCHIEDENE ARTEN, EIN **PUBLIKUM** ZU **BEGEISTERN**.«

... haben wir doch gar nicht!

Jetzt nichts sagen! Bei mir auf der Bühne wird jedenfalls nicht geturnt, es gibt keine dauernden Umzüge und keine Pyrotechnik, das ist ein klares Statement. Ich kann die Leute auch ohne all dieses Zeug unterhalten. Darauf bin ich stolz!

Du meinst so etwas wie einen Gegenentwurf zur »Helene-Fischerisierung« der deutschen Musik?

Eine Helene-Fischer-Show ist für mich ein echtes Spektakel. Das ist Zirkus, gepaart mit Höchstleistung, viel Tanz und noch mehr Show. Man könnte es auch »Das-Helene-Fischer-Musical« nennen. Denn genau das ist es für mich. Ich will darüber gar nicht schimpfen, auch nicht über den Schlager von heute. Der Deutsche marschiert nun einmal gerne. Wenn man zu »Atemlos« losmarschiert wie ein Zinnsoldat, dann weiß man, warum dieser Song so gut funktioniert. Und wenn man aus dem heutigen Schlager den typischen Bumsbeat entfernt, hat man eigentlich moderne Popmusik, wie man sie im Radio hört. Aber Musik ist ja zum Glück Geschmackssache und nicht diskutierbar.

Du singst tiefgreifende, emotional berührende Lieder wie »Pläne« über den Tod eines Freundes, gleichzeitig forderst du das Publikum aber immer wieder unter der Gürtellinie heraus. Frauen haben Angst, alt und dick zu werden, Männer sind ein bisschen blöd und sehr schwanzgesteuert. Läufst du nicht Gefahr, mit dieser Mischung aus Reinhard Mey und Jürgen von der Lippe manche zu verprellen, die deine Musik eigentlich schätzen?

Das soll es doch auch sein, diese Mischung aus Reinhard Mey und Jürgen von der Lippe! Warum sollte ich mich entscheiden, nur Musik zu machen oder wie ihr es wahrscheinlich nennen würdet – nur Alte-Frauen-Kabarett?

Von Alte-Frauen-Kabarett haben wir ja gar nicht gesprochen! Sondern lediglich die Kritik formuliert, die über deine Konzerte hin und wieder zu lesen war. »Ina Müller watet knietief durch die Stereotype«, schrieb einmal die Rheinische Post.

Natürlich schieße ich in meinem Programm eher gegen Männer als gegen Frauen. Weil die Frauen meiner Generation sich wirklich viele Jahre von den überwiegend männlichen Kabarettisten und Comedians schlimme Dinge anhören mussten. Ich solidarisiere mich mit den Frauen und piesacke ihre Männer. Das ist vielleicht altmodisch, macht mir aber sehr viel Spaß. Und ich glaube, dass so tiefgründige Songs wie »Pläne« gerade deswegen so gut funktionieren, weil dieser Abend eine emotionale Achterbahnfahrt ist. Ich kann ernst sein und fühle das dann auch. Aber es gibt zwischendurch eben auch mal den gepflegten Pimmelwitz. Der ist vielleicht nicht besonders schlau und kommt bei der Rheinischen Post nicht so gut an, aber damit kann ich sehr gut leben.

Man kann unsere Frage auch umkehren: Ist es typisch deutsch, dich jetzt schon wieder zu fragen, warum du ernsthafte Songs neben Pimmelwitzen machen kannst? Müssen wir immer alles in unvermischbare Kategorien einordnen, Hochkultur oder schlüpfrig, und dazwischen darf nichts sein?

Ich finde schon, dass das sehr deutsch ist. In Amerika gab es zum Beispiel Bette Midler, eines meiner größten Idole. Sie machte auf der Bühne genau das: Sie sang den großen Song, mit viel Pathos, machte dann aber ihre Witzchen, die auch nicht immer schlau und auch oft unter der Gürtellinie waren. Das ist für mich auch viel spannender als ein reines Konzert, ein Lied nach dem anderen. Und warum sollte ich auf der Bühne auf diese Gabe, Geschichten und Pimmelwitze gut erzählen zu können, verzichten?

> »ES GIBT ZWISCHENDURCH EBEN AUCH MAL DEN GEPFLEGTEN **PIMMELWITZ**.«

Du meinst die Kunstform des Conférenciers, die in Vergessenheit geraten ist. Ein Künstler, der singen kann, führt mehr oder minder geistreich und unterhaltsam mit vielen Anekdoten durch den Abend.
Bette Midler hat diese Form auf die Bühne gebracht, als großartige Sängerin, die dazu noch witzig sein konnte. Das hat mich immer schon sehr angesprochen. Fritz Rau, der große Konzertveranstalter, hat kurz vor seinem Tod eines meiner Konzerte in Frankfurt besucht und danach zu mir den schönsten Satz gesagt, den ich je über meine Arbeit gehört habe: »Ich habe früher Bette Midler in Deutschland gemacht und immer gedacht, so etwas kriegen wir hier nicht hin. Jetzt weiß ich, das stimmt nicht, wir haben das hier auch!« Ich stand in meiner Garderobe und habe geweint, weil ich so überwältigt war. Seitdem zweifele ich das, was ich mache, nicht mehr an.

Warum dachte Rau, dass es so etwas wie Midler in Deutschland nicht geben könne?
Weil es diese Tradition in Deutschland nicht gab. Hier warst du entweder Sängerin, die ausschließlich Musik gemacht hat, oder Kabarettistin, dann hattest du meistens eine Kittelschürze an und Lockenwickler drin, und dein Programm hieß: Schwanz ab, Schwanz ab! Dieses Genre wie in Amerika, diesen Harald Juhnke in weiblich, hatten wir hier nie. Ist wahrscheinlich nicht unsere Kultur.

Liest du noch Kritiken?
Nein. Und typisch deutsch ist übrigens auch, den Künstler im Interview immer direkt mit einer schlechten Kritik zu konfrontieren. Ich weiß immer gar nicht, was das bringen soll. Mir macht das direkt schlechte Laune. Neuerdings muss man sich von Journalisten sogar Hasskommentare von »Bumsi 3000« aus den Foren vorlesen lassen und sich dazu äußern. Ich habe jedenfalls schon viele Moderationsanfragen abgesagt, weil ich keine Lust mehr habe, danach mit der Mistforke durch die Kritiken gejagt zu werden. Dafür bin ich mir zu schade.

Du hast beim Kabarett angefangen und bist gemeinsam mit Edda Schnittgard und dem Duo Queen Bee bekannt geworden. Gerburg Jahnke vom legendären Frauenkabarett Missfits hat dich früh unter ihre Fittiche genommen. Waren sie stilprägend für euch?
So stilprägend, dass ich mir, als ich aus der Apotheke kam und auf die Bühne ging (vor ihrer Fernseh- und Kabarettkarriere arbeitete Ina Müller als pharmazeutisch-technische Assistentin, PTA, in Apotheken in Bremen, Westerland/Sylt und Hamburg, Anm. d. Autoren), alles von Gerburg abgeschaut habe. Ihre Bewegungen, ihre Art zu sprechen; irgendwann hörte ich mich an, als käme ich aus dem Ruhrpott. Ich habe sie imitiert, weil ich nicht wusste, wie man das macht, Kabarett. Ursprünglich wollten Edda und ich auf der Bühne auch nur singen und gar nichts erzählen. Die Vorstellung, auch zu reden, war Horror für mich!

Die Missfits hatten großen Erfolg, wurden aber auch immer wieder wegen ihres emanzipatorischen Programms von Männern angefeindet. Waren sie ein Eisbrecher, was weibliche Kabarettistinnen in Deutschland angeht?
Gerburg und Stephanie waren der Eisbrecher schlechthin, sie haben sich mit dem Oberkörper auf den Kopierer gelegt und standen mit Titten-T-Shirts auf der Bühne. Heute wäre das kein Skandal mehr, aber damals war es ein unheimlich starkes und witziges Statement. Wegweisend waren vor allem ihre Geschichten, die bei Weitem nicht immer nur der platte Pimmel- oder Emanzenhumor waren. Gerburg und Stephanie sind gelernte Schauspielerinnen und haben gute, vielschichtige Theatergeschichten erzählt: angetrunkene Bestsellerautorinnen, autoritäre Lehrerinnen, Hausfrauen, die den ganzen Tag zu Hause auf ihre Männer warten. Die Missfits haben den Frauen im deutschen Kabarett den Weg bereitet.

> »DIE MISSFITS HABEN DEN FRAUEN IM DEUTSCHEN KABARETT DEN WEG BEREITET.«

Vor den Missfits und auch noch zu ihren Zeiten hat man Frauen diese Rolle auf der Bühne noch kaum zugestanden. Die Kleinkunstszene war sehr männerlastig, es war die Welt von Thomas Freitag, Dieter Hildebrandt. Weibliche Kabarettistinnen wie Frau Jaschke waren eher die Ausnahme.
Politisch war Frau Jaschke aber nicht, das politische Kabarett wurde von den Männern dominiert. Auch Edda und ich waren wesentlich unpolitischer als die Missfits, das war aber auch nicht unser Anspruch. Wir wollten kein politisches Kabarett machen, sondern Kleinkunst und Musiktheater. Wir haben unseren Mund aufgemacht, aber auf der Bühne sicher nicht die Welt verändert.

Früher sprach man am Montag im Büro darüber, wie scharf Hildebrandt wieder die Regierung angegriffen hatte. Hat Kabarett, zumal das politische, heute noch den Stellenwert wie damals?
Vieles ist von der Kleinkunst- und Kabarettbühne verschwunden und läuft mittlerweile in Sendungen wie der »Anstalt«. Auch der Stellenwert der einzelnen Kabarettisten hat sich verändert, weil es viel mehr Angebote als früher gibt und vieles in Sparten läuft. Was Frauen auf der Bühne angeht, ist Carolin Kebekus für mich mittlerweile der Maßstab. Sie ist die

moderne neue Frauenfigur, auf die sich alle einigen können. Sie macht zwar auch Pimmelwitze, wird dafür aber nicht so gesteinigt wie andere. Vielleicht deshalb, weil sie jung und attraktiv ist und sich nicht old fashioned mit einer Kittelschürze auf die Bühne stellt.

Du kokettierst in deinen Songs, aber auch in Interviews wie jetzt immer wieder mit dem Thema Alter und sprichst etwa von »faltigen Händen«. Ist dein Älterwerden so ein großes Thema für dich?
Natürlich ist das ein Thema! Ich will in meinen Songs nicht beliebige Texte singen, immer von Wind und Himmel und Liebe und Sehnsucht, sondern über Themen, die eine jüngere Frau so vielleicht noch nicht singen könnte. Ein Lied wie »Pläne« kann ich glaubwürdiger vertreten, weil in meinem Alter die ersten Freunde anfangen zu sterben. Ich kann auch eher darüber Texte schreiben, wie es ist, kein Kind bekommen zu haben, auch das kann eine Fünfundzwanzigjährige nicht. Ich suche bewusst nach den Themen meiner Generation. Zumal unsere Gesellschaft das Älterwerden irgendwie noch immer ausblendet.

> »EINE MITTELALTE FRAU WIE ICH ZU SEIN, IST GERADE ZIEMLICH UNMODERN.«

Wirklich? Wir haben den Eindruck, die Älteren haben heute eine lautere Stimme als früher.
Die Oma ist in der Gesellschaft ja auch anerkannt, die findet man schon wieder gut. Wenn du siebzig und witzig bist, dann ist das okay. Aber eine mittelalte Frau wie ich zu sein, ist gerade ziemlich unmodern. Die »OK-Boomer« blendet man lieber aus. Wir kommen in der Gesellschaft gerade irgendwie nicht so sympathisch rüber wie ihr.

Vielen Dank, aber so jung sind auch wir nicht mehr. Wir sind um die vierzig und haben auch oft das Gefühl, von den Klischees überfordert zu werden. Weil immer so getan wird, als könne man alles problemlos unter einen Hut bekommen: Familie, Karriere, Beziehung, und das alles am besten störungsfrei und immer gut gelaunt.
Ja, und mit dem Altern ist es genauso. Wir sollen ganz natürlich aussehen, ungeschminkt, authentisch sein. Und dann wirst du auf dem Weg zum Sport fotografiert und siehst sehr natürlich, ungeschminkt und authentisch aus, und es heißt: »Oh Gott, ist das etwa Ina Müller?« Im Moment gibt es eine riesige Verlogenheit, weil auf der einen Seite der Eindruck erweckt wird, es sei überhaupt kein Problem, alt und faltig zu sein. Aber auf der anderen Seite wird es überhaupt nicht akzeptiert. Dabei kann nicht jede Frau Iris Berben sein, in die wir alle verliebt sind, weil sie so eine tolle Schauspielerin und wahnsinnig sympathisch ist und mit siebzig außerdem noch unfassbar gut aussieht!

Eine spannende Diskrepanz: Wir wollen authentische Figuren, halten aber keine Authentizität aus.
Es ist bigott!

War das früher anders?
Früher war es ehrlicher, weil ganz klar war: Wenn du im Showbusiness bist, musst du sexy, schön schlank und jung sein. Punkt.

Und heute tut die Gesellschaft so, als sei sie schon viel toleranter und emanzipierter, denkt aber immer noch dasselbe, nur dass sie es nicht mehr offen zugibt?
Das hast du schlau auf den Punkt gebracht. Aber du hast ja auch studiert.

Siehst du Unterschiede bei Männern und Frauen, was diese Verlogenheit angeht?
Männer holen ja stark auf, was den Beautydruck im Promibusiness angeht. Was bei den Frauen immer schon wichtig war, also schön und dünn sein, sind beim Mann jetzt das Sixpack und die dicken Arme. Der durchtrainierte Körper kann die fehlende Intelligenz oder den fehlenden Humor ersetzen.

Ist das Bild, das du da malst, nicht selbst doch eher ziemlich klischeehaft?
Nein, wieso denn? Allein die Debatte über Adele, die jetzt so abgenommen hat. Viele Zeitungen haben mit großer Bewunderung darüber geschrieben, wie toll sie das finden. Aber wenn es doch schon so nebensächlich ist und angeblich keine Rolle mehr spielt, wie man aussieht, warum schreiben sie dann überhaupt noch darüber? Eigentlich dürfte nur die Tatsache ein Thema sein, dass Adele eine fantastische, außergewöhnliche Sängerin ist. Das Wichtigste für viele ist im Moment aber: Adele hat abgenommen.

Spürst du diese verzerrten Mediendebatten auch in anderen Bereichen? Beim Thema Nachwuchs zum Beispiel? Du hast keine Kinder und dazu mal gesagt: »Den Preis dafür, den zahle ich auf dem Sterbebett, wenn meine Hand ins Leere greift.« Hast du das Gefühl, dich dafür rechtfertigen zu müssen, nicht Mutter geworden zu sein?
Nein, ich habe meine Kinderlosigkeit nie als Tabuthema gesehen. Ich habe sie ja selbst für mich gewählt. Aber ich bekomme mit, dass es als Tabuthema behandelt wird, und finde es schlimm, dass man in dieser Frage heute so Partei ergreifen muss. Ich singe auf der Bühne den Song »Wie du wohl wärst«,

damit besinge ich alles, was ich darüber denke. Und manchmal möchte ich auch zurückfragen: »Warum ist es eigentlich so toll, Kinder zu haben?« In einer Folge des Podcasts »Fest und Flauschig« sagte Jan Böhmermann neulich den Satz: »An alle kinderlosen Wichser da draußen.« Mir ist die Zahnbürste aus dem Mund gefallen, weil mich die Härte der Aussage so getroffen hat. Die einen können eben keine Kinder bekommen, die anderen wollen keine. Eine pauschale Verurteilung von Kinderlosen ist echt doof, weil meistens doch eine Geschichte dahintersteckt.

Da wir gerade über das schwierige Verhältnis der Gesellschaft zu ihrer oft noch ziemlich unterentwickelten Toleranz sprechen: »Inas Nacht« wirkt auch deshalb so echt, weil du Dinge zum Programm erhebst, die mittlerweile eigentlich verpönt sind, Alkoholtrinken zum Beispiel. Heutzutage kein kleines Vergehen mehr.

Oder Plastikstrohhalme! Neulich war in einer Folge ein Plastikhalm in einem Longdrink, und es gab viele erboste Zuschriften. Aber wir sind eben bei *Frau Müller*, in einer Kneipe, in der es noch keine Glashalme gibt. Wir könnten jetzt so tun, als gäbe es sie schon. Das will ich aber nicht. Beim Alkohol ist die Empörungswelle manchmal ähnlich groß, aber wem will man denn weismachen, dass erwachsene Menschen nach zweiundzwanzig Uhr in einer Kneipe nur am Wasser rumnuckeln? Nur beim Rauchen reißen wir uns zusammen. Die Hälfte meiner Gäste raucht, und dann machen wir halt kurz die Kamera aus und rauchen eine zusammen.

Nervt dich das, dieser gut gemeinte »Tugendfuror« der wohltemperierten Gesellschaft, wie manche Kritiker es nennen?

Mich nervt es, dass unsere Gesellschaft immer radikaler wird. Manchmal möchte ich auf die Straße rennen und laut schreien: »Leute, jetzt mal ganz ehrlich! Wo ist eigentlich das gute, alte Mittelmaß geblieben?« Es gibt nur noch entweder viel Fleisch essen oder Veganer sein, Kette rauchen oder gar nicht rauchen, saufen oder keinen Schluck anrühren. Warum nicht ein bisschen rauchen, ein bisschen Fleisch essen, ein bisschen saufen? Oder sich zur Abwechslung mal nur ein bisschen beschweren? Ich habe das Gefühl, wir sind mittlerweile alle so frei, dass wir es vor Freiheit kaum noch aushalten. Und deshalb setzen wir uns damit diese engen Grenzen selbst.

>> WIR SIND MITTLERWEILE ALLE SO FREI, DASS WIR ES VOR FREIHEIT KAUM NOCH AUSHALTEN. <<

Andere Grenzen sind sehr notwendig, werden aber immer wieder überschritten. Im Mai 2020 haben Joko und Klaas in ihrer Sendung den Beitrag »Männerwelten« gezeigt, in dem es um die vielen kleineren, mittleren und großen Belästigungen von Frauen ging, vom anzüglichen Spruch bis hin zu sexuellen Attacken. In deiner Sendung kommst du deinen (*männlichen*) Gästen in gemütlicher Kneipenatmosphäre auf der Bank sehr nah. Hast auch du schon solche Dinge erlebt?

Kleine Anzüglichkeiten, die »zufällige« Hand auf dem Bein? Anzüglichkeiten gibt es immer wieder mal, deshalb muss das Setting klar sein. Ich bin stark, du bist stark. Wir begegnen uns hier auf Augenhöhe. Wenn wir dann rumfrotzeln, ist das in dieser Situation völlig okay. Das Problem ist eher, dass ich viele Menschen kenne, die sagen: »Wieso wehren die Frauen sich nicht direkt und hauen den Männern nicht einfach auf die Finger?« Ich bin stark, ich würde Männern auf die Finger hauen und habe das auch schon getan! Ich haue drauf, verbal und von mir aus auch körperlich. Aber man darf einfach nicht davon ausgehen, dass jede Frau stark ist. Wenn Frauen so etwas erleben, sind viele erst einmal geschockt und wie gelähmt und nehmen das mit nach Hause. Nicht jede hat den Mut, sich sofort zu wehren, und das ist wichtig zu wissen. Das muss man akzeptieren.

Das Erschreckende ist ja: Man fragt nach solch einer Sendung im weiblichen Bekanntenkreis herum und erschrickt, weil fast jede Frau von solchen Erfahrungen berichten kann. Wie bei der Betriebsfeier »zufällig« die Hand auf dem Oberschenkel landete. Oder wie sie beim Konzert in der Menge angegrapscht wurde.

Das kennt doch fast jede Frau! Irgendwer begrapscht dir in der Menge den Hintern. Du drehst dich um, dann ist der Typ in der Menge schon untergetaucht. Dir fällt die Kinnlade herunter, und du fragst dich: Sage ich jetzt was, oder bin ich dann wieder die überspannte Emanze? Das macht was mit einem, weil es einfach übergriffig ist. Wir sprechen hier nicht von Vergewaltigung. Es sind diese vielen kleinen, miesen Tatschereien, die du im Gewühl gar nicht so schnell zuordnen kannst. Oder wie reagiert man auf den wichsenden Typen, mit dem man nachts allein in der U-Bahn sitzt? Was sagt man da?

Auch das haben wir noch nie erlebt. Weggehen? Konfrontieren?

In jedem Fall die Männer nicht mit solchen Sachen durchkommen lassen, die Polizei rufen! Sich wehren, stark sein! Es tut mir auch leid, dass ich hier so pauschalisieren muss. Natürlich sind nicht alle Männer so. Aber es gibt keine andere Lösung dafür, als diese Dinge so hart anzusprechen.

▲ *Adel Tawil hat etwas zu sagen – nicht nur über Musik, sondern auch über das Gefühl, als Deutscher von manchen trotzdem nicht als Deutscher anerkannt zu werden. Daniel Pilar hat ihn in Berlin-Charlottenburg kurz nach unserem Interview fotografiert.*

▸ INTERVIEW

IST DEUTSCHLAND EIN EINWANDERUNGS-LAND, **ADEL TAWIL?**

Die Frage ist eine kleine Provokation, denn die Zahlen sprechen eine klare Sprache: Jeder hat einen Hintergrund – und jeder Vierte sogar einen Migrationshintergrund. Adel Tawil hat beides, er ist in Berlin geboren und deshalb so deutsch wie wir zwei Autoren. Dass sich unsere Lebensgeschichten dann doch ziemlich unterscheiden, hat auch mit seiner tunesisch-ägyptischen Abstammung zu tun. Zehn Jahre nach der Sarrazin-Debatte und gut drei Jahre nach dem Einzug der rechten AfD in den Bundestag stellt sich noch immer die Frage, ob die deutsche Gesellschaft einen vernünftigen Umgang mit dem Thema Einwanderung gefunden hat. Dabei hat Einwanderung gerade in der Musik den Horizont der deutschen Kultur enorm bereichert. Von einer Leitkultur kann auf diesem Feld zwischen Soul, R'n'B und Hip-Hop ohnehin keine Rede sein, und Tawil ist ein besonders begabter Grenzgänger. Mit ihm über Einwanderung zu sprechen, ist uns trotzdem ein wenig peinlich, weil Einwandererkinder wie er immer auf dieses Thema festgenagelt werden. Als wir ihn im September 2019 in Berlin-Charlottenberg besuchen, sieht er das allerdings ziemlich locker, und wir erleben einen klugen Gesprächspartner, der über Musik hinaus etwas zu sagen hat. Adel Tawil über die ersten Jahre seiner Mutter in Siemensstadt, Diskriminierung in der U-Bahn, den Islam in seinem Leben und Musik als Melting Pot in einer Stadt, in der Integration oft, aber nicht immer gelingt.

Adel Tawil, 1978 als Adel Salah Mahmoud Eid El-Tawil in Berlin **geboren**, war Ende der Neunzigerjahre **Sänger in der Boyband The Boyz.** Später gründete er mit der NDW-Queen Annette Humpe das **Duo Ich + Ich**, bevor er wieder auf Solopfade ging. Ich + Ich **haben drei Studioalben** herausgebracht, **zwei erreichten Platz eins in den Charts**. Danach veröffentlichte er drei Soloalben. Bekannteste Lieder: »Vom selben Stern« und »Lieder«.

Adel, du bist in Deutschland geboren, deine Mutter ist Tunesierin, dein Vater Ägypter. Hast du drei Heimaten in dir?
Ja, irgendwie schon. Eigentlich habe ich mich aber immer zuerst als Berliner gefühlt. Hier bin ich geboren und aufgewachsen, hier gehöre ich hin.

Du bist in Berlin-Siemensstadt groß geworden, einem Arbeiterstadtteil im Westen der Stadt.
Meine Mutter kam gemeinsam mit vielen jungen tunesischen Frauen nach Berlin, weil Siemens damals Arbeitskräfte brauchte und viele Arbeiter aus dem Ausland nach Deutschland holte. Man hat ihr eine subventionierte Wohnung gestellt, und in der ist sie gleich geblieben. Das war so eine Community von dreißig oder vierzig Frauen, die gemeinsam kamen. Für meine Mutter war das super, sie war erst neunzehn und auf diese Gemeinschaft angewiesen. Das ist ja auch das Schöne für mich, bis heute: Wir aus Siemensstadt sind alle eine Clique, das sind bis heute meine besten Freunde. Uns eint, dass unsere Mütter aus Tunesien kommen. Nur unsere Väter sind grundverschieden: Der eine kommt aus Ghana, der andere aus Deutschland, der dritte aus Österreich, meiner aus Ägypten.

Wie ist deine Mutter in Deutschland empfangen worden?
Sie kam mit dem Zug in Berlin an, und es war schon ziemlich rau. Niemand hat ihr den roten Teppich ausgerollt. Aber für sie war es okay. Vom Bahnhof wurden sie und die anderen Frauen direkt in das Wohnheim gebracht, das muss 1969 gewesen sein. Mein Vater kam erst Anfang der Siebzigerjahre nach Deutschland, nach dem Sechstagekrieg, als politisch Verfolgter.

Die beiden haben sich hier kennengelernt?
Ja, in einem Club. Ich glaube sogar im *La Belle*, diesem Club, der 1986 bei einem Anschlag in die Luft gegangen ist.

Wie war deine Kindheit in Siemensstadt? Auch rau?
Nein, Siemensstadt war cool, ein familienfreundlicher Bezirk. Wir hatten ein tolles Sportzentrum, ein großes Einkaufszentrum mit einem großen Hertie, den es nicht mehr gibt. Ich habe auch die Nähe zu Charlottenburg gemocht. Seit meiner Jugend hat sich in der Gegend aber viel verändert.

Wieso?
Es war schon vorher nicht der Ku'damm. Aber es gab Läden, die ein bisschen schicker waren. Jetzt gibt es dort Spielhallen, Sexshops und Spätis. Als ich ein Kind war, war Siemensstadt noch wie eine kleine Insel. Dadurch, dass bei Siemens so viele Nationalitäten gearbeitet haben, waren im Kiez alle total verschieden. Deswegen habe ich auch nie eine Identitätskrise gehabt. Bin ich nun Ägypter, Tunesier oder Deutscher? Trotzdem habe ich meine Herkunft manchmal fast gehasst, weil meine Eltern zu denen gehörten, die für eine Woche vor den Sommerferien und eine Woche danach eine Entschuldigung für die Schule schrieben, weil wir wieder zwei Monate nach Ägypten oder Tunesien fuhren. Für mich war das ein absoluter Albtraum.

Du hast darunter gelitten, unter diesen Urlauben?
Als Zehn- oder Zwölfjähriger acht Wochen in Kairo – das ist Horror, wenn du aus Berlin-Siemensstadt kommst! Vor allem, weil wir von diesen acht Wochen höchstens eine am Meer waren. Wir waren abwechselnd in Kairo und in Tunis, ein absoluter Zwang, obwohl ich mich überhaupt nicht als Tunesier oder Ägypter gefühlt habe. Mit fünfzehn oder sechzehn bin ich dann zum ersten Mal nicht mehr mitgefahren.

War deine Mutter mit ihrer Stelle bei Siemens unter den anderen Gastarbeitern eher privilegiert?
Sie hatte es die ersten Jahre schon schwer. Die guten Zeiten kamen Mitte der Achtziger- bis Mitte der Neunzigerjahre, weil mein Vater damals in einem sehr guten italienischen Restaurant Chefkellner wurde. Er hat einen tollen Job gemacht, auch wenn er für uns dadurch kaum da war. Für uns Kinder war klar: Morgens mussten wir leise sein, weil er bis abends spät um zwei arbeitete. Aber dadurch konnten wir uns eben die Wohnung leisten und auch die Reisen zu den Familien.

Habt ihr zu Hause deutsch gesprochen?
Meine Mutter hat mit uns Kindern deutsch gesprochen, mein Vater arabisch. Ägyptisch, um genau zu sein …

Was ja nah dran ist am Hocharabischen …
Ja, Kairo ist so etwas wie das Hollywood des arabischen Raums, was Kultur und Musik angeht. Das Tunesische ist eher so etwas wie Niederbayrisch …

War das eine bewusste Entscheidung deiner Mutter, mit euch deutsch zu sprechen?
Ja, sie wollte die Sprache unbedingt gut beherrschen, was sie heute auch tut, sie spricht perfekt. Mein Vater spricht nicht so gut wie meine Mutter.

Das ist interessant. Was hat deine Mutter für einen Bildungshintergrund?
Gar keinen. Sie hat keine klassische Ausbildung durchlaufen. Mein Vater hat Abitur und studiert.

> »MEINE MUTTER HAT MIT UNS KINDERN DEUTSCH GESPROCHEN.«

Und trotzdem hatte sie den Weitblick, mit euch konsequent deutsch zu sprechen.
Meine Mutter hatte ein großes Gespür dafür, wie wichtig es ist, dass wir uns nicht fremd fühlen und uns perfekt in die Gesellschaft eingliedern. Dabei hatte sie auch mit Anfeindungen zu kämpfen. Als meine Mutter schwanger wurde, sagte ihr bei Siemens einmal eine deutsche Vorarbeiterin: »Was soll aus dem Kind bloß werden?« Meine Mutter antwortete: »Der wird mal Bundeskanzler.«

Das hat allerdings noch nicht geklappt ...
Schade eigentlich *(lacht)*. Ich will damit nur sagen: Meine Mutter war resolut und hat uns das auch immer so vermittelt. Das war auf der einen Seite natürlich gut. Andererseits hat sie mir auch immer wieder den Unterschied zu den Deutschen vor Augen geführt, wenn sie mir gesagt hat, dass ich deutlich besser in der Schule sein müsse als die deutschen Kinder. Das habe ich damals nicht verstanden. Warum sollte ich denn anders sein als die? »Ja«, sagte sie dann, »wenn zwei zur Auswahl stehen bei der Jobsuche, dann nehmen sie eher den Deutschen. Dann wird eher der Müller als der Tawil genommen.«

Hat dich das angespornt?
In der Grundschule schon, da war ich ein sehr guter Schüler. Später haben wir den Fehler gemacht, dass ich auf ein sehr elitäres Gymnasium gegangen bin, so mit Aufstehen und »Guten Morgen, Herr Lehrer«. Da habe ich mich überhaupt nicht mehr wohlgefühlt. Ich fühlte mich ausgegrenzt, auch weil es nur drei Schüler mit Migrationshintergrund gab.

Gab es Mobbing?
Sprüche gab es immer. Aber so etwas hat mich nie auf die Barrikaden gebracht.

(Tawil erzählt von seiner Schulkarriere, die zeitweise ins Stocken geriet, als er zweimal sitzen blieb und von der Schule flog, weil er ein Graffito ans Landschulheim gemalt hatte und verpfiffen wurde. Aber bis dahin habe es immerhin Jahre gedauert, sagt Tawil. Ein türkischstämmiger Mitschüler habe es nur ein halbes Jahr an der Schule ausgehalten. Nach seinem Rauswurf wechselte Tawil auf die Heinrich-Böll-Gesamtschule in Spandau. Ein »Knaller«, wie er sagt. Eine Vorreiterschule mit interessantem Unterricht, guten Freizeitmöglichkeiten und einer großen Bibliothek.)

Hatten deine Eltern viel Kontakt zu Deutschen?
Ja. Mein bester Kumpel ist halb Italiener und halb Deutscher, bei ihm habe ich oft Weihnachten verbracht. Auch in der Schule gab es, zumindest später, nie Unterschiede. Aber natürlich habe ich auch tunesische Freunde, die damals in Kreuzberg lebten. Kreuzberg war harter Tobak im Vergleich zu Siemensstadt. Siemensstadt war auch nicht immer ohne, da gab es hin und wieder schon mal eine Schlägerei. Aber in Kreuzberg oder Neukölln ging es noch viel mehr zur Sache. Dort wusste man: Hier kann es jederzeit zu Stress und heftigen Auseinandersetzungen kommen.

Welche Bedeutung hat der Ort für eine gelingende Integration? Ist es in Kreuzberg schwieriger, integriert zu werden, als in Siemensstadt?
Es wird immer dann schwierig, wenn sich Leute abschotten, insbesondere wenn diejenigen mit gleichem kulturellem Hintergrund zusammenbleiben und alle auf einem Fleck rumhängen. Deswegen wollte ich das nie. Es gab zu der Zeit in Berlin ja viele Gangs, das Klima war rau.

Als Einwanderer muss man sich noch mehr anstrengen als die Deutschen. Diese Regel war in deiner Familie Gesetz. Ist das heute immer noch so, auch in den Familien deiner Freunde?
Das Thema ist immer noch sehr präsent. Ich habe nicht mehr so enge Beziehungen zu den Jugendlichen von heute, aber ich habe das Gefühl, dass das eher noch schlimmer geworden ist als früher. Die Ausgrenzung nimmt zu, und auch die Sprache ist mittlerweile eine ganz andere. Das ist ja auch das Thema des deutschen Gangsta-Rap von heute. Wir haben damals noch dieses Hip-Hop-Ding zelebriert, diese Kultur. Das hat mich letztlich auch davon abgehalten, zu viele Dummheiten anzustellen.

»DIE AUSGRENZUNG NIMMT ZU.«

Woher kam dieser moralische Kompass, der dich vor Schlimmerem bewahrt hat?
Mein Vater hat mich nie geschlagen, meine Mutter auch nicht ... *(überlegt)* Na ja, einige wenige Male vielleicht, mit den Flipflops, so wurden wir halt erzogen. Aber ich musste zu Hause nie zeigen, so, ich bin hier der Chef, und das musste ich dann auch auf der Straße nie. Mein Vater war sehr streng, aber es gab keine Gewalt.

Du hattest auch deutsche Freunde. Unterschieden sich deren Elternhäuser von deinem?
(Lacht) Oh ja. Ja, auf jeden Fall!

Inwiefern?
Die Deutschen konnten mit ihren Eltern reden, ich mit meinen nicht. Bis heute nicht, ich rede mit meinem Vater noch immer nur das Nötigste. Das ist einfach eine andere Form von

Autorität und Respekt. Das ist so ein bisschen das alte Bild, in Deutschland war das vor fünfzig Jahren wahrscheinlich ähnlich. Den Vater hast du nicht mit irgendwelchen Schulproblemen belästigt. Wenn ich Mist gebaut hatte, dann war das Schlimmste an der Situation der Moment der Wahrheit, wenn mein Vater von der Arbeit nach Hause kam.

Aber dein Vater ist schon stolz auf dich?
Ja, auf jeden Fall, das gilt für meine ganze Familie!

Hast du deine deutschen Freunde trotzdem manchmal beneidet, weil ihre Eltern liberaler waren?
(Überlegt) Ja, doch. Ich würde schon sagen, als Jugendlicher beneidet man das, weil sie gewisse Freiheiten hatten, die ich so nicht hatte. Erste Liebe … oder im Sommer sind alle im Freibad und genießen den Berliner Sommer, und du hockst irgendwo mit der Riesenfamilie wochenlang in Kairo.

Hatte das nicht auch etwas Cooles, dass du bei deinen Freunden erzählen konntest, du kennst Kairo gut?
Nein, gar nicht. Zumindest nicht am Anfang. Erst später, da war ich achtzehn oder so, wurde es immer cooler.

Bei einem Deutsch-Franzosen oder Deutsch-Amerikaner würden wahrscheinlich alle anerkennend mit dem Kopf nicken. Bei einem Deutsch-Tunesier nicht?
Ich habe zwar nie den heftigen Rassismus erlebt wie andere, aber am Ende wusste ich doch immer: Ich bin anders. Diese Erkenntnis macht dir auf jeden Fall zu schaffen. Meine Eltern haben immer gesagt: »Vielleicht gehen wir zurück.« »Wieso zurück?«, habe ich mich gefragt. Nach Kairo? Da ist es laut und dreckig! Mir war immer sehr bewusst, wie gut mein Leben in Deutschland ist. Das habe ich an Kleinigkeiten festgemacht – dass das Wasser vernünftig läuft, die Sanitäranlagen funktionieren oder die Türklinken … Geh mal nach Kairo! Bei den Reichen funktioniert das da auch, und auch bei meiner Familie in Ägypten ist es noch okay. Aber meine Familie in Tunesien war bettelarm. So arm, dass sie da kein richtiges Dach über dem Kopf hatten.

> »ABER AM ENDE WUSSTE ICH DOCH IMMER: **ICH BIN ANDERS.**«

Diskriminierung ist in deinen Songs immer wieder ein Thema. Auf einem deiner Alben, im Song »Wohin soll ich gehen«, beschreibst du das. »Wohin soll ich geh'n / Wenn du doch mein Zuhause bist?« Oder: »Jetzt wird meine Schwester in der Bahn beschimpft.« Wie viel Adel Tawil steckt in solchen Zeilen?
Meine Songs müssen nicht automatisch autobiografisch sein. Aber die Story mit meiner Schwester ist echt. Das war in Charlottenburg in der U-Bahn. Da saß ihr jemand gegenüber und hat sie plötzlich heftig beschimpft. Erst leise, aber dann ist der Typ richtig laut geworden. Meine Schwester hatte ihre beiden kleinen Kinder dabei, und als sie raus wollten, hat er sich ihr in den Weg gestellt. Es waren mehrere Leute in der U-Bahn, aber niemand ist eingeschritten. Meine Schwester kann ziemlich tough sein, sie hat ihre Kinder hinter sich genommen, den Typen fixiert und sich nicht klein machen lassen. Dann ist sie rückwärts aus der stehenden U-Bahn raus. Der Typ ist zum Glück drin geblieben, die U-Bahn ist weggefahren, aber für meine Schwester war das ein riesiger Schock.

Hat die Fremdenfeindlichkeit in Deutschland zugenommen? Oder liegt das an der Wahrnehmung, weil so viel über AfD und Rechtsextremismus berichtet wird?
Ich weiß nicht, ob es wirklich mehr geworden ist, vielleicht ist das auch nur ein Gefühl. Aber man merkt es an der Sprache und der Tonalität, das ist für mich das erste Indiz, dass sich etwas verändert hat. Vor einer Weile kam nach einem Konzert mal ein Mann zu mir und sagte: »Hey, gib mal ein Autogramm für meine Frau!« Er hatte die 88 tätowiert und fragte: »Woher kommste?« – »Meine Mutter kommt aus Tunesien, mein Vater aus Ägypten.« – »Also haste keinen deutschen Pass?« Eine weitere Unterhaltung machte für mich keinen Sinn, aber solche Sachen sind mir früher nicht passiert.

Auf der anderen Seite wirst du manchmal sogar von Migranten dafür kritisiert, dass du so gut integriert bist. Als sei das ein Verrat.
Ja, Kritik gibt es durchaus auch aus der Richtung. Sie ist für mich allerdings unverständlich. Ich sehe darin keinen Konflikt. Man kann durchaus integriert sein, ohne seine Wurzeln zu verleugnen.

Der Generation unserer Eltern fällt es immer noch schwer, einen Deutschen mit Migrationshintergrund einfach nur als Deutschen zu sehen. Die Frage nach der Herkunft kommt meist sofort, auch wenn das oft nicht böse gemeint ist. Oder ändert sich das gerade?
Nein, ich glaube nicht. Weil die Religion, vor allem der Islam, ein so wichtiges Thema geworden ist. Ich werde in letzter Zeit häufiger damit konfrontiert, obwohl ich nach herkömmlichen

Maßstäben gar nicht als echter Gläubiger durchgehe. Ich bin zwar muslimisch erzogen worden, aber ich habe weder den Koran gelesen, noch entsprechenden Religionsunterricht erhalten. Trotzdem merke ich, dass ich mich den Leuten erklären muss, wenn sie kommen und sagen: »Ihr behandelt die Frauen schlecht.« Oder: »Ihr dürft ja vier Frauen heiraten.« Und all die ganzen Geschichten. Dieser Rechtfertigungsdruck ist auf jeden Fall viel größer geworden.

Wie religiös sind deine Eltern?
Mein Vater überhaupt nicht. Der fastet nicht und könnte niemals den ganzen Tag nicht rauchen! Meine Mutter ein wenig, allerdings nie konsequent. Hier und da gab es kleine Ausnahmen, zwischendurch wurde bei besonderen Anlässen auch mal ein Glas Sekt getrunken. Aber je älter sie wurde und je größer die Sorgen, desto gläubiger wurde sie.

Hätte mehr Religion deine Integration erschwert?
Weiß ich nicht, wir waren schon ein traditioneller orientalischer Haushalt, auch wenn bei uns nicht fünfmal am Tag gebetet wurde. Es gab kein Schweinefleisch und keinen Alkohol, wir haben Ramadan gemacht, ich musste fasten – zu Hause zumindest. Draußen habe ich dann doch was Kleines gegessen. Und so war es auch bei meiner Familie in Ägypten oder Tunesien. Aber das hatte nichts mit diesem Bild des Islam zu tun, das viele heute haben. Das wäre sicher ein ganz anderes Leben gewesen.

Sehen die Muslime, die du kennst, die islamischen Regeln ähnlich wie du? So vergleichsweise locker?
In meinem Umfeld eigentlich die meisten. So wurde ich von meinen Eltern erzogen: Niemand kann dir etwas sagen außer Gott, und am Ende ist jeder für sich selbst verantwortlich. Ich renne auch nicht rum und nenne mich Moslem, ich esse einfach kein Schweinefleisch. Ich kann mich an eine Szene aus meinem Kindergarten erinnern, als die Doppelglastür aufging und meine Mutter reinkam. Alle aßen gerade, ich dieses leckere Brot mit Teewurst. Meine Mutter rastete aus und schrie die Kindergärtnerin an; sie hat den ganzen Kindergarten zur Sau gemacht. Das war traumatisch, seitdem esse ich kein Schweinefleisch mehr.

>> AM ENDE IST **JEDER** FÜR SICH SELBST VERANTWORTLICH. <<

Findest du die Reaktion deiner Mutter richtig?
Nein, auf gar keinen Fall, das war ein Fehler! Aber es hat tatsächlich bei mir dazu geführt, dass mir alleine bei dem Gedanken an Schweinefleisch übel wird.

Die Hoffnung ist ja, dass in der Bratwurst kein Schweinefleisch ist ... oder gar kein Fleisch.
Über so was machen sich auch die Muslime lustig. Das ist wie bei Lasagne oder der »Heißen Hexe«, die es früher an der Tankstelle gab. Solange man es nicht weiß, kann man es essen. Manchmal lügt man sich eben selbst in die Tasche.

Nervt es dich eigentlich, dass viele Leute – wir jetzt auch – mit dir über deine Religion und deine Herkunft sprechen?
Nein, das macht mir nichts aus. Ich fühle mich ja als Berliner und zugehörig, und außerdem glaube ich, dass solche Gespräche dazu beitragen können, sich in den anderen hineinzuversetzen. Jetzt gerade wird ja ein Bild gezeichnet von Muslimen, die total fanatisch sind, und klar gibt es die auch. Aber ehrlich gesagt, Fanatiker machen mir immer Angst, nicht nur im Islam. Mein Vater ist da für mich die Schlüsselfigur.

>> **FANATIKER** MACHEN MIR IMMER ANGST. <<

Wie meinst du das?
Er hat so ein gesundes, pragmatisches Verständnis von Religion. Als meine Mutter nach meinem Unfall überlegt hat, sich zu verschleiern, hat er gesagt: »Auf gar keinen Fall. Ich gehe nicht mit dir vor die Tür, wenn du so ein Kopftuch trägst.«

(2017 hatte Tawil einen schweren Unfall, als er in einem Urlaub in Ägypten in ein Schwimmbecken sprang und sich den obersten Halswirbel brach. Er hatte großes Glück und überlebte, aber die Verletzung war sehr schwer, und die Rekonvaleszenz dauerte lange. Anm. d. Autoren)

Für viele bist du der integrierte Vorzeigemuslim, der zwischen den Seiten vermittelt. Kommst du mit dem Druck klar?
Das hat weniger mit der Religion zu tun, denn nach islamischen Maßstäben würde ich sicher nicht als hundertprozentiger Moslem durchgehen, sondern mehr mit meinem Background. Natürlich habe ich dadurch zu Jugendlichen mit Migrationshintergrund einen leichteren Zugang als andere. Ich war vor einiger Zeit in einer Förderschule in Neukölln, in der ein Großteil der Schüler türkisch- oder arabischstämmig ist. Wenn ich da bin, haben die gleich eine Verbindung zu mir. Weil sie merken: Hey, hier können wir auch was werden.

War Musik schon früh ein Schutzraum für dich, weil sie unabhängig war von der Frage, wer du bist und woher du kommst?
Ja, Musik habe ich schon immer gemacht. Durch die Musik

hatte ich sofort eine Identität: Guck mal, das ist Adel, der kann singen, tanzen und rappen. Ich habe mich in diesem Hip-Hop-Culture-Ding total wohlgefühlt. Das war für uns unsere Heimat; scheißegal, wo du herkommst, was du machst, wer du bist. Es ging nur darum, was du drauf hast. Es war in der Szene verpönt, jemandem etwas wegzunehmen. Wenn Spraydosen geklaut wurden, dann war das uncool. Man hatte ein gemeinschaftliches Gefühl. Deshalb bin ich nach der Schule immer ins Jugendfreizeitheim, Musik machen und rappen. Bis ich vierzehn oder fünfzehn wurde, dann hat der Berliner Senat das Hip-Hop-Mobil eingeführt, eine Art rollendes Studio. In dem habe ich meine ersten Demos gemacht. Und 1993 die erste Platte, »B-Town Flavor«.

Wie wurdest du später Teil der Boygroup The Boyz?

Ich habe auf Partys für fünfzig Mark gerappt und damals schon gemerkt, dass ich eher der Pop-Rapper bin, der die Leute zum Tanzen bringt. Da wollte ich nicht mit N.W.A-Songs *[Abkürzung für »Niggaz Wit Attitudes«, eine amerikanische Hip-Hop-Gruppe der späten Achtziger und frühen Neunziger, die maßgeblich für die Etablierung des Gangsta-Raps war, Anm. d. Autoren]* politisch und aggro ankommen. Also habe ich mir eine Hook von Madonna genommen, zum Beispiel »Secret«, die eine Sängerin gesungen hat, und dazu zwei Parts gerappt. So hatte ich schnell ein Set von vier Songs, mit denen ich pro Woche ein, zweimal aufgetreten bin. Da war ich sechzehn. Irgendwann sind dann Produzenten auf mich aufmerksam geworden, die musikalisch sehr kommerziell unterwegs waren. Sie haben mich gefragt, ob ich mir vorstellen kann, bei einer Teenieband mitzumachen.

Und, konntest du?

Nein, am Anfang wollte ich überhaupt nicht. Aber dann haben die gesagt: »Jeder von Take That hat eine Million auf dem Konto.« Was für ein absurder Satz! Eine Million, mit sechzehn, krasse Sache! Aber ich habe trotzdem Nein gesagt. Später kam ich mit den Produzenten noch mal zusammen, weil sie eine Dreier-Combo machen wollten, das war für mich okay. Wir haben bei The Boyz zu dritt angefangen. Erst später hat das Label verlangt, dass noch zwei dazukommen.

Wann bist du vom Rap zum Gesang gekommen?

Das Label wollte unbedingt, dass ich singe. Als ich zum ersten Mal im Studio war, habe ich nur gerappt, bis der Produzent sagte: »Kannst du nicht mal was singen?« Ich sagte: »Ich singe nicht so gern, muss das sein?« Ich habe mich aber breitschlagen lassen und »End of the Road« von Boyz 2 Men gesungen. Das fanden die richtig gut, denen gefiel mein Sound.

Du hast in der Boyband schon getextet – was waren deine Themen?

Es ging viel um das Leben auf der Straße, wie bei »One Minute«, um Getto, Gewalt, ein bisschen abgekupfert von den Amis, wie bei Tupac. Ich habe mir damals gar nicht so viele Gedanken darüber gemacht.

Was haben die Boybands der Neunziger für die Musikkultur bewirkt, im Rückblick?

Sie haben vor allem mit zur Kommerzialisierung beigetragen. Das waren ja hauptsächlich Entertainment-Bands, die nach einem ganz klaren Schema zusammengestellt waren. Die erste richtige Boyband war New Kids on the Block, später kamen Take That, und die Mädels sind einfach völlig durchgedreht. Das war der einzige Zweck dieser Bands: Mädchen in der Phase ihrer Pubertät, in der sie noch auf der Suche sind und noch nicht wissen, auf was sie stehen, ein komplettes Angebot zu machen. Deswegen hat man in den Boybands ja auch immer diese verschiedenen Typen, einer ein bisschen androgyn, der andere ein bisschen härter, einer groß, der andere klein, für jeden was dabei.

Und, was war dein Part?

Ich war der Rapper, der auf cool gemacht hat. Aber ich war nie so der Mädchenschwarm, das hat man schon gemerkt. Die meisten stehen ganz klassisch auf blond und blaue Augen, da waren sie bei mir falsch. Im Studio gab es für jeden in der Band Fächer für die Fanpost. Bei den beiden anderen Jungs waren die immer voll, teilweise stand die Post noch körbeweise daneben. Bei mir waren immer nur vier, fünf Briefe im Fach. Das war bei Tarek *(T-Soul, Tawils palästinensischer Bandkollege bei The Boyz, Anm. d. Autoren)* aber auch so. Da gab es schon Unterschiede.

Weil ihr einen Migrationshintergrund hattet?

Wir waren halt nicht blond und entsprachen nicht dem idealen Bild eines Schwiegersohns, sondern waren die bösen Rapper *(lacht)*. Aber wir haben bei The Boyz auch Sachen in Richtung Rassismus erlebt. Wir hatten mal einen Auftritt auf einem Straßenfest in Brandenburg, vor großem Publikum, die allermeisten waren begeisterte, friedliche Fans. Aber weil der Eintritt frei war und nicht kontrolliert wurde, kamen auch ein paar wenige Glatzen, die T-Soul und mich mit Flaschen beworfen haben. Wir haben sofort aufgehört zu

> »WIR HABEN **BEI THE BOYZ** AUCH SACHEN IN RICHTUNG **RASSISMUS** ERLEBT.«

spielen, und der Veranstalter hat auf der Bühne die unmissverständliche Ansage gemacht, dass das Konzert abgebrochen wird, wenn das noch ein einziges Mal vorkommt. Aber wir wurden sofort wieder beworfen, dann haben wir den Auftritt beendet. Die vielen friedlichen Fans waren total enttäuscht, aber es ging nicht anders.

In den Neunzigern blieb der Erfolg von The Boyz plötzlich aus. Du hast teilweise im Studio übernachtet, weil das Geld knapp war, und bist zum Duschen zu deinen Eltern nach Hause gefahren. Wussten sie Bescheid?
Nein, das wollte ich nicht. Durch meine zwei Ehrenrunden in der Schule habe ich es richtig versaut. Hätte ich die nicht gedreht, hätte ich beides gehabt, mein Abi und die Band. So hatte ich plötzlich nichts mehr. Bevor ich zu The Boyz kam, hatte ich in der zwölften Klasse meinen Schulleiter gefragt, ob ich von dieser wirklich guten, liberalen Schule abgehen darf, weil ich eine große Chance habe, Musik zu machen – und ob ich wiederkommen und die zwölfte Klasse wiederholen kann, wenn es in die Hose geht. Er hat mir zugesagt, dass ich das machen darf. Das durfte er eigentlich nicht, wenn der Schulsenat das gewusst hätte, hätte er sicher Ärger bekommen, und es wäre abgelehnt worden.

Du bist wieder zurück in die Schule, als es mit The Boyz nicht mehr klappte?
Nein, das ging nicht mehr, nach dem großen Erfolg mit The Boyz konnte ich nicht einfach wieder zu meinem Schulleiter zurück und sagen: »Hey, hier bin ich wieder!« Wir waren drei Jahre richtig erfolgreich gewesen, hatten in Malaysia eine Goldene Schallplatte bekommen und da vor achttausend malayischen Girls gespielt, die uns angehimmelt haben. Wir waren auf einer richtigen Welle und dachten, wir sind die nächsten Superstars, fünf kleine Michael Jacksons. Als nach drei Jahren der Erfolg ausblieb, war mir klar, dass ich das unter den Umständen nicht weitermachen will. Wir hatten üble Knebelverträge, die sogar an die Gema-Tantiemen rangegangen sind, das fand ich unfair. Also habe ich hingeschmissen. Auch wenn das für meine Eltern schrecklich war.

>> WIR WAREN AUF EINER RICHTIGEN WELLE UND DACHTEN, WIR SIND DIE NÄCHSTEN SUPERSTARS. <<

Weil sie Angst um deine Zukunft hatten?
Klar, und ja auch zu Recht! Das ist eine absolute Traumwelt. Man wird direkt in den Orbit geschossen, hat Autogrammkarten, und die Teenies flippen aus. Du wirst sofort behandelt wie ein Superstar, plötzlich kreischen die, wenn du aus dem Auto steigst. Das macht etwas mit einem, wenn man siebzehn, achtzehn ist.

Man hebt ab.
Völlig. Ich dachte, das ist jetzt mein Lifestyle, nur noch Limousine, roter Teppich, nur noch Überflieger. So habe ich das empfunden. Dann war das auf einmal weg, und damit musste mein ganzes Umfeld klarkommen. Das war für alle super strange. Ich hatte kein Abi, keine Ausbildung, es war völlig unklar,

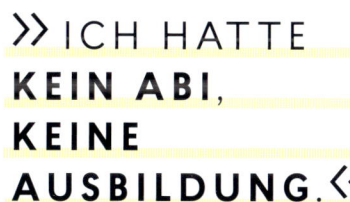

>> ICH HATTE KEIN ABI, KEINE AUSBILDUNG. <<

was jetzt passiert. Also habe ich das Geld genommen, das aus der The-Boyz-Zeit noch übrig war, und in ein Musikstudio gesteckt. Ich wollte unbedingt bei der Musik bleiben, aber es war eine sehr schwierige Zeit, auch weil ich gemerkt habe, wie vergänglich Ruhm ist. Ich war einer von fünf Jungs gewesen, das heißt, ich wurde auf der Straße nicht mehr erkannt und war plötzlich wieder ein ganz normaler Typ.

Aber das Studio lief nicht?
Ging so. Vor allem hat meine Bank, die mich mit Kusshand genommen hatte, als ich noch in der Band war und mit den ersten zehntausend Mark ankam, plötzlich ganz schnell den Hahn zugedreht, als ich im Minus war. Meine Eltern haben mir trotzdem bei jedem Besuch zehn oder zwanzig Mark in die Hand gedrückt *(lacht)*.

Was hattest du mit dem Geld aus der The-Boyz-Zeit gemacht? Mercedes?
Ja, auch, aber erst später. Als Erstes habe ich sehr viel meine Eltern unterstützt, das mache ich bis heute. Bei uns ist es so: Wenn es einer aus der Familie packt, ist er auch für alle anderen verantwortlich. Erst danach habe ich mir mein erstes eigenes Auto gekauft. Mein Ding war: Ich hab's jetzt geschafft, also brauche ich jetzt 'ne fette Uhr und ein fettes Auto. Das Auto, das war für mich ein gebrauchter Mercedes SLK AMG. Ich war so stolz. Wenn man bei dem hinten allerdings die Sitze hochgemacht hat, hat man Brandspuren gesehen. Das heißt, das Ding stand mal in Flammen. Super! Und den Rest der Kohle habe ich verprasst *(lacht)*.

Und dann bist du mit dem SLK in die Siemensstadt gefahren?
Klar, sofort. Zeigen, dass ich es gepackt hab. Ich kam da an, und plötzlich war ich wer. Das war alles, was zählte.

Umso mehr muss dich das Ende von The Boyz geschmerzt haben. Wie kamst du aus dem Tief wieder heraus?
Durch Annette Humpe, sie kam irgendwann zu mir ins Studio. Sie wollte weg aus Hamburg und suchte ein neues Team für ihre Ideen. Ich hatte für mich eigentlich beschlossen, dass ich nicht mehr auf die Bühne gehe, weil dich als ehemaliges Boyband-Mitglied eh keiner ernst nimmt. Im Studio habe ich Songs geschrieben und jeden Auftrag angenommen, den ich von den Plattenfirmen bekommen habe. Ich habe Remixe gemacht, egal was, für zweihundert, dreihundert, fünfhundert Euro, um die Miete zu bezahlen. Als Annette kam, wusste ich erst gar nicht so richtig, wer das ist, ich kannte sie nicht und ihre NDW-Band, Ideal nur vom Hörensagen. Sie sagte: »Mensch, du kannst ja richtig gut singen.« Also hab ich ein paar Demos für sie gemacht. Danach haben wir angefangen, zusammen Stücke zu schreiben, für Laith Al-Deen und andere.

Was hast du von ihr gelernt?
Ich habe mich sofort in ihre Art zu schreiben verliebt. Die Sachen, die sie macht, passen einfach, das hat mich sehr beeindruckt. Bei ihr geht es nur ums Gefühl, sie will die Leute berühren, egal, mit welcher Geschichte. Und das macht sie konsequent. Es gibt heute, vor allem im angesagten Deutsch-Rap, viele Songs, die einfach nur Style haben. Die machen Spaß, aber sie berühren einen nicht. Das würde für Annette nicht infrage kommen. Es war eine tolle Zeit mit ihr, wir haben uns super verstanden. Auch wenn wir immer viel diskutiert haben.

Offiziell macht ihr mit Ich + Ich immer noch Pause. Bleibt es endgültig dabei?
Ich treffe Annette manchmal hier auf dem Spielplatz, dann reden wir darüber, neue Songs zu machen. Aber ich glaube nicht, dass sie noch einmal die Verpflichtung für ein komplett neues Ich + Ich-Album eingehen möchte, da bin ich mir sehr sicher. Sie hat diese Drei-Alben-Regel im Kopf, bei Ideal waren es ja auch nicht mehr. Ich sage ihr dann immer: »Annette, stell dir vor, die Beatles hätten nur drei Alben gemacht!«

Du hast dich vom Rap, vom Gangsta-Rap zumal, immer weiter entfernt. Kannst du dich trotzdem noch mit ihm identifizieren, mit seinen Botschaften?
Identifizieren vielleicht nicht mehr, dafür bin ich zu sehr raus. Ich mache mir mittlerweile über andere Dinge Gedanken, über Nachhaltigkeit, was brauche ich zum Leben, wie erziehe ich meine Kinder. Aber ich kann ihn immer noch verstehen, weil ich mich an diese Defensivposition, aus der ich komme, noch gut erinnern kann.

»KOMM DA RAUS, **BRING ES ZU WAS.**«

Arbeiterfamilie, ein bisschen Außenseiter, der nicht dazugehört. Auch für mich galt damals ganz klar das Motto: Du musst da rauskommen! Darum geht es ja beim Gangsta-Rap: Komm da raus, bring es zu was, dann hast du es geschafft.

Dabei kommt so jemand wie Bushido doch aus der Mittelschicht. Der ist doch gar nicht unterprivilegiert. Ist das also alles nur Attitüde?
Bushido kam aus Tempelhof, hatte eine deutsche Mutter. Aber man darf nicht vergessen, was wir auf der Straße erlebt haben. Wenn du in Schöneberg unterwegs warst, ging's hart zur Sache, wenn man mit den falschen Leuten unterwegs war. Das steckt in einem drin, das kriegst du nie wieder raus, dieses Streben nach Anerkennung. Im Nachhinein würde ich mich freuen, wenn ich mein ganzes Geld aus der Boyband-Zeit sinnvoll angelegt hätte, in Immobilien oder so. Ganz spießig, Eigentumswohnung. Aber das war nicht die Priorität.

Gibt es unter den Gangsta-Rappern auch heimliche Spießer?
Vielleicht, kann schon sein. Vieles ist auch Fassade. Ich habe schon mit Rappern gesprochen, Milonair zum Beispiel ist so ein Typ, die leiden unter diesem Zwang, immer mit einer goldenen Rolex rumzulaufen. Milonair sagt: »Ey, wenn ich an der Tankstelle bin und neben mir hält so ein Homie, ein Fan, dann erwartet der, dass ich das Bündel mit den Fünfhunderteuroscheinen raushole und beim Tanken fünfzig Euro Trinkgeld gebe.«

Und du? Leidest du auch unter dem Zwang, deine Straßenvergangenheit immer wieder zitieren zu müssen und nie völlig abschütteln zu können? Wie in deinem Song »Bis hier und noch weiter«, in dem von »wir« gegen »die« und den »Schlangen« die Rede ist. Gang-Slang in Reinkultur?
Möglich, vielleicht steckt das in mir auch noch drin. In vielen meiner Songs geht es tatsächlich ums Durchhalten, darum, Stärke zu zeigen. Das ist auch bei vielen Rappern immer wieder ein Thema.

Aber viele Texte gerade im Gangsta-Rap drehen sich auch um Gewalt und Sexismus. Sind das die einzigen Themen, mit denen man die Leute noch schocken kann?
Vielleicht, fast alle anderen Tabus sind ja schon gefallen.

Findest du diese Provokationen legitim? Oder gefährlich, weil sie eine Grenze überschreiten?
Rapper wollen provozieren und nutzen eine entsprechend harte Sprache. Battle-Rap zum Beispiel ist nichts anderes als verbaler Kampfsport. Leute, die politisch korrekt sein wollen, hören das sicher nicht. Sicher keinen Battle-Rap. Natürlich ist das auch irgendwie problematisch, weil nicht klar ist, wo dann

noch eine Grenze ist. Allerdings muss man im Einzelfall entscheiden und die Aussagen im Kontext einordnen.

Wenn man heute jemanden wie Campino erlebt, der früher so viel auf seine Punkkultur gab, kommt von ihm nichts Provokantes mehr. Kommen aus dieser Generation überhaupt noch Impulse, die dich interessieren?
Mich schon, weil ich altersmäßig zwischen den beiden Generationen stehe. Ich weiß aber, dass die Rap-Szene null interessiert, was Campino macht. Er ist für sie kein Leitbild.

Auch andere aus der alten Garde, die die Jungen früher durch ihre Musik und ihre oft politischen Statements bewegt haben, Leute wie Herbert Grönemeyer oder Udo Lindenberg, haben keinen wirklichen Zugang mehr zur Jugend. Wer hat den denn noch?
Herbert und Udo haben nach wie vor eine große Vorbildfunktion und engagieren sich für Toleranz und eine offene Gesellschaft. Auch wenn das vielleicht nicht mehr in der Breite der Jugendlichen ankommt, ist es für die Gesellschaft als solche sehr wichtig und nicht zu unterschätzen. Der Punkt ist aber: Viele politische Themen spielen in Teilen der Jugendkultur gerade keine große Rolle mehr, auch nicht in der Musik. Man sucht sich neue Ventile, um zu provozieren. Ich habe auf meinem letzten Album einen Song gemacht, »Katsching«, in dem ich die Konsumhörigkeit vieler Menschen auf die Schippe nehme. Das ist ja völlig extrem mittlerweile: Louis Vuitton, Prada, Gucci-Täschchen, das ist das neue Ding. Es geht nur noch um das große Geld.

Wie bei Shirin David.
Sie treibt das als Stilmittel auf die Spitze. Das ist eine neue Art der Provokation. Du musst Kohle machen, damit du die richtigen Klamotten und die richtige Karre kaufen kannst, und wenn du das hinkriegst, dann bist du cool und in der Gesellschaft angekommen. So lautet mittlerweile die Botschaft von Hip-Hop. Ich nehme mir, so viel ich kriegen kann, und halte mich dabei nicht an irgendwelche Normen. Hip-Hop hat mittlerweile einen völlig anderen Style als früher. Ich wusste mit vierzehn noch nicht, was Gucci ist. Aber weil ich meine Stimmung von früher kenne, kann ich das total verstehen, diese Art, sich zu wehren.

Ein Leben lang kann man das aber nicht machen, diese Art der Provokation. Campino pflegt seit vierzig Jahren seine Punk-Widerstandsattitüde, dabei ist er längst gereift und arriviert.
Stimmt, das Alter holt jeden irgendwann ein *(lacht)*. Guckt euch Sido oder selbst Capital Bra an! In dem Moment, in dem man merkt, du bist nicht mehr Nische, sondern dich hören verdammt viele Leute, dann dreht sich das Ganze. Oder du hast vielleicht eigene Kinder und spürst ein neues Verantwortungsgefühl. Bei Sido geht es immer noch zur Sache, aber die Themen sind andere, und Gewalt wird nicht mehr so verherrlicht. Oder Kool Savas, bei dem hat man das auch deutlich gemerkt, auf dem Album »Royal Bunker«, das er gemeinsam mit Sido gemacht hat. Da sind immer noch richtig starke Songs drauf, aber trotzdem hat er damit mit seinem alten Leben abgeschlossen und das Ruder herumgerissen.

Welche deutschen Acts hörst du sonst, außer Leuten wie Kool Savas?
Apache finde ich richtig gut, der macht etwas völlig anderes. Eines der größten Talente derzeit. Oder KC Rebel & Summer Cem. Die haben begriffen, dass es im Hip-Hop nicht mehr darum geht, nur mit Goldkette und fetten Geldscheinen rumzurennen. Sondern mit dem Klischee zu spielen und sich auch selbst auf die Schippe zu nehmen.

Sich selbst auf die Schippe zu nehmen, ist nicht gerade eine der hervorstechendsten Eigenschaften der Deutschen.
Das ist sicherlich immer Ansichtssache, und manche können besser damit umgehen, manche weniger. Ich mag die deutsche Mentalität, auf der einen Seite diese Herzlichkeit, auf der anderen Seite das direkte Geradlinige. Und ich habe das Gefühl, diejenigen, die in Deutschland an diese Werte glauben, an Offenheit und Toleranz, die kämpfen auch richtig dafür. Das ist toll an diesem Land, dass man hier von seinem Recht, seine Meinung zu äußern, wirklich Gebrauch macht. Wenn Leute auf der Straße Mist machen oder reden, dann gibt es viele, die das nicht unwidersprochen hinnehmen, die Stellung beziehen. Das sieht man in vielen anderen Ländern nicht.

> »ICH MAG DIE DEUTSCHE MENTALITÄT, AUF DER EINEN SEITE DIESE HERZLICHKEIT, AUF DER ANDEREN SEITE DAS DIREKTE GERADLINIGE.«

CROSSOVER DEUTSCHLAND

Warum Deutschland ohne Migration ärmer wäre. Und wie die deutsche Popmusik endlich den Anschluss an die Welt geschafft hat.

Geld, Geld, Geld, nichts als Geld. Der Straßenrap, der seit Jahren die Charts dominiert und aus den Jugendzimmern schallt, dreht sich nur ums verdammte Geld. Protzige Autos, fette Goldketten, Geldbündel und eine Armada an Kreditkarten auf dem Beifahrersitz. Keine Werte, und wenn, dann keine, die die meisten von uns teilen – vorbestraft, sexistisch, homophob. In der Mitte thront der Mann, denn Frauen kennt die Szene nur als Sexobjekt oder Putzfrau, und wenn von Männern die Rede ist, dann sind es häufig Migranten oder schwere Jungs, die »Kanak Sprak« radebrechen oder Zeilen wie »Die Frau, die ich ficke, ist ein Neunziger Baujahr« rappen.

Zugegeben, dieser Einstieg ist polemisch, wir schreiben es zur Sicherheit dazu, weil Sarkasmus schriftlich ja schlecht funktioniert, das lernt jeder Journalistenschüler. Aber so oder so ähnlich wirkt die Szene der Gangsta-Rapper auf viele, die sie von außen beobachten und sich verwundert die Augen reiben, warum ihre Kinder so umstrittene Künstler wie Gzuz, Haftbefehl oder Farid Bang vergöttern. Rapper, die als Bürgerschreck eine Sogwirkung auf die Jugend ausüben wie kaum andere Musiker derzeit. Oder regt sich noch ernsthaft jemand über Rocksänger auf? Vorbei auch die Zeiten, als Roberto Blanco mit seinen kubanischen Wurzeln als gelungenes Beispiel für Integration in der Musikszene herhalten musste, den der CSU-Politiker Joachim Herrmann einmal als »wunderbaren Neger« bezeichnete. Blanco, der Ehrenmitglied der Partei ist und ohnehin immer dahin ging, wo es wehtat, beispielsweise in den ZDF-Fernsehgarten oder zum ARD-Pendant »Immer wieder sonntags«, ließ derlei zweischneidige Komplimente jahrelang mit brutalstmöglichem Langmut über sich ergehen und behalf sich mit dem legendären Satz: »Wir Schwarzen müssen zusammenhalten.« Ein bisschen Spaß muss sein.

Als Hip-Hop in New York entstand, war die Musik Ausdruck und Artikulation junger Afroamerikaner, ein Erbe der schwarzen Bürgerrechtsbewegung ihrer Mütter und Väter. Rappen, das konnte jeder lernen; die Musik galt als integrativ und offen auch für die karibischen Einwanderer, die aus Puerto Rico, Haiti oder Jamaika in die trostlosen Vorstädte wie die New Yorker Bronx zogen. Seitdem hat Hip-Hop unendlich viele Spielarten entwickelt, ist Verbindungen eingegangen und mit all seinen Reggae- und anderen Einflüssen kaum noch auf einen Nenner zu bringen.

In den Achtzigerjahren des vergangenen Jahrhunderts kam der Hip-Hop auch durch die amerikanischen GIs nach

Deutschland. In Frankfurt, Stuttgart, Hamburg und Berlin machten Läden auf, die Importplatten anboten, mit einer unglaublichen Anziehungskraft für junge Künstler wie den Deutsch-Amerikaner Moses Pelham, der in Frankfurt mixte und mit seiner Single »Twilight Zone« 1988 eine erste Duftmarke setzte. Später kamen jugendliche Migranten hinzu, italienische, arabische, kurdische oder türkischstämmige wie der Offenbacher Haftbefehl, aber auch Deutsche wie der Berliner Patrick Losensky, der nach seiner problematischen Jugend im Heim als Fler Karriere machen sollte. Der Rap faszinierte aber auch Mittelschichtsjungs ohne Migrationsgeschichte wie Michael Bernd Schmidt, Thomas Dürr, Michael Beck und Andreas Rieke, die ab Anfang der Neunzigerjahre als Die Fantastischen Vier zum erfolgreichsten Hip-Hop-Act in Deutschland avancierten.

Der Straßenrap mag ein Synkretismus verschiedener (ethnischer) Einflüsse sein, aus New York, Jamaika, Frankfurt und Mannheim. Doch das ist höchstens für die Analyse von Bedeutung, nicht aber für den Zugang zur Musik. Hip-Hop kennt keine Einlasskontrolle und keine Frage nach der Herkunft, keinen Identitätsnachweis und keine Gewissensprüfung. Aber seine Anziehungskraft wirkt vor allem bei jenen, die in einer gesellschaftlichen Außenseiterposition feststecken. Ob Einwanderer, Bildungsferne, Arme oder Jugendliche auf Identitätssuche ohne oder mit Migrationshintergrund: Hip-Hop bietet ein geistiges Zuhause für alle, die sich nicht (länger) zum Quoten-Blanco machen lassen wollen. Dazu gehören provokante Gegenidentitäten wie der protzige Großstadtproll, der seine dicke Karre und manchmal auch Knarre vorzeigt. Der Chauvinismus in manchen Texten ist sogar regelrecht widerlich. Doch das ist Programm, denn man will es den anderen zeigen, den Mittelschichtsmoralisten mit ihrer verlogenen Erzählung, dass es auf dieser Erde Wichtigeres gebe als Geld, um dann im SUV um die Ecke zu kurven.

Für Jugendliche, deren Eltern keinen Klavier- oder anderen Musikunterricht finanzieren, ist Hip-Hop fast die einzige Möglichkeit, einen eigenen Style zu kreieren, eine eigene Sprache zu zelebrieren und aus den eng gesetzten Grenzen des Alltags auszubrechen. Dazu braucht es fast nichts als einen Laptop, ein Mikrofon und die richtige Software.

Man kann gleich loslegen, sich mit den Kumpels messen, sich zum Teil einer kleinen lokalen Gruppe und zu dem einer weltweiten Jugendbewegung machen, die unter anderem im coolen New York wurzelt und Überväter wie Tupac Shakur oder The Notorious B.I.G. verehrt.

Es ist ja kein Zufall, dass Hip-Hop in Deutschland just zu jener Zeit groß wurde, als aus sogenannten Gastarbeitern Einwanderer wurden. Die erste Generation der Türken, Tunesier oder Jugoslawen glaubte noch fest daran, dass sie eines Tages wieder in ihre Heimatländer zurückkehren würde. Auch die Mehrheit der Deutschen – und die Politik – dachte dies und erhoffte es sich mitunter geradezu. Deutschland ist kein Einwanderungsland: Lange Jahrzehnte war dies das Mantra der Konservativen. Migrantenkinder sollten noch in den Achtzigerjahren ihre Heimatsprache Türkisch oder Arabisch lernen, damit sie eines Tages zurückgeschickt werden könnten. Aber »zurück« wohin? Schließlich waren sie oftmals in Berlin, Hamburg oder Köln geboren und fühlten sich als Berliner, Hamburger oder Kölner. Egal, die Botschaft dieser Politik hieß: Wir wollen euch nicht. Jugendliche sind für solche Signale besonders empfänglich.

Heutzutage klingen solche Debatten nur noch skurril und gestrig: Bei einer Bevölkerung von rund 83 Millionen Menschen, davon in der knappen Mehrzahl Frauen, haben mehr als 20 Millionen einen Migrationshintergrund, also Wurzeln im Ausland. Knapp die Hälfte davon besitzt einen deutschen Pass. Deutschland, das als Land im Herzen Europas, an der Schnittstelle zwischen Ost und West, ohnehin schon immer durch Migration geprägt war, wäre heute ein anderes, in vielerlei Hinsicht ärmeres Land ohne die Aufbauleistungen seiner Gastarbeiter nach dem Zweiten Weltkrieg. Und auch ohne die kulturellen Einflüsse seiner Einwanderer, nicht zuletzt in der Musik – bei allen Problemen, die das Thema in sich birgt wie islamischem Fanatismus, Clankriminalität oder dem erstarkenden Antisemitismus, der bei muslimischen Jugendlichen leider auf fruchtbaren Boden fallen kann.

Viele Einwanderer blickten aber schon damals mit gemischten Gefühlen auf Deutschland, und viele von ihnen tun es noch immer. Einerseits konnten sie hier friedlich und in relativ höherem Wohlstand leben als in ihrem Heimatland, es gab auch viel Hilfsbereitschaft, andererseits fühlten sie sich von den Deutschen lange nicht akzeptiert und willkommen. Der Musiker Cem Karaca, der nach dem türkischen Militärputsch 1980 eine Zeit lang in Köln lebte, fasste dieses Gefühl in einem Song auf Deutsch zusammen: »Komm Türke/trink deutsches Bier, dann bist du auch willkommen hier/Mit Prost wird Allah abserviert/Und du ein Stückchen integriert.« In solchen Zeilen schwangen Verbitterung und Resignation mit, doch die meisten dieser Lieder wurden ohnehin nicht ins Deutsche übersetzt und deshalb in Deutschland weder gehört noch verstanden. Überhaupt blieb die Musik der Einwanderer in den Kulturvereinen und Teehäusern, Moscheegemeinden und Cemhäusern versteckt. In der Öffentlichkeit aber fand sie kaum statt. Man lebte miteinander – und dennoch aneinander vorbei.

WELTSTAR MIT FEINEM SENSORIUM

Offenbar brauchte es erst einen Außenstehenden mit einem feinen Sensorium wie den britischen Weltstar David Bowie, um das Offensichtliche wahrzunehmen und künstlerisch zu verarbeiten. Bowie lebte in den Siebzigern einige Jahre lang in Berlin-Schöneberg, unter anderem bei Edgar Froese von Tangerine Dream und dann in Nachbarschaft mit Iggy Pop. In seinem Instrumentalstück »Neuköln« (mit nur einem l), das er 1977 mit Brian Eno für sein Album »Heroes« schrieb, griff er die Isolation Neuköllns im Schatten der Mauer, vor allem aber die Isolation seiner türkischstämmigen Bewohner auf. Anfang der Sechzigerjahre hatte die Bundesregierung mit der Türkei ein Anwerbeabkommen abgeschlossen. Heute haben 47 Prozent der Neuköllner einen Migrationshintergrund, die Türkischstämmigen bilden die größte Gruppe. Nach dem Fall der Mauer wurde Neukölln als Problemkiez auch Thema der überregionalen Presse. Soziale Verwahrlosung und Brennpunkte wie die Rütli-Schule sorgten für ein nicht ganz falsches Zerrbild des Stadtteils. Mittlerweile hat sich manches verbessert, ist das Bild wieder realistischer.

Es ist bezeichnend, dass deutsche Musiker meist erst sehr viel später den Einfall hatten, türkische Migration als Stoff für sich zu nutzen, so wie Herbert Grönemeyer 2018 mit seinem deutsch-türkischen Lied »Doppelherz«. In Zeiten, da junge Einwanderer um Anerkennung kämpften, waren die großen deutschen Rockstars für die Migranten ohnehin kaum von Bedeutung, sondern vielmehr der Underground, die Ethnoszenen in den Ballungsräumen. Junge Talente wie der Sänger und Rapper Adel Tawil, der später mit dem Duo Ich + Ich gemeinsam mit Annette Humpe große Erfolge feierte, dockte hier an. »Durch die Musik hatte ich sofort eine Identität«, erzählt er uns im Interview. Der Sohn einer Tunesierin und eines Ägypters wuchs im Berliner Arbeiterstadtteil Siemensstadt auf und machte seine ersten musikalischen Gehversuche in der Berliner Szene. »Ich habe mich in diesem Hip-Hop-Culture-Ding total wohlgefühlt. Das war für uns unsere Heimat; scheißegal, wo du herkommst, was du machst, wer du bist. Es ging nur darum, was du draufhast.«

Das passierte auf den Straßen, in den Jugendclubs, den Soundsystems, aber auch im Umfeld von Mentoren wie dem New Yorker DJ Afrika Bambaataa, der mit seiner »Zulu Nation« so etwas wie ein Knotenpunkt für DJs, Rapper, Breakdancer und Graffitikünstler war und ist, auch in Deutschland. Rapper der ersten Stunde wie der Heidelberger Frederik Hahn, genannt Torch, setzten den Beat im deutschen Mainstream durch. Torch, der später eine Hip-Hop-Sendung auf Viva moderierte, gehörte 1987 zu den Gründern der Band Advanced Chemistry, die Anfang der Neunziger mit ihrem Song »Fremd im eigenen Land« vielen Einwandererjugendlichen aus der Seele sprach, als er rappte: »All das Gerede von europäischem Zusammenschluss/Fahr' ich zur Grenze mit dem Zug oder einem Bus/Frag' ich mich warum ich der Einzige bin, der sich ausweisen muss/Identität beweisen muss.«

Doch die Diagnose Fremdheit im eigenen Land konnte nur der Beginn der Emanzipation sein. Der Rap wurde härter, kompromissloser, auch aggressiver. Bald ging es darum, nicht nur mehr nur zu klagen, sondern auch zu handeln. Künstler wie Moses Pelham und sein Rödelheim Hartreim Projekt oder Kool Savas legten den Grundstein für die Entwicklung hin zu einem Straßenrap, der diesen Namen verdiente und der sich klar abgrenzte vom vergleichsweise harmlosen Mittelschichtsrap, der gelegentlich klamaukig und lustig, aber nicht so politisch daherkam. Anfang der Nullerjahre erschien der bis dato wohl kompromissloseste

Gegenentwurf auf der deutschen Bühne, der Rapper Bushido. Das Independent Label Aggro Berlin promotete ihn und weitere Stars der Szene wie Sido, Fler oder B-Tight und verhalf den Gangstas zum kommerziellen Durchbruch. Im Portfolio der Unangepassten war Bushido so etwas wie der Bad Guy, der mit Verbindungen zur kriminellen Unterwelt auffiel.

In seinen Texten spielte er mit Gewaltfantasien (»Denn eine Kugel reicht, damit du weißt, wie hart Beton ist«), manche Zeilen waren frauenfeindlich oder homophob (»Es ist ganz normal, Männer lutschen keine Schwänze«). Doch jede Indexierung und jeder öffentliche Aufschrei mehrten nur noch seinen Ruhm bei den mehrheitlich jungen Fans. Er zelebrierte sein Außenseiter-Image und wendete es offensiv zu seinen Gunsten. Das ist der Mechanismus hinter dem Erfolg des Gangsta-Raps, und er betrifft nicht nur Bushido. Die Künstler nehmen das Image, das ihnen ohnehin zugeschrieben wird, potenzieren es und gehen damit lautstark hausieren. Seht her, ich habe Kohle! Seht her, ich bin der Babo! So funktioniert auch die Sprache. Das Wort Kanake war ursprünglich ein übles Schimpfwort für südländisch aussehende Menschen, mittlerweile nutzen es junge Türkisch- oder Arabischstämmige als selbstbewusste und ironisch-karikierende Eigenbezeichnung. So ähnlich behalfen sich früher als Nigger gescholtene Afroamerikaner in den Vereinigten Staaten. Den Rassisten nimmt man auf diese Weise den Wind aus den Segeln, indem man ihre Etiketten kapert und sie im eigenen Sinn umschreibt.

Man kann darüber lächeln oder den Erfolg dieser Strategie bewundern. Jedenfalls macht sich niemand mehr über das schlechte Deutsch von Einwanderern lustig, seit der Hip-Hop die Jugendsprache prägt und seit die Feuilletons der Mehrheitsgesellschaft und auch wir hier eine gewisse Faszination für die Dynamik dieser Entwicklung zeigen und sie zu analysieren versuchen. Niemand muss mehr artig über die Witze der weißen Mittelschicht lachen, so wie dies Roberto Blanco noch auf eigene Kosten tat. Die Role Models aus dem Hip-Hop haben es tatsächlich geschafft, einen Teil der Deutungsmacht für sich zu reklamieren, die ohnehin jedem zusteht, ein Akt der Selbstbefreiung. Jemand wie Adel Tawil, der selbst kein Gangsta-Rapper ist, kann das Motiv dahinter aus eigener Anschauung verstehen, »weil ich mich an diese Defensivposition, aus der ich komme, noch gut erinnern kann. [...] Darum geht es ja beim Gangsta-Rap: Komm da raus, bring es zu was, dann hast du es geschafft«. Klar, dass auch Tawil mit dem selbst verdienten Geld aus Boyband-Zeiten einen Mercedes kaufte, den er gleich seinen Freunden in Siemensstadt zeigen musste.

Man muss also schon hinter die graffitibesprühten Mauern der oft trostlosen Vorstadtsiedlungen schauen, um zu verstehen, warum sich einer wie Tawil nicht für die musikalischen Dinosaurier der weißen Mittelschicht erwärmen konnte, für die Lindenbergs, Westernhagens und Grönemeyers. Für ihn waren Ethno, Hip-Hop und »Culture-Kram« die wahre musikalische Heimat, in der ein junger Mensch wie er andocken konnte, ohne ständig der Exot zu sein. Hier hatte er kraft Herkunft und Geschichte eine Eintrittskarte. Eher wären blonde Typen mit blauen Augen aufgefallen, aber auch die waren im Schmelztiegel der neuen eingedeutschten Musikkultur mit dabei. Eine Kultur, in der auch abseits des harten Hip-Hops und seiner sozialen Verwerfungen eine Künstlerin wie Joy Denalane reüssierte, die den modernen Soul in Deutschland verbreitet hat und zeigt, dass R'n'B auch mit deutschen Texten funktioniert: gefühlvoll, tief und frei von Kitsch. Die Tochter eines Südafrikaners und einer Deutschen schlägt eine Brücke in die Weltmusik, ohne sie im Nirgendwo enden zu lassen. Ihre Musik ist kosmopolitisch und deutsch zugleich.

Diese ungemeine Integrationskraft von Musik wird zwar oft übertrieben, weil sie auch als Distinktionswerkzeug missbraucht werden kann, aber in vielen Fällen stimmt das Klischee von der universellen Weltsprache, die natürlich auch hinter dem Eisernen Vorhang verstanden wurde. Man muss nicht David Hasselhoff heißen, um der Musik eine durchaus mauerzersetzende Wirkung zuzugestehen. Trettmann, eigentlich bürgerlich Stefan Richter, wuchs in der Heckert-Anlage auf, einer Plattenbausiedlung in Karl-Marx-Stadt, dem heutigen Chemnitz. Seine Mutter hatte schon Platten von Stevie Wonder und anderen afroamerikanischen Künstlern im Schrank, aber als 1984 der amerikanische, von Harry Belafonte produzierte Breakdance-Film »Beat Street« in die DDR-Kinos kam, öffneten ihm die Szenen aus der New Yorker Bronx ein Fenster in eine neue Welt, die Lichtjahre von der grauen DDR-Gegenwart entfernt war. Ein Sehnsuchtsort: »Das hatte für mich vor der Wende noch einen ganz anderen Stellenwert als nach der Wiedervereinigung und war wahrscheinlich auch viel wichtiger als im Westen, wo du dir Musik einfach kaufen konntest«, sagt Trettmann. Nach der Wende 1989 musste er sich wie viele DDR-Bürger aber erst einmal zurechtfinden. »Man hat uns vergessen dort, Anfang der Neunziger Jahre/Desolate Lage, jeden Tag mit der Bagage«, rappt er in seinem Song »Grauer Beton«. Je länger die Karrieren andauern, desto mehr verschwimmen die Straße und der Hip-Hop natürlich in der Ferne. Künstler wie Sido sind längst Mainstream, andere wie der Offenbacher Haftbefehl auf dem besten Weg in die Arriviertheit. Ja und?, könnte man fragen. Das ist der vorgezeichnete Weg des Erfolgs. In der Nische bleibt nur, wer nicht gehört wird.

DER »RUCKSACKDEUTSCHE« AUS RUMÄNIEN

Diese Künstler sind auch längst genauso Teil einer deutschen Identität geworden wie Udo Lindenberg oder die Sängerin Katja Ebstein, die als Achtundsechzigerin gegen den Mief der Adenauer- und Kiesinger-Zeit ansang. Oder wie Peter Maffay, der als junger Mann aus Rumänien nach Deutschland einwanderte und sich selbst auch heute noch als »Rucksackdeutscher« bezeichnet. »Alle, die aus dem Osten kamen, ob aus Russland, Polen oder Tschechien, hatten oft Rucksäcke um, weil sie keine Koffer kaufen konnten«, erzählt er uns in einem langen Gespräch für dieses Buch. Seine Geschichte steht für eine weitere Facette im deutschen Einwanderungsdiskurs, auch wenn sich seine Herkunft nicht wirklich in seiner Musik niederschlug.

Makkay, wie er damals hieß, wurde 1949 in der sozialistischen Volksrepublik Rumänien geboren. Er gehört der rumäniendeutschen Minderheit an, die sich während der Diktatur in kultureller und sprachlicher Isolation einigermaßen behaupten konnte, obwohl Deutschland durch den Eisernen Vorhang unerreichbar schien und allenfalls eine imaginierte Heimat war. 1963 gelang es der Familie, ins bayerische Waldkraiburg zwischen München und Passau auszureisen, nachdem der Vater jahrelang vom rumänischen Geheimdienst Securitate bedrängt worden war.

Am Anfang seiner Karriere sang Maffay Schlager, sein Song »Du« wurde der größte deutschsprachige Hit des Jahres 1970. Später wechselte er ins Country- und Bluesrockfach, und wie viele seiner Generation interessierte ihn die amerikanische Rockkultur weitaus mehr als das deutsche Liedgut, für das nationale Interpreten wie Heino oder Freddy Quinn standen. Das verbindet den Rock'n'Roll dieser Jahre durchaus mit dem späteren Hip-Hop als den zwei vielleicht wirkmächtigsten Musikkulturen, die von Amerika nach Deutschland herüberschwappten und hier mit ihrem Aufbruchsethos die Jugend begeistert haben.

Keiner hat mehr Nummer-eins-Alben produziert als Maffay, der Deutschrocker mit dem rollenden R, der sich zwar nach Jahrzehnten als etablierter Musiker und Entertainer längst nicht mehr fremd fühlt, aber im Interview sagt: »Egal, wie ich es drehe: Ich habe eine Reise hinter mir.« Und: »Ja, ich bin angekommen. [...] Trotzdem sind meine Wurzeln woanders, die sind damals nicht gekappt worden.« Kann es sein, dass ausgerechnet der große deutsche Mainstreamrocker Maffay seine Kraft und Inspiration aus der Randlage seiner Herkunft heraus entwickelt hat?

Noch heute trägt Maffay, um im Bild zu bleiben, an seinem Rucksack aus rumänischen Zeiten, obwohl er längst ein arrivierter und wohlhabender deutscher Superstar ist. Das äußert sich auch an seinem feinen Gehör, das typisch ist für Einwanderer. Viele haben sich über seine Aussprache lustig gemacht, vor Jahren ließ der Komiker Jürgen von der Lippe in einer Parodie Helge Schneider sagen: »Peter Maffay kommt aus Muränien, er ist Muräne ...« Aus der Sicht Von der Lippes mag das ein harmloses Wortspiel gewesen sein, Maffay aber hat es tief getränkt, wie er uns im Interview verrät.

Der Pop ist kein Allheilmittel und auch kein Breitbandantibiotikum gegen solche Verletzungen. Aber wie der Sport bietet er eine Identifikationsfläche, einen Schutzraum für Menschen, die angreifbar sind, und Chancen für den sozialen Aufstieg. Die Musik, die durch Einwanderung beeinflusst wird, ist die dynamischste der Welt. Und Dynamik ist nicht heile Welt. Auch das unterscheidet sie vom deutschen Schlager.

▶ INTERVIEW

WER HAT NUN DEN DEUTSCH-RAP ERFUNDEN, **MOSES PELHAM?**

Wer Moses Pelham sagt, muss auch Rödelheim Hartreim Projekt sagen. Kaum ein anderer Musiker steht so für Rap und die Banken- und Multikultistadt Frankfurt wie der Musiker und Produzent, der Hip-Hop Mitte der Neunzigerjahre zusammen mit den Fantastischen Vier endgültig zum deutschen Mainstreamphänomen kürt. Während die Stuttgarter Rapper mehr die frechen Mittelschichtsjungs verkörpern, haftet Pelham und seinen Mitstreitern von Anfang an etwas Raueres an. Die amerikanischen Vorbilder lassen grüßen. Pelham entdeckt sie für sich spätestens, als sein Vater, ein amerikanischer Bluesmusiker, ihn im Urlaub nach New York mitnimmt. Neben seinen eigenen Projekten produziert der Umtriebige später Künstler wie Sabrina Setlur (»Du liebst mich nicht«) und Xavier Naidoo. Mit den eigenen Soloalben erweitert er seinen musikalischen Stil, wird jazziger, und statt nur zu rappen, singt er jetzt auch ab und an. Als wir ihn im Februar 2020 in seinem Frankfurter Label-Büro besuchen, erleben wir einen wahren »Überzeugungstäter«, der selbstbewusst die Bedeutung des Hip-Hop für die deutsche Sprache, das Denken und die Musik skizziert. Und sich gelegentlich über unsere aus seiner Sicht naiven Fragen mokiert. Wir schaffen es aber ohne vorzeitigen Abbruch zum versöhnlichen Ende. Ein intensives Gespräch, das noch beim Nachlesen schweißtreibend ist. Moses Pelham über die Hip-Hop-Revolution, seine Rolle als Pionier, Rio Reiser, die Böhsen Onkelz und die Wahrheit in seiner Musik. Alta, was für eine Frage!

Moses Pelham, 1971 in Frankfurt **geboren**, brachte Ende der Achtzigerjahre seine erste Single »Twilight Zone« heraus. Das Debütalbum des Rödelheim Hartreim Projekts **»Direkt aus Rödelheim«** (gemeinsam mit Thomas Hofmann) erzielte eine **Goldene Schallplatte**. Nach dem zweiten Album »Zurück nach Rödelheim« war Schluss mit der Formation. Mehrere Soloalben (»Geteiltes Leid«, »EMUNA«). Pelhams Label hat **mehr als neun Millionen Alben verkauft**. Langjähriger Rechtsstreit mit den Elektropionieren Kraftwerk um eine Sequenz aus »Metall auf Metall«, die Pelham für einen Setlur-Song verwendete. Am Ende siegte Pelham – zumindest vorerst.

Er habe keine Künstler, er sei der Künstler, hat Moses Pelham uns beim Interview selbstbewusst ins Aufnahmegerät diktiert. Wir finden: Das Foto, das Daniel Pilar in Pelhams Produktionsfirma in Frankfurt gemacht hat, passt zu diesem Anspruch.

Moses, 2020 ist dein siebtes Solo-Album »EMUNA« erschienen. Im Song »Wunder«, deiner dritten Single, rappst du: »Denn ich hab' keine Peilung was die Kids gerad' fragen/Meinst du die meinen was ich meine wenn sie Hip-Hop sagen.« Hören wir da ein wenig Wehmut heraus?
Nein. Es gibt eben einen offensichtlichen Unterschied zwischen mir und den Menschen, die gerade Hip-Hop für sich beanspruchen. Das ist aber kein reiner Generationenkonflikt. In Wahrheit war es doch schon 1994 so, dass es keine Einigkeit zwischen mir und anderen Menschen darüber gab, was eigentlich Hip-Hop ist. Keine Einigkeit ist übrigens ein Euphemismus!

Inwiefern?
Es gab einfach ganz offensichtliche Diskrepanzen darüber, was Hip-Hop kann, was er darf – und was er ist. Eigentlich ist diese Diskussion sehr müßig. Die zitierten Zeilen habe ich im direkten Anschluss an eine Veranstaltung geschrieben, auf der die Moderatoren ständig sagten: »Das ist Hip-Hop« und »Dies ist Hip-Hop«, um ihre Unzulänglichkeiten zu entschuldigen. Das war mir sehr unangenehm. Die Veranstaltung war aber nur der Anlass für diese zwei Zeilen. Das ist für mich keine große Sache. Hip-Hop ist sehr groß geworden, und so gibt es sehr viele Leute, die definieren wollen, was Hip-Hop ist. Also wächst auch die Uneinigkeit darüber, was das ist und was nicht. Die Songzeilen sind nicht in erster Linie ein Generationending, sondern eher Dokument meiner Andersartigkeit, was mich auch nicht besser oder schlechter macht. Aber ich lebe da eben auf meinem eigenen kleinen Planeten.

Du giltst als Ikone, die deutschsprachigen Hip-Hop groß gemacht hat. Rührt deine Empfindlichkeit bei dieser Veranstaltung vielleicht daher, dass du eben nicht mehr die gleiche Deutungshoheit hast wie früher? Dass die Jungen jetzt ihre eigene Definition von Hip-Hop haben?
Das glaube ich überhaupt nicht. Einfach gar nicht!

>> ICH WEISS NICHT, OB ICH MICH ALS **IKONE** SEHEN WÜRDE. <<

Was? Dass du eine Ikone bist?
Ich weiß nicht, ob ich mich als Ikone sehen würde, auch wenn das sehr schmeichelhaft klingt.

Und die Deutungshoheit?
Ich hatte nie das Gefühl, Deutungshoheit zu haben über das, was Hip-Hop ist und was nicht. Mich störten eher andere, die der Auffassung waren, dieses Recht zu haben. Deshalb würde mir das auch heute nicht einfallen. Und wenn ich was zur jüngeren Generation sagen darf: Ich meine, das wäre ja fürchterlich, wenn sie dasselbe glaubten und machten wie wir.

Gibt es junge Rapper, die zu dir kommen und deinen Rat wollen?
Ich arbeite für einen jungen Rapper, da ist es meine Verantwortung, ihm mit Rat und Tat zur Seite zu stehen. Aber wie und warum sollten mich fremde Menschen konsultieren?

Dass du dem Hip-Hop zum Durchbruch in Deutschland verholfen hast – die Rolle nimmst du an?
Worauf wir uns bestimmt einigen können, ist, dass ich ein paar Platten gemacht habe, die ein paar Leute beeinflusst haben, klar. Das passiert halt, wenn man Sachen auf eine Art und Weise tut, die vorher so keiner getan hat. Aber mein Ziel war ja nicht, irgendetwas zu tun, das andere beeinflusst, sondern das zu tun, was ich für richtig hielt und halte.

Auf deinem neuen Album rappst du nicht nur, sondern du singst – den Song »Weiße Fahne« teilweise und »Juli« sogar komplett. Bei »Juli« erinnert deine Stimme an die Rio Reisers.
Rio Reiser höre ich in diesem Zusammenhang nicht zum ersten Mal. Das fand ich immer sehr schmeichelhaft.

Ist Singen eine andere Art der Gefühlsartikulation als Rappen?
Im Gesang ist noch ein weiteres Mittel des Ausdrucks. Das klingt so kritisch, aber die Darreichung des Textes ist im Rap ja schon ziemlich eindimensional. Ich habe den Eindruck, dass beim Gesang einfach noch eine weitere Dimension hinzukommt. Die Gesangsstücke, die ich für andere schrieb, haben mich ja auch immer fasziniert. Und in meinen Rap-Platten taucht regelmäßig Gesang auf. Das hat mich schon immer interessiert, ich habe schon als Kind gesungen, bevor ich mit dem Rappen begann.

Fühltest du dich als Sänger bisher nicht gut genug?
Ich hatte immer das Gefühl, dass ich das Singen anderen überlassen sollte. Und das, obwohl ich den anderen Sängern ja vorgesungen habe, was ich für sie geschrieben habe. In Frankfurt sagt man: genieren. Ich glaube, ich habe mich geniert und fühlte mich wohler dabei, mich auf Rap und Produktion zu beschränken.

Was ist geschehen, dass du dich mittlerweile nicht mehr »genierst«?
Ich habe zwei Wege, mich dieser Frage zu nähern. Ich habe in meinem Telefon Nummern von mindestens vierzig Leuten, die besser singen als ich, die wirkliche Granaten sind. Die hätte ich anrufen können: »Hör mal, kannst du das für mich singen?« Aber beim Stück »Weiße Fahne« ist das total absurd, dass da irgendjemand anderes noch in Erscheinung tritt. Nicht dass

meine anderen Stücke nicht persönlich wären, aber das ist derart persönlich geworden und in der Darreichungsform so intim; das wäre für mich komisch, wenn da noch jemand anderes auftauchte. Das Stück lebt von der kompletten Offenheit und der Fragilität, meiner Fragilität, die in ihm liegt. Es wäre für mich sehr irritierend gewesen, wenn du da auf einmal reingekommen wärest – ich weiß ja nicht, wie du singst – und den Refrain gesungen hättest.

Wir hätten es ausprobieren können.
Ich sah mich bei diesem Stück gezwungen, selbst zu singen. Die andere Seite ist: Ich bin in einem Alter, in dem ich sage, ich bin so nah dran, in der Kiste zu liegen. Ich will mir nicht sagen müssen: Warum hast du das nicht gemacht, und warum hast du das nicht versucht? Ich verbiete mir jetzt weniger Dinge als früher, als ich noch ein Jugendlicher war. Wenn ich mich gut dabei fühle und es keinem schadet, sollte ich es tun, finde ich.

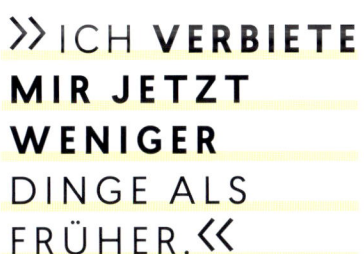

»ICH **VERBIETE MIR JETZT WENIGER** DINGE ALS FRÜHER.«

Du bist 1971 geboren, also im mittleren Alter. Der Tod ist hoffentlich noch auf Abstand. Oder hattest du ein bestimmtes Erlebnis, das dir den Tod ins Bewusstsein rückte?
Nein, aber ich bin tief in der zweiten Halbzeit *(lacht)*!

Die kann man ja auch verdrängen, wie es viele tun.
Es ist ja nun auch nicht so, dass ich dauernd mit meinem Ende beschäftigt wäre, ich möchte eben leben und würde ungern mit dem Gefühl gehen, nicht alles getan zu haben, was ich hätte tun können. Und Veröffentlichen, wahrscheinlich auch Singen, gehört eben auch dazu. Die Stücke entstehen ja in einem geschützten Raum, und die meisten bleiben da auch und werden nie veröffentlicht. Aber das ist ein Prozess, irgendwann – nach zigfachem Hören auch gemeinsam mit meinen Freunden – kommt der Punkt, an dem du sagst, okay, das veröffentliche ich, oder das ist gut genug, um es aufs Album zu schaffen.

Du hast mal gesagt, eine Rap-Platte zu schreiben, dauere viel länger als eine Gesangsplatte – wegen der langen Texte, denen alle zuhören. Ist es nicht unglaublich schwierig, gute gefühlvolle Texte auf Deutsch zu schreiben, ohne kitschig und Schlager zu werden?
Ich teile diese Bedenken. So hat es genau aus diesen Gründen eine Weile gedauert, bis ich mich entschied, es auf Deutsch zu versuchen, aber das ist nun achtundzwanzig Jahre her. Wenn es dein Ernst ist und wenn es deine Wahrheit ist, dann ist es nicht Kitsch. Die Gewissheit habe ich mittlerweile beim Schreiben.

Wer ist für dich beim Texten in deutscher Sprache Vorbild?
Zuallererst Stephan Weidner, Texter und Bassist der Böhsen Onkelz. Das geschriebene Wort stammt in der Band von Stephan, aber die Darreichung von Kevin *(Sänger Kevin Russell, Anm. d. Autoren)*. Die Art, wie er die Texte interpretiert, spielt vielleicht eine ebenso große Rolle. Wahrscheinlich tut man der Sache unrecht, wenn man Stephan alleine nennt. Aber da wir von Autoren sprechen: Als ich Stephans Texte hörte, war das das erste Mal, dass diese Bedenken, über die wir gerade sprachen, komplett weg waren. Ich dachte immer, das ist doch Faschingsmusik oder Schlager, wenn ich deutschsprachige Texte hörte. Der Moment, als ich auf dem Sofa eines Freundes saß und er mir die Platte von Stephans Band vorspielte, das war für mich eine Offenbarung und es erwies sich als Wendepunkt.

Du hast in deinen Anfangstagen auf Englisch gerappt. Was hat dich an den Onkelz so fasziniert, dass du aufs Deutsche gegangen bist?
Ich war vorher so unglücklich mit der Situation, dass mein englischsprachiger Rap nur als ein weiteres perkussives Element in der Musik wahrgenommen wurde, nicht mehr und nicht weniger, denn ich hielt mich für einen Poeten, aber eigentlich hörte mir keiner zu. Und mir war einfach gewahr, dass ich, wenn ich weiter englischsprachige Musik machen möchte, dies besser in einem englischsprachigen Land tun sollte. Aber in Deutschland, das wurde mir klar, musste es, wenn es wirklich jemandem außer mir etwas bedeuten sollte, eben auf Deutsch sein. Direkt halt. Das war Anfang der Neunzigerjahre. Zehn Jahre später saß ich mit Udo Lindenberg zusammen, der mir erzählte, dass er genau dieselbe Erfahrung mit derselben Konklusion machte, nur zwanzig Jahre vor mir. Ohne Böhse Onkelz zu hören und damit am eigenen Leib zu erfahren, dass es möglich ist, ernsthaft und aufrichtig auf Deutsch zu texten, hätte ich es wahrscheinlich nicht versucht.

Den Onkelz wurde lange Zeit eine Nähe zum Rechtsrock attestiert. Wie stehst du zu dem Thema?
Ich halte es für eine Schande und einen Skandal, dass wir noch immer über dieses Thema sprechen.

Weil du Lindenberg erwähnt hast ...
Udos Musik kannte ich zu dem Zeitpunkt, als ich begann, deutschsprachige Texte zu schreiben, nicht.

Er wird von anderen deutschsprachigen Textern gern als Vorbild und Vorreiter genannt.
Seine Musik lief bei uns zu Hause nicht *(lacht)*. Es gibt ja sehr viele Leute, die sagen, ihre Eltern hätten Lindenberg gehört, meine nicht.

Das verwundert kaum. Dein Vater war Amerikaner und Bluesmusiker, der im Rhein-Main-Gebiet in GI-Clubs für amerikanische Soldaten gespielt hat. Später warst du mit ihm in New York.

Ich fuhr mit meinen Eltern, als ich zwölf war, nach Amerika, wo ich erstmals mit Hip-Hop in Berührung kam. Da hatte ich mich allerdings bereits längst musikalisch von meinen Eltern emanzipiert. Ich kam schon in der Grundschule auf einen ziemlichen Kiss-Film. Kiss waren alles, was mich interessierte. Bestimmt auch eine Form der Rebellion gegen die Musik meiner Eltern. Da hatte ich endlich was Eigenes. Auch dass meine Eltern geschockt waren, war unbezahlbar *(lacht)*!

> » KISS WAREN **ALLES**, WAS MICH INTERESSIERTE. «

Wann haben Provokation und Rebellion in deinem Leben noch eine Rolle gespielt?

Ich war mir ja, während ich zu Hause Kiss feierte und meine Eltern davon zu überzeugen versuchte, meine Wände im Kinderzimmer rot zu streichen, nicht des Umstandes gewahr, dass ich da provozierte. Ich weiß überhaupt nicht, ob ich das Wort damals kannte. Ich kann euch guten Gewissens sagen, dass ich in meinem Leben nie etwas Musikalisches tat, um zu provozieren. Ich habe bestimmt selten etwas unterlassen, weil es jemanden provozieren könnte; aber Kiss zu hören ist für mich keine Provokation.

Kann man sagen, dass du aus einem behüteten Elternhaus stammst?

Ich glaube ja.

Hip-Hop ist – wie der Blues – die Musik derer, die vielleicht nicht unbedingt in den Wohlstand hineingeboren wurden.

Das mag sein, aber ich habe das so nicht wahrgenommen. Ich war einfach nur fasziniert.

Wirklich? Ist Hip-Hop nicht auch Aufsteiger-Musik? Die Geschichten, die dort erzählt werden, von Jungs, die sich endlich ein dickes Auto kaufen können, obwohl vorher niemand an sie geglaubt hat?

Wir reden hier von 1983, und ich war da zwölf. Außerdem ist das doch in jedem Musikfilm so: Es ist unmöglich, es zu schaffen – und er tut es doch. Das gilt doch für jede Musikrichtung, auch für Heavy Metal. Vielleicht ist da in anderer Hinsicht etwas dran. Rap gab mir zuerst die Möglichkeit, mich wichtig zu machen und möglichst oft meinen Namen zu sagen. Aber für mich ergab sich dadurch auch die Möglichkeit, die Welt zu erforschen, mich zu finden. Wenn einer meint, er müsse eine Trilogie machen, die »Geteiltes Leid« heißt, dann sucht er wahrscheinlich eine gewisse Schwere und Ernsthaftigkeit in seiner Kunst. Mag sein, dass all das daher rührt, dass ich mit Blues aufgewachsen bin und vor Augen hatte, dass man sein Leid in Lieder packen kann.

(Moses Pelham hat die drei Alben seiner Trilogie »Geteiltes Leid« in den Jahren 1998, 2004 und 2012 veröffentlicht.)

Wie stehst du zu Capital Bra, Haftbefehl oder anderen Künstlern aus dem kommerziell sehr erfolgreichen Gangsta-Rap? Dieses Zurschaustellen von Luxusuhren und dicken Karren? Wieso kommt das so gut an?

(Überlegt lange) Das haben wir seinerzeit doch auch gemacht. Gewiss nicht in der Breite, aber das ist doch normal, wenn du jung bist. Wenn dir alle sagen, damit wirst du keinen Pfennig verdienen, du schmeißt dein Leben weg. Und dann hast du doch Erfolg, obwohl man dich schon längst als Versager abgestempelt hatte; dann führt dein erster Weg zum Porschehändler! Ich kann das nachvollziehen. Aber es ist schwierig, das jemandem zu erklären, der das Gefühl nicht kennt, schon als Versager abgestempelt zu sein. Dieses Nach-oben-kämpfen, von dem ihr eben gesprochen habt, ist da der Punkt.

Auch wenn es schwierig zu erklären ist: Aber ist es nicht umso wichtiger, dieses Motiv all jenen zu erklären, die behütet in einer Reihensiedlung aufgewachsen sind und diese Kämpfe nicht kennen? Damit die Verständnis entwickeln? Empathie?

Für wen?

Können wir uns darauf einigen, dass Hip-Hop schon einen enormen Einfluss – natürlich nicht nur – auf Jugendliche mit Einwanderergeschichte hat, die in deutschen Vorstädten und Mietskasernen groß werden? Und ich meine nicht die Diplomatenkinder!

Ich bin nicht bereit, es darauf zu beschränken. Hip-Hop hat die Art und Weise zu musizieren komplett verändert. Es kommt aus dem Hip-Hop zu sagen, du, ich nehme diese vier Takte von einer Platte, und weil ich die die Platte zweimal und auch zwei Plattenspieler habe, kann ich jetzt dieselben vier Takte immer wieder laufen lassen. Das ist die Erfindung des Loops, lange bevor der Sampler jedermann zugänglich war. Als dann Ende der Achtziger der Sampler demokratisiert wurde, weil ihn sich jeder leisten konnte, waren es auch zuerst Hip-Hop-Platten, die sogenannte Drum-Loops enthielten. Diese Arbeitsweise hielt dann allerdings auch in der Pop-Musik Einzug. So bei George Michael, Madonna, den Rolling Stones. Anfang der Neunziger gab es kaum eine Platte, auf der keine Drum-Loops waren. Aber das stammt aus dem Hip-Hop! Ich glaube auch, dass deutscher Rap ursächlich dafür ist, dass jetzt – achtundzwanzig Jahre später – in Deutschland ein Selbstverständnis dafür existiert, in unserer eigenen Sprache zu musizieren. Ich würde sagen, Hip-Hop hat alles beeinflusst.

Was haftete dem Deutschen bis dato an?
Was ihr vorhin sagtet!

Kitsch!
Ja. Alles, was ich vorher kannte, war Faschingsmusik und Schlager. Oder halt Zeug, das zu cool war, um ein ernsthaftes Gefühl zu formulieren, diese komisch-ironische Art des Textens. Aber sich hinstellen und vor allen Leuten sagen: »So, das ist mein Gefühl. Ich sage das jetzt straight up!« Das hat der Hip-Hop in diesem Land erkämpft! Deshalb halte ich es für absurd, den Einfluss von Hip-Hop auf Jugendliche mit sogenannter Einwanderergeschichte zu beschränken.

> »ALLES, WAS ICH VORHER KANNTE, WAR FASCHINGS-MUSIK UND SCHLAGER.«

Nein, nein, das wollten wir nicht darauf beschränken.
Hip-Hop hat auch die Sprache verändert! Ich weiß nicht, ob ich »chillen« heute noch benutzen würde. Wahrscheinlich ist das letzte Mal auch schon wieder acht Jahre her, aber dieses Wort kommt natürlich aus unserer Kultur und war vor ein paar Jahren in einer Kekswerbung. Und ihr fragt mich, ob Hip-Hop Einfluss hatte? Das ist doch offensichtlich! Mir ist schon klar, dass viele auf unseren ersten Platten nicht alles verstanden, wenn sie beispielsweise aus Hamburg kamen. Aber das muss ja auch nicht immer jeder verstehen. Eine gewisse Exklusivität ist natürlich auch der Witz an der Sache. Unsere Kunst und unsere Kultur in unserer Sprache mit unseren Mitteln. Ohne irgendeinen Studiobesitzer und die Plattenfirma davon überzeugen zu müssen, überhaupt diese Aufnahmen produzieren zu können. Scheiß auf die und irgendeine Zielgruppe, das haben wir hier im Keller für unsere Leute gemacht!

Hat die Rap-Revolution die Rock-Revolution der Sechziger- und Siebzigerjahre abgelöst?
Keine Ahnung.

Befürchtest du, dass Hip-Hop – ähnlich wie Rock – vielleicht über den Zenit hinaus ist?
Ich komme aus einer Zeit, in der erwachsene Menschen, die eigentlich schon eine Menge erlebt hatten, mich immer wieder fragten: »Dieser Hip-Hop, das ist doch bald wieder vorbei, oder«? *(Lacht)* Um es mit »Wir sind Helden« zu sagen: Wir sind gekommen, um zu bleiben! Das ist wie Rock – das ist jetzt da und wird bleiben. Wie es sich entwickelt, kann man nicht sagen. Das ist nicht die Neue Deutsche Welle *(lacht)*.

Aber Fakt ist auch, dass Hip-Hop längst Mainstream ist und nicht mehr viel Subversives hat. Kann man sich da als Künstler nicht verlieren?
Mir fällt es so schwer, diese Frage zu beantworten, weil ich so nicht denke. Die Argumentation, die ich schon vor zwanzig, dreißig Jahren hatte, ist, dass du mit Hip-Hop alles machen kannst. Alles, was dich bewegt! Es gibt so unendlich viele Spielweisen davon, dass es absurd ist zu glauben, das ginge irgendwann wieder weg. Es hängt nur davon ab, mit wie viel Liebe und neuen Ideen ein Künstler das Genre voranbringt oder eben nicht. Das, was man mit den Mitteln machen kann, ist unbegrenzt.

Weil die Sprache auch unbegrenzt ist?
Die Bild oder die Bravo würden jetzt wahrscheinlich titeln: »Das ist Hip-Hop-Sprache.« Aber eine sogenannte »Hip-Hop-Sprache« gibt es aus meiner Sicht natürlich auch nicht. Es ist die Sprache, die jemand in seiner Hood mit seinen Freunden spricht. Das fließt in die Arbeit ein und wird über Hip-Hop verbreitet, aber deshalb gibt es längst noch keine Hip-Hop-Sprache!

Deine Hood ist Frankfurt, genauer der Stadtteil Rödelheim. Daraus hast du früher deine Energie bezogen, auch die Art zu sprechen. Wie hat sich das für dich verändert?
Ich glaube, ich habe meine Energie nicht aus der Stadt gezogen. Ich bin mit angloamerikanischer Popkultur aufgewachsen, nicht nur musikalisch, sondern auch mit den dazugehörigen Filmen und Klamotten. Das war schön und alles, aber so cool das war, merkt man halt irgendwann doch, dass das nicht unsere Kultur ist. Der Wunsch nach eigener Identität – und man muss, glaube ich, meine erste englischsprachige Platte im Hinterkopf haben, wenn man darüber nachdenkt – war irgendwann sehr groß. Wie gesagt, meine Sprache zur Kommunikation mit meinem Umfeld, nicht für jemanden in irgendeiner anderen Stadt, wo ich niemanden kenne! Damit meine Freunde wahrnehmen: Der hat sogar den Begriff, den er gestern im Suff entwickelte, mit in den Text gepackt. Das ist auch der Grund, warum die Band nicht Frankfurt Hartreim Projekt hieß, sondern nach diesem Ministadtteil benannt ist, den die Bewohner am anderen Ende von Frankfurt nicht einmal kennen. Der Stadtteil, den Freunde von mir in Diskotheken verleugneten, wenn eine Frau sie

> »DER WUNSCH NACH EIGENER IDENTITÄT.«

MOSES PELHAM

fragte: »Wo kommst du her?« – und stattdessen sagten: »Aus Frankfurt-West.« Und dann die Verwechslung in Kauf nahmen, dass jemand dachte: Ah, aus dem Westend *(lacht)*. Die eigene Identität und Realität festzuhalten, war das Ziel und ist es noch. Nur haben sich mittlerweile natürlich meine Identität und Realität gewandelt.

Wäre deine Kunst in einer anderen Stadt eine andere geworden?
Ich weiß es natürlich nicht, aber davon gehe ich aus. Mein Vater hat Truppenbetreuung für amerikanische Soldaten in GI-Clubs gemacht, sonst wäre er wohl gar nicht hierhergekommen. Dadurch, dass es hier GIs gab, wurde auch eine bestimmte Musik nachgefragt. Zu der Zeit waren Rap-Platten Importplatten. Sie wurden hier zuerst nicht produziert. Weil es aber GIs in der Gegend gab, gab es eben auch diese Importplatten. Im Frankfurter Hauptbahnhof war City Music die Anlaufstelle. Der Laden hatte eine Ecke mit Importplatten. Es gab eine gewisse Infrastruktur, Clubs, die diese Musik spielten, und es gab darauf durchdrehende Ex-GIs wie meinen Mentor Mixmaster Eddie Action, der uns mitriss. Von all dem profitierte ich natürlich.

Wie entwickelst du die Themen für deine Songs?
Ich habe keine Themenliste, die ich abarbeite. Es geht um Gefühle und um mein Leben. Meine Musik ist Abbild meines Lebens, meiner Hoffnungen und Sorgen. Wenn die richtigen Chords mit den richtigen Sounds im Loop laufen, kommt die Wahrheit ans Licht. Ich habe darüber wenig Kontrolle und würde sagen, dass das einer der Gründe dafür ist, dass das Ganze mich heute – also siebenunddreißig Jahre später – noch immer so fasziniert.

>> **MEINE MUSIK IST ABBILD MEINES LEBENS.** <<

Deine Wahrheit kannst du uns doch erklären.
Wenn ich das so einfach könnte, müsste ich keine Musik machen.

Du hast mal gesagt, du seiest mittlerweile konstruktiver und nicht mehr so streitlustig wie früher. Hättest du früher ein Interview, in dem dir die Fragen zu blöd vorkommen, eher abgebrochen als heute?
Es ist eher umgekehrt. Ich habe zwar auch früher Interviews abgebrochen, würde das heute aber eher machen, wenn ich sehe, dass das nichts bringt. Meine Zeit ist heute ja knapper.

Und hast du den Umgang mit deinen Künstlern geändert?
Das ist ein Missverständnis: Ich habe keine Künstler. Ich bin hier der Künstler!

Einen Fototermin mit Sven Väth auszumachen, gehört zu den anspruchsvolleren Aufgaben eines Fotografenlebens. Schließlich ist der DJ nicht nur weit gereist, sondern lebt mal in London, mal auf Ibiza, wo er noch immer regelmäßig auflegt. Daniel Pilar ist ihm auf die Insel auf seine Finca gefolgt.

▶ INTERVIEW

IST TECHNO EINE REVOLUTIONÄRE BEWEGUNG, SVEN VÄTH?

Unter den großen deutschen DJs der letzten Jahrzehnte nimmt Sven Väth zweifellos eine Sonderstellung ein. Er ist einer der Ersten, der Techno in den 1980er-Jahren in Deutschland etabliert, und schon bald gilt: Was Väth in seinen Clubs wie im Frankfurter *Dorian Gray* auflegt, gehört bald auch im ganzen Land zu den angesagten Tracks. Wenn man also mit einem deutschen DJ über Techno und die Elektro-Revolution reden sollte, dann mit ihm. Wir sprechen im Juni 2020 mit ihm und erfreuen uns schon nach kurzer Zeit an seinem vertrauten hessischen Zungenschlag, den er auch nach vielen Jahren in London, Ibiza und Club-Locations auf der ganzen Welt nicht abgelegt hat. Väth ist gerade in London, tiefenentspannt und erzählt so spannende Anekdoten, dass wir stundenlang zuhören könnten. Aber das Buch soll ja noch ins Regal passen. Sven Väth über seine Anfänge als DJ in Frankfurt und Umgebung, das Revolutionäre am Techno, den Niedergang der Loveparade und die Frage, ob – und wer – ihm als ebenbürtiger Nachfolger an den Turntables einfällt.

Sven Väth, 1964 in Obertshausen (Hessen) **geboren**, fing als Jugendlicher **im Club seiner Eltern**, dem *Queen's Pub* in Neu-Isenburg, als **DJ** an. 1982 Wechsel ins legendäre *Dorian Gray* im Frankfurter Flughafen, ab 1984 Resident DJ im *Vogue* in der Frankfurter Innenstadt. 1985 gelang ihm mit **»Electric Salsa« ein erster großer Hit in Europa**. Ab 1990 prägte Väth im seinem Club *Omen*, dem früheren *Vogue*, das er in der Zwischenzeit gekauft hatte, die aufkommende Techno-Welle in Deutschland. **2004 gründete er** mit dem *Cocoon Club* **in Frankfurt** einen weiteren legendären Club, der 2012 geschlossen wurde.

Sven, als die Techno-Welle in den Neunzigerjahren über das Land schwappte, waren wir Teenager – und staunende Zuschauer. Es war bunt, laut, ekstatisch. Du giltst als einer der Techno-Pioniere in Deutschland. Was hat dich an elektronischer Musik gereizt?

1981 habe ich angefangen, in der Diskothek meiner Eltern in Neu-Isenburg aufzulegen. 1981! 2021 habe ich also mein vierzigjähriges Jubiläum auf der Bühne! Als ich anfing, gab es schon die Soundpioniere wie Kraftwerk oder Tangerine Dream, die viel experimentiert haben, genau wie Brian Eno, Ryūichi Sakamoto oder Yello. Diese elektronische Ästhetik habe ich sehr gemocht. Diese Klänge so ausgereift auf einem guten Soundsystem zu hören wie im *Dorian Gray*, auf einem Soundsystem, das von Richard Long *(Soundtüftler, der auch viel im legendären New Yorker Club Paradise Garage an seinen Klangsystemen werkelte)* designt war, das war ein Hörgenuss. Ich habe das alles von Anfang an miterlebt, den Elektro Funk, Electric Boogie und Robot Dance. Es ging dabei schon immer ganz klar ums Tanzen. Darum, sich in die Musik fallen und gehen zu lassen.

Was war das Neue, das Atemberaubende, vielleicht auch das Unerhörte an Techno?

Die Kompromisslosigkeit. Die Musik wurde nicht mehr nach klassischen Songstrukturen komponiert oder arrangiert. Techno war radikal, laut, schnell und extrem. Es hat auf der Tanzfläche zu Ekstase geführt, zum Teil über Stunden und Tage *(lacht)*. Das war so intensiv, das gab es vorher noch nicht so. Aber im friedlichen Sinne! Es existierten ja immer auch schon Punkclubs und so, aber da gab es immer auch auf die Fresse, ein ganz anderer Ansatz. Die Leute, die zum Techno gingen, wollten feiern, einfach nur feiern.

Feiern wollten die Menschen auch schon Ende der Siebzigerjahre. Trotzdem nahm Techno Mitte der Achtziger unheimlich Fahrt auf. Wie kam das?

Die DJs haben selbst Hand angelegt, weil es auf einmal die entsprechenden Instrumente gab, die Synthesizer und Drum Machines. Plötzlich konnten die DJs aus ihrer Perspektive ihre eigenen Songs kreieren, im Heimstudio. Nicht umsonst hieß der Sound Garage House oder House Music, das war ursprünglich zu Hause produziert. Die DJs haben die Musik sehr heruntergestrippt, reduziert auf Bassdrum, minimale Arrangements und lauten Kick. Das hat die Leute verändert, ihre Hörgewohnheiten.

Inwiefern verändert?

Durch die Reduzierung hat man die Musik sehr stark wahrgenommen und körperlich gefühlt, man konnte sich in den Rhythmus fallen lassen. Das hat viel gute Energie geschaffen und die Leute auf dem Dancefloor festgenagelt. Techno bedeutete Bewusstseinsveränderung – weg vom Establishment und von Major-Strukturen, weg vom Kommerz. Es war sehr rebellisch, sein eigenes Ding durchzuziehen.

Manche haben Techno später oft eine hedonistische Feierattitüde vorgehalten und der Musik thematisch-inhaltliche Leere attestiert. Hatte Techno eine Message?

Natürlich! Eine Musikbewegung zu schaffen, mit der Kraft von Ideen und DJs, die die Dinge völlig anders machen wollten als die Leute vor ihnen, das ist doch ein großes Statement! Daraus ist eine Jugendkultur entstanden! Außerdem haben wir uns sehr wohl engagiert, zum Beispiel Anfang der Neunzigerjahre mit dem Projekt »No more ugly germans«. *(Väth meint ein Technohouse-Sampler-Projekt, das entstand, als Deutschland durch mehrere ausländerfeindliche Ausschreitungen u.a. in Hoyerswerda, später in Rostock und Solingen im Ausland wieder das stereotype Bild vom »hässlichen Deutschen« diente. Anm. d. Autoren)* Die Techno-Bewegung stand von Anfang an für Weltoffenheit, Toleranz und Frieden.

Techno kam offenbar zur rechten Zeit und steuerte just zum Zeitpunkt der Wiedervereinigung auf seinen gesellschaftlichen Höhepunkt zu.

Techno war der Soundtrack zur Wiedervereinigung. 1989 haben wir einen Bus vollgemacht, mit Moses Pelham, Mark Spoon, Snap! und anderen Künstlern aus der Frankfurter Szene, sind rüber in den Osten gefahren und haben dort eine riesige Party gefeiert. Unsere Musik war ein Volltreffer, die Ostdeutschen waren zu der Zeit sehr hungrig nach Neuem. Kurz darauf schallte Techno im Osten aus jedem Keller. Durch die große Nachfrage wurden schnell neue Strukturen geschaffen; neue Clubs entstanden, Veranstalter organisierten erste Techno-Events, dann gab es die ersten großen Raves wie die »Mayday« und später die ersten großen Festivals ... und natürlich die Loveparade.

Die Loveparade hat die ehemalige Undergroundmusik raus aus den Clubs und den Kellern auf die Straße in die Mitte der bürgerlichen Gesellschaft katapultiert, und zwar nicht nur mit Peace and Music, sondern auch mit Müllbergen und urinierenden Ravern im Tiergarten. Wie haben die Berliner auf euch reagiert?

Ziemlich entspannt; die Stimmung war ansteckend. Ich habe während der Loveparade immer die Zaungäste beobachtet. Gerade die Älteren, die da herumstanden oder oben im *Café Kranzler* am Ku'damm noch ihre Käsetorte aßen *(lacht)*, während wir mit wummernden Bässen an ihnen vorbeifuhren. Manche sind sogar aufgestanden und haben mitgemacht! Auch meine Mutter ist zu Veranstaltungen mitgekommen, auch immer zum Love Family Park *(Musikfestival, Anm. d. Autoren)*, wo sie manchmal mit auf der Bühne stand. Techno hat etwas Verbindendes, und wenn man sich darauf einlässt, kann man sich dem kaum entziehen.

Manche empfanden die Loveparade als Fortsetzung der Hippiebewegung und von Woodstock. Du auch?
Ich finde schon, dass Techno eine Bewegung wie Woodstock war. Was das Bekenntnis zu einem friedlichen Miteinander und das Gemeinschaftsgefühl angeht, haben wir uns durchaus in dieser Tradition gesehen. Das erlebe ich bei meinen Auftritten bis heute. Techno bringt die Menschen zusammen. Er macht sie glücklich.

Die erste Loveparade fand 1989 statt. Bei der warst du noch nicht dabei. Aber hattest du schon da das Gefühl, hier beginnt gerade etwas Großes, eine Bewegung, die weit über den Tag hinausreichen wird?
Viele haben intuitiv gespürt, dass da gerade etwas ganz Besonderes entsteht. Die Stimmung war sehr befreit; überall lachende Gesichter. Und viele dachten bei sich: Kneif mich mal, passiert das hier gerade wirklich? Dass man einfach so über den Ku'damm tanzen konnte und die Polizei einen daran nicht hinderte, sondern im Gegenteil sogar noch beschützte, war völlig neu und außergewöhnlich.

Nackte Haut, öffentlicher Sex, schillernde Kostüme und Lebensfreude statt prüder Verklemmtheit, damit hat die Loveparade die Spießbürger geschockt. Wenn man so will, steht sie damit für eine zweite sexuelle Befreiung.

» DIE LOVEPARADE HAT DIE DEUTSCHE GESELLSCHAFT BEFREIT. «

Und wie, durch die Loveparade sind die Vorhänge gefallen. Wir hatten keine Lust mehr auf Spießigkeit und verklemmte Etikette. Auch wenn die Enthemmung teilweise zu weit ging, nicht nur auf die älteren Leute wirkte das sehr verstörend. Trotzdem war es wichtig und richtig. Die Loveparade hat die deutsche Gesellschaft befreit.

Hat sie auch das Bild Deutschlands in der Welt verändert?
Sehr sogar! Für viele war es doch ein ungewohntes Bild, dass die Deutschen einfach Spaß haben und gemeinsam auf der Straße feiern können. Auf einmal hieß es: Die Deutschen können ja tanzen! Das hat unser Ansehen in der Welt enorm verbessert. Ausgerechnet die Deutschen hatten eine neue Musik- und Feierkultur etabliert und waren Trendsetter! Viele Städte haben danach ja auch versucht, die Loveparade zu kopieren, Mexiko-Stadt zum Beispiel.

Der ungezügelte Exzess, der bei der Loveparade nicht nur sexuell kultiviert wurde, sondern vor allem mit Drogen, um die tagelangen Raves überhaupt durchzuhalten, hat die gesamte Technobewegung aber auch in Misskredit gebracht. Habt ihr es mit den Drogen übertrieben?
Natürlich wurde gefeiert, natürlich haben wir auch Drogen genommen, aber das war bei anderen Musikrichtungen nicht anders. Und über die Jahre hat sich ja auch gezeigt, dass es vielen in der Szene eben nicht nur um Party und Drogen geht, wie manche immer behauptet haben, sondern um die Musik. Sie wollten Clubs betreiben, Labels gründen, Festivals veranstalten, Arbeitsplätze schaffen. Viele sind dem eigentlichen Kern von Techno, dem Spaß an der Musik, treu geblieben und nehmen das sehr ernst.

Am Anfang war die Loveparade noch eine bescheidene Parade, die den Kurfürstendamm entlangzog. Später wurde sie immer größer, und du hast dich davon abgewendet. Warum?
Weil sie immer kommerzieller wurde, und wir haben uns immer gefragt: Was ist hier denn los? Ist das nun Kirmes geworden, wo Tabakwaren und Brause verkauft werden? Und auf die sich die Musiksender stürzen? Die Musik gab es vorher ja so noch nicht, und mit der Bewegung wurde plötzlich auch ein riesiger Markt aufgemacht. Plötzlich war auch ein anderes Publikum da, das wollte ich nicht mehr auf diese Art mitmachen. Das war für mich kein Techno mehr. Der Brand wurde verkauft an Leute, die nur noch Profit aus ihr schlagen wollten.

2010 fand die Loveparade in Duisburg ein tragisches Ende, als mehrere Menschen im Gedränge starben und Dutzende schwer verletzt wurden. Was bleibt von der Loveparade?
Das war wirklich sehr tragisch und ein Horrorszenario. Ich finde es auch eine Schande, dass das Verfahren eingestellt worden ist und bei den Hinterbliebenen einige ungeklärte Fragen offenbleiben. Für mich und bestimmt auch viele andere aus der Szene bleiben unvergessliche schöne Momente aus Berlin in Erinnerung. Die Loveparade war ein Berliner Kindel – und das hätte sie auch bleiben sollen. R.I.P., Loveparade!

Seit der Hochphase in den Neunzigern ist Techno als Genre geblieben, aber es ist ruhiger darum geworden. Die Jugendkultur prägen heute längst andere Musikrichtungen, vor allem Hip-Hop und Rap. Was hat sich verändert?
Die Techno-Bewegung ist breiter geworden und hat noch viel mehr Ableger bekommen, die teilweise sehr nischig sind. Von Minimal Techno und Trance über Psy Trance, Garage House und Tech-House, es gibt immer wieder verschiedene Wellen, die gerade angesagt sind, aus Deutschland, aber auch aus Amerika, England, Italien, Belgien oder Holland. Gerade in Deutschland wurde Techno immer schon sehr solide und auch

visionär produziert; es gibt viele Labels mit sehr guten Produzenten und DJs. Trotzdem ist Techno in vielen Teilen immer noch Subkultur wie früher.

Aber die Acts, die sich heute vielleicht in einer Traditionslinie des frühen Techno sehen, jemand wie David Guetta oder Martin Garrix, sind alles andere als Subkultur, sondern mitten im Mainstream.
Die stehen aber eher in der Tradition von EDM, der »electronic dance music«, die sich als Ableger aus Techno entwickelt hat. Genauso wie Richtungen wie Eurodance oder EBM, »electronic body music«. Was heute auf den großen Bühnen stattfindet, mit Martin Garrix und anderen, hat mit unserem Techno nicht mehr viel zu tun.

Schon in den Neunzigern wurde mit dem Eurodance eine Spielart eures Techno groß, die die Teenagerkultur über Musiksender wie MTV und Viva immens geprägt hat. Konntest du mit diesem sehr kommerzialisierten Techno-Ableger etwas anfangen?
Nein, mich hat das überhaupt nicht interessiert. Eurodance, Bands wie Culture Beat und andere hat House und Techno handzahm gemacht und darauf Popsongs gelegt. Das fand ich langweilig. Zu der Zeit, als Eurodance angesagt war, habe ich Trance und Techno gemacht, und es ging steil aufwärts. Wir hatten ein Office in London und eines in West-Hollywood und haben von dort aus die weltweiten Märkte erobert.

Hast du je darüber nachgedacht, diesen Mainstream-Gaul zu reiten, auch wenn dir die Musik nicht anspruchsvoll genug war?
Nein, nie. Auch weil ich in den Achtzigern mit OFF und Electric Salsa schon große Erfolge gehabt hatte und genau wusste, wo das hinführt. Man muss Verträge unterschreiben über drei, vier Künstleralben, die alle Hitpotenzial haben müssen; man lässt sich knebeln. Deshalb habe ich mich 1989 lieber neu erfunden.

1989 hast du deine Arbeit als DJ im Dorian Gray in Frankfurt an den Nagel gehängt, bist für eine Weile nach Ibiza gegangen. Als du wiederkamst, hast du mit Michael Münzing und Matthias Martinsohn das Vogue gekauft, einen Club in einem Frankfurter Parkhaus, ihn umgebaut und kurz darauf als Omen wiedereröffnet. Das wurde zu einem Kultclub und Frankfurt zum Epizentrum der beginnenden Techno-Welle in Deutschland. Warum konnte sich Techno und damit der »Sound of Frankfurt« – neben Berlin – ausgerechnet im Rhein-Main-Gebiet so gut entwickeln?
Das lag sicher am Flughafen und an der Ami-Base. Es gab oder gibt in Frankfurt und Umgebung auch sehr gute Schallplattenläden, wie Marions Schallplattenboutique in Frankfurt oder Schallplatten Knie in Wiesbaden. Oder City Music am Frankfurter Hauptbahnhof. Die boten immer eine gute Auswahl an Platten, die Läden waren voller Importscheiben, weil die amerikanischen GIs sie gekauft haben. Außerdem gab es in Frankfurt eben auch die guten Clubs, die diese Musik gespielt haben, unter anderen das *Dorian Gray*. 1984 habe ich mit einigen anderen DJs ein eigenes Homerecording-Studio aufgebaut, in dem wir angefangen haben zu experimentieren. Das war toll, weil wir im *Dorian Gray* unsere eigenen Remixes abspielen konnten.

Deine ersten Charterfolge hast du Mitte der Achtzigerjahre mit den späteren Produzenten von Snap!, Michael Münzing und Luca Anzilotti, gefeiert.
Das war mit 16Bit. Und Ende 1986 ging mit OFF mein nächstes Projekt an den Start, mit »Electrica Salsa« hatte ich einen Megahit in Europa, 1987 wurde der Nummer eins in Italien und Frankreich. In Frankfurt gab es einen guten Nährboden für meine Arbeit, und wir haben uns die Bälle zugeworfen, auch mit Produzenten wie Torsten Fenslau, der Culture Beat groß gemacht hat. Frankfurt war früh weit vorne, Berlin kam ja erst etwas später.

Und in Berlin war nicht Schluss. Im Gegensatz zu deutscher Rockmusik ist Techno kaum auf Deutschland beschränkt. Du bist heute noch immer in der Welt unterwegs und legst nach wie vor gern auf deiner Lieblingsinsel Ibiza auf. Hat Techno deutsche Musik international salonfähig gemacht? War deutscher Sound plötzlich cool?
Absolut. Alleine schon Kraftwerk war ja schon derart outstanding, speziell das »Computerwelt«-Album. Eine Initialzündung, die auch die Techno-Szene in den USA, in Detroit, stark inspiriert hat. Mit den Industriesounds aus Europa hat sich da eine Symbiose ergeben, und das war unglaublich spannend. Später dann, als die Mauer fiel, schaute ohnehin die ganze Welt nach Deutschland. Techno war Teil einer unglaublichen Aufbruchstimmung.

> »TECHNO WAR TEIL EINER UNGLAUBLICHEN AUFBRUCH-STIMMUNG.«

Von der Aufbruchstimmung ist aber nicht mehr viel zu spüren, oder?
Es stimmt schon, es ist ruhiger um Techno geworden. Aber ich glaube, das dreht sich gerade wieder. Das kann man auch an Festivals wie Nature One oder SonneMondSterne sehen, die sind alle ausverkauft! Ich lebe ja nicht mehr in Deutschland und bin international unterwegs, und da sehe ich, dass unsere Musik in Uruguay oder Kolumbien oder in Südkorea total abgefeiert wird. Auch in den Clubs ist Techno mittlerweile wieder

auf der Überholspur. Es gibt tolle DJs, die im Berghain Techno auflegen, im *Watergate*, im *Robert Johnson* in Offenbach. Techno ist nach wie vor voll da und so kreativ wie eh und je.

Trotzdem ist heute eher Authentizität gefragt, als es elektronische Beats sind. Die Charts und die Jugendkultur werden von Singer/Songwritern bestimmt, vor allem aber von Hip-Hop und Rap.
Im Moment ist die Hip-Hop-Kultur die große Welle, mag sein. Aber das macht ja dem Techno und seinen Fans nichts. Und wenn die Kids heute auf jemanden stehen, der auf der Bühne mit seiner Gitarre einen Song singt, was soll's! Ich bekomme das gar nicht mit, um ehrlich zu sein.

Wir haben mit Felix Jaehn gesprochen, den man vielleicht als einen deiner legitimen Nachfolger ansehen könnte. Ein junger DJ mit weltweiten Erfolgen. Er hat aber gesagt, dass er zum Techno von damals nur noch wenig Bezug hat. Sprechen wir eigentlich noch von derselben Musik, wenn wir Jaehn und Veteranen wie dich, Westbam oder Dr. Motte miteinander vergleichen?
Also, ich kenne den Jaehn überhaupt gar nicht. Ich kenne mich mit den kommerziellen Acts gar nicht aus. Ich bin auch kein chartorientierter Musiker, ich spiele nach wie vor noch Vinyl, und mich interessieren auch keine Playlists. Ich mache das alles aus meinem eigenen Gefühl heraus und kaufe Platten und selektiere daraus. Die heutige DJ-Kultur kann man nicht mehr mit den Neunziger- oder Nullerjahren vergleichen.

Was ist der Unterschied?
Heute ist alles auf Geschwindigkeit gepolt, keiner mixt mehr, es läuft alles nur noch über Sync-Button (*gemeint ist das Synchronisieren oder Angleichen der Tempi bei zwei verschiedenen Beats, die aufeinanderliegen sollen. Darüber können sich DJs in die Haare bekommen: Ist das noch ein richtiger DJ, wer den Sync-Button benutzt? Anm. d. Autoren.*) Es wird nur noch der Stick eingesteckt, und man sieht die DJs nur noch vor Computern stehen. Das ist eine ganz andere Generation.

Wie arbeitest du?
Ich komme mit meinen sechzig, siebzig Kilo Platten an, mixe meine Platten real time und schaue mir die Leute an – und probiere da, wirklich die Party zu rocken. Wie alt ist Felix Jaehn?

Er ist 1994 geboren.
Na ja, dann hat er die ganzen Jahre ja gar nicht mitbekommen. Auf meinen Events vermischt es sich echt gut. Da sind die Siebzehnjährigen und die Fünfzigjährigen, da gibt es keine Berührungsängste. Und so war es auch immer auf Ibiza. Auf der Tanzfläche sind wir alle gleich.

Wer ist der typische Konzertbesucher von Sven Väth?
In Italien sind es eher die jungen Leute, in Deutschland, Spanien oder Holland ist das Publikum gemischter. Es sind Studenten, Informatiker, Freaks, Fashion People, Tänzer, viele Paradiesvögel.

Ein Großstadtphänomen?
Nein, eigentlich nicht, gute Clubs gibt es auch auf dem Land. Das Problem ist eher, dass es nicht mehr die Clubkultur gibt wie früher. Es findet viel mehr draußen statt, alle stehen nur noch auf Festivals, alles muss ein Event und groß sein, am besten mit Feuerwerk, damit man seinen Instagram-Moment hat. Da spielt die Musik eine ganz andere, geringere Rolle, als wenn man in einen Club geht und eine Nacht durchtanzt. Eigentlich muss man die Clubs deshalb schützen. Ich mag schon auch Festivals, aber meine Clubtourneen sind mir heilig. Die Clubs würde ich nie im Stich lassen.

Sind die DJs heute schlechter als früher?
Die jungen DJs sind anders aufgewachsen. Diese Liebe zum Turntable, zum physischen Tonträger und zum Mixen, die ich noch habe, kennen die so nicht mehr. Heute geht's um Gadgets in der DJ-Kanzel; es muss blinken, überall kleine Geräte, man dreht nur noch an den Effekten herum, um nach drei Minuten den ersten Break zu machen. Dann geht die Bassdrum wieder los, alle Hände in die Luft, und so geht es die ganze Zeit. Die Leute konsumieren die Musik auch anders als früher, viele haben ja schon Probleme damit, eine Platte durchzuhören, die mal sechs Minuten geht. Das ist für die schon zu langweilig. Eigentlich geht es heute viel mehr um Funktionalismus als um Musik. So ist dann aber auch die Party.

Langweiliger? Geregelter?
Auf jeden Fall komplett anders! Wenn ich auflege, gibt es einen völlig anderen Vibe als bei einer Party, auf der ein DJ neunzig Minuten ein Ding nach dem anderen wegspielt. Das hat eine ganz andere Energie.

In Frankfurt wird bald das MOMEM eröffnet, das Museum of Modern Electronic Music, das Techno als bedeutende Musikrichtung würdigen soll. Das erste Museum dieser Art weltweit. Kann man noch Jugend- und Subkultur sein, wenn man bereits im Museum gelandet ist?
Natürlich kann man das! Wir verstauben ja nicht, nur weil es uns jetzt im Museum gibt. Außerdem ist das ja keine abgeschlossene Ausstellung, in der Skulpturen gezeigt werden. Es wird ein interaktives Museum sein, in der die Subkultur genauso stattfinden soll wie Kraftwerk. Das MOMEM zeigt aber, dass Techno endlich in der Kultur angekommen ist und die Erkenntnis durchsickert, dass DJs wie ich Kulturschaffende sind. Nicht umsonst hat mir die Stadt Frankfurt ja auch die Goethe-Plakette verliehen.

Fynn Kliemann zu fotografieren ist schwierig. Nicht, weil er kein umgänglicher Typ wäre, sondern weil er immer so beschäftigt ist. Umso besser, dass Daniel Pilar im »Kliemannsland« im niedersächsischen Rüspel doch noch einen Slot gefunden hat.

▶ INTERVIEW

WIE LEBT MAN ZEHN LEBEN IN EINEM, FYNN KLIEMANN?

Eines vorweg gesagt: Fynn Kliemann fällt ziemlich aus der Reihe unserer Interviewpartner. Er ist kein klassischer Popstar und Rapper, der jahrzehntelang an seiner Karriere feilt, sondern eher ein enorm fleißiger Tausendsassa, der über seine YouTube-Kanäle Hunderttausende Fans erreicht, und das nicht nur als Musiker. Mit seinen chaotischen Heimwerkervideos, die er mit Freunden auf seinem Tüftelhof Kliemannsland im niedersächsischen Rüspel produziert, macht er sich einen Namen. Bis Mitte 2020 hilft ihm dabei das Geld des öffentlich-rechtlichen Jugend-Online-Angebots funk. Ansonsten finanziert er alles selbst, gründet zig Firmen, verkauft Musik und Kleidung, gibt aber von den Einnahmen auch wieder Geld an andere Kreative ab. Für den hibbeligen Kreativkopf ist Aufhören immer nur der erste Schritt zum Neubeginn. Nebenbei kauft er das alte Hausboot von Gunter Gabriel, und selbst beim Interview mit ihm wird einem ganz schwindelig. Egal, wir versuchen es im Februar 2020 dennoch und erleben einen Menschen, der anders ist als die meisten, die wir kennen. Manchmal ist seine Ungeduld zu spüren, zumal wir natürlich auch nicht frei sind von bürgerlichen Kategorien, in die wir ihn allerdings kaum einsortieren können. Was ist er denn nun? Musiker? YouTuber? Oder Webdesigner? Vergessen wir's, er ist eben alles. Fynn Kliemann über die Sinnsuche im Leben, Effizienz und Überforderung … und Hip-Hop als nächtliche Nebenbeschäftigung, die mal eben auf Nummer eins geht. Klingt stressig? Ist es auch. Geht aber!

225

Fynn Kliemann, 1988 in Zeven **geboren**, baute zunächst als **Webdesigner** eine Agentur mit auf, bevor er einen alten Bauernhof kaufte und zum **Kliemannsland** umbaute. Über **mehrere YouTube-Kanäle** fütterte er seine Fans mit Musik, Heimwerker-Entertainment und Comedy. Sein Album »Pop« (2020) erreichte Platz eins der deutschen Charts.

Fynn, wir führen das Interview per Skype und nicht persönlich. Dir als »digital native« ist das aber ganz recht. Warum?
Na ja, das ist halt echte Zeitersparnis. Ich hasse Reisen, diese sinnlos vergeudete Zeit im Zug. Mit Skype kann man schön effizient die Zeit im Blick behalten.

Muss das alles so effizient sein?
Ja, in meinem Leben schon, sonst wäre alles zum Scheitern verurteilt.

In der Riege unserer Interviewgäste bist du einer der weniger Bekannten, dafür hast du weitaus mehr Follower bei YouTube als die prominenten Rockstars ... und die mit Abstand meisten Jobs: Webdesigner, YouTuber, Hofbesitzer, nebenbei Musiker. Was bist du denn hauptberuflich?
Ach, wisst ihr, in Deutschland ist man immer das, was man gelernt hat. Ich bin dann wahrscheinlich eher Webdesigner. Das mache ich ja auch noch, ich habe neben dem Musikerdasein einen ganz normalen Beruf. Aber heutzutage machen viele in meinem Alter verschiedene Dinge – und ich halt auch.

Das heißt, du arbeitest noch Vollzeit?
Jaja, wobei: Ich habe mehrere Fulltimejobs. Mucke ist eigentlich nur so ein Hobby nebenher.

Na gut, »nebenher« ist so ein Wort. Du hast in diesem Jahr dein zweites Album rausgebracht, und dein erstes, »Nie«, war schon ziemlich erfolgreich mit rund 150.000 verkauften Exemplaren. Wann hast du die Platte denn noch produziert zwischen all den Jobs?
Ich mache das immer nachts. Ich arbeite tagsüber auf den verschiedenen Baustellen, bin in der Gegend unterwegs, und dann habe ich abends Zeit. Ab elf oder zwölf Uhr bin ich mit der Arbeit als Unternehmer oder Webdesigner durch, und dann setze ich mich ins Studio, um ein bisschen Mucke zu machen.

> »ZEIT SPIELT IN MEINEM LEBEN EINE GROSSE ROLLE.«

Im Song »Eine Minute« rappst du: »Ich überlege eine Minute / was in 'ner Minute passiert / Gefühlt ja nicht viel«. Macht dir die Zeit Angst, die durch die Finger rinnt wie ein endlicher Sandvorrat?
Zeit spielt in meinem Leben eine große Rolle. Wofür nehme ich mir sie, was schaffe ich in einer Minute, und benutze ich die Minute gut? Und dann kommt man zur Erkenntnis, dass alles passieren kann, etwas wahnsinnig Banales ebenso wie etwas wahnsinnig Wichtiges. Und alles zusammen ergibt die Minute, und alle Minuten zusammen ergeben dein Leben. Darin steckt dann alles, was es gibt, aber was ist das schon? Genauso wie die Frage: Was ist schon Pop? Viele Sachen sind so gelabelt, und ich glaube, mich umtreibt das Hinterfragen solcher Überschriften.

Das erweckt aber nicht nur einen kreativen, sondern auch einen sehr gehetzten Eindruck. Stehst du so unter Druck, dem Leben jede Sekunde etwas Sinnvolles abzupressen?
Ja, ja, ja! Das ist ein großer Antrieb! Ich habe immer schon Angst gehabt, etwas zu verpassen oder eine Chance nicht genutzt zu haben, die in eine gute Richtung hätte führen können. Und so das ganz klare Vorauganhalten der Endlichkeit und dass ich immer das Gefühl habe, es könnte irgendwann vorbei sein. Mein Leben fühlt sich an, als wären zehn Leben in eines gepresst. Ich gehe jeden Abend mit einem schlechten Gewissen ins Bett. Mache ich das Richtige? Oder viel zu wenig? Schaffe ich das alles – oder nicht?

Du bist Anfang dreißig, wahrscheinlich sind die Jahre zwischen dreißig und fünfzig die leistungsfähigsten deines Lebens. Aber hältst du das selbst verordnete Tempo auf Dauer durch?
Nein, auf keinen Fall! Ich bekomme immer mehr das Gefühl, hey, das funktioniert so einfach nicht. Guck mal, du hast da so einen Speed entwickelt, aber auf deiner Reise bröckelt dein Auto immer weiter auseinander. Du klebst Sachen dazwischen und improvisierst und rettest dich damit von Tag zu Tag. Ich schaffe das irgendwie mit mehr Mitarbeitern, Teamvergrößerung, Investitionen und Auslagern in Holdingstrukturen und so. Verquere Geschichten, um das alles irgendwie zusammenzukleben. Aber ich habe das Gefühl, was ich eigentlich tun sollte, das wäre die Geschwindigkeit zu reduzieren, damit ich nicht mehr so viel Winddruck auf der Karre habe, die ist einfach nicht dafür ausgelegt. Du kannst den Rahmen verstärken und dickere Reifen aufziehen, du kannst aber nicht das Fahrgestell grundsätzlich ändern. Damit habe ich jeden Tag zu kämpfen.

Welche Verschleißerscheinungen verspürst du?
Ach, das, was alle um mich herum verspüren, die ähnlich gestrickt sind. Die brechen Stück für Stück mit Burnout weg – das passiert jetzt so seit zehn Jahren um mich herum. Aber ich merke das auch bei mir. Wenn ich morgens aufwache, habe ich direkt ein Handy in der Hand ... und schlafe abends oder nachts ein, wenn ich nicht mehr gucken kann. Und so verläuft jeder Tag, sieben Tage die Woche. Ich habe ja nie den einen Moment, in dem ich mal was genieße:

> »ICH HABE AUCH KEINE FREUNDE, ICH HABE NUR KOLLEGEN.«

Ich tue immer was! Ich habe auch keine Freunde, ich habe nur Kollegen. Das sind zwar alles »Homies«, und das macht auch Spaß mit denen, aber im Großen und Ganzen arbeite ich eigentlich nur. Und ich merke, dass da meine Geduldsfäden immer kleiner werden und ich keine Zeit mehr verspüre für ein Meeting, das ausufert. Ich will zwar freie Gedankenäußerungen in meinen Teamsitzungen, aber wenn ich merke, die Leute sind nicht »on point« und gut vorbereitet, dann halte ich das nicht aus. Dann werde ich hibbelig, unterbreche Menschen und sage denen: »Hey, bereite dich beim nächsten Mal besser vor.«

(Hibbelig ist ein gutes Stichwort. Fynn ist am Anfang geduldig mit den Fragen. Aber schon ertappen wir uns bei der Frage, ob wir eigentlich gut genug vorbereitet sind für dieses Interview. Doch, das sind wir. Aber Kliemann legt ein hohes Tempo an sich und seine Umwelt an. Und rauft sich ziemlich oft die Haare.)

Du sagst, du kannst nicht ohne dein Handy leben – aber offenbar auch nicht mit ihm.
Ja, klar. Das stresst einen voll! Ist völlig offenbar eine riesengroße Sucht, immer am Handy zu sein. Das wird vielleicht auch Schäden hinterlassen in Form von sozialer Stumpfheit, das klassische Bild, wenn zwei Leute im Restaurant gegenübersitzen und nur ins Handy starren. Ich schäme mich dafür, weil ich ein Teil davon bin. Oder du gehst ins Bett, das Handy klingelt, du stehst wieder auf. Du bist den ganzen Tag verfügbar. Neulich gab es den ersten Tag in meinem Leben, da habe ich morgens um halb neun den ersten Anruf bekommen. Und bis auf zehn Minuten Pause habe ich danach einen Anruf nach dem anderen angenommen. Schon während des Gesprächs den nächsten angenommen. Bis sechzehn Uhr! Ohne Handy hätte ich einen richtig schönen Tag gehabt.

Wo findet selbst Fynn Kliemann Ruhe?
Bei meiner Freundin Franzi.

Mit der du schon sehr lange zusammen bist …
… fast mein ganzes Leben. Sie ist der einzige Ruhepol, den ich habe. Nach Hause kommen, den Kamin anmachen, wir haben einen kleinen Hund. Also, ich habe dann trotzdem einen Laptop auf dem Schoß, aber wenigstens sitze ich mal auf dem Sofa. Das sind die Momente, in denen ich denke, krass, ich verpasse auch so richtig viele geile Sachen im Moment.

Sehnst du dich nach Familie?
Familie mit Kind und so? Das wäre der pure Stress!

Du vermarktest deine Musik im Gegensatz zu anderen Künstlern ohne dickes Plattenlabel im Hintergrund.
Ja, man kann eine CD bestellen, die wird dann nur dafür produziert und geliefert. Das ist das Business dahinter. Ich habe einen Shop gebaut, der war am Anfang ganz klein. Mittlerweile haben wir fünfzehn Leute oder so zum Verpacken der Bestellungen.

Da verkaufst du auch Klamotten wie Shirts und Hoodies, die du in Europa produzieren lässt …
… wir produzieren in Portugal und anderswo in Europa, alles fair. Wir haben Designer und eine Distribution aufgebaut, Hallen gebaut, und da gibt es jetzt sogar eine Versandstraße.

Das klingt total spannend. Andererseits musst du alles selbst machen. Dabei wurde dir schon mal ein Plattendeal angeboten. Warum war das nicht interessant für dich?
Ich habe da ziemlich lange drauf rumüberlegt. Nur, bei Plattenverträgen ist es nicht nur so, dass die deine Musik verlegen, sondern es gibt auch Restriktionen zum Beispiel Optionsdeals und dass du weitere Alben machen musst und so. Verpflichtungen in der Richtung schmecken mir einfach nicht. Unser Label funktioniert so: Wir bieten dem Künstler alles, was er oder sie so braucht, aber wir funken da nicht rein. Die Verwaltung von Musik … das wissen doch die Künstler selbst am besten, wo ihre Leute sitzen, wo ihre Hörer sind und wo es sich lohnt, das Geld zu investieren. So funktionieren aber die meisten Label nicht, im Gegenteil. Die glauben, alles besser zu wissen. Das hat mich einfach genervt. Ich habe keine Lust auf Verpflichtungen. Oder besser: Dieses Ding, langfristig der Verschuldete zu sein und bei irgendwem in der Kreide zu stehen, das nervt mich.

»ICH HABE KEINE LUST AUF VERPFLICHTUNGEN.«

Und auf die breiten Vertriebsmöglichkeiten der großen Plattenfirmen pfeifst du?
Das war einfach so, dass ich dachte, ey, das kriege ich schon alleine hin! Ich habe Ideen, ich weiß, wie man das macht. Ich kann eigentlich alles selbst, ich denke mir was aus, ich drehe das, ich schneide das, lade das hoch, ich kann das pushen, weil ich früher Suchmaschinenoptimierung gemacht habe, ich baue die Seite, den Shop, den Vertrieb und alles. Ich brauche also niemanden. Und wenn man so in die Verhandlung geht – und Geld ist mir eigentlich auch egal –, dann gibt es kein Druckmittel. Ich gehe lieber mit der Idee alleine unter, als irgendjemandem etwas schuldig zu sein.

Was wir erstaunlich finden: Du nimmst von jedem verkauften Album einen Euro, um das Geld einem Nachwuchskünstler zu geben, der damit sein Album aufnehmen kann. Wer die Summe bekommt, lässt du unter deinen Fans abstimmen.

»ICH KANN EIGENTLICH ALLES SELBST.«

Der Plan ist: Ein Euro pro Bestellung, und am Ende ist es geil, wenn die Unabhängigkeit in der Musik hochgehalten wird. Wie bei mir. Wir schaffen es dadurch, jemandem die Möglichkeit zu geben, einfach Musik zu machen, ohne irgendwie so einen Killer-Künstler-Deal zu haben. Die Käufer entscheiden, wer erfolgreich ist. Das war schon immer so, bloß das vergessen die manchmal leider.

Also, das ist so ein bisschen Pädagogik à la Kliemann?
Ja, man verdeutlicht damit, dass Musik demokratisch sein kann. Die Leute haben dann keine Ausrede mehr und können nicht mehr sagen: »Hey, was läuft da für eine Scheiße, und warum haben die ganzen Deppen Erfolg?« Die Menschen können das wieder selbst in die Hand nehmen.

Nun finanzierst du ja deinen Hof und sonstige Geschäftstätigkeiten, du bezahlst Mitarbeiter. Kannst du das Geld nicht anderweitig gebrauchen?
Klar! Aber ich investiere halt jeden Euro in neue Projekte. Es gibt nichts, was ich tue, das auf Kommerzialität ausgelegt ist. Ich stecke alles Geld in meine Sachen, ich selbst habe nie Kohle. Das klingt jetzt viel »Robin-Hoodiger«, als es gemeint ist. Ich profitiere von den geilen Projekten ja auch. Wenn es mir gelingt, dass neue Künstler ein, zwei oder drei Alben produzieren, dann kriege ich ja auch frische Musik. Es gibt in meinem Leben nicht viel schönere Momente, als wenn eine neue Platte rauskommt. Ein neues Album, auf das man sich freut, das ist total geil. Ohne Scheiß, freitags freue ich mich total auf neue Musik und stehe eine Stunde früher auf, um mir die New-Music-Friday-Listen anzuhören … und ich mag fast nie etwas davon! Neuer Stoff, das ist geil!

Du hast auch ein Buch mit Kurzgeschichten geschrieben. Wenn man die Amazon-Rezensionen liest, dann fällt auf, dass viele schreiben, sie würden normalerweise keine Bücher lesen, aber das von dir schon. Woher kommt diese Anziehungskraft?
Na ja, es ist ja so, dass ich das für mich mache. Ich finde diesen Gedanken, das Leben so aufzubereiten, damit es möglichst vielen schmeckt, eklig. Man kann natürlich Dinge machen, damit man möglichst viele Leute abholt. Alter, ich habe keine Ahnung, wen wir ansprechen, ich kenne da keine Statistiken, ich weiß nicht, wer diese Videos guckt oder dieses Buch liest, das ist mir auch total egal. Ich will, dass wir diesen Hof ausbauen und vielen Menschen die Chance geben, ihn zu nutzen und hier etwas Tolles und Kreatives zu machen. Ich finde es anstrengend, dass Leute mich mögen müssen. Es ist cool, wenn Leute da Bock drauf haben – aber müssen? Ne!

Und dann bindest du dir weitere Projekte ans Bein, wie das alte Hausboot von Gunther Gabriel, dem verstorbenen Countryschlagersänger. Das Boot hast du gemeinsam mit dem Gesamtkunstwerk, Singer und Songwriter Olli Schulz gekauft. Nun saniert ihr es und wollt ein Kreativzentrum daraus machen.
Ey, der Punkt ist: Alleine darüber könnte ich schon drei Stunden sprechen. Es hängt alles miteinander zusammen. Ich mache all diese Projekte, weil sie miteinander verbunden sind, weil ich da Bock drauf habe. Das Problem, auch so bei diesen Interviews, ist, ich kann das alles gar nicht erklären, aber nur so viel: Diese Projekte ergeben sich so. Der Olli war zusammen mit Bjarne Maedel *(Hamburger Schauspieler, Anm. d. Autoren)* auf dem Kahn und hat mich angerufen, ob ich Bock hätte, das Ding zu renovieren, zu streichen und auszubauen. Er so: »Ich habe da Schiss vor.« Und ich bin da immer so: »Das ist doch kein Stress, das kriegen wir hin!« Hoffnungslos optimistisch und brenne dann dafür. Ich düte solche Projekte immer am selben Tag ein. Ich habe mittlerweile Steuerberater und einen Anwalt, telefoniere dreimal, und am nächsten Morgen ist eine Firma angemeldet. Dann wird Geld überwiesen, und gemeinsam fahren wir da hin, und dann wird angefangen mit dem Umbau. Für solche Sachen habe ich eine Start-up-Geschwindigkeit, was manchmal auch blöd ist, weil ich die Dinge nicht länger überdenke. Natürlich ist das riskant, und es besteht die Möglichkeit, dass das Ganze in die Hose geht. Aber wenn du den ganzen Tag Angst hast, dann machst du halt gar nichts.

Wenn man sich den typischen Jung-Start-up-Unternehmer anschaut, zieht es ihn eher in die Coworking-Spaces nach Berlin, Hamburg, Frankfurt oder München. Du aber hast dich entschieden, in Rüspel zu bleiben, einem kleinen Ort in Niedersachsen mit nur wenigen Hundert Einwohnern. Warum?
Ich wollte schon nach Hamburg früher. Aber dass es nicht geklappt hat, hat einen einfachen Grund: Der Typ, mit dem ich die Agentur gegründet habe, wollte nicht aus seinem Fußballverein austreten. Er wollte nicht. Ich habe da nur gesagt: »Ey, Alter, wenn wir nach Hamburg gehen, brennt die Hütte, und wir sind schnell bei vierzig Leuten oder so.« Aber er war nicht umzustimmen, da musste ich mich erst mal beugen, wollte aber später noch nach Hamburg umziehen. Dann hat sich wieder alles so ergeben, und jetzt kann ich nicht mehr weg. Und will auch nicht mehr weg. Irgendwann wurde Landleben cool.

Was hat dich früher gestört?
Es gibt hier nur Punkmusik und keinen Jazz. Keine Skateboarder und nur Fußballer. Ich war immer die zweite Kategorie, die genau das toll fand, was hier nicht so häufig ist. Und dann hatte ich nie genügend Kumpels hier. Ich war natürlich öfter in der Stadt, und da waren alle so wie ich! Irgendwann habe ich festgestellt, dass die auch mal zu mir kommen können, und das tun sie auch mittlerweile und genießen die Vorzüge des Landes, Mopedfahren und Feuermachen.

Auf der Webseite des Dorfverbundes von Rüspel ist vom Feuerwehrhaus zu lesen und auch vom »Gasthof mit Saalbetrieb«, aber der bekannteste Bewohner spielt keine Rolle. Wie ist dein Kontakt zu den Menschen im Dorf?
Ach, mittlerweile finde ich die gar nicht mehr so blöd, ich finde die auch ganz cool. Vieles von dem, was ich früher scheiße fand, finde ich jetzt geil. Ich habe viel Kontakt zu den Dorfleuten. Hier ist alles normal, ich kenne die alle, die aus dem Kindergarten, den Polizeichef und den Sohn vom Apotheker. Jeder kennt jeden, und keiner will ein Foto von mir oder so'n Quatsch. Diese Anonymität einer Stadt finde ich geil, um zu fliehen, aber scheiße, um zu leben.

Sind das Stadtflüchtlinge, die zu dir auf den Hof kommen, um mit dir an irgendwelchen Projekten zu werkeln? Genervte Latte-Macchiato-Trinker aus Prenzlauer Berg?
Das kann man nicht rastern. Rasterlos. Jung, alt, schwarz, weiß, Frau, Mann, wirklich alles! Das sind auch keine hilflosen ausgebrannten Medienstudenten …

Du hast uns bei unseren Vorurteilen erwischt …
… mal natürlich schon, aber das kann genauso gut eine Maurerazubine sein oder ein Tischlermeister oder ein Fotograf. Alles Leute, die Bock haben, ein spannendes Wochenende zu haben und ihre Hände anders zu benutzen, was zu bauen. Wir richten Projekte über unsere selbst gebaute App Fynnder aus und holen Leute, die da Bock drauf haben, zu uns. Bei Fynnder kannst du Ideen einreichen, die wir dann eventuell in die Entwicklung nehmen. Essen und Übernachtungsmöglichkeiten übernehmen wir, das Ganze ist schon ein bisschen professionalisiert.

(Kliemann legt den Finger in die Wunde. Auch in den Fragen von Journalisten finden sich gelegentlich dämliche Vorurteile. Wieder was gelernt.)

Was planst du für die Zukunft?
Ach, mich interessieren Antiquitäten, und ich will einen eigenen Schrottplatz haben. Ich will mit meinen Freunden mit dem Moped durch den Garten fahren. Ich weiß nicht, aber ich will auf jeden Fall diese ganze Interviewgeben weniger machen und auch nirgendwo mehr hinfahren. Einfach nur vor mich hinbasteln. Ich habe schon Lust, das zu filmen und zu schneiden, aber keinen großen Bock, das immer wieder zu erklären. Das ist jetzt überhaupt nicht wegen euch! Aber zu diesem ganzen Tüddelkram, was ich furchtbar gerne tue und was mir meistens auch kein Geld bringt, habe ich mir irgendwann gesagt, vielleicht muss ich das erklären und da auch ein bisschen missionieren. Aber das ist unnötig, die Leute verstehen das schon, wenn man sie mit auf die Reise nimmt. Ich bekomme jeden Tag so viele Mails von Leuten, die mir schreiben, ich hätte ihr Leben verändert, weil sie sich jetzt endlich das und das trauen. Keine Ahnung, ob das stimmt. Aber das wäre natürlich superschön! Das kann man aber auch ohne große Interviewstrecken oder Fernsehbeiträge oder so'n Quatsch.

Bist du komplett frei von Eitelkeit? Findest du das nicht stark, im Fernsehen in einer Talkshow zu sitzen, bei der dich Hunderttausende oder gar Millionen sehen? Vielleicht sogar anhimmeln?
Ich finde es natürlich blöd, wenn man nicht gemocht oder gar gehasst wird – so wie bei jedem Menschen. Aber ich habe für mich gemerkt, mit zwei Kumpels mit einem Flummi und einem Baseballschläger im Garten zu spielen, macht mich glücklicher als fünfzigtausend Likes bei Instagram zu bekommen oder in einer Talkshow zu sitzen. Bei den meisten geht es doch nur darum, zu wachsen und größer zu werden. Ich habe so ein Level erreicht, da werde ich ab und an erkannt auf der Straße, und das ist auch cool und total nett. Aber wenn das mehr werden würde, wäre es mir zu stressig. So eine Lena Gercke *(Model, Anm. d. Autoren)*, die kann doch noch nicht einmal mehr in ein Einkaufszentrum gehen, solche Leute haben doch ihr Leben zerstört, so sehe ich das zumindest. Auch ein Joko *(Winterscheidt, Moderator, Anm. d. Autoren)* oder Tim Mälzer *(Fernsehkoch, Anm. d. Autoren)*, die können doch noch nicht einmal mehr Bahn fahren, ohne erkannt zu werden. Vom Level eines Justin Bieber *(kanadischer Popsänger und früherer Teenie-Schwarm, Anm. d. Autoren)* ganz zu schweigen. Bei mir ist so: Ich treffe Leute, manchmal werde ich erkannt von jemandem, der sagt: »Hey, kann ich dir zehn Kubikmeter Heu vorbeibringen?« »Geil, ja klar, gib mal deine Telefonnummer!« So läuft das bei mir.

> »ICH WILL EINEN EIGENEN SCHROTTPLATZ HABEN.«

▶ INTERVIEW

VERSTEHEN OSTDEUTSCHE IRONIE BESSER ALS WESTDEUTSCHE, SEBASTIAN KRUMBIEGEL?

Wenn es eine Band gibt, die den Westdeutschen nach der Wende zeigt, dass im Osten nicht alles nur grau und trist war, dann sie: die A-capella-Gruppe Die Prinzen aus Leipzig. Mit Hits wie »Fahrrad«, »Ich wär so gerne Millionär« oder »Du musst ein Schwein sein« ist die Band um Sebastian Krumbiegel und Tobias Künzel so etwas wie das erste gesamtdeutsche Pop-Phänomen, mit ironischen, nachdenklichen Texten und mit Haltung. Immer wieder mischt sich vor allem Krumbiegel politisch ein, was ihm in der Branche viel Anerkennung, aber auch Anfeindungen und sogar körperliche Angriffe von Rechten einbringt. Wir sprechen im Juni 2020 mit ihm und erleben einen Künstler, der sehr reflektiert und voller Ironie über seine Zeit beim Thomanerchor in Leipzig, die Repressionen im DDR-Regime und den märchenhaften Erfolg der Prinzen nach der Wende spricht. Aber auch darüber, wie es sich anfühlt, plötzlich in einem Teil Deutschlands anzukommen, der einem so vertraut sein könnte und doch oft seltsam fremd ist.

Sebastian Krumbiegel, geboren 1966 in Leipzig, als Kind und Jugendlicher wie die meisten anderen **Prinzen** im **Thomanerchor im klassischen Gesang** ausgebildet. Mit **rund sechs Millionen verkauften Tonträgern** eine der erfolgreichsten deutschen Bands, auch wenn ihr ein Nummer-eins-Hit bislang verwehrt geblieben ist. Seit 1999 ist Krumbiegel auch als Solokünstler aktiv.

Sebastian Krumbiegel von den Prinzen sagt von sich, dass er gern zwischen den Stühlen sitzt – kulturell und auch politisch. Daniel Pilar hat ihn beim Wort genommen – und ihn im Stühlelager des Kulturlokals »Horns Erben« in seiner Heimatstadt Leipzig porträtiert.

SEBASTIAN KRUMBIEGEL

Herr Krumbiegel, Sie stammen aus Leipzig. Ihre Mutter gründete das Bachmuseum, Ihr Vater war Chemieprofessor an der Akademie der Wissenschaften der DDR. Waren Sie eine privilegierte Familie in der DDR?

Privilegiert nicht, weil das ja bedeuten würde, dass man in irgendeiner Weise konform mit dem Regime gegangen ist. Das sind wir nie, wir waren im besten Sinne eine bildungsbürgerliche Familie. Meine Großmutter war Opernsängerin, Musik hat bei uns immer eine große Rolle gespielt. Es war aber sicher ein großes Privileg, dass mein Bruder und ich als Kinder im Thomanerchor waren. Dort haben wir nicht nur musikalisch eine privilegierte Bildung genossen, sondern vor allem die Welt gesehen – trotz Mauer. Ich war schon als Elfjähriger in Japan, später dann in Spanien, Italien, in der Schweiz und regelmäßig in Westberlin. Wir sind viel herumgekommen.

Wie war das Leben Ihrer Eltern in der DDR?

Mein Vater war nie in der Partei; er war Wissenschaftler und hat viel Ärger vom Regime bekommen, weil er sich öffentlich gegen die Sprengung der Leipziger Universitätskirche gewehrt hat. Er hat damals viele Eingaben geschrieben und erst nach dem Mauerfall aus seiner Stasi-Akte erfahren, dass er wegen dieser Sache in seiner Karriere behindert und aus der Forschung in die Produktion verbannt worden war.

> »MEINE ELTERN WAREN NIE SYSTEMKONFORM ODER ANGEPASST.«

Ihm wurden Steine in den Weg gelegt, weil er den Mund aufgemacht hatte. Meine Eltern waren nie systemkonform oder angepasst.

Konnte man das denn, sich nie anpassen?

Natürlich haben meine Eltern dafür gesorgt, dass wir als Kinder gut aufwachsen konnten. Wir waren bei den Pionieren und in der FDJ. Das haben meine Eltern in Kauf genommen, weil sie wussten, wenn wir das nicht mitmachen, haben wir später keine oder jedenfalls eine sehr viel geringere Chance, zu studieren und am gesellschaftlichen Leben teilzunehmen. Wir waren sicher keine Dissidenten und auch keine Freiheitskämpfer, die Flugblätter gedruckt haben. Wir haben uns arrangiert, wie es die meisten getan haben. Deshalb nervt es mich heute tierisch, wenn Leute sagen, dass sie damals immer schon in der ersten Reihe gegen das Regime standen.

Wie hat sich das Regime im Alltag von Familie Krumbiegel bemerkbar gemacht?

Bei mir persönlich eigentlich gar nicht. Mich hat auch nie jemand gefragt, ob ich für die Stasi arbeiten will. Ich wehre mich immer dagegen, wenn mein Leben in den ersten dreiundzwanzig Jahren heute auf das rigide System, die Stasi und die Repression reduziert wird. Ich will das aber auch nicht bagatellisieren, weil ich natürlich weiß, dass es sehr viele Menschen gegeben hat, die ernsthaft unter dem Regime gelitten haben. Als ich nach dem Mauerfall mit meinem Vater darüber gesprochen habe, dass ich mit der Linken sympathisiere und die allgemeine Hatz auf die PDS nicht verstehe, sagte er zu mir: »Du hast die harten, stalinistischen Zeiten gar nicht erlebt!« Und er hatte recht damit. Die Zeit, als man Antennen von den Häusern abmontierte und die Kinder in der Schule fragte, ob die Uhr eckig oder rund ist, um herauszubekommen, ob sie Ost- oder Westfernsehen gucken, kannte ich nicht, weil wir beim Thomanerchor auf einer Insel der Glückseligen lebten.

Vor ein paar Jahren hätte mancher im Westen einem Ostdeutschen die Aussage, er habe von Repression und Stasi nur wenig mitbekommen, noch um die Ohren gehauen und behauptet, er bagatellisiere das Regime.

Das ist auch heute noch so, und teilweise auch zu Recht, weil es selbst in meinem Alter viele gibt, die tierischen Stress mit der Stasi hatten und die ganze Härte des Regimes erlebt haben. Ich hatte das aber nicht, deswegen kann ich heute auch nicht sagen, in der DDR war alles ganz fürchterlich. Manchmal sage ich scherzhaft, wir Ostdeutschen sind die ganze Zeit nur in grauen Gewändern rumgerannt, durften keine Witze erzählen und hatten nichts zu essen *(lacht)*.

Wenn Sie als Kind und Jugendlicher mit dem Thomanerchor im Ausland waren, haben Sie da in Westberlin oder in der Schweiz nie gedacht, in diese bunte Welt würde ich gern entfliehen?

Doch, natürlich. Wenn wir über den Checkpoint Charlie aus dem grauen Ostberlin ins helle Westberlin kamen, hat mich das schon immer sehr beeindruckt. Ich weiß noch, wie ich im Dezember 1984, bei unserer letzten Reise, mit einem Klassenkameraden am Hinterausgang der Philharmonie stand und dachte: Das nächste Mal kommen wir nach Westberlin, wenn wir fünfundsechzig sind! Das war damals so, man kam erst wieder raus, wenn man Rentner war. Und dann haben wir überlegt, was wäre, wenn wir jetzt einfach zur nächsten Polizeidienststelle rennen und sagen: »Wir kommen aus dem Osten und würden gern dableiben.« Das hätten wir machen können.

Haben Sie aber nicht. Warum?

Nein, wir sind wieder zurück nach Hause gefahren. Der Leidensdruck war eben nicht groß genug, auch wenn mich vieles an der DDR extrem genervt hat, gerade die NVA-Zeit, die mir bevorstand. Aber abhauen wollte ich nicht. Auch, um meinen Eltern und meinen Geschwistern keinen Stress zu machen.

Haben Sie das Gefühl, dass man sich als Ostdeutscher dafür verteidigen muss, nicht jeden Tag in der DDR furchtbar gefunden zu haben?
Schon irgendwie, auch wenn ich das gar nicht will. Die DDR war ein Scheiß-Staat, der für Repressionen, Bespitzelung, Selbstschussanlagen und vieles andere stand. Aber es war trotzdem auch das Land, in dem wir aufgewachsen sind, in dem wir uns eingerichtet und gelebt haben und in dem ich studieren und Musik machen konnte. Ich kann schon manche Ostdeutsche verstehen, die heute mit einem gewissen Stolz über die DDR reden und sich dagegen wehren, als völlig bescheuert dargestellt zu werden, nur weil sie in diesem Land geblieben sind.

Ein spannender Punkt: Natürlich ist es eine sehr westliche Sicht zu denken, es könne kein richtiges Leben im falschen gegeben haben. So als sei in einem Regime wie der DDR qua System kein persönliches Glück möglich gewesen.
Genau, dagegen wehre ich mich. Natürlich war das möglich, und was mich betrifft, war der Thomanerchor ein privilegierter Schutzraum im System. Eine Art ewige Klassenfahrt, die verhältnismäßig unabhängig von politischen Fragen war. Wir waren neunzig Knaben im Alter zwischen zehn und neunzehn Jahren unter einem Dach und schliefen mit zwanzig, fünfundzwanzig Mann in gemeinsamen Schlafsälen. Das Leben war sehr reglementiert. Um 06.30 Uhr wurdest du durch einen durchdringenden Klingelton geweckt, 06.55 Uhr Frühstück, 07.15 Uhr zur Schule gehen, 07.40 Uhr Unterricht bis 13.15 Uhr, 13.45 Uhr Mittagessen ... ich weiß die Zeiten heute noch auswendig. Dann Arbeitszeit von 14.30 bis 15.15 Uhr, ab 15.30 Uhr dann gestaffelt Proben bis 18.30 Uhr. Je nach Stimmlage hatte man jeden Tag anderthalb bis zwei Stunden Gesangsprobe. Um 18.30 Uhr Abendessen, danach freie Arbeitszeit, alles nach Klingelzeichen. Pro Tag hatte man höchstens anderthalb Stunden für sich.

War Ihnen als Jugendlicher bewusst, welch eine Oase der Thomanerchor war, auch politisch?
Das wussten wir. Die Thomasschule, an der wir waren, war damals als sehr rot verschrien, als Kaderschmiede. Wir Thomaner waren dort aber immer ein bisschen außen vor, die konnten uns nichts weismachen. Wenn die uns in der Schule etwas über die schlimmen Zustände im Westen erzählten, wie trist und grau dort alles sei, dann konnten wir immer sagen: »Nö, stimmt nicht. Wir waren gerade da, und es ist völlig anders!« Ich weiß noch, wie ein Lehrer einmal sagte, in Japan sei die Luft so schlecht, dass die Menschen alle mit Masken durch die Gegend laufen müssten. Wir waren aber kurz zuvor aus Tokio zurückgekommen und wussten, wie die Realität wirklich war: alles supermodern und schön!

Eine durchaus heikle Gemeinschaft für das Regime, junge, privilegierte DDR-Bürger, die reisen dürfen und der Propaganda der Partei immer mehr misstrauen. Wurde der Thomanerchor besonders von der Stasi überwacht?
Ich weiß, dass bei den Reisen immer einer von der Stasi dabei war. Nach der Wende haben wir erfahren, dass unser damaliger Chorleiter Hans-Joachim Rotzsch ein IM war. Rotzsch wurde sofort abgesetzt *(bzw. kam der Absetzung durch seinen Rücktritt zuvor, Anm. d. Autoren)*, aber danach ging ein Aufschrei durch die Elternschaft und den Chor, weil er ein großartiger Kantor gewesen war. 1991 oder 1992 ging eine Schlagzeile durch die Presse, weil wir Prinzen in einem Interview gesagt hatten, es sei eigentlich normal gewesen, dass Rotzsch IM war. Er war schließlich Leiter einer staatlichen Einrichtung, wie sie der Thomanerchor war. Rotzsch musste als Leiter einer solchen staatlichen Einrichtung solche Kontakte haben, aber er war kein Stasi-Scherge – so sagten wir das der Presse. Danach gab es die Schlagzeile: »Die Prinzen: Ohne Stasi-Kontakte ging es nicht!« Da dachten wir: Fuck, was soll denn der Scheiß? Ich würde Rotzsch noch heute immer verteidigen, weil er ein toller Kantor war. Man muss alles differenziert betrachten.

Verstehen Sie es vor dem Hintergrund, dass sich viele Ostdeutsche um ihre Lebensleistung betrogen fühlen? Und falsch verstanden, einseitig verurteilt?
Sehr gut sogar! Dass die Rechten und Pegida im Osten heute so viel stärker sind als im Westen, hat meiner Ansicht nach auch mit dieser Bevormundung zu tun. Die Menschen im Osten fühlen sich um ihre Zeit in der DDR betrogen, weil nach der Wende alles, was aus dem Osten kam, abgeschafft wurde und alles aus dem Westen Glückseligkeit bedeutete. Ich wünsche mir die DDR auf gar keinen Fall zurück. Aber trotzdem muss man Achtung vor der Lebensleistung der Menschen haben, die dort gelebt haben, und darf sie nicht auf die Stasi und die Frage reduzieren, warum sie nicht in den Westen geflohen sind.

Waren Sie schon immer ein so politischer Mensch?
Ich war schon immer reflektiert, was Politik betrifft, und wollte von Anfang an über mehr singen als nur über Liebe. Schon 1988/89, noch vor der Wende, haben wir ein Lied über Gorbatschow gemacht und ein Spottlied über Karl-Eduard von Schnitzler *(Chefpropagandist im DDR-Fernsehen, Anm. d. Autoren)*. Unser erster kleiner Hit, der noch zu DDR-Zeiten im Radio lief, war: »Ich bin der schönste Junge aus der DDR.« Der ging so *(spielt auf dem Keyboard vor ihm und singt dazu)*: »Ich bin der schönste Junge aus der DDR / und das freut mich sehr / Guck ich mir meinen Korpus an / dann denk ich: Mann

oh Mann!« Später singe ich vom »schönsten Jungen aus der schönen DDR«. Wenn jemand wie ich, so ein Übergewichtiger, das gesungen hat, haben die Leute aufgemerkt und gedacht: Irgendwas stimmt hier nicht. Die haben diesen Humor durchaus verstanden, und auch die Kritik an der DDR darin. Es war vielleicht kein Protestsong, aber irgendwie schon ein politisches Lied. Mit dem Schutzschild der Ironie. Die ist eine starke Waffe. Ich sang doch von unserer »schönen DDR«. Wer wollte mir da an den Karren fahren? Hätte ich gesungen: »Honecker, du Schwein« oder »Macht kaputt, was euch kaputt macht« wie Rio Reiser im Westen, wäre ich sofort dran gewesen.

Hat man diese Subversion, diese ironische, nicht zu offensichtliche Kritik am System, als ostdeutscher Musiker besser beherrscht als die Kollegen im Westen?
Diese Dinge hat man als Künstler in der DDR schon eingeübt, aber noch mehr das Publikum. Das hatte sehr feine Antennen dafür, in den Texten Zwischentöne zu hören, die versteckte Kritik am Regime darstellten. Bei den Künstlern in der DDR war es vielleicht unsere Generation, die diese Kritik immer offener formuliert hat. Ich mochte diese blumige Sprache der »poetischen Rockmusik« in der DDR nie wirklich. Ich habe Udo Lindenberg gehört und Ton Steine Scherben, aber nur wenig ostdeutsche Musik. Vielleicht ein bisschen City, Silly, in den Achtzigern dann Pankow und Rockhaus.

Haben die Prinzen auf ihre Art auch deshalb subtil-politisch gewirkt, weil sie den Westdeutschen nach der Wende als erstes gesamtdeutsches Popphänomen ein neues, ungewohntes Bild Ostdeutschlands vermittelt haben? Rote Haare statt grauer Muff?
Das haben wir schon so empfunden. Wir haben bewusst nicht solche Texte gemacht wie die typischen Ostrockbands, sondern immer mit Ironie gearbeitet. Und wir hatten mit Annette Humpe eine Produzentin, die uns enorm geholfen hat. Sie hat immer sehr auf die Sprache geachtet. Als wir damals die ganzen Altherrenwitze in die Texte einbauen wollten, auf die wir auch standen, kleine Schweinereien – übers Ficken singen, aber nicht so wirklich –, war sie richtig angewidert und hat gesagt: »Ne, den Scheiß will ich nicht!«

Auch Adel Tawil, mit dem wir für dieses Buch gesprochen haben und der mit Annette Humpe das Duo »Ich & Ich« war, schwärmt in den höchsten Tönen von der Zusammenarbeit mit ihr.
Annette ist toll. Auch weil sie so einen Sinn für Zweideutigkeiten hat. Bei »Mann im Mond« zum Beispiel, die Zeile »Und wenn du ihn ganz lieb anschaust / dann holt er die Laterne raus.« Da sagen mir heute Erwachsene, dass sie das als Kinder gesungen haben und erst jetzt verstehen, was damit auch gemeint sein könnte. Oder das Lied »Allein gemacht« vom Album »Küssen verboten« von 1992. Da geht es um Masturbation *(singt wieder zum Keyboard)*: »Deshalb hab ich's mir vorhin selbst gemacht / Und hab dabei an dich gedacht.« Auch da hat Annette gesagt: »Iih, das stell ich mir jetzt vor!« Dann hat sie die großartige Idee gehabt: Denk doch mal an den vierjährigen Jungen, der sich zum ersten Mal alleine die Schuhe zubindet, nach oben zu seiner Mama schaut und sagt: »Das hab ich ganz allein gemacht!« Das ist genial, und ich bin Annette sehr dankbar, dass sie uns diese pubertären Sachen ausgetrieben hat. Ich glaube, es liegt auch daran, dass unsere Texte von damals so zeitlos sind. Manchmal schicken mir Kinder heute noch Videos, auf denen sie das »Fahrrad«-Lied von vorne bis hinten durchsingen.

Den Song »Mein Fahrrad« von 1991, einen der ersten großen Hits der Prinzen.
Ursprünglich hatte ich das Lied über einen VW Käfer geschrieben, das erste Westauto, das ich mir nach der Wende gekauft habe *(singt wieder)*: »Neulich bin ich wieder mal besoffen / mit meinem Käfer rumgefahrn / Und wie immer konnt' ich nur hoffen / die Polizei hält mich nicht an.« Und dann: »Jeder Popel fährt 'nen Opel / Nur Genießer fahren Käfer / und sind immer schneller da.« Da hat Annette nur gesagt: »Interessiert keine Sau in Wessiland, mach doch was anderes daraus!« Erst so kam das Fahrrad zustande *(lacht)*.

Unabhängig vom Käfer spielten die klassischen Ost-West-Klischees, die nach der Wende kursierten, bei den Prinzen aber keine Rolle. Viele im Westen wussten wahrscheinlich nicht mal, dass Sie aus Leipzig kamen.
Trotzdem gab es zwei verschiedene Blickwinkel auf die Prinzen. Die Ostdeutschen sagten: »Guck mal, unsere Jungs, die haben es geschafft!« Das höre ich heute sogar noch, diesen Stolz in der Stimme, wenn manche sagen: »Wir Ossis müssen zusammenhalten!« Mittlerweile kann ich das nicht mehr hören, weil es so gestrig ist, aber damals war es ein Thema. Und es gab die Sicht der Wessis auf die Prinzen, die gesagt haben: »Siehste mal, die Ossis! Wenn die sich nur ein bisschen anstrengen, dann geht's doch!«

Und dann stellen diese Ossis auch noch Ansprüche und singen: »Ich wär' so gerne Millionär!«
Ich weiß nicht, ob sich 1990 im Westen jemand getraut hätte, so etwas zu singen. Wir haben das aus tiefstem Herzen gesungen, weil wir in der Zeit zwischen dem Mauerfall und Mitte 1991, als wir mit Annette in Hamburg im Studio waren, froh darüber waren, dass es dort immer einen gefüllten Kühlschrank gab. Die Zeile »Ich wär' so gerne Millionär« war authentisch; wir hatten nichts und wollten Geld verdienen. Als die Mauer fiel,

SEBASTIAN KRUMBIEGEL

> » WIR HATTEN NICHTS UND WOLLTEN GELD VERDIENEN. «

war unser Erfolg in der DDR, wo wir als Band schon gut verdient und als A-capella-Gruppe eine Nische besetzt hatten, von heute auf morgen vorbei. Keine Sau hat sich mehr für Musik aus dem Osten interessiert, das ging auch den ganz Großen so, den Puhdys, Karat, Silly und City. Ich weiß noch, wie komisch es sich angefühlt hat, als wir später Stars und bei Festivals plötzlich Headliner waren und unsere Helden von früher auf einmal vor uns spielten.

Welche Rolle haben DDR-Künstler wie die Puhdys, Silly oder City für die Jugendkultur in Ostdeutschland gespielt? Hat man sich an denen orientiert? Oder doch eher an den westdeutschen und englisch-amerikanischen Acts unter der Ladentheke?

Die wurden auf jeden Fall verehrt, ich will das gar nicht abtun. Ich persönlich war nicht wirklich Fan der großen DDR-Bands, aber auch das lag vielleicht an der Insel Thomanerchor. Wir sind in den Westen gefahren, einer hat sich eine Platte von Lindenberg, den Scherben oder Deep Purple gekauft, und die wurde dann überspielt. Ich hatte einen Haufen Schallplatten, alle Alben von Queen, die ich verehrt habe. Irgendwann habe ich die verkauft, für hundert Ostmark pro Stück, um mir mein erstes Schlagzeug zu kaufen. Die Ostbands hatten aber volle Häuser und haben in der DDR eine große Rolle gespielt.

Weil man ihre Musik ehrlich gut fand? Oder vielleicht auch, weil Rio Reiser oder Deep Purple in der DDR nicht aufgetreten sind?

Nein, das war ehrliche Begeisterung. Natürlich kann man immer sagen, weil Uriah Heep im Osten nicht spielen konnte, sind die Leute eben auf einheimische Bands ausgewichen. Da ist vielleicht was dran. Es war ja so, dass viele Ostbands eine Art Stellvertreterfunktion hatten. Es gab eine Band, die eher in Richtung Deep Purple gespielt hat, andere wie Yes haben Artrock gemacht. Das soll aber nicht schmälern, dass diese Bands extrem beliebt waren. Eine Gruppe wie Renft ist nicht nur für ihre politische Haltung verehrt worden, sondern auch musikalisch, weil sie auf ihre Art auch angloamerikanischen Rock'n'Roll nachgemacht hat wie Lindenberg oder die Scherben.

Trotzdem haben es die meisten großen DDR-Bands nach der Wiedervereinigung nicht auf die gesamtdeutsche Bühne geschafft. Mit 1989 gab es einen Strömungsabriss. Woran lag das?

Die Prinzen haben es sehr wohl geschafft, genauso wie später Silbermond oder Kraftklub!

Ja, aber alle diese Bands hatten keine oder nur wenig ostdeutsche Vergangenheit. Von den altgedienten DDR-Bands hat nach der Wende keine auch im Westen große Erfolge gefeiert.

Nach der Wende hat mir IC Falkenberg, der im Osten richtig groß war und mal bei Stern Meißen gesungen hat *(eine der erfolgreichsten Bands der DDR, Anm. d. Autoren)*, gesagt: »Ihr habt das Glück gehabt, dass ihr bei der Wende noch nicht bekannt wart. Ihr hattet noch nicht das Stigma DDR auf der Stirn.«

Bands aus diesem gescheiterten Staat konnten im Westen nicht erfolgreich und cool sein, weil sie den DDR-Muff-Stempel nicht los wurden?

Ja, ich glaube schon. Ich weiß noch, dass 1989 oder 1990 westdeutsche Künstler wie Heinz-Rudolf Kunze, Jule Neigel, Purple Schulz oder Ulla Meinecke im Osten vor unglaublichen hundertzwanzigtausend Menschen gespielt haben. Alle in der früheren DDR waren hungrig nach Künstlern aus dem Westen und haben gesagt: Endlich können wir die Leute sehen, die wir nur aus dem Radio kannten. Auch die Stones, 1990 haben die in Berlin kurz hintereinander zwei Konzerte gespielt, in Ostberlin »Steel Wheels«, die amerikanische Variante der Tour, und in West-Berlin »Urban Jungle«, die europäische Variante. Ich war bei beiden Konzerten und völlig begeistert, meine Helden plötzlich live sehen zu können.

Wenn man das einmal mit dem Sport vergleicht: Nach der Wende gab es mit Katarina Witt oder Jens Weißflog Sportler, die im wiedervereinigten Deutschland sehr wohl an ihre Erfolge aus der DDR anknüpfen konnten, obwohl auch sie das Stigma trugen, nah dran gewesen zu sein am Regime. Warum gelang das in der Musik nicht?

Vielleicht, weil es im Sport eisenhart um abrechenbare Erfolge geht und in der Musik um Emotionen. Wenn Jens Weißflog weiter gesprungen ist als alle anderen, dann konnte man das auch nach der Wende nicht ignorieren. In der Musik hingegen schon. Für viele DDR-Musiker war das eine schwierige Situation, unter der sie sehr gelitten haben.

Bis heute ist die deutsche Musik sehr westdeutsch geprägt, auch dreißig Jahre nach der Wiedervereinigung.

Na ja, die erfolgreichste deutsche Band heißt Rammstein und kommt aus Ostdeutschland! Aber ich verstehe, was Sie meinen. Historisch betrachtet, gibt es diese westdeutsche Prägung wirklich, und das wird auch so bleiben. Dabei wurde im Osten, was oft vergessen wird, schon deutsch gesungen, als das im Westen noch zutiefst verpönt war. Irgendwann werden die vierzig Jahre DDR trotzdem nur noch eine Fußnote der deutschen Geschichte sein, das gilt wohl auch für die Musik. Vielleicht liegt das auch daran, dass es in der DDR keine

Achtundsechzigerbewegung gab, keine Generation, die gefragt hat, was unter »den Talaren von tausend Jahren« ist. Es gab ja offiziell keine Nazis und keine Faschos. Die hatte es nicht zu geben, weil wir der »gute deutsche Staat« waren. Womöglich hat die Musik bei uns deshalb nicht diese Wirkung erzielt wie im Westen, wo eine Band wie die Scherben, die sehr politisch war, im Geist der Achtundsechziger eine ganze links-alternative Generation geprägt hat.

Hallt Musik nur dann lange nach? Wenn sie prägt?

Popmusik ist zu einem riesengroßen Prozentsatz immer Inhalt oder Haltung, wenn sie gut ist. Wenn die Stones »I can't get no satisfaction« gesungen haben, war das ein gesellschaftliches Statement. Das treibt Popmusik an. Oder Udo Lindenbergs »Sonderzug nach Pankow«. Bei uns kannte den Song jede Oma und jedes Kind. Alle haben sich darüber amüsiert, dass Erich Honecker auf dem Klo sitzt und Westradio hört. Noch heute läuft mir bei einem Lied wie »Rock'n'Roll-Arena in Jena« ein Schauer über den Rücken: »Ich würd' so gern bei Euch mal singen / Meine Freunde in der DDR« ... das ist schon der Hammer. Als ich das damals gehört habe, dachte ich: Mann, der meint ja mich! Heute singe ich das manchmal mit ihm, wenn er im Stadion in Leipzig vor fünfzigtausend Leuten spielt. Und mir zittern die Finger, wenn ich ihn auf dem Klavier begleite, weil mich das immer noch so bewegt.

Gab es bei Ihnen einen Punkt nach der Wende, an dem Sie gedacht haben: Hoppla, hier im Westen laufen die Dinge doch ganz anders als bei uns früher?

Das war uns am Anfang noch nicht so klar. Wir hatten ja tierisches Glück gehabt, dass Annette Humpe zufällig eine Kassette von uns in die Finger bekommen und uns unter ihre Fittiche genommen hatte. Durch sie haben wir nach der Wende viele wichtige Leute aus der Branche kennengelernt, bis hin zu Udo Lindenberg, bei dem wir alle immer strammgestanden haben vor Bewunderung. Und ich weiß noch, wie die Plattenfirma Champagner ausgegeben hat, als wir mit unserer ersten Single »Gabi und Klaus« Platz achtundsechzig in den Charts waren. Wir dachten, das ist doch normal, weil wir von den Mechanismen der Musik im Westen keine Ahnung hatten – und weil wir sehr selbstbewusst waren. Ich habe damals ernsthaft nicht verstanden, dass irgendjemand die erste Prinzen-Platte nicht geil finden konnte. Das muss man sich mal reinziehen *(lacht)!*

Dass der Musikmarkt im Westen viel größer und auch härter war als im Osten, war Ihnen nicht gleich klar?

Nein, das war ein Lernprozess. Dass es im Westen Marketing und andere Mechanismen gibt, dass man für den Erfolg arbeiten und Sendereisen machen muss, hatten wir nicht unbedingt erwartet. Alles ging so schnell, aber wir dachten: Jetzt ist das eben so. Die Mauer ist gefallen, und hier laufen die Dinge anders.

Die Prinzen wurden in dieser Zeit nach der Wende über Nacht von einer Band mit ersten Achtungserfolgen in der DDR zu gefeierten gesamtdeutschen Popstars. Wie hält man das aus?

Die erste Tour ging noch durch kleine Clubs, kurz danach waren wir schon auf Tournee mit Udo Lindenberg, in Riesenhallen, danach kam die erste Tour alleine, durch noch größere Hallen. 1994, auf der »Alles nur geklaut«-Tour, haben wir zwei Konzerte hintereinander in der Deutschlandhalle in Berlin gespielt, zehntausend Leute, beide Male ausverkauft. Du gehst durch die Katakomben in die Halle hinter die Bühne und hörst dieses Brodeln im Publikum. Dann geht das Licht aus, und der Teenie-Kreisch-Alarm geht los, ein ohrenbetäubender Lärm, und du denkst: Boah, ist das geil, jetzt geht's richtig ab! Dann gehst du auf die Bühne, machst dein Ding, alle kreischen und sagen dir, wie toll du bist. Am nächsten Abend stehst du wieder hinter der Bühne, das Licht geht wieder aus und das Gekreische los, und du denkst: Jo, so ist das jetzt eben. Es wird ganz schnell normal. Wir dachten, wir sind unsterblich. Das ist eine gefährliche Falle. Wenn du anfängst, das ernst zu nehmen und für normal zu halten, hast du schnell ein Problem.

> »WIR DACHTEN, WIR SIND UNSTERBLICH. DAS IST EINE GEFÄHRLICHE FALLE.«

Die Prinzen waren immer auch für ihre politischen Texte bekannt. In »Bombe« singen Sie 1992: »Wenn du einen ›Kanake‹ nennst / Weil du seine Sprache nicht kennst / Dann möchte ich / Willst du allen in die Fresse hauen / Und bist im Kopf schon ganz braun / Dann möchte ich.« Welche Reaktionen gab es damals auf diesen Song?

Das werde ich nie vergessen, als wir mit Annette damals, 1993, in Hamburg durch die Hafenstraße gelaufen sind. Plötzlich lief eine abgeranzte Punkerin vorbei und sagte zu uns: »Ey, Jungs, danke für ›Bombe‹!« Das war kurz nach Hoyerswerda und Rostock-Lichtenhagen und ging mir runter wie Öl, weil ich dachte: Die Leute hören das, was wir meinen! Oder bei »Fahrrad«: »Mein Fahrrad ist nicht lila / Denn das macht mich gar nicht an / Es ist auch nicht braun / Weil ich braun nicht leiden kann.« Wenn das damals in der Mini-Playbackshow lief, haben die Kinder an Kacka gedacht. Dabei war es ein Statement gegen rechts. Genau das wollten wir immer. Die Gratwanderung besteht darin, mit solchen Texten nicht missionieren und die

Welt einreißen zu wollen. Eine kleine Zeile wie »weil ich Braun nicht leiden kann« ist viel wirkungsvoller als ein Protestsong.

2001 haben Sie sich in dem Lied »Deutschland« wieder sehr dezidiert politisch geäußert und das verzerrte, oft nationalistische Selbstbild mancher Deutschen aufs Korn genommen. Wie waren die Reaktionen da?
Gemischt, aber das war uns vorher klar. Der Text ist nicht nur ironisch, sondern sarkastisch bis zynisch, mit Zeilen wie »Wir sind jederzeit für 'nen Krieg bereit« oder »Es gibt manchen, der sich gern über Kanaken beschwert / Und zum Ficken jedes Jahr nach Thailand fährt«. Das war ein Eklat mit Ansage, aber das wollten wir auch so. Das Verrückte ist ja, dass dann bei irgendwelchen Stadtfesten, auf denen nicht nur Prinzen-Fans sind, auf einmal Leute das Lied mitsingen, bei denen man merkt, die verstehen das gar nicht so, wie wir es meinen.

Sondern?
Zumindest nicht so kritisch, wie es gedacht ist. Wie bei Bruce Springsteens »Born in the U.S.A.«, wo alle ein patriotisches Lied hinter dem Text wähnen und gar nicht hören, dass es um den Vietnamkrieg geht. Solche Lieder wie »Deutschland« haut man den Leuten ganz schön um die Ohren. Aber das sollte man auch, dafür ist Pop da. Er soll provozieren, aber trotzdem klar bleiben in der Haltung, die er transportiert. Eigentlich habe ich es immer abgelehnt, als Künstler eine politische Verantwortung zu haben. Aber man hat sie, und dieser Verantwortung sollte man auch gerecht werden. Man kann nicht einfach eine Sache raushauen wie Farid Bang, Kollegah oder Xavier Naidoo und danach sagen, was wollt ihr denn? Ich bin Künstler!

Man kann als Künstler einerseits über Politiker herziehen wie Bono früher oder manchmal auch Herbert Grönemeyer. Aber wäre es nicht viel wirkungsvoller, sich als Künstler gegen andere Künstler wie Naidoo zu positionieren?
Das mache ich ja auch, immer wieder. Jemand wie Xavier Naidoo hat wahrscheinlich einfach ein psychisches Problem. Noch gefährlicher sind Bands wie Frei.Wild oder Leute wie Andreas Gabalier, weil sie so Mainstream sind und so viele Menschen erreichen. Gabalier sagt, die Schwulen sollten sich ruhig küssen, aber lieber nicht in der Öffentlichkeit, weil da auch Kinder zusehen. Da kann ich nur sagen: Fuck you! Dagegen muss man sich erheben.

Sie sind 2003 in einem Park in Leipzig von rechten Schlägern überfallen worden. Hat Sie das nachhaltig eingeschüchtert?
Am Anfang bestimmt, klar. Aber irgendwann habe ich das für mich abgeschlossen. Einen der Täter habe ich danach sogar im Maßregelvollzug besucht, das war eine Art Therapie für mich. Wahrheiten verändern sich auch, und mit jedem Mal Erzählen von diesem fünfundzwanzigsten Juni 2003 kommt eine weitere Ausschmückung hinzu. Irgendwann muss man an diese Sachen einen Haken machen. Und man darf sich keine Angst machen lassen.

Haben die Prinzen den vielen deutschen A-capella-Bands, die nach ihnen kamen, erst den Weg geebnet?
Da ich zur Eitelkeit neige (lacht): Ja, ich glaube schon, dass wir es ihnen leichter gemacht haben. Aber was die deutschsprachige Musik betrifft, gebührt anderen mehr Ehre, Rio Reiser, Udo Lindenberg und auch den Puhdys oder Renft. Die haben sich lange vor uns darum gekümmert, dass deutschsprachige Musik überhaupt stattfindet, nachdem die Nazis die großen deutschen Künstler wie die Comedian Harmonists oder Marlene Dietrich rausgeekelt hatten. Danach, in den Fünfzigerjahren, gab es ja vor allem diesen Betroffenheits-Heimat-Schlager, der keine Haltung transportiert hat. Bis es irgendwann mit Krautrock losging, mit den Scherben, mit Udo Lindenberg, die endlich andere Sachen gemacht haben. Udo Lindenberg ist für mich der Pate der deutschsprachigen Popmusik. Er hat sie nicht erfunden, aber er hat es geschafft, dass sie Mainstream wird.

Da wir gerade von großen Vorbildern sprechen: Hartmut Engler hat uns im Interview erzählt, dass es mal eine Zeit gab, in der er sehr neidisch auf den Erfolg der Prinzen war.
Das weiß ich noch, in der Zeit haben wir uns öfter bei irgendwelchen Terminen getroffen und uns gegenseitig angefrotzelt. Bis es irgendwann umgekehrt war und Pur kommerziell an uns vorbeizog. Ich habe das aber nie als olympischen Gedanken gesehen. Wir haben zum Beispiel noch nie ein Nummer-eins-Album gehabt und auch keinen Nummer-eins-Hit. Aber das brauche ich auch nicht. Wenn ich solo unterwegs bin, spiele ich teilweise vor hundert Leuten, sehr intim, sehr klein, aber es erfüllt mich wahnsinnig, weil ich genau mein Ding machen kann.

Spielen die Prinzen in Ihrem Leben mittlerweile keine so große Rolle mehr?
Doch, mehr denn je. Wir bereiten gerade ein neues Album vor: Dreißigtausend Jahre Die Prinzen (lacht). Wir schreiben sehr bewusst mit anderen Songwritern, mit Leuten außerhalb der Band. Das ist eine Art Frischzellenkur, wir wollen neue Wege gehen. Mir macht es mit den Prinzen gerade wieder richtig Spaß. Und ich bin überzeugt davon, dass wir noch mal an die Glocke hauen werden.

DIE REISE GEHT WEITER

Das war nur der Auftakt, eine Kostprobe des Soundtracks, eine Momentaufnahme. Wir haben in den zwölf Monaten, in denen wir die Interviews geführt haben, viel gelernt und wurden überrascht, manchmal haben wir uns gewundert oder sogar geärgert, aber meistens hatten wir eine ziemliche gute Zeit mit den Künstlern, mit denen wir in der Playlist des Landes gestöbert haben. Gern mehr davon, an einem anderen Tag!

Wir möchten den beteiligten KünstlerInnen für ihre Bereitschaft danken, an dem Projekt teilzunehmen, und nicht zuletzt auch ihren MitarbeiterInnen, AgentInnen oder Plattenfirmen, die Kontakte hergestellt haben und Ansprechpartner waren. Zudem danken wir Freunden und Kollegen, mit denen wir über unser Vorhaben gesprochen und die uns wertvolle Hinweise gegeben haben, namentlich unserem F.A.Z.-Kollegen Sebastian Eder und Bandmate Daniel Dündar.

Als wir beide 2019 jeweils andere Bücher – damals politische Sachbücher – herausbrachten, haben wir unseren Familien eigentlich versprochen, uns neben unserer regulären Arbeit bei der F.A.Z. nicht sofort ins nächste zeitfressende Mammutprojekt zu stürzen. Das haben wir leider nicht durchgehalten. Umso mehr danken wir unseren Partnerinnen und Kindern für ihre große Geduld.

Nicht alles, was wir erlebt haben, nicht jedes Foto und nicht jeder Schnipsel haben Eingang in dieses Buch gefunden – deswegen lohnt ein Blick auf die Webseite Soundtrack-Deutschland.com und unsere persönlichen Homepages martinbenninghoff.com und olivergeorgi.net.

Viel Spaß beim Stöbern!

Martin Benninghoff und Oliver Georgi,

Frankfurt, im September 2020

Alle in diesem Buch veröffentlichten Aussagen und Ratschläge wurden von den Autoren und vom Verlag sorgfältig erwogen und geprüft. Eine Garantie kann jedoch nicht übernommen werden, ebenso ist die Haftung der Autoren bzw. des Verlags und seiner Beauftragten für Personen-, Sach- und Vermögensschäden ausgeschlossen.

Für die Inhalte der in dieser Publikation enthaltenen Links auf die Webseiten Dritter übernehmen wir keine Haftung, da wir uns diese nicht zu eigen machen, sondern lediglich auf deren Stand zum Zeitpunkt der Erstveröffentlichung verweisen.

Wir haben uns bemüht, alle Rechteinhaber ausfindig zu machen, verlagsüblich zu nennen und zu honorieren. Sollte uns dies im Einzelfall aufgrund der schlechten Quellenlage leider nicht möglich gewesen sein, werden wir begründete Ansprüche selbstverständlich erfüllen.

Bei der Verwendung im Unterricht ist auf dieses Buch hinzuweisen.

echtEMF ist eine Marke der Edition Michael Fischer

1. Auflage
Originalausgabe
©2020 Edition Michael Fischer GmbH, Donnersbergstr. 7, 86859 Igling
©2020 Martin Benninghoff und Oliver Georgi
Covergestaltung: Michaela Zander, unter Verwendung eines Motivs von Daniel Pilar

Redaktion: Friedel Wahren
Bildnachweis: alle Fotografien von ©Daniel Pilar, außer S. 4 ©Christof Jakob
Layout/Satz: Michaela Zander
Druck und Bindung: Polygraf Print, Čapajevova 44, 08001 Prešov, Slowakei

ISBN 978-3-7459-0165-8

www.emf-verlag.de